Gerhard Roth

Die Stadt

S. Fischer

© S. Fischer Verlag GmbH, Frankfurt am Main 2009
© 2009 by Gerhard Roth
Satz: Fotosatz Reinhard Amann, Aichstetten
Druck und Bindung: CPI – Clausen & Bosse, Leck
Printed in Germany
ISBN 978-3-10-066082-4

Inhalt

Prolog
Ich schlich hinunter in die Keller …

Ich habe Wien seit 1986 durchforscht. Mehrere Jahre schrieb ich Essays für das ZEIT- bzw. das FAZ-Magazin, die dann unter dem Titel »Eine Reise in das Innere von Wien« als Buch erschienen. Seither habe ich mich auf andere Schauplätze konzentriert, beispielsweise das Haus Am Heumarkt 7, in dem ich seit 1988 wohne. Mich faszinierte an ihm besonders der Zustand seines Verfalls. Das Gebäude ist eigentlich ein Palais, das der Oberbefehlshaber der k.u.k. Armee Conrad von Hötzendorf erbauen ließ. Deshalb hat es auch einen kasernenartigen Charakter. Es besteht aus zwei Höfen mit alten, hohen Bäumen: Kastanien und Platanen vorzugsweise. Der Ast einer Platane wuchs, bis man ihn abschnitt, direkt vor das Fenster meines Arbeitszimmers, stieß zuletzt an das Glas und scharrte leise bei Wind. Ich hatte vom Schreibtisch aus das Gefühl, in der verlängerten Baumkrone zu sitzen, und war dadurch immer zum Schreiben animiert. Der Baum zeigte mir die Jahreszeiten besser an als jeder Kalender, und ich versank nicht in jenen abstrakten Zeit-Raum, den ich seit einem einjährigen Aufenthalt in einem Hamburger Haus am Holzdamm fürchte: Vom Fenster aus sah ich dort nur eine Ziegelwand mit einer Uhr und der Überschrift »Normalzeit«. Es gibt seither für mich keinen schlimmeren Ausblick als eine öde Hauswand mit einer Uhr, die immer gnadenlos die vergehende und vertrödelte Zeit registriert. Ein Baum hingegen altert mit mir, und in den Jahreszeiten, den sich verfärbenden und abfallenden Blättern spiegelt sich nicht nur der Tod, sondern im frühlingshaften Grün auch die Wiedergeburt.

Das Gebäude Am Heumarkt 7 war damals, wie gesagt, verfallen, der Verputz abgeblättert, Feuchtigkeit stieg im Erdgeschoss hoch, und es machte einen verwahrlosten Eindruck. Trotzdem fühlte ich mich als Bewohner wohl, ich hatte meine Wohnung renoviert und genoss den Blick vom zweiten Stock, sozusagen aus der Vogelperspektive, auf die malerischen Mauerflecken. Im Nebenhof hatte Ingeborg Bachmann zwei Jahre gewohnt, und ich entdeckte auch ein Ehepaar mit Namen *Malina* (dem Titel von Ingeborg Bachmanns gleichnamigem Roman), das mir gegenüber auf der anderen Seite des Hofes wohnt.

Ein Stück weiter vom Gebäude befindet sich ein verschlafenes Café, das Café Heumarkt, das nur leidenschaftliche *Besucher* oder leidenschaftliche *Nichtbesucher* kennt. Ich gehörte zu den leidenschaftlichen Besuchern, ich fand dort zunächst gerade das, was ich bei meinem Fenster in Hamburg zu hassen gelernt hatte: Eine Uhr aus den fünfziger Jahren hing an einer Wand, allerdings war es immer drei viertel zwölf. Das ist eine gute Stunde, und das Zusammentreffen des Interieurs aus den fünfziger Jahren mit der stehengebliebenen Uhr vermittelte mir stetig den Eindruck, in Sicherheit zu sein. Das Café Heumarkt war lange Zeit aus diesem Grund für mich ein Fluchtpunkt. Ich schrieb in meinem Versteck nicht, sondern las Zeitung, aß zu Mittag oder trank mit Freunden wie Michael Schottenberg, Karlheinz Kratzl und

Peter Pongratz hin und wieder mehrere Gespritzte. Aber es war immer nur *mein* Stammcafé, niemand kam dort mehr als einmal hin (und schon gar nicht regelmäßig), was mir recht war. Ich nannte es in meinem Kopf »Vorzimmer des Todes«. Mit Günter Brus machte ich einmal am Schließtag ein Interview für eine Kunstzeitschrift, das bezeichnenderweise nie erschien. Der Besitzer händigte uns die Schlüssel aus und gestattete uns, uns selbst zu bedienen, wir mussten nur die Getränke auf einem Block notieren, und ich würde am nächsten Tag die Rechnung begleichen. Natürlich stellte sich die Tonbandaufzeichnung der sechsstündigen Sitzung im ansonsten leeren Café als Dokument des allmählich einsetzenden Schwachsinns und alkoholbedingten Wiederholungszwanges heraus, aber es passte zum Café, obwohl es nicht typisch für die ansonsten stille Atmosphäre war, die nur von knackenden Parketten, dem Klicken der Billardkugeln und dem Scheppern von Metalltassen auf den Marmortischen unterbrochen wurde.

Ich fing an, die Mauerflecken des Gebäudes Am Heumarkt 7 zu fotografieren, stromerte an anderen Tagen in der Stadt herum, betrachtete mit wachsender Begeisterung in verschiedenen Bezirken Wiens die Mauerflecken und die in ihnen verborgenen Bilder, verglich sie mit dem Hintergrund von Gemälden im Kunsthistorischen Museum und fotografierte sie schließlich, bis ich eine eigene Stadtkarte der österreichischen Hauptstadt beisammen hatte. Manche Bezirke oder Gebäude sind darauf sofort zu erkennen, wie zum Beispiel Schönbrunn an seinem unverwechselbaren Gelb oder der 2. Bezirk an seinem melancholischen Grau. Ich hatte auch das Glück, die Schönheit von Rostflecken auf einer eisernen

Tür oder auf Scharnieren zu entdecken, die bezaubernde Anmut eines chemischen Prozesses, die mich an Flechten auf Baumstämmen oder Steinen erinnert, und in manches alte Wiener Haus schlich ich hinein, und es gelang mir auch immer wieder, bis in den Keller vorzudringen und dort schöne Flecken zu studieren, woraus allmählich ein phantastischer Atlas aus imaginären Landkarten in meinem Kopf entstand, die eine rätselhafte Welt zum Vorschein brachten.

Die Wiener bestehen in der Regel aus einer Mischung aus Missmut und schlechtem Gewissen. Die offenbar nur beim Heurigen und privat anzutreffende Lustigkeit ist im Alltag zumeist vom Nieselregen einer chronisch schlechten Laune getrübt, die aber wiederum wie abblätternder Verputz ist und deshalb auch ihre verborgenen Reize hat. (Wie ja auch die Muräne ein bissig aussehender Fisch ist, dessen Fleisch aber als Delikatesse gilt.)

Die mir mitunter von einer fremden Hausmeisterin gestellte Frage nach meinem Grund und der Erlaubnis, die ihrer Meinung nach hässlichen Mauern zu fotografieren, konnte ich nicht wahrheitsgemäß beantworten, da es mir bei noch so angestrengten Bemühungen vermutlich nicht gelungen wäre, Übereinstimmung zu erzielen, dass sie schön seien, etwa wie eine Schwarzweißfotografie des Sternenhimmels. Stattdessen stellte ich barsch die Gegenfrage, seit wie lange die Mauern schon in einem solchen Zustand seien, und machte nebenbei eine weitere Aufnahme. Mein schroffes Auftreten zeigte immer die gewünschte Wirkung. Misstrauen und schlechtes Gewissen verstärkten sich zwar, aber die üble Laune verlegte sich sichtlich von der Sprache in die Physiognomie der

Betreffenden. Das Verstummen und angestrengte Nachdenken meines jeweiligen Gegenübers war dann das Zeichen zum raschen Aufbruch.

Es war übrigens richtig, dass ich mit meinen Recherchen frühzeitig begann, denn die schöne Gemäldeausstellung der Mauerflecken droht zu verschwinden. Am Heumarkt 7 wurde zum Beispiel das gesamte Gebäude frisch verputzt und generalsaniert, gleichzeitig wurde die Miete erhöht. Dort, wo ich früher aus Begeisterung auf der Stiege am Steinboden kniete, um zu fotografieren, wo ich vor einem schimmeligen Stück Mauer in Entzücken geriet, niederkniete und eine Aufnahme machte, finde ich jetzt auswechselbare Farben. Und von der einstigen Aschenputtel-Schönheit des Gebäudes spüre ich nur noch etwas, wenn ich, in nostalgische Gedanken an die vormalige Pracht des Platanenastes versunken, plötzlich erkenne, dass er wieder auf mein Arbeitszimmer zuwächst, fast unmerklich, aber doch. Und vor allem, wenn im Winter die Krähen kommen und sich im Schnee im Hof niederlassen. Sie krächzen und schnarren wie Aufziehtiere. Ich studiere, wie der Schwarm sich stetig in seinen Bewegungen verändert. Als Verfechter der Chaos-Theorie und ewiger Student der fraktalen Geometrie, die seit meinem Roman »Landläufiger Tod« mein Schreiben und literarisches Denken beeinflusst und inspiriert, als Bewunderer von Vergrößerungen der schönen Randdetails und beglückter Betrachter von Darstellungen der selbstähnlichen Struktur der sogenannten *Mandelbrotmenge*, kann ich die Krähenschwärme lange, um nicht zu sagen stundenlang betrachten, in der Absicht, eine unbekannte Ordnung im Schwarm zu entdecken, der sich im Schnee wie lebendig gewordene Noten auf einer weißen Seite Papier hüpfend ausbreitet und wieder zusammenzieht. Welche unhörbare Musik komponieren sie? Und wenn sie hörbar wäre, wie klänge sie? Und wenn es keine Noten sind, sondern tierische Hieroglyphen, in die Luft gekratzt oder beim Fressen mit dem Schnabel in den harten Winterboden gemeißelt, was verkünden sie? Und sind es Zeichnungen, was stellen sie dar? In diesen Krähenschwärmen ist ein großes Rätsel verborgen, das die Naturwissenschaft, genauer gesagt die Ornithologen, offenbar nicht interessiert. Vom Ankommen im November bis zum Abflug im Februar, von der Sitzordnung auf Bäumen bis zum lautstarken Anflug des Schlafplatzes am Steinhof wird bei den Krähenschwärmen eine Ordnung, ein inneres Wissen sichtbar, die mich fasziniert. Ich sah einmal, wie eine vermutlich kranke Krähe im Hof zurückblieb, als der Schwarm im März zum Rückflug aufbrach. Tage später flog eine Nachhut mehrmals laut krächzend über die Dächer und nahm mit der kranken Krähe Kontakt auf. Zwei Tage lang wiederholte sich dieser Vorgang, diesmal nur von zwei Krähen, bis am dritten die Krähe mit den beiden anderen »Wächtern«, wie ich sie für mich selbst nannte, davonflog.

Ich habe Hunderte Bilder von den Krähen im Hof aufgenommen, die Form ihrer Flügel beim Auffliegen und beim Landen ist wunderschön. Begeistert fotografierte ich auch die Spuren der Krähen im Schnee und Eisblumen auf den Fenstern des ungeheizten Vorzimmers zu meiner Schreibwohnung. Die Bilder gehören zu den anregendsten, die ich gemacht habe, allerdings habe ich nicht oft Gelegenheit dazu, denn die kalten und niederschlagsreichen Winter sind selten geworden – die Klimaforscher finden Erklärungen dafür. Aber auf irgendeine seltsame Weise gehören alle beschriebenen Fotografien zusammen: die Mauerflecken, die Krähen, die Eisblumen, ja selbst die des alten Cafés, die ich später nachholte.

Die Welt in einer Nussschale
Das Naturhistorische Museum

Mozarts Schädel

Im Winter 1989 ging ich einmal spät abends, als die Krähen längst zu ihrem Schlafplatz am Steinhof geflogen waren, in Begleitung eines Beamten durch das Naturhistorische Museum in Wien. Ich hatte erfahren, dass der Schädel des Komponisten von der Internationalen Stiftung Mozarteum an die Anthropologische Abteilung »zur Überprüfung der Identifizierung« übergeben worden sei, und es war mir durch Vermittlung eines Journalisten gelungen, eine sogenannte inoffizielle Erlaubnis zu erhalten, die geheimnisvolle Reliquie zu sehen. Der mir unbekannte Beamte, der kurz vor der Pensionierung stand, erwies sich dabei als ein zwar eigenartiger, aber kundiger Gesprächspartner über Mozarts Oper »Die Zauberflöte« und die Geschichte des Naturhistorischen Museums. Er bot mir, halb im Scherz, eine »Nachtführung« mit Taschenlampe an, wie sie vorwiegend für Schulklassen, aber auch für Neugierige, die eine Vorliebe für romantische Schauer haben, abgehalten werden. Wir stiegen im Halbdunkel die breite Marmortreppe, die sogenannte »Prunkstiege«, hinauf bis zum großen Gemälde des Kaisers Franz I., vormals Franz Stephan von Lothringen, des Gemahls Maria Theresias und Vaters ihrer fünf Söhne und elf Töchter. Oben angekommen, wies der Beamte mit seiner Taschenlampe auf den im Stil des Rokoko mit einem roten, goldbestickten Gehrock, roten Kniehosen, weißen Strümpfen, schwarzen Schnallenschuhen und einer weißen Perücke gekleideten Monarchen hin und hob ihn dadurch gleichsam aus der Dunkelheit heraus wie eine Heiligenerscheinung. Durch den Ankauf der berühmten, 30 000 Objekte umfassenden Sammlung Johann von Baillous, der als späterer Direktor des »Naturalien-Cabinets« mit Perücke und in blauer Artilleriestabsuniform hinter dem an einem Tisch sitzenden Kaiser dargestellt ist, habe Franz I., wie der Beamte außer Atem und stockend ausführte, den Grundstein »für die heute mehr als zwanzig Millionen Objekte umfassende Kollektion des Naturhistorischen Museums« gelegt. Die zu Zeiten Kaiser Franz I. noch bestehenden Kunst- und Wunderkammern der Habsburger, gleichfalls unüberschaubar groß (vor allem durch die Gier des wahnsinnig gewordenen Rudolf II. in Prag), hätten zwar Seychellennüsse, Panzer von Karettschildkröten, Elfenbein, Nashörner oder Narwalzähne, die fälschlicherweise für die Waffen des legendären Einhorns gehalten wurden, beinhaltet, doch seien diese sogenannten *Exotica* und *Curiosa* wegen ihrer vermeintlich magischen Wirkung und nicht wegen des wissenschaftlichen Wertes geschätzt worden. Baillous Sammlung, die in der Hofburg aufgestellt worden sei, fuhr der Beamte noch immer heftig atmend fort, habe vor allem aus Mineralien, Fossilien, Korallen sowie Schnecken- und Muschelschalen bestanden. Pflanzen und Tiere seien damals – nicht zuletzt wegen der zum Teil noch ungelösten Präparationsprobleme – lebend in botanischen Gärten und Menagerien gehalten worden. Allerdings habe man vom Ausstopfen bald nicht genug kriegen können und sogar die Häute des angesehenen Hofmohren Soliman sowie dreier weiterer nach Europa verschleppter und hier verstorbener Afrikaner aufgespannt und zur Schau gestellt, bis die Menschenpräparate im Revolutionsjahr 1848 auf dem Dachboden im Augustinertrakt der Hofburg, wohin man sie letztendlich aus Platzgründen geschafft habe, verbrannt seien. Der Beamte machte eine Pause und fuhr dann fort, dass das Gemälde vor uns erst acht Jahre nach dem Tod des Kaisers entstanden sei. Die Franz I. umgebenden Möbel – Schränke mit verglasten Türen – hätten nie existiert, und die dargestellten Säle im Augustinertrakt seien erst später bezogen worden.

Die Archivarin des Hauses, Frau Professor Riedl-Dorn, fand übrigens noch weitere Merkwürdigkeiten an diesem zunächst wenig auffallenden Gemälde, wie sie mir in einem Gespräch mitteilte. Neben dem Kaiser und dem Leiter des »Naturalien-Cabinets« Baillou sei der Leibarzt Maria Theresias und Präfekt der Hofbibliothek Gerard van Swieten – ein Buch an die Brust gedrückt – dargestellt. Außerdem der mit Perücke und Gehrock bekleidete Leiter des »Münz-Cabinets« Valentin Duval und der geistlich-schwarzgekleidete Abbé Johann Marcy, Direktor des »Physikalisch-Mathematischen-Cabinets«. Infrarot- und Röntgenuntersuchungen hätten zu Tage gebracht, dass das Bild zumindest viermal übermalt worden sei, wobei mehrere Personen weggelassen und einzelne Gegenstände hinzugefügt worden seien. Nachgewiesen im oberen Teil seien beispielsweise noch die Köpfe fünf weiterer, jetzt verschwundener Personen, von denen eine ein Kolar trug. »Vermutlich«, sagte

Riedl-Dorn, habe es sich dabei um den Jesuitenpater und Physikprofessor Joseph Franz gehandelt. 1773 nämlich, im Jahr, in dem das Gemälde vollendet worden sei, war auch der Jesuitenorden durch Kaiser Joseph II. in Österreich aufgelöst worden. Dafür sei der Leibarzt und Zensor van Swieten in der ursprünglichen Vorzeichnung noch gar nicht vorhanden gewesen. Der große Kristall rechts im Vordergrund und zu den Füßen des Abbé Marcy wiederum sei weder auf den um 1900 entstandenen Fotos noch auf einem Wochenschaubeitrag aus dem Jahr 1935 zu sehen und also erst später hinzugefügt worden. Auch die Länge des dargestellten Teppichs habe man dabei verändert.

Da kaum anzunehmen ist, dass es sich bei dem Bild um das erste selbstmalende und sich selbst verändernde Ölgemälde der Welt handelt, sozusagen um einen Vorfahren des mystischen Bildnisses des Dorian Gray, müssen wohl politische Anschauungen ihre Spuren darauf hinterlassen haben. Durch Verwendung ungeeigneter Reinigungsmittel sei es darüber hinaus, erklärte Riedl-Dorn weiter, zur »Erblindung von Firnis« gekommen. Vor allem aber sei das Gemälde beim erwähnten Brand des Augustinertraktes während der Revolution 1848 in Mitleidenschaft gezogen worden, weshalb es zu Kraterbildungen und Brandblasen gekommen sei.

Inzwischen erreichten wir, der Beamte und ich, im nächsten Stockwerk den Eingang zu den Zoologischen Schauräumen, und gleich nachdem der Beamte aufgesperrt hatte, stellte sich heraus, dass wir uns im letzten, dem Primatensaal befanden, wie der im Kegel des Taschenlampenlichtes auftauchende Affe in der großen gläsernen Vitrine mir zeigte. Der Beamte sperrte die Tür

17

hinter uns zu, atmete durch, ließ kurz das Taschenlampenlicht auf die ausgestopften, doch lebendig wirkenden Gorillas, Schimpansen und Orang-Utans schweifen und richtete dann den Lichtstrahl auf den Fußboden. Die Affen im ersten Saal und später Füchse und Wölfe und noch später die einheimischen und fremdländischen Vögel waren nur als Schattenrisse in den wuchtigen gläsernen Schränken und Terrarien und in den langen, mit Scheiben versehenen Wandregalen erkennbar. Wir gingen über den dumpf knarrenden Parkettboden an den endlos sich aneinanderreihenden Vitrinen entlang, in denen die Tierpräparate im Tod verharrten. Zumeist war es nur die Straßenbeleuchtung von draußen, die die Dunkelheit in den Sälen erhellte, und bald hatte ich die Orientierung gänzlich verloren, zumal der Beamte wieder begann, von der Geschichte des Hauses zu sprechen und damit meine Aufmerksamkeit in Anspruch nahm. Kaiser Franz I., sagte er, während wir an Raubtieren, einem Löwen, aber auch an Seehunden und Robben, wie ich zu sehen glaubte, vorbeigingen, sei seit 1731 Freimaurer und ein an den Naturwissenschaften besonders interessierter Mann gewesen. Er habe auch in Laboratorien mit gelehrten Jesuiten alchemistische Experimente durchgeführt und dabei versucht, mit Hilfe von Silberspiegeln und der Kraft des konzentrierten Sonnenlichts, kleinere Diamanten zu einem größeren zusammenzuschmelzen. Dabei seien die Edelsteine jedoch verkohlt. Unbeabsichtigt habe er damit den Beweis erbracht, dass Diamanten verbrennen. Ein anderes Mal habe er mit seinem Bruder Carl in Brüssel Rubine und Diamanten im Wert von 6000 Gulden – damals das doppelte Jahresgehalt eines Hofrates – in Tongefäße gesteckt und 24 Stunden in stärkstes Feuer gehalten. Die Diamanten seien dabei zwar verschwunden, die Rubine jedoch – selbst nachdem man sie noch dreimal 24 Stunden der großen Hitze ausgesetzt hatte – unverändert erhalten geblieben. Der Kaiser, setzte der Beamte fort, habe in Wien zwei Laboratorien einrichten lassen, eines davon in der Menagerie in Schönbrunn. Im Untergeschoss eines achteckigen Pavillons, der heute als Restaurant diene, habe es einen durch geheime Gänge mit anderen Gebäuden verbundenen Raum gegeben, in dem er mit Hilfe einer kostbaren handschriftlichen Broschüre nach dem Stein der Weisen gesucht habe. In Schönbrunn hätten auch die Rosenkreuzer, eine esoterische Gruppe der Freimaurer, ihren Sitz gehabt. Man könne an der Architektur des Pavillons unschwer den freimaurerischen Geist erkennen, vor allem an der »Zahlenmystik«, wie er sagte, beispielsweise bei der Anzahl der Stufen, welche zur Plattform führten. Neun sei nämlich eine magische Zahl und stehe für Vollendung und Klugheit. Franz I. habe sich außerdem eine sogenannte »Planetenmaschine« konstruieren lassen, die den Umlauf der Planeten um die Sonne sowie die Bewegungen der Erde im Tierkreis, Jahreszeiten, Datum und Uhrzeit anzeigte und heute im Meteoritensaal im Hochparterre zu sehen sei, ursprünglich aber im sogenannten »Physikalisch-Astronomischen Cabinet« des Kaisers ihren Platz gefunden hätte. Franz I. habe sich übrigens von Anfang an bemüht, seine Sammlung zu vergrößern und sich dafür des erwähnten Chevalier de Baillou bedient, dessen Fähigkeiten als Sammler, Physiker und Erfinder er äußerst geschätzt habe. Baillou habe nämlich auch Automaten entworfen und konstruiert, wie eine hydraulisch betriebene Maschinerie, die er als »Die Zaubergrotte von Colorno« bezeichnet habe. Sie habe Blitze, Donnergrollen, den Gesang von Vögeln und Flötenspiel erzeugt und bewegliche Figuren aus der griechischen Mythen- und Götterwelt, wie den Sänger Orpheus, vorgeführt. Die Sammlung habe einzig dem Studium der Natur, der Suche nach Wahrheit und der Aufdeckung von Scharlatanerie und Aberglauben gegolten, sagte mein Begleiter. Vermutlich sei es auch Baillou gewesen, der Maria Theresia beraten habe, als sie den berühmten »Edelsteinstrauß« für ihren Gemahl habe anfertigen lassen. Zwar berichte Goethe, so der Beamte, im vierten Buch des ersten Bandes seiner Autobiographie »Dichtung und Wahrheit«, dass der Juwelier Lautensack in Frankfurt an einem derartigen Edelsteinstrauß für Kaiser Franz I. gearbeitet habe, doch nehme man an, dass ihn der Wiener Juwelier Grosser zumindest vollendet habe. Zur Herstellung des Straußes wurden 2102 Diamanten und 761 andere Schmucksteine wie Rubine, Smaragde, Saphire, Chrysolithe, Opale, Türkise, Hyazinthe und Granate verwendet, die zu 61 Blumen und 12 unterschiedlichen Tierarten zusammengesetzt wurden, erklärte mir später die Archivarin Riedl-Dorn. Leider seien aber im Laufe der Jahre die aus Seide angefertigten Blätter völlig ausgeblichen. Der Edelsteinstrauß, fuhr der Beamte inzwischen fort, zeige, wie sehr die Kaiserin die Neigungen ihres Mannes teilte. Nach seinem Tod habe sie ihren Sohn Joseph II. zum Mitregenten ernannt und den Siebenbürgischen Mineralogen und Geologen Ignaz von Born als Leiter des Mineralien-Cabinets nach Wien berufen. »Und damit«, rief der Beamte triumphierend und mit der Taschenlampe auf mehrere ausgestopfte

Nashörner zeigend, »kennen Sie schon zwei Figuren und ihre Beziehung zur Freimaurerei, die mit der Entstehung von Mozarts Oper ›Die Zauberflöte‹ zu tun haben – den unglücklichen Hofmohren Angelo Soliman, der, wie Sie wissen, ausgestopft wurde, und den scharfzüngigen Ignaz von Born.« Bevor der Beamte sich jedoch weiter der »Zauberflöte« zuwandte, zeigte er mit der Taschenlampe auf ein kleines Nashorn und wies mich darauf hin, dass es sich um eines der besterhaltenen und ältesten Stopfpräparate der Welt handle, ein männliches Java-Nashorn, das vierzehn Monate alt und für den Tiergarten in Schönbrunn vorgesehen gewesen sei. Es sei jedoch 1801 auf dem Transport gestorben.

Es roch süßlich nach Bodenwachs und abgestandener Luft. Wir waren von Tod und Schatten umgeben und beinahe zur Gänze in den Tiefen der Geschichte versunken, die uns jetzt gegenwärtiger erschien als das Leben draußen. In diesem Augenblick war mir auch, als ob wir uns in einem Panoptikum befänden und uns durch die Dioramen vergangener Zeiten bewegten. Der arme Angelo Soliman, begann mein Begleiter wieder, sei eine stadtbekannte Persönlichkeit gewesen, habe fließend Italienisch, Deutsch, Französisch, Tschechisch, Englisch und Latein gesprochen und hervorragend Schach gespielt. Außerdem sei er Mitglied der Loge »Zur wahren Eintracht« und zuletzt sogar deren Zeremonienmeister gewesen. Es sei bekannt, dass Ignaz von Born auf seinen Antrag hin von den Freimaurern aufgenommen und schon bald danach zum »Meister vom Stuhl« gewählt worden sei. Der Freimaurer Emanuel Schikaneder, der das Libretto der »Zauberflöte« von Wolfgang Amadeus Mozart, der ebenfalls ein Freimaurer gewesen sei, verfasste, habe Soliman als Vorlage für den liebestollen Mohren »Monostatos« und Born als Vorbild des Sonnenpriesters »Sarastro« genommen. Mit Ignaz von Born sei ein besonders streitbarer Mann von den Freimaurern aufgenommen worden. Er sei aber auch ein ebenso hervorragender Wissenschaftler gewesen.

In seiner »Mönchologie«, ergänzte später Frau Riedl-Dorn, habe er in lateinischer Sprache Mönche nach Art der Linné'schen Beschreibung von Insekten dargestellt und in der Satire »Die Staatsperücke« mit Swift'scher Bosheit die Geschichte einer Perücke beschrieben, die für einen König hergestellt wird, zuletzt aber nur noch als Polsterfutter dient. Das habe nicht gerade zu seiner Beliebtheit beigetragen. Born habe die kaiserlichen Sammlungen im »Naturalien-Cabinet« neu aufstellen lassen und sich besonders um die Mineralien verdient gemacht. Er habe vor allem die Meteoriten, die sich damals unter der Bezeichnung »Luftsteine« oder »Aerolithen« als *Curiosa* in der kaiserlichen Schatzkammer befunden hätten, in das »Naturalien-Cabinet« überführen lassen. Damals habe die Wissenschaft noch heftig daran gezweifelt, dass Steine vom Himmel fallen könnten, so sei auch der berühmte, 39 Kilogramm schwere Eisenmeteorit, der am 26. Mai 1751 in Hraschina bei Agram auf der Erde aufgeschlagen sei, mit Argwohn betrachtet worden, obwohl unter Aufsicht eines Bischofs ein genaues »Fallprotokoll« erstellt worden sei. Born habe damit die heute älteste Meteoritensammlung der Welt begründet. Im Laufe von mehr als 200 Jahren wuchs sie immer mehr an und nimmt jetzt im Hochparterre den ganzen Saal V ein.

In Gedanken versunken waren wir bis zu den Sälen

der Vögel gegangen, die in der Dunkelheit alle krähenschwarz über die toten Gelehrten und Adeligen zu wachen schienen, welche mein Begleiter mit seiner Erzählung heraufbeschworen hatte. Hierauf gelangten wir, wie ich mich zu erinnern glaube, in den großen Saal mit dem vielleicht sechs Meter langen Skelett eines Finnwal-Jungen. Der Beamte zeigte mit der Taschenlampe jedoch auf die langen Kiemen eines ausgewachsenen Tieres, die an der Wand zu sehen waren, und fügte hinzu, dass daraus früher Kämme gemacht worden seien. Ich könne mir anhand der Größe der Kiemen vorstellen, welche Ausmaße ein ausgewachsenes Exemplar habe.

Gleich darauf öffnete er eine Tür, und wir traten wieder hinaus auf den dämmrigen Gang. Treppe um Treppe stiegen wir hinauf zur »Anthropologischen Abteilung«, wie ich endlich in verschnörkelten Buchstaben über der hohen Tür las, und mein Begleiter sperrte, während nun ich die Taschenlampe hielt, das Schloss auf. Sodann lief er hastig – noch immer mit der Taschenlampe in der Hand – den sogenannten »Schädelgang« entlang, auf dem sich an der linken Seite bis zur Decke reichende Regale mit Glasscheiben befanden, in denen sich Hunderte oder sogar Tausende menschliche Totenschädel dicht aneinanderreihten. Plötzlich blieb mein Begleiter stehen, wartete, bis er wieder zu Luft gekommen war, und stieß dann hervor, dass die Sammlung von Skeletten im Naturhistorischen Museum »mit 40 000 Objekten« Wiens zweitgrößter Friedhof sei. »Was sagen Sie dazu?«, flüsterte er erwartungsvoll. Ich schwieg erstaunt. Der Strahl der Taschenlampe war jetzt auf den Boden gerichtet, ich konnte daher das Gesicht meines Begleiters nicht erkennen, lediglich seine dunkle kleine

Gestalt, die vor mir stand. Das reflektierte Licht ließ mich die ungeheure Anzahl von Schädeln erahnen, und es war mir, als hätten wir ein anderes Erdzeitalter betreten, in dem die Menschen ausgestorben und ihre Reste nur noch als archäologische Fundstücke vorhanden waren.

»Mozarts Schädel«, sagte der Beamte, nachdem er sich gefasst hatte, »gelangte erst 77 Jahre nach seinem Tod 1791 an die Öffentlichkeit. Er stammte aus dem Besitz des Anatomen Josef Hyrtl, einer Koriphäe in seinem Fach«, wie mein Begleiter betonte. »Erstmals wurde der Schädel nach dem Tod des Anatomen 1901 im Hyrtl'schen Waisenhaus in Mödling ausgestellt.« Seither sei seine Echtheit abwechselnd bestätigt oder angezweifelt worden. 1902 sei er dann in Mozarts Geburtshaus nach Salzburg gekommen und habe schließlich 1940 im Mozarteum seinen endgültigen Platz erhalten. Die Herkunft, fuhr der Beamte fort, habe der Anatom, der den Schädel von seinem Bruder, einem Bildhauer, geerbt habe, auf einem Papierstreifen über der Stirn vermerkt. Demnach solle der Totengräber am St. Marxer Friedhof, Rothmayer, bei der Umgrabung des Schachtgrabes, das die sterblichen Überreste enthalten habe, »das Relikt« geborgen und trotz strengsten Verbotes an sich genommen haben. Unter rigoroser Geheimhaltung sei das wertvolle Exemplar dann von Rothmayer auf seinen Nachfolger Löffler, von diesem an einen gewissen Radschopf und zuletzt an dessen Enkel Franz Braun weitergegeben worden. Jeder Totengräber habe sich vor den drohenden gesetzlichen Folgen gefürchtet, und keiner habe seine Vorfahren verraten und damit den Namen der Familie in Unehren bringen wollen. Trotzdem seien gerade zur Zeit von Mozarts Tod und auch später immer wieder Schädel gestohlen worden. »Joseph Haydn zum Beispiel«, brauste der Beamte plötzlich auf, »ist zuerst 150 Jahre ohne seinen Kopf und später mit einem falschen Schädel in seinem Grab gelegen, bevor man ihm endlich wieder den eigenen aufgesetzt hat!« Bei der geplanten Überführung des Leichnams von Haydn nach Eisenstadt, elf Jahre nach seinem Tod, habe man erst festgestellt, dass der Kopf fehlte. »Was weiter gefolgt ist, war eine einzige Schädel-Odyssee!«, resignierte mein Begleiter. Mit Schädeln und Gebeinen sei damals überhaupt »Schindluder« getrieben worden, er sage nur: Schubert und Beethoven. Hierauf machte er eine Pause und wartete darauf, was ich dazu zu sagen hätte. Ich schwieg jedoch, worauf er sich plötzlich umdrehte, mir vorauseilte und mich in einen Saal führte, ohne dort aber das Licht einzuschalten. Der Saal war, konnte ich im Halbdunkel erkennen, an drei Wänden mit Schränken ausgestattet, in denen wie am Gang Totenschädel lagerten, einer neben dem anderen. Eine Zeit lang kramte der Beamte im Nebenzimmer herum und rief währenddessen: »Schuld war hauptsächlich der Gall, ein Genie und ein Narr!« Gall sei davon überzeugt gewesen, durch Abtasten und Vermessen von Köpfen Diagnosen über den Charakter der Menschen erstellen zu können. Er habe Ende des 18. Jahrhunderts vor allem Geisteskranke aus dem Narrenturm obduziert und Menschen- und Tierschädel vermessen und daraus zwei Dutzend Grundeigenschaften abgeleitet, die er an der Gehirnrinde lokalisiert sehen wollte – »natürlich alles Blödsinn«, bis auf die Entdeckung des Sprachzentrums. Diese sei ihm aber nur zufällig geglückt. Seine Lehre, die »Phrenologie«, habe in ganz Europa Aufsehen erregt, und man habe, wo immer es möglich gewesen sei, Gräber geöffnet und Totenschädel entfernt, um sie zu vermessen. Das sei eine Zeit lang wie eine Seuche gewesen, die die feine Gesellschaft und insbesondere die Ärzte befallen habe. Gall selbst habe eine große Sammlung von Schädeln, Büsten, Totenmasken und in Wachs nachgebildeten Gehirnen von Menschen und Tieren besessen, darunter einen Gipsabguss des österreichischen »Nationaldichters« Ferdinand Raimund, der 1836 Selbstmord verübte. Nachdem der damalige Kaiser Franz I. (II.) Galls Vorlesungen per kaiserlichem Dekret verboten hatte, habe sich Gall auf eine Vortragsreise begeben und schließlich in Paris niedergelassen. Ein Teil seiner Sammlung sei übrigens in Österreich, genauer gesagt in Baden geblieben, der andere in das Musée de l'Homme in Paris gelangt, wo sich auch Galls eigener Schädel, den einer seiner Schüler präpariert habe, befände. Übrigens sei in der »Wiener Allgemeinen Tageszeitung« schon im Jahr 1853 zu lesen gewesen, dass Gall, als er Mozarts Schädel erblickte, die Entwicklung des musikalischen Organs in Entzücken versetzt habe. Das passe aber zeitlich nicht mit den anderen Daten zusammen. Während der Beamte jetzt seinen Redeschwall abrupt beendete, schwieg auch ich zu seinen Bemerkungen über Gall, den ich für einen bedeutenden Mann halte, den Begründer einer auf die Erforschung der Triebe aufgebauten Psychologie und damit Vorläufer Sigmund Freuds und der gesamten Gehirnforschung überhaupt. Außerdem wusste ich, dass er einer Intrige von Franz' I. (II.) reaktionärem Leibarzt Stifft zum Opfer gefallen war, der ihn nach Paris vertrieb.

Der Beamte eilte plötzlich aus dem Nebenzimmer zu

mir heraus, den Schädel Mozarts – wie er gleich darauf betonte – in beiden Händen und legte ihn in der Dunkelheit auf einen Tisch, bevor er seine Taschenlampe aus der Jacke holte und den Lichtstrahl auf ihn richtete. Auf dem Tisch lag auch zumindest ein Dutzend anderer Schädel. Angesichts der Hunderten, ja Tausenden in den Regalen des Saales und des langen Ganges der Anthropologie war dieser Schädel vor mir nichts Besonderes mehr. Ich konnte zuerst auch nicht glauben, dass es wirklich der Kopf des Komponisten war. Trotzdem berührte ich ihn. Mir kam dabei der banale Gedanke, dass Mozart in meinen Gedanken lebte, während sein Knochenschädel jetzt vor mir lag. Doch ohne lange zu fragen, nahm der Beamte das Heiligtum wieder in seine Hände, stellte es in das Nebenzimmer zurück und führte mich nach einigen Minuten über die endlos sich um den Lift schlingende Hintertreppe ins Freie. Erst Monate später erfuhr ich von dem Journalisten, der mir die Führung vermittelt hatte, dass der Beamte mich getäuscht und mir einen falschen Schädel gezeigt hatte, weil der echte in einem Safe eingesperrt lag, zu dem er keinen Schlüssel besaß.

Kleine Expedition in das Universum der Schöpfung

Nach dem ersten Besuch im Naturhistorischen Museum vor dreißig Jahren blieb in meinem Kopf nur eine Spirale in Form der marmornen Prunktreppe zurück und Hans Canons Deckengemälde aus nackten Menschenleibern »Der Kreislauf des Lebens«, das sich, wie ich mir einbildete, über der Stiege selbst im Kreis drehte und einen Sog auf mich ausübte, der mich scheinbar in die Luft hinaufziehen wollte. Die weißen Marmorstatuen von Naturforschern am Ausgang zur großen Kuppelhalle – darunter Aristoteles, Johannes Kepler, Alexander von Humboldt, Isaac Newton und Carl von Linné – waren wie Figuren eines Ringelspiels in diese Drehbewegung eingeschlossen und riefen in mir zusätzlich Schwindelgefühle hervor.

Dachte ich an die Säle, so waren es die mehr als hundert Ölbilder aus der Gründerzeit an den Wänden, das braune Mobiliar, das seit der Eröffnung des Hauses im Jahr 1889 durch Kaiser Franz Joseph unverändert geblieben ist, und die stillen, weiten und hohen Räume selbst, die ich vor mir sah – insgesamt 39 in zwei Etagen, dem erwähnten Hochparterre und dem ersten Stock. In meiner Vorstellung bildeten sie einen Korridor, in dem ich vergeblich nach einem Ausgang suchte, weil sich hinter jeder Ecke ein neuer Korridor mit einer weiteren Ecke öffnete, so dass ich allmählich nicht mehr wusste, wo ich mich befand. Die Kuppel im ersten Stock mit den acht ovalen Fenstern und dem reichen Dekor erschien mir damals wie ein überdimensioniertes Kaleidoskop, das aus buntem, gefrorenem Wasser zusammengesetzt war und sich stetig veränderte.

Lange lag ich damals mit geschlossenen Augen auf meinem Hotelbett, bis ich in der Sekunde des Einschlafens begriff, dass mich das Museum schon in einen Traum versetzt hatte, bevor ich mich jetzt anschickte, den Traum im Traum weiterzuträumen.

Erst im Laufe der nächsten Jahre begann ich das von Gottfried Semper und Carl Hasenauer gebaute Museum zu entschlüsseln. Ich erfuhr, dass das gewaltige, im Stil der Neorenaissance entworfene Bauwerk – ebenso wie das spiegelbildliche Kunsthistorische Museum – ursprünglich als Teile eines Kaiserforums geplant waren, die durch Triumphbögen über die Ringstraße hinweg jeweils mit einem der beiden neuen Trakte der Hofburg verbunden werden sollten. Aber das Kaiserforum blieb unvollendet, denn nur einer der Hofburgtrakte wurde errichtet, und die zwei Triumphbögen kamen nie über das Stadium von sorgfältig ausgeführten Architekturzeichnungen hinaus. Schon zu Zeiten Kaiser Franz Josephs bezeichnete man das Naturhistorische Museum, wie ich las, als eine »Kathedrale der Naturwissenschaften«, denn es ist bis zum Dach hinauf und dort sogar noch auf dem First übersät mit unzähligen Statuen berühmter Forscher und Entdecker, gleich Schutzheiligen. Der Generaldirektor des Naturhistorischen Museums, Bernd Lötsch, schrieb darüber: »Beobachter von einem anderen Stern würden es … für das Zentrum eines seltsamen Mumienkultes halten – mit Hohepriestern, Tempelwächtern und Pilgerströmen«, und er bezeichnete den Bau schließlich als »Tempel der Evolutionsidee«.

Heute besteht es, nach baulichen Erweiterungen, aus neun Geschossen, fünf über und vier unter der Erde, 240 Mitarbeiter sind in diesem als »Museum eines Museums« bezeichneten Gebäude beschäftigt, das den romantischen Wissenschaftsgeist der Gründerzeit ausstrahlt, wie ihn Jules Verne in seinen Büchern beschworen hat. Und da ich schon als Kind ein hingerissener Leser von »20000 Meilen unter dem Meer«, »Reise zum Mittelpunkt der Erde« und »Von der Erde zum Mond« war, erlebte ich bei jedem meiner Besuche eine Summe kurzer Déjà-vus, die mich beglückte. Wahrscheinlich hätte Jules Verne aber eine genaue Größenangabe des Gebäudes gegeben, die ich somit nachliefere: sowohl das spiegelbildliche Kunsthistorische Museum als auch das Naturhistorische Museum sind 170 Meter lang, siebzig Meter breit und mit der Spitze ihrer Kuppel 65 Meter hoch.

Es dauerte einige Zeit, bis ich begriff, dass die Säle im Sinne der Evolutionstheorie angeordnet waren und dass meine anfängliche Verwirrung daher kam, dass ich nicht auf die ohnedies durch die Saalnummern ersichtliche Reihenfolge geachtet und einmal diesen, einmal jenen Raum aufgesucht hatte, weshalb die Eindrücke, die schon für sich genommen überwältigend sind, schließlich ein chaotisches Durcheinander in meinem Kopf hervorriefen und wie zufällige Gegenstände in einer Windhose durcheinanderwirbelten: eine militärische Parade toter Käfer hinter einer Glasscheibe, das Fossil eines Trilobiten, verschiedene Kristalle, die ausgestopfte Giraffe, die Pflanze in einem Herbarium, das gläserne Modell einer Meeresqualle oder das zuckende Leben in einem Wassertropfen im verdunkelten »Mikrotheater«. Dazu vermengten sich auch die Ölgemälde, die die Säle schmücken und die Sammlungen illustrieren, in meiner Erinnerung: Wo befand sich das »Panorama von Rio de Janeiro« von Robert Russ, wo die geheimnisvollen »Mundurucu-Indianer« von Julius von Blaas, wo die comichaft-schönen »Tempelruinen von Angkor Wat« von Emil Jakob Schindler? Ich liebe diese Gemälde, seit ich in meiner Mittelschulzeit Karl-May-Bildchen sammelte, die sich in Kaugummiverpackungen befanden und im selben neoromantischen Stil wie die Gemälde gehalten waren. Allerdings hatte man bei der Ausstattung des Naturhistorischen Museums darauf geachtet, dass das Dargestellte auch präzise der Wirklichkeit entsprach, und deshalb die Maler auf kostspielige Reisen geschickt oder von den gewünschten Motiven zumindest Skizzen und Fotografien besorgt, an die die Künstler sich halten mussten.

Meine Orientierung wurde mir noch dadurch erschwert, dass die Ethnographische Sammlung des Museums im Jahr 1927 in die Neue Hofburg gebracht wurde und dort den Grundstock für das heutige Völkerkundemuseum bildete. Die Objekte, die nun an deren Stelle ausgestellt werden, Gegenstände aus der Frühgeschichte oder der Anthropologie, passen daher nicht mehr zum entsprechenden Wandschmuck. Hatte ich ohnedies nichts anderes vorgehabt, als einen Nachmittag im Museum zu verbringen und herumzuschlendern, bereitete mir meine Verwirrung Vergnügen – war ich jedoch bereits müde vom Schauen, begann ich zunehmend Unruhe zu verspüren, die mich schließlich resigniert das Café Nautilus aufsuchen ließ und einmal sogar zu einem fluchtartigen Verlassen des Gebäudes veranlasste. Dabei ist es keine Kunst, sich zurechtzufinden: In den 19 ineinander übergehenden Sälen des Hochparterres werden zuerst in beleuchteten Vitrinen, die eine übersinnliche Aura verbreiten, Minerale und Gesteine gezeigt – der Beginn der Evolution, Diamanten aus Südafrika, deren größter 82,5 Karat wiegt, ein sechs Kilogramm schweres Platin-Nugget aus dem Ural, die siebenbürgische Goldstufe, des Weiteren ein wasserklarer Bergkristall, groß wie ein dicker Holzpfosten und spitz wie ein Bleistift, Goldklumpen aus Australien, Hessite, Bor-

nite, Alexandrite, rosettenförmige, zu einer »Eisenrose«
verwachsene Hämatitblättchen, Edelopale, Wulfenit-
kristalle, ein mit haarfeinem Byssolith durchwachsener
Apatit, Topas aus Alabaschka, die miteinander verwach-
senen schwarzgrünen Kristalle eines Epidot, Smaragde,
Turmaline oder die bizarr verästelte Form eines Arago-
nits vom steirischen Erzberg, wie eine weiße Perücke,
die lange im Wasser gelegen und nun unordentlich, zu
einzelnen steifen Büscheln verformt, ans Tageslicht gelangt ist. Der berühmte Edelsteinstrauß Maria Theresias
– kleiner als in meiner Vorstellung, doch auch kompli-
zierter und kunstvoller – befindet sich in einem verglasten Wandtresor des Saales. Die Mineraliensammlung
umfasst mehr als 300 000 Objekte, wovon 20 000 in Vitrinen ausgestellt sind.

Im Meteoritensaal liegt ein Teil der 4,6 Milliarden
Jahre alten Gesteine, über 7000 Exemplare besitzt das
Museum von 800 Meteoritenfällen und -funden. Neben
dem erwähnten aus Hraschina ist das in lateinischer
Sprache abgefasste »Fallprotokoll« mit den Zeugenaus-
sagen ausgestellt, und in einer der Vitrinen finden sich
auch die kugelig oder länglich geformten schwarzen
Tektite von den Philippinen, die überwiegend aus Glas
bestehen – erstarrte Tropfen irdischen Gesteins, welche
bei Meteoriteneinschlägen in »schmelzflüssigem Zustand« verspritzt werden.

Die anschließende Geologisch-Paläontologische Abteilung mit einer Auswahl aus zwei Millionen Objekten
führt zu den frühen Spuren des Lebens. Man erkennt
paläozoische Seeigel, die Stammoberfläche eines Schup-
penbaumes, die Abdrücke von Schachtelhalm und Farn-
kraut, das vergessene Skelett eines zwanzig Zentimeter

kleinen Pachypleurosauriers, die sternförmigen Kelche von Korallen aus Alt-Aussee in der Steiermark, versteinerte Ammoniten – Kopffüßler des Erdaltertums, die seit 65 Millionen Jahren ausgestorben sind –, des Weiteren einen zwei Meter langen versteinerten Fisch und die Reste eines Flugsauriers, eine Riesenschildkröte, den Schädelteil eines versteinerten anthropomorphen Affen, der in Neudorf an der March gefunden wurde, einen Haifischzahn aus dem Kalk des Leithagebirges, Purpurschnecken, Pilgermuscheln, fossile Mücken, Fliegen, Vogelfedern oder das Skelett eines eiszeitlichen Höhlenbären.

In den prähistorischen Sälen wird in einer Auswahl aus mehreren 100000 Einzelstücken das Auftreten des Menschen in der Evolutionsgeschichte dokumentiert: Skelettfunde, Werkzeug, Keramik, Gerätschaften, Schmuck und Kultgegenstände. Das berühmteste Stück ist die etwa 25000 Jahre alte Venus von Willendorf. In einer abgedunkelten Kammer ruht die winzige, nur elf Zentimeter große Figur beleuchtet und hinter Sicherheitsglas wie ein versteinerter Embryo längst ausgestorbener Lebewesen. Die Figur ist aus feinem Kalkstein und stellt eine beleibte Frau mit starken Hüften, vorstehendem Bauch, schweren Brüsten und einer erkennbaren Vulva dar. Auf den Schultern sitzt ein monströs großer Kopf ohne Gesicht, der von parallelen Lockenreihen bis in den Nacken bedeckt ist. Ober- und Unterschenkel sind stark verkürzt, die Arme nur angedeutet, die Füße weggelassen, als handle es sich um eine Fehlgeburt, doch dargestellt ist vermutlich ein mythologisches Wesen, eine heidnische Fruchtbarkeitsgöttin, die am 7. August 1908 bei archäologischen Grabungen in der Wachau vom damaligen Leiter der Prähistorischen Abteilung des Museums, Josef Szombathy, ans Tageslicht gebracht wurde. Die anthropologische Schau, die letzte im Hochparterre, widmet sich mit ihren Totenköpfen und Skeletten vorwiegend der Entwicklungsgeschichte der Menschheit und ihren verschiedenen Rassen, wovon noch die Rede sein wird. Neben frühen Funden des Homo sapiens, wie dem fast schwarzen, 35000 Jahre alten Schädel eines jungen Mannes aus Lautsch in Tschechien, der der »Cro-Magnon-Rasse« zugeordnet wird, oder einem künstlich deformierten Schädel eines Goten mit einem hohen, spitzen Hinterkopf (angeblich Kennzeichnung hochgestellter Familien oder zur Abschreckung eines Feindes) und präparierten Totenköpfen finden sich auch blankpolierte Köpfe von Tasmaniern, Melanesiern und Feuerland-Indianern, die zumeist unter »merkwürdigen« Umständen in das Museum gelangten. Die Anthropologische Abteilung besitzt ferner eine große Anzahl von Skeletten und bemalten Schädeln aus Hallstatt aus den Beinhäusern der Kirche. Besonders in der Biedermeierzeit war es Brauch, die Schädel aus den Beinhäusern zu bemalen und mit Hinweisen zu versehen, die Aufschluss über Person und Lebensalter gaben. Manche sind von der Stirn ausgehend rund um den Kopf mit rosa, roten und blauen Rosen und grünen Blättern bemalt, als hielten sie ewige Hochzeit mit dem Tod.

Außerdem finden sich in einer Vitrine ein Tasterzirkel für Kopfmessungen, ein Ergometer zur Messung der Muskelkraft und eine Federwaage zur Bestimmung des Körpergewichts, die der Schiffsarzt bei der Weltumseglung der »Novara« 1857 bis 1859 verwendete. Durch eine Kunststoffglocke schaut man einige Schritte weiter in ein Erdgrab hinunter, das vermutlich aus der Zeit 400 bis 800 vor Christus stammt: es handelt sich um die vollständig erhaltenen Skelette von drei Erwachsenen und vier Kindern aus Stillfried an der March in Niederösterreich. Weder gerichtsmedizinische noch anthropologische Untersuchungen haben Hinweise auf ihre Todesursache ergeben. Der Fund ist umso rätselhafter, als zur angeführten Zeit in der Region Feuerbestattungen üblich waren.

Im Saal XX des ersten Stockwerks, der jetzt vom »Mikrotheater« eingenommen wird, war ursprünglich die Botanik untergebracht, mit kostbaren Herbarien, handgeschriebenen Kräuterbüchern, Blumenaquarellen, naturgetreu präparierten Orchideenblüten, Lehrtafeln, exotischen Seychellennüssen und Lianen. Vier Millionen »Herbarbelege« aus allen Teilen der Welt besitzt die Abteilung, dazu kleinere Bestände von Hölzern, Früchten und Samen, Flüssigkeits- und mikroskopischen Dauerpräparaten. Besonders groß ist der Reichtum »nomenklatorischer Typen«, Herbarpflanzen, die als Grundlagen zur Beschreibung neuer Arten dienen. Die Kaiser waren oft gut unterrichtete Botaniker – Christa Riedl-Dorn, die gelehrte Archivarin, beschrieb in einem Buch diese Vorliebe und nannte es »Die grüne Welt der Habsburger«. Schon Franz Stephan von Lothringen und Maria Theresia begeisterten sich für Pflanzen und schickten den Botaniker Jacquin mit Gärtnern auf weite Reisen, um fremde Gewächse für den Botanischen Garten in Schönbrunn zu sammeln, darüber hinaus gaben sie Aufträge für wissenschaftliche und reich illustrierte botanische Prunkwerke. Kaiser Franz I. (II.) hieß im Volksmund sogar der »Blumenkaiser«. Sein Gartenwerkzeug

»aus handgeschmiedetem Stahl mit Mahagonigriff« ist noch in den Bundesmobilien-Sammlungen zu sehen. Der Kaiser soll einmal, heißt es, auf allen vieren im k.k. Burggarten arbeitend, von einem Hauptmann, der zur Audienz geladen war, mit einem Gärtner verwechselt und grob angeschnauzt worden sein. Der Irrtum klärte sich wohl rasch auf. Auch Franz' I. (II.) Sohn, der spätere Kaiser Ferdinand der Gütige, teilte diese Leidenschaft. Er fertigte unter anderem mehrere erhalten gebliebene Präparate von Moosen zwischen Glas zur mikroskopischen Untersuchung an. Zu den besonders schönen Objekten der angeblich wegen zu großer Licht- und Temperaturempfindlichkeit nicht frei zugänglichen Sammlung gehörten auch aus Wachs geformte Pilze.

Anstelle der Botanik findet sich jetzt, wie gesagt, ein bühnenhaft mit stilgetreuen Kulissen ausgestattetes »Mikrotheater« in den Räumlichkeiten, das in das Ambiente der Gründerzeit passt. Die Fenster des Saales sind mit Illustrationen aus Ernst Haeckels wunderbaren »Kunstformen der Natur« abgedunkelt. Auf mit Samt bezogenen Klappstühlen folgt man den durch das Mikroskop gefilmten Prozessen der Mikrowelt, die mehrtausendfach vergrößert auf der Leinwand ein abstraktes Schauspiel zeigen. Oder man experimentiert selbst mit bereitgestellten Präparaten an Forschungsmikroskopen, die an einer Wand aufgestellt sind. Hier denke ich am intensivsten an meine Kindheit zurück, an die Verfilmung von »20 000 Meilen unter dem Meer« mit James Mason als Kapitän Nemo, und an die Luken des Unterseebootes, durch die man auf den Meeresgrund sah.

Im Laufe der Jahrhunderte wurde die Sammlung der »Niederen Tiere«, heute »Wirbellose Tiere« der Zoologischen Abteilung, zur größten der Welt. Ein merkwürdiger Attaché, Freiherr von Ransonnet, der dem Naturhistorischen Museum eine umfassende Korallensammlung vermachte, fertigte vor der Küste von Ceylon um die Wende zum 20. Jahrhundert in einer Taucherglocke ein einzigartiges Unterwassergemälde an. Es erforderte, heißt es, tagelange Beobachtungen am Meeresboden. Das Bild verzichtet zwar nicht auf einen Totenschädel, der verloren im Sand liegt, zeigt aber auch mit großer Genauigkeit und in braun-gelben Farbtönen eine Felswand mit verschiedenen Korallenarten und davor gestreifte kleine Fische, von denen einer ein sogenannter »Seebader« und der andere ein »Borstenzähner« ist. Eine lebensgroße Puppe des Malers ist in einer Taucherglocke vor dem Café Nautilus zu sehen.

In den hohen Schaukästen und Vitrinen begegnet man Meeresschwämmen wie dem Neptunsbecher oder dem Glasmodell einer Bougainvillea ramosa, einem strauchförmigen, auf einem Felsen ruhenden Tier, das mit den auf den Ästchen sitzenden Polypen durch »ungeschlechtliche Knospung frei schwimmende Medusen entstehen lässt«, die ihrerseits durch geschlechtliche Fortpflanzung Polypen zeugen. Das formvollendete Tier, das mich an ein feines geometrisches Eisgebilde, eine Art dreidimensionale Eisblume erinnert, überfordert den Verstand eines Laien, der es für ein harmloses Unterwasserpflänzchen hält. Endlose Reihen von herrlichsten Molluskenschalen, Meeresschnecken und Muscheln, Korallen und Quallen bieten sich dem Auge dar, so dass man sich auf dem Grunde eines Schauaquariums wähnt. Die auffallende australische Stachelauster mit unterschiedlich langen geschwungenen Stacheln ist so etwas wie das Igeltier unter den Muscheln und wechselt häufig ihre kräftige Farbe. Ein besonderes Stück der Sammlung ist die Tabakdose des Kronprinzen von Brasilien, Dom Pedro von Braganza, die er seinem Schwiegervater Franz I. (II.), anlässlich der Vermählung mit dessen Tochter Erzherzogin Leopoldine im Jahr 1817 zum Geschenk machte. Das wertvolle Präsent besteht aus den polierten Schalenklappen einer Süß- und Brackwassermuschel, die mit Gold verziert wurde. Ein anderes, ebenso schönes Stück ist die südamerikanische Miesmuschel, aus der eine Tabatière mit Fischkopf geformt wurde. Zu den Wirbellosen Tieren gehören auch die Crustaceen, Krebse, Skorpione, Tausendfüßler und Spinnen wie die japanische Riesen-Meeresspinne, eigentlich eine Krabbenart, die vorwiegend in der Tiefsee lebt. Ein großes Männchen ist in der Kuppelhalle des Naturhistorischen Museums zu sehen, es hat eine Rumpflänge von vierzig Zentimetern, und seine Arme sind über ein Meter fünfzig lang. Das Weibchen daneben nimmt sich hingegen klein aus. Die Molluskensammlung enthält zehn Millionen Einzelstücke, 470 000 Proben und 22 300 Flüssigpräparate – nicht zu vergessen die sagenhafte Wurmsammlung, die der Direktor des »Naturalien-Cabinets«, Karl Franz von Schreibers – ein gelernter Arzt, der die Präparatoren beauftragte, alle Tiere beim Ausbalgen auf Eingeweidewürmer zu untersuchen und diese in Alkohol aufzubewahren –, und der Arzt Johann Gottfried Bremser begründeten. Nahezu alle bekannten Arten sind in der Kollektion vertreten, beschrieben und konserviert, wie auch ein vier Meter langer Menschenbandwurm – man kann ihn, wenn man will, anhand anschaulicher Wachsmodelle, die für die Wiener Weltaus-

38

stellung 1873 angefertigt wurden, in allen Einzelheiten studieren – oder Trichinen, die sich mit ihrer Länge von einem bis vier Millimetern im Darm des Menschen, aber auch in dem von Füchsen, Dachsen, Hunden, Ratten und Hausschweinen einnisten. Der Naturforscher und Präparator Johann Natterer, der 1817 an der österreichischen Brasilien-Expedition anlässlich der Hochzeit von Dom Pedro mit Erzherzogin Leopoldine teilnahm, war ein besonders emsiger Sammler von Eingeweidewürmern. Eines der zahlreichen Exemplare, die er nach Wien übersandte, stammt sogar aus seinem eigenen Darm. Das handgeschriebene Etikett auf dem Glasfläschchen trägt die Aufschrift: »Ascaris lumbricoides, von Natterer erbrochen.«

Endlich gelange ich zu den Insekten, den Tausenden und Abertausenden von Mücken, Fliegen, Käfern, Schmetterlingen – sechs Millionen Objekte sind es, allein 2,8 Millionen Käfer, 1,4 Millionen Schmetterlinge, 1,1 Millionen Hautflügler, 400 000 Zweiflügler, 300 000 Heuschrecken, Libellen, Netzflügler, Wanzen und andere sowie Sammlungen von Gallenbildungen und Insektennestern. Die Wiener Kollektion ist besonders reich an Originalexemplaren, den sogenannten Typen, also Insekten einer neuen Art, die hier zum ersten Mal beschrieben worden sind. Auf zahlreichen Expeditionen wurden die seltensten Tierchen gefangen, allein der erwähnte Naturforscher und Tierpräparator Johann Natterer, der sich nach der bereits beendeten Brasilienexpedition noch achtzehn Jahre lang in dem Land aufhielt, brachte 32 000 Insekten nach Wien, kunstvoll präparierte Schmetterlinge und Käfer – von denen jedoch bei der Revolution am 31. Oktober 1848 ein bedeutender Teil verbrannte, als der Augustinertrakt der Hofburg in Brand geriet. Auf dem in Flammen aufgegangenen Dachboden befand sich auch ein Teil der Insektensammlung, der wegen Raummangels ausgelagert worden war.

Wir sehen in der Vitrine die Grüne Kaffeeheuschrecke, die bis zu neun Zentimeter groß wird und bei Gefahr ein stechend riechendes Wehrsekret absondert, und eine Gottesanbeterin mit Spiralzeichnungen auf den Flügeldecken. Ihre Larven, so erfahre ich, sitzen auf Blüten, denen sie durch ihre Färbung täuschend ähnlich sind. Sodann der Große Laternenträger, eine Zikade mit überdimensionalem und erdnussförmigem Kopffortsatz, der nachts leuchtet, und deren Flügel mit auffallend großen starren Augen gezeichnet sind, so dass das Insekt einer Maske gleicht; oder der zehn Zentimeter lange Goliathkäfer, außerdem Wespen und Bienen – und in einem gläsernen Behälter sogar ein lebendiger Schwarm. Der Stock ist durch eine Plastikröhre mit der Außenwelt verbunden, und während ich die Bienen in ihren wächsernen Waben betrachte und ihre getanzte Sprache beobachte, die mich immer an die Gebärdensprache der Gehörlosen erinnert, fällt mir der blinde, bayerische Pfarrer und Imker Huber ein. Er ließ sich von seinem Gehilfen schildern, was dieser gerade beobachtete, und zog daraus seine Schlüsse. Hätte er selbst sehen können, denke ich, hätte er vielleicht mit den Bienen gesprochen. Ich betrachte auch den Querschnitt durch einen Termitenbau, das Kunststoffmodell einer Fliege, die groß ist wie ein ausgewachsener Hund, und die wunderbarsten Falter, die mich sofort an den russischen Dichter Vladimir Nabokov erinnern und seine große

Passion, die Lepidopterologie. Vor allem bestaune ich den Eulenschmetterling. Mit 28 Zentimetern hat er die größte Flügelspannweite. Er fliegt nur in der Nacht, tagsüber versteckt er sich mit seiner Rindenfärbung und -zeichnung gerne auf Bäumen und wird deshalb nur schwer entdeckt. Und neben all den bunten, ästhetisch gezeichneten südamerikanischen, indischen oder australischen Faltern entdecke ich auch das Große oder Wiener Nachtpfauenauge, dem ich im Laufe der Jahre in der Südsteiermark einige Male begegnet bin, einmal hatte sich ein Exemplar sogar auf meiner alten Eingangstür niedergelassen und war dort mehr als eine Stunde lang sitzen geblieben.

Das anschließende Reich der Wirbeltiere nimmt den größten Raum ein. In den Sälen XXVII und XXVIII sind Amphibien und Reptilien ausgestellt, an den Wänden Skelette von Schlangen befestigt – auch präparierte Schildkröten oder ihre Panzer. In einer der Vitrinen befinden sich die Glattstirnkaimane, die der Präparator Johann Natterer seinerzeit in Brasilien im Amazonasbecken fing. In den Sälen XXIX bis XXXII trifft man auf in- und fremdländische Vögel, darunter die Nebel- und die Saatkrähe, Letztere die Botin des Winters in Wien, und den sogenannten »letzten Adler von Kronprinz Rudolf«. Gemeint ist, dass er das letzte Tier war, das der unglückliche Sohn Kaiser Franz Josephs vor seinem Tod in den Donau-Auen erlegte. Der Kronprinz war nebenbei ein ausgezeichneter Ornithologe und arbeitete mit dem populären Naturforscher Brehm zusammen. Auch der ausgestorbene Riesenvogel Moa aus Neuseeland ist vertreten. Der österreichische Geologe Hofstetter brachte ihn von einer seiner Expeditionen mit. Die Beuteltiere,

Nagetiere, Schuppen- und Gürteltiere sind im Saal XXXIII versammelt, die Wale, Elefanten, Giraffen und Flusspferde im Saal XXXIV, während man die Pferde, Tapire und Nashörner im Saal XXXV betrachten kann. Im Saal XXXVI bilden ausgestopfte Gazellen und Hirsche mitunter ein Rudel in den Vitrinen, im Saal XXXVII findet man die Krallenäffchen und im Saal XXXVIII die Raubtiere zu Wasser und zu Lande, wie Löwen, Tiger und Robben. Ganz zuletzt, im Saal XXXIX, dem Primatensaal, der früher auch für Vorträge bestimmt war, blickt man den brüderlichen Gorillas, den Schimpansen und Orang-Utans in die gläsernen Augen, die – obwohl künstlich hergestellt – Trauer auszudrücken scheinen, wie ich mir unsinnigerweise immer wieder einbilde.

500 000 Objekte umfasst die Sammlung der Wirbeltiere, deren Größe vom zwölf Millimeter langen Millionenfischchen bis zum dreißig Meter langen Walskelett reicht. Sie enthält 210 000 Fische, 120 000 Amphibien und Reptilien, 90 000 Vögel, 40 000 Säugetiere und 40 000 Objekte der Archäologisch-Zoologischen Sammlung.

Einer der wertvollsten Ankäufe des Museums war die 1806 in London erstandene Privatsammlung Sir Ashton Levers, die 28 000 Objekte enthielt, darunter auch mehrere auf James Cooks großer Weltumseglung in den Jahren 1772 bis 1775 entdeckte Fische.

Ich habe für die Beschreibung meiner Wanderung durch das Gebäude das längst vergriffene Buch »Das Naturhistorische Museum in Wien« von Friedrich Bachmayer und Ortwin Schultz aus dem Jahr 1979 herangezogen und daraus zitiert, denn es wäre mir ansonsten unmöglich gewesen, die Fülle der angeführten Details zu erfassen.

Einige Tiere habe ich mir auch besonders gemerkt, ohne dass ich mir darüber im Klaren bin, weshalb:

– Der Bandfisch oder »Heringskönig« von der Küste Neuseelands. Er ist 550 Zentimeter lang und 47 Zentimeter hoch, wie ich nachlese, ein Tiefseetier, das an einen gewaltigen fliegenden Fisch in Form eines Säbels denken lässt, am Kopf mit Flossen bestückt, wie ein Wiedehopf mit Federn.

– Die Krokodilschwanzhöckerechse, die lediglich in der Provinz Kwangsi (im Südwesten von China) zu finden ist. Sie kann schwimmen und tauchen und bevorzugt zu ihrer Ernährung Kaulquappen.

– Die Dronte, ein truthahngroßer, flugunfähiger Vogel. Sie kam nur auf der Insel Mauritius vor und war für die frühen Seefahrer eine leichte Beute. Bereits um 1860 war sie völlig ausgerottet.

– Die Blauen Paradiesvögel. Ihre Federn waren zu Beginn des 20. Jahrhunderts als Modeartikel begehrt.

– Der Riesenalk, der von Island bis zur Küste Neufundlands beheimatet war – und zuletzt auf dem kleinen Eiland Eldey totgeschlagen wurde.

Alles deutet auf eine Suche nach Relikten aus dem verlorenen Paradies hin, die neben anderen Motiven zumindest anfangs eine Rolle gespielt haben dürfte.

Dieser Sammelleidenschaft für *Naturalien* und *Exotica* fiel beispielsweise auch Rembrandt van Rijn anheim, denn er besaß in der Zeit von 1639 bis 1658 in seinem Amsterdamer Haus, wie ich sah, neben Gemälden italienischer und holländischer Maler und antiken Büsten eine nicht unbeträchtliche Kollektion von Antilopen- und Widderhörnern, ausgestopften Krokodilen, präparierten Schmetterlingen, die Panzer eines Gürteltieres und einer Schildkröte, kostspielige Muschel- und Schneckenschalen, den Schädel eines Walrosses, Korallen, ausgestopfte Kugelfische, das Horn eines Sägefisches bis hin zu afrikanischen Wurfspießen und Schilden, die er bei Bedarf als Vorlage für seine Arbeit benutzte. Sein finanzieller Ruin war nicht zuletzt auf dieses Naturalienkabinett zurückzuführen.

Auf einem Gemälde im Mauritshuis in Den Haag schließlich haben Peter Paul Rubens und Jan Brueghel »Adam und Eva im Paradies« gemalt. Schon der erste Blick auf das Ölbild mit seinen Pfauen, Tigern und Löwen, dem Kamel und dem Elefanten, den Papageien und Paradiesvögeln, dem Hausgetier und den Fischen, mit Schwan und Ente, Rehbock, Schildkröte und natürlich der Schlange auf dem Apfelbaum und dem nackten ersten Menschenpaar, schon der erste Blick darauf also erinnert an die Kunst- und Wunderkammern der Habsburger, die Anfänge des systematischen Sammelns und Anhäufens von seltenen und kostbaren Schätzen der Natur und scheinbaren Fundstücken aus dem verschwundenen Garten Eden.

Das Archiv

Das freundliche, beim Dachausbau neu geschaffene Archiv strahlt Ruhe und Distanz zum Universum unter unseren Füßen aus. Es ist, als existiere alles, was ich gerade gesehen habe, die zu Objekten gewordenen Minerale, Pflanzen, Tiere und Menschen, in Wirklichkeit schon längst nicht mehr, oder als seien es Fundstücke von einem anderen, weit entfernten Planeten. Nur die

Krähen über uns, am Himmel und auf dem Dach, scheinen die Erde noch zu bewohnen. In einer Ecke sitzt ein älterer Mann an einem Tisch und entziffert geduldig das in Kurrentschrift abgefasste Expeditionstagebuch Ritter Georg von Frauenfelds aus dem 19. Jahrhundert, das der Zoologe während der Forschungsreise der österreichischen Fregatte »Novara« Mitte des 19. Jahrhunderts geführt hat. Der Mann am Tisch, Herr Kirchmayer, ist Pensionist und verrichtet unbezahlt diese Arbeit, weil ihn die Aufgabe reizt und er ohne geistige Tätigkeit, wie er sagt, in Depressionen verfallen würde.

Professorin Riedl-Dorn muss auf nicht wenige unbezahlte Helfer zurückgreifen, um alles aufzuarbeiten, was sich seit Jahrzehnten angesammelt hat. In ihrem fabelhaften Buch »Das Haus der Wunder« und im Katalog zur Ausstellung über österreichische Forscher, Sammler und Abenteurer, »Die Entdeckung der Welt und die Welt der Entdeckungen«, hat sie die Geschichte des Naturhistorischen Museums erforscht und penibel festgehalten. Mehr als dreißig Millionen Tiere, sagt sie, an die vier Millionen gepresste und getrocknete Pflanzen, 3,5 Millionen Fossilien sowie 250 Tonnen Gestein würden in den Depots aufbewahrt. Die Sammlung sei durch Ankauf oder Tausch der Kaiser sowie Schenkungen von Forschungsreisenden, Mitarbeitern und Gönnern zustande gekommen, die dem Kaiserhaus ethnographische Gegenstände, Münzen, Mineralien, Heilpflanzen, Tierbälge und Präparate anboten oder verehrten. Vor allem Jesuitenmissionare hätten aus Tibet, von den Philippinen, aus Mexiko oder Paraguay wertvolles Material mitgebracht. Die Objekte stammten aus allen Teilen der damals bekannten Welt, unter anderem aus Sumatra,

Borneo, China, Afghanistan, Persien oder Konstanti-
nopel. Die erste wissenschaftliche Expedition sei von
Nikolaus Joseph von Jacquin unternommen worden.
»Jacquin stammte aus dem niederländischen Leiden«,
sagt die Historikerin, »studierte Theologie und scholas-
tische Philosophie und später Medizin. Gerard van
Swieten, der Leibarzt Maria Theresias, berief ihn nach
Wien. Jacquin legte einen großen Teil des Weges zu Fuß
zurück und schloss an der Universität sein Medizinstudium ab. Daraufhin schickte sein Mentor ihn auf eine
Forschungsreise nach Westindien, die der junge Arzt
um 1754 antrat. Die Route führte ihn zu den Kleinen
und Großen Antillen, 1758 nach Jamaika und erst 1759
wieder nach Triest zurück.« Ausdrücklich habe Kaiser
Franz I. Jacquin verboten, Affen von seiner Expedition
mitzubringen, fährt Frau Riedl-Dorn fort, mit der Begründung, dass es davon in Wien ohnedies genug gebe.
Aber auch keine Raubtiere und Papageien seien erlaubt
gewesen, umso mehr jedoch wünschte man Gewächse
mit genießbaren Früchten oder schönen und wohlrie-
chenden Blüten, ferner Münzen und ethnologische Gegenstände. Reisen sei damals gefährlich gewesen, auf
See habe Krieg zwischen verschiedenen Nationen ge-
herrscht, dazu seien häufig tödliche Krankheiten wie
das Gelbfieber und Angriffe von Piraten gekommen.
Einmal, erzählt Frau Riedl-Dorn, sei Jacquin sogar gefangen genommen und auf die kleine Insel Gonave vor
Haiti verschleppt worden. Auf der Fahrt in Richtung
des südamerikanischen Festlandes sei er später auch gezwungen gewesen, ein Sklavenschiff zu benutzen, wo er
Zeuge der rohen Behandlung gefangener Schwarzer
durch die Mannschaft geworden sei. Er habe bei seiner

Rückkehr für die Menagerie in Schönbrunn unter anderem einen Roten Flamingo, Singvögel, einen zahmen Puma, ein Opossum und mehrere Flughörnchen mitgebracht, dazu eine Sammlung von mehreren hundert Fischen – zum Teil in Weingeist –, eine große Menge Mineralien, Seeigel und Conchylien. Besonders wichtig sei aber seine Ausbeute für die Botanik gewesen. Jacquin habe sich durch sein 36 Bände umfassendes wissenschaftliches Werk, das mit 3000 schönen Kupfertafeln nach kolorierten Originalen ausgestattet sei, einen Namen gemacht. Die Historikerin zeigt mir einige der Zeichnungen von Pflanzen, wie die eines Liliengewächses, die der Wissenschaftler während der Reise in der Karibik selbst anfertigte, nachdem sein Herbarium von Insekten aufgefressen worden war. Nutzpflanzen, die von Forschern nach Europa gebracht worden seien, hätten immer mehr an Bedeutung gewonnen, fährt Frau Riedl-Dorn fort. Im 16. und 17. Jahrhundert habe der »Mann von Welt« noch die Blüte eines Erdapfels im Knopfloch getragen, und das Paprikagewächs sei noch im 18. Jahrhundert als Zierpflanze im Botanischen Garten von Schönbrunn gewachsen. Besonders in der zweiten Hälfte des 19. Jahrhunderts sei dann das Pflanzensammeln Mode geworden. Der österreichische Schiffsarzt Heinrich Wawra habe beispielsweise 1872 von seiner Weltreise mit den beiden Prinzen Philipp und August von Sachsen-Coburg berichtet, dass sie in Australien für die Mitreisenden einen Zug gemietet, den sie an pflanzenreichen Gegenden einfach angehalten hätten. Dort sei dann die gesamte Reisegesellschaft aus dem Wagen gestürzt und habe so viele Gewächse als nur möglich eingesammelt, die sie hierauf ihm, Wawra, zum Aussortieren und Bestimmen in sein Coupé gebracht hätten. In der ersten Hälfte des 19. Jahrhunderts hätten Auswüchse dieser Art zum Aussterben ganzer Pflanzengruppen geführt. Man habe auch große Geldbeträge für seltene und ungewöhnliche Arten gezahlt. Ein bestimmter Kaktus sei beispielsweise in Gold aufgewogen worden. Die Jagd nach Orchideen und Rhododendronpflanzen habe sogar zu Mord und Totschlag geführt. Und über den Tulpenwahn seien bekanntlich schon Bücher geschrieben worden.

Zuletzt betrachten wir die wunderbaren Tier- und Pflanzenzeichnungen Ferdinand Bauers, die mit rätselhaften Zahlen übersät sind. Im Augustiner-Lesesaal der Nationalbibliothek lese ich später in »Das Haus der Wunder«, dass der Österreicher Ferdinand Bauer auf Empfehlung Jacquins dazu ausersehen wurde, den Entdecker Australiens, Kapitän Flinders, auf seiner zweiten Expedition als Pflanzenmaler zu begleiten. Zuvor hatte Bauer schon »das vielleicht großartigste Prachtwerk der Botanik bis heute, die vielbändige ›Flora Graeca‹ von Sibthorp und Smith mit Illustrationen versehen... Bauer hielt die fremdartige Pflanzen- und Tierwelt dieser Länder und vor allem Australiens an Ort und Stelle in Bleistiftskizzen fest, bei denen er sich für die spätere Ausführung in Farbe eines speziellen, über tausend unterschiedliche Schattierungen umfassenden Zahlencodes bediente. In seinen Mußestunden auf dem Schiff wurden nach einem Teil der Skizzen Federzeichnungen angefertigt, während die endgültige Ausführung von einem verhältnismäßig kleinen Teil der Pflanzen erst nach der Rückkehr in England erfolgte.« Er besuchte auf eigene Faust die Insel Norfolk zwischen Australien und

Neuseeland, auf der er in den Jahren 1803 und 1804 zeichnend und sammelnd mehrere Monate verbrachte. Die Bleistift- und Tuschzeichnungen von Pflanzen und Tieren aus Timor, Australien und Norfolk Island, insgesamt mehr als 2000, werden im Naturhistorischen Museum in Wien aufbewahrt, während sich die rund 260 in Farbe ausgeführten Bilder im Natural History Museum in London befinden. Die von Bauer gesammelten und präparierten Pflanzen und Tiere finden sich ebenfalls am Naturhistorischen Museum, »darunter ein Herbar, Vogelbälge, Präparate wirbelloser Tiere und einige Stopfpräparate, wie ein Schnabeltier. Als Bauer 1814 nach Wien zurückkehrte, schuf er unter anderem eine Sammlung von Aquarellen, die ›Flora Austriaca‹, die sich ebenfalls am Naturhistorischen Museum befindet. Ein Großteil von ihnen ist bis heute unpubliziert.« Goethe war von Bauers Arbeit »bezaubert«, wie er in seinem Aufsatz »Über Blumenmalerei« schrieb. In Österreich blieb der Künstler jedoch weitgehend unbekannt.

Während ich noch Bauers mit Zahlen übersäte Skizze einer Krabbe betrachtet hatte, waren mir die »Do It Yourself (Flowers)« von Andy Warhol eingefallen, die der Maler ironisch nach Vorlagen für Blumen-Hobbymaler angefertigt und mit Zahlen versehen hat. Gerade wegen der Ziffern, die Bauer als Farbnotizen dienten, wirken auch seine an Deck angefertigten Skizzen surreal. Beim stillen Schauen gewannen die Zahlen auf den Blättern für mich ein Eigenleben, etwas von kabbalistischer Mystik haftete ihnen an und etwas vom Wahn, die gesamte Welt bis in ihre Einzelteile zu beziffern, um sie vielleicht nach der Apokalypse anhand exakter Pläne wieder zusammenzubauen.

Später, bei meinen tagelangen Studien im Augustiner-Lesesaal, glaube ich mitunter schon, Arcimboldos aus Büchern bestehender Bibliothekar zu sein, mit einem aufgeschlagenen Buch als Frisur, Staubwedeln als Bart, Lesezeichen als Fingern und einem Körper aus Folianten. Und meine Gedanken schweifen ab zu den wunderbaren Naturstudien Bauers: Wildschwein und Elch, Rötelfalke, Nachtreiher, Dohle, Eidechse, Chamäleon oder Salamander, aber zugleich denke ich auch an die Gesichter, die Arcimboldo aus Fischen und Vögeln, aus Pflanzen, Früchten, Gemüse und Blumen gebildet hat. Und ich lese weiter im »Haus der Wunder«, dass Kaiser Joseph II. eine wissenschaftliche Expedition anordnete mit den Zielen Amerika, Südsee, Indien und dem Kap der Guten Hoffnung. Als Mineralogen gingen die Freimaurer Karl Haidinger und Franz Joseph Märter an Bord. Märter und Haidinger wurden unterwegs in Charlestown bei einem Besuch in der dortigen Loge zu »Meistern« erhoben, heißt es. Auch andere Mitglieder der Expedition hätten dem Freimaurerorden angehört. Die Reise dauerte zwei Jahre von 1783 bis 1785. Der von der Expedition mitgebrachte Königsgeier lebte in der Schönbrunner Menagerie bis 1825 und wurde noch von Napoleon nach der Einnahme Wiens bewundert, und die beiden Karolinasittiche – Papageien – sind heute noch als Präparate in der Vogelsammlung erhalten, allerdings seit 1918 bereits ausgestorben.

Unter dem Nachfolger Josephs II., Kaiser Leopold II., wurden keine nennenswerten Expeditionen durchgeführt. Erst unter seinem Sohn, Franz II., der wegen Napoleon die römisch-deutsche Kaiserkrone niederlegte und sich zum österreichischen Kaiser Franz I. ernannte, änderte sich das. Der Kaiser war ein äußerst misstrauischer Mann, Aufklärung und Freimaurertum gegenüber zutiefst abgeneigt, weshalb er deren Domäne im »Naturalien-Cabinet«, die Mineralogie, bei seinen finanziellen Zuwendungen ignorierte. Hingegen förderte er die Botanik über alle Maßen. Er machte den reaktionären Fürsten Metternich zum übermächtigen Staatskanzler und seinen Leibarzt Joseph Andreas Stifft, der mit seiner reaktionären Einstellung Metternich noch übertraf, zum Staatsrat und engen Berater. Das Denunziantentum blühte, und die Gefängnisse füllten sich mit politischen Gegnern. Franz Grillparzer, selbst konservativ, verfasste unter dem Titel »Warschau« ein Gedicht über die Freiheit, in dem er auch Anspielungen auf die Regierung unter Kaiser Franz I. (II.) machte. Eine Strophe widmete er dem verhassten Joseph Andreas Stifft und dem Vertrauten und Berater Metternichs, dem Schlesier Friedrich von Gentz. »Dort tönt kein Wort durch späherwache Lügen«, heißt es darin, »Scheu kriecht das Denken in sich selbst zurück / Die Brust vernieten krumm gebogne *Stiffte* / und *gentzlich* stumpf, gilt dort für ganzes Glück.«

Franz I. (II.) war übrigens mit seiner zweiten Frau so eng verwandt, dass seine zwölf Kinder zum Teil schon bei der Geburt behindert waren. Fünf von ihnen starben in den ersten Lebensjahren. Sein Sohn und Nachfolger, Kaiser Ferdinand I., hatte einen Wasserkopf und litt unter schweren epileptischen Anfällen, weshalb er nicht lange nach seinem Regierungsantritt abdanken musste. Seine Tochter Maria Anna wiederum war schwachsinnig und wurde bis zu ihrem Tod in einem abgeschlossenen Zimmer betreut. Franz Karl, ein weiterer Sohn und Vater des späteren Kaisers Franz Joseph, war als einfältiger Mann bekannt, über den man sich in Anekdoten lustig machte. Zwei Töchter Franz' I. (II.), Marie Luise und deren Schwester Leopoldine, wurden durch ihre Verehelichungen berühmt. Marie Luise heiratete auf Drängen Metternichs den größten Feind des Hauses Habsburg, Napoleon, und hatte mit ihm den unglücklichen Herzog von Reichstadt als Sohn. Leopoldine vermählte sich – ebenfalls auf Geheiß Metternichs –, wie erwähnt, mit Dom Pedro von Braganza, dem späteren Kaiser von Brasilien. Die Erzherzogin schlug ganz aus der Art. Sie beschäftigte sich schon als Kind intensiv mit Mineralogie und Astronomie und erwarb darin überragende Kenntnisse. Außerdem studierte sie Botanik und Zoologie, hatte ein großes Zeichentalent und spielte ausgezeichnet Klavier. Allerdings aß sie gerne, neigte zur körperlichen Fülle und war übermäßig religiös. Das alles sollte bald eine große Rolle spielen.

Kaiser Franz I. (II.) kaufte in seiner Regierungszeit die Sammlung einheimischer Vögel, Säugetiere und Insekten des letzten berittenen Falkners und Tierpräparators Joseph Natterer, von dem heute noch menschliche Stopfpräparate erhalten sind, wie ein Kampfläufer aus dem Jahr 1806. Natterer begründete eine ganze Dynastie von Johann und Joseph Natterers, die den Leser einer Geschichte des Naturhistorischen Museums einigermaßen in Schwierigkeiten bringt, wenn er sich die Mühe macht, die gleichlautenden Nachfolger auseinanderzuhalten oder sogar ihre Verwandtschaftsverhältnisse zu bestimmen. Sie spielten jedoch eine bedeutende Rolle in der Geschichte des kaiserlichen »Naturalien-Cabinets«. Franz I. (II.) beauftragte außerdem den Direktor Abbé

Simon von Eberle mit der Präsentation seiner Sammlungen, die der Öffentlichkeit zugänglich gemacht
werden und den Namen »Physikalisches und Astro-
nomisches Kunst- und Natur-Thier-Cabinet« erhalten
sollten. Die Aufsicht über den zoologischen Teil übernahm der erwähnte Joseph Natterer. Der Abbé ließ dafür eigens gestaltete Dioramen errichten, in denen die
ausgestopften Tiere in »anziehender und geschmack-
voller Zusammenstellung nach ihrem Vaterlande, ihrer
Lebensweise und ihren Sitten« gezeigt wurden, ist der
Beschreibung eines Beamten zu entnehmen. Die Rück-
wände stellten die passenden gemalten Landschaften
dar. »Künstlich bemooste Felsgruppen, Bäume und
Sträucherwerk, aus Glas nachgemachte Wasserfälle,
Bäche und Teiche, theatralisch ausgeführte Meeres-
wogen ...« etc. hatten für die nötige Atmosphäre zu sorgen. Eine asiatische Landschaft schloss dabei an eine
europäische an, diese wieder an eine afrikanische oder
tropische, oder eine aus dem hohen Norden. Im Erdgeschoss trat man beispielsweise vor eine afrikanische
Wüste mit einigen Zebras, Antilopen, einem Kamel,
einem Dromedar, einem Stachelschwein, einem Strauß
und mehreren Geiern. Daneben war ein Bauernhof mit
einer Viehweide dargestellt, in welchem man »einen
Stier, mehrere Hausschweine, einen Hund und mehrere
Hauskatzen bemerkte, während Sperlinge und Schwalben die Giebel des Daches umflatterten oder auf denselben saßen ...« Keines der Präparate war allerdings beschriftet. Bei meinem ersten Besuch eines Panoptikums
mit meinem Großvater habe ich wohl ähnliche Bilder
gesehen, wenn mich meine Erinnerung nicht täuscht,
und sie befriedigten meine Schaulust aufs Äußerste.

Übrigens war auch der arme Mohr Soliman als »Stopf-präparat« in einem der Dioramen zu sehen, zusammen mit einem Afrikaner, der auf einem Kamel ritt.

Erst der Nachfolger des Abbés veranlasste eine neue Aufstellung nach wissenschaftlichen Begriffen. Bei der Installation einer »16 Fuß hohen Giraffe« musste allerdings die Decke eines Saales durchbrochen werden, damit das Tier in seiner gesamten Größe zu besichtigen war. »Als Schutz gegen den Insektenfraß an der Haut von Präparaten«, erklärte mir später Frau Riedl-Dorn, »wurde Arsen verwendet.« Pflanzen und Tiere wurden jetzt mit Namensetiketten versehen. Doch blieb die Sammlung nicht lange erhalten. Beim Herannahen Napoleons an Wien 1805 wurden die kostbarsten Objekte – besonders Mineralien und Conchylien – nach Budapest verlegt, denn im Heer des französischen Kaisers zogen stets auch Wissenschaftler mit, die für die fachgerechte Plünderung zuständig waren. 1809, vor der Einnahme der Stadt, wurden die wichtigsten Objekte des »Naturalien-Cabinets« und der Schatzkammer nach Temesvár im Banat gebracht, was mehr als ein halbes Jahr in Anspruch nahm. Einzelne Teile, die in Wien verblieben waren, wurden jedoch beschlagnahmt, mussten aber später bei den Friedensverhandlungen wieder zurückerstattet werden. 1813 wurde die Sammlung neuerlich eingepackt, doch gelangte der Transport nur bis Fischamend, da sich die politische Lage inzwischen klärte.

Bei der Neuaufstellung nach wissenschaftlichen Kriterien wurden die vier menschlichen »Stopfpräparate«, darunter der edle Angelo Soliman, endlich aus den Schauräumen genommen und auf den Dachboden verfrachtet, wo sie, wie bereits erwähnt, bei der Revolution 1848 »gnädig« verbrannten.

Durch die Kriegsmarine, private Sammler oder aufgrund von kaiserlichen Expeditionen kam weiteres Material in das »Naturalien-Cabinet«. Nebenbei sei erwähnt, dass die habsburgischen Herrscher die Mitarbeiter im »Cabinet« weder kaiserlich noch fürstlich entlohnten. Der Großteil der Beamten versah unentgeltlich seinen Dienst, in der vagen Hoffnung auf eine spätere Anstellung, manche allerdings aber auch aus Leidenschaft für die Sammlung. Und immer wieder sprangen Expeditionsteilnehmer in fremden Ländern ab – Maler oder Schiffsärzte beispielsweise –, weil sie dort ein besseres Leben fanden. Christa Riedl-Dorn erwähnt in ihrem Buch eine Reihe von Sammelreisen, auf die hier nicht eingegangen werden kann, sie führten nach Nordamerika, in die Karibik, nach Haiti, nach Guatemala, zu den Ruinenstätten der Maya oder nach Nicaragua, andere nach Griechenland, Serbien, Mazedonien und in die Türkei, nach Vorderasien, Indien, Kaschmir, Tibet, Singapur, Australien, Neuseeland, auf die Philippinen und nach Kanton. Auch die österreichische Botschaft in London schickte Pflanzen und Samen für die Gärten und Glashäuser Kaiser Franz I. (II.) sowie Naturalien aus den britischen Kolonien. »Damit das ›Naturalien-Cabinet‹ nicht von Einsendungen naturhistorischer Gegenstände überschwemmt wurde«, schreibt Riedl-Dorn, musste vorher um die Erlaubnis, ein Geschenk machen zu dürfen, angesucht werden. Handelte es sich bei den Mäzenen um österreichische Forscher, wurden zur Zeit Metternichs, wie es die Praxis des Überwachungs- und Polizeistaates gebot, »eingehende Erkundigungen eingezogen, selbst wenn sie sich als Gelehrte … bereits einen Namen gemacht hatten.«

Wieder im Archiv zeigt mir Frau Riedl-Dorn weitere Kostbarkeiten aus ihren Schränken und Laden: die Zeichnungen des Johann Natterer, des berühmtesten Mitgliedes der Johann- und Joseph-Natterer-Dynastie, die der Präparator und Forscher bei seinem Aufenthalt in Brasilien gemacht hat. Es sind akribisch genaue Aquarelle, aber auch einfache Bleistiftskizzen, insgesamt 98 Blätter, von denen 51 Fische darstellen, 11 Vögel und 36 Säugetiere, wobei sich allein 28 auf Fledermäuse beziehen. Außerdem Tagebuchaufzeichnungen, die trotz schöner Schrift manchmal auf eine gehetzte Arbeitsweise schließen lassen. Davon ist auf den gezeichneten Blättern allerdings nichts festzustellen. Auffallend schön sind die beiden Rückenansichten von Süßwasserrochen, der eine braun und schwarz-orange, der andere hellbraun und gelb getupft, beide mit weiß-schwarzen Fischaugen, sowie die Seitenansicht eines Dornwelses. Die Säugetiere und Vögel sind nur in Schwarz-Weiß festgehalten: kapuzinerartige Neuweltaffen, ein Opossum, eine Mauszwergbeutelratte. Natterer gehörte, wie gesagt, der großen österreichischen Brasilienexpedition an, die anlässlich der Vermählung Erzherzogin Leopoldines mit Dom Pedro von Braganza durchgeführt wurde. Die Hochzeit fand am 13. Mai 1817 in der Augustinerkirche in Wien statt. Der Bräutigam wurde von Erzherzog Karl vertreten. Die Fregatten »Austria« und »Augusta« brachten die Prinzessin und deren Hofstaat, die Forscher und Gehilfen nach Rio de Janeiro, allerdings wurden die österreichischen Fregatten bereits drei Tage nach dem Auslaufen in der Adria durch einen heftigen Sturm schwer beschädigt. Die »Augusta« verlor die Masten und rettete sich nach Pola, die »Austria«, nicht weniger havariert, nach Chioggia. Bei den Expeditionen kam es zu weiteren Zwischenfällen, darunter einem schweren Reitunfall, dem einer der Expeditionsteilnehmer später in Wien erlag. Die Reisenden kehrten nicht alle gleichzeitig zurück, ihre Ausbeute war jedoch so groß und wertvoll, dass man für einige Jahre ein eigenes »Brasilianisches Museum« einrichtete. Besonders Natterer und sein Gehilfe Schott hatten immer wieder große Ladungen mit naturhistorischen Objekten nach Wien geschickt. Frau Riedl-Dorn zeigte mir, um mir eine Vorstellung von der Größe der Expedition und der Ausrüstung Natterers zu geben, ein Verzeichnis seiner Geräte »zur Habhaftwerdung der Säugetiere und Vögel«, darin sind aufgelistet: »Zwei Doppelflinten samt Überzug, zwei Kugelstutzen, zwei Windbüchsen* mit acht Flaschen samt Überzug, eine Pumpmaschine samt Werkzeug zum Aufschrauben und Laden von Flaschen, eine Handpumpe, ferner zwei Jagdtaschen, zwei Patronentaschen, ein Schrotbeutel, zwei Pulverhörner, feines Schießpulver, Fallen, Berliner-Eisen und Vogelnetze, Material und Werkzeug zum Ausstopfen von Tieren; Fanginstrumente, Nadeln … anatomische Instrumente, tausend kleine Fläschchen, dicke Glasschalen etc. zum Aufsuchen und Aufbewahren von Eingeweidewürmern

---

* Windbüchsen waren Luftdruckgewehre, die zur Vogeljagd verwendet und mit den dazugehörigen Pumpen aufgeladen wurden, wobei 2500 Stöße notwendig waren, um etwa 30 bis 40 Schuss abgeben zu können. Für den Transport dieser Geräte war ein eigenes Maultier nötig.

und schließlich Geräte und Hilfsmittel zum Beobachten und Aufzeichnen, wie Kompass, Thermometer, Aerometer, Barometer, Bücher, Landkarten und Schreibmaterial.« Für das »Fach der Kräuterkunde« benötigte man zusätzlich »Pappendeckel zur Verpackung der getrockneten Pflanzen, Löschpapier zum Trocknen, Schreibpapier zum Beschreiben und Verpechen von Pflanzen und Samen, Zeichenpapier, Schreibmaterial (Feder, Bleistift und Tusche), drei lederne Pressen, einen ledernen Koffer zur Aufbewahrung des getrockneten Materials auf Exkursionen, Vergrößerungsgläser, Fernrohre, Schaufeln, Sägen, Krampen, Bohrer, Hämmer und Zangen, ferner blecherne Büchsen, ein Metallthermometer, eine Wachsleinwand, Packpapier, Bindfaden und Rebschnüre zur Verpackung. Dazu kamen Bestimmungsbücher für Pflanzen.« Natterer hatte im Laufe der Jahre zumindest zwei Sklaven, zwanzig und vierzehn Jahre alt, mit denen er allerdings, wie er schreibt, wenig zufrieden war.

Erzherzogin Leopoldine fuhr, ohne es zu wissen, in ihr Unglück. Ihr Gemahl, Dom Pedro, war ein rücksichtsloser, nicht sehr kluger Mann, der an Epilepsie litt und zahlreiche Geliebte hatte. Schließlich legte er sich eine Mätresse, Dona Domitila, zu, machte diese zur Vicomtesse von Santos und verlieh ihr damit den höchsten Adelstitel, den er zu vergeben hatte. Bei Tisch saß er am Kopfende der Tafel, Domitila zur Linken – Leopoldine wurde das Essen in ihr Zimmer serviert. Auch wurde Domitila von Dom Pedro schwanger, und der Brasilianische Kaiser richtete ihr ein formidables Gebäude ein, in dem er selbst über längere Zeit wohnte. Leopoldine, die ihn trotzdem bei Staatsgeschäften beriet und nebenbei die brasilianische Staatsflagge entwarf, weiter Naturalien sammelte und nach Wien sandte und wegen ihrer Güte beim Volk überaus beliebt war, fügte sich. Obwohl ihr Vater, Kaiser Franz I. (II.), in Wien von allem Kenntnis erlangte, reagierte er nicht darauf. Nach mehreren zum Teil unglücklich verlaufenden Schwangerschaften und infolge schlechter ärztlicher Betreuung erkrankte sie schwer. Dom Pedro misshandelte sie auch brutal, weshalb nach ihrem frühen Tod 1826 – sie war erst dreißig Jahre alt – der Verdacht laut wurde, sie sei an ihren Verletzungen gestorben. Ihr Begräbnis erfolgte, weil Dom Pedro Unruhen des empörten Volkes befürchtete, bei Nacht mit einem rasch dahintrabenden Pferdewagen. Tausende Menschen liefen ihr stumm hinterher.

Natterer, der zehn außergewöhnlich schwierige Expeditionen mit Kanus und Mauleseln in das Landesinnere unternommen hatte, erkrankte 1823 selbst an einer Leberinfektion, sein Gefährte und Gehilfe Schott starb im selben Jahr wie Leopoldine an einem »bösartigen Fieber«. Als 1827 eine Weisung zur Rückkehr nach Wien kam, widersetzte Natterer sich. »1831 heiratete er Maria do Rego«, berichtet Frau Riedl-Dorn, er habe deshalb auch im März 1830 die Drohung aus Wien, alle finanzielle Unterstützung einzustellen, falls er nicht zurückkehre, in den Wind geschlagen. Auf seiner letzten Expedition sei in Pará der Bürgerkrieg ausgebrochen, bei dem Natterer fast seinen gesamten persönlichen Besitz verloren habe, auch einen Teil seiner Tage- und Notizbücher. Die umfangreiche, für die kaiserliche Menagerie bestimmte Sammlung lebender Tiere sei den Plünderern zum Opfer gefallen, besonders geschmerzt habe ihn der Verlust eines Tapirs, der von den Aufständischen verzehrt worden sei. Als Natterer am 15. September 1835 an

Bord eines englischen Schiffes ging, sei ihm seine Frau mit den mittlerweile drei Töchtern gefolgt, doch sei die Umstellung für sie und zwei ihrer Kinder zu groß gewesen, und nur die Tochter Gertrud habe überlebt.

Im Saal XXX des Naturhistorischen Museums kann man in einer Vitrine heute noch zahlreiche von Natterer erlegte und präparierte Vögel sehen. In den 18 Jahren, die er in Brasilien verbracht hat, hat Natterer 1146 Säugetiere nach Wien verschickt, 12293 Vögel, 1678 Amphibien, 1621 Fische, 32825 Insekten, 409 Krustazeen, 951 Conchylien, 73 Mollusken, 1729 Gläser mit Eingeweidewürmern, 42 Präparate, 192 Schädel, mehr als 1700 Waffen und Geräte, 242 Samen, 138 Holzmuster, 430 Mineralien und 216 Münzen. Weitere 1492 ethnographische Gegenstände und etwa sechzig Niederschriften zu diversen Indianersprachen werden heute vom Völkerkundemuseum aufbewahrt.

Nicht nur durch Natterers geradezu fanatischen Sammeleifer, sondern auch durch die fortlaufenden weiteren Zuwächse sei das »Naturalien-Cabinet« aus allen Nähten geplatzt, erzählt mir Frau Riedl-Dorn weiter, daran hätte nicht einmal der Brand bei der Revolution 1848 etwas geändert. Auf den abdankenden Ferdinand I., den Gütigen, der es zuletzt noch Metternich freigestellt hatte zu gehen, worauf dieser sich in Sicherheit gebracht hatte, folgte der erst achtzehnjährige Franz Joseph. Inzwischen hatten die Beamten des »Naturalien-Cabinets« mühsam ein Verlustinventar erstellt. »Die Schäden«, erläutert Frau Riedl-Dorn, »durch die Rettungs- und Löschmaßnahmen waren kaum geringer als jene durch den Brand selbst. Als zu befürchten war, dass das Feuer auf die Hofbibliothek und die Reptiliensammlung übergreifen würde, wurde ein hölzerner Verbindungsgang abgerissen und die dort gelagerten Alkoholpräparate aus Brasilien in den Hof geworfen.« Es verbrannten laut Inventarlisten die Geweihsammlung, der größte Teil der historischen Schmetterlingssammlungen, wertvolle Tierhäute, darunter jene Natterers aus Brasilien, 600 Vögel, ebenfalls vor allem brasilianische, eine große Anzahl von Büchern, zahlreiche ethnographische Gegenstände, 850 Schädel von Säugetieren, Vögeln und Amphibien, 280 Skelette, darunter die eines Elefanten, eines Rhinozeros, eines Lamas, Löwen und Narwals, von Delphinen, Seehunden, Krokodilen und Affen. Es verbrannten aber auch Menschenschädel und Mumienköpfe. Ebenfalls vernichtet wurden 600 anatomische Präparate, »darunter injicirte Geschlechtstheile von Elephanten und die Eingeweide davon, eine Anzahl Herzen … eine Reihe Zungen und Kehlkopfpräparate, Mägen und Darmkanäle, sowie eine Leber vom Löwen, das einzige Präparat in Europa«. Nicht aber die Tagebücher von Johann Natterer.

Über die vielen Forscher und Liebhaber, die weiter für das Museum reisten und sammelten, sah ich im Herbst 2001 eine Ausstellung im Wiener Künstlerhaus. Sie trug den Titel »Die Entdeckung der Welt. Die Welt der Entdeckungen – österreichische Forscher, Sammler, Abenteurer«, dabei stieß ich auf die erstaunliche, mutige und bewunderungswürdige Ida Pfeiffer. Sie hatte neben zahlreichen anderen Objekten den Balg eines rotbraunen Mausmaki aus Madagaskar mitgebracht, verschiedene Vögel, einen Tausendfüßler im Zylinderglas und eine Schwimmkrabbe. Ausführlich hatte sie sich auch mit dem Kannibalismus beschäftigt, weshalb sie eigens von Sumatra »zu den freien wilden Battakern« reiste. Dort ließ sie sich einen Tanz vorführen, bei dem das Opfer an einen Baum gebunden wurde. »Aus dem Baumstamme«, schrieb sie darüber, »an welchem die Unglücklichen ihr Leben enden, werden gewöhnlich vier bis sechs Fuß hohe Stöcke geschnitten, mit einer Figur oder einigen Arabesken verziert und mit Menschenhaaren oder Federn geschmückt. Ein solcher Stock heißt tunggal-panaluan, das ist Zauberstock. Sie legen ihm wunderbare Kräfte bei und besuchen keine Kranken, geben keine Arzneien, ohne ihn zur Hand zu nehmen.« Der schwarzbraune, 1,96 Meter messende Stock hat einen relativ langen unteren Teil ohne Schnitzereien, darauf folgen sechs übereinanderstehende, abwechselnd männliche und weibliche menschliche Figuren und auf einem mythologischen Tier eine weitere, siebente Figur. Ich dachte sofort, dass er Ida Pfeiffers Wander- und Wunderstock sei, mit dem sie sich in die fernsten Länder und trotz der großen Gefahren, denen sie sich dabei aussetzte, wieder zurückzauberte. Sie wurde 1797 als Tochter eines wohlhabenden Fabrikanten geboren, trug wie ihre fünf Brüder Hosen und spielte mit Trommeln, Säbeln und Gewehren. Nach dem frühen Tod ihres Vaters zwang ihre Mutter der Neunjährigen eine Erziehung auf, wie sie für Mädchen im 19. Jahrhundert vorgesehen war. Unter anderem musste sie Klavierstunden nehmen. »Sie fügte sich jedoch selbst Verletzungen der Fingerkuppen zu«, erzählt Riedl-Dorn, »um dem Klavierunterricht zu entgehen, aber vergeblich. Mit 23 Jahren heiratete sie der Weisung ihrer Mutter folgend einen fast doppelt so alten Witwer, Anwalt in Lemberg, der die Bestechlichkeit von galizischen Beamten aufgedeckt hatte und dadurch um seine Anwaltskanzlei gekommen war.« Ida habe zwei Söhne geboren und sei nach Wien gezogen, wo ihr Mann jedoch durch eine Bürgschaft das gesamte Geld verloren habe, das sie von ihrem Vater geerbt hatte. Nach elf Jahren Ehe sei Idas Mann nach Lemberg zurückgekehrt, und 1833 habe sie sich von ihm getrennt. Da der jüngere ihrer beiden Söhne kränklich gewesen sei, habe sie ihn zu ihrem Onkel nach Triest gebracht. »Dort sah sie zum ersten Mal das Meer«, erzählt Frau Riedl-Dorn weiter.

»Insgesamt unternahm sie fünf Reisen. 1842 besuchte sie das Heilige Land, Ägypten und Griechenland, wo sie, ohne jemals Unterricht genommen zu haben, mit zwei Herren zu Pferd nach Bursa ritt. 1845 brach sie nach Skandinavien und Island auf, zwischen 1846 und 1855 unternahm sie zwei Weltreisen, von denen die erste zwei und die zweite vier Jahre dauerte.« 1856, auf ihrer letzten Fahrt, durchstreifte sie Mauritius und Madagaskar. Insgesamt legte sie 240 000 Kilometer zur See und ca. 32 000 Kilometer zu Land zurück. Ida Pfeiffer war auch eine angesehene und populäre Reiseschriftstellerin. Als sie ihre Tagebücher über die erste Reise drucken lassen wollte, musste sie zuerst das Einverständnis ihres Mannes und ihrer Brüder einholen, unerwünschte Passagen streichen und von ihnen die Verhandlung mit dem Verleger führen lassen. Der Bericht wurde 1844 anonym veröffentlicht, bei der dritten Auflage wurde dann ihr Name durch Initialen ersetzt, und erst die vierte Auflage erschien unter ihrem eigenen Namen. Von nun an publizierte sie über jede ihrer Expeditionen eine Reisebeschreibung, mit der sie ihre Abenteuer finanzierte. Außerdem verkaufte sie Tiere und Pflanzen, die sie gesammelt hatte, an das »Kaiserliche Naturalien-Cabinet«.

»Ida Pfeiffer«, sagte Frau Riedl-Dorn, »war ihrem Körper gegenüber sehr hart, sie ignorierte Krankheiten und betrieb Raubbau an ihrer Gesundheit.« Vermutlich zog sie sich in Sumatra eine Malariainfektion zu, ihre Fieberanfälle behandelte sie jedoch selbst mit einem Gemisch aus Brandy, Pfeffer und Zucker. »Auf ihrer letzten Reise lernte sie an Bord des Schiffes, das sie zuerst zum Kap der Guten Hoffnung bringen sollte, den in Mauritius wohnenden Franzosen Lambert kennen«, fährt Frau Riedl-Dorn fort, »und begleitete ihn auf seinem klapprigen Segelboot, das mit Geschenken reich beladen war für die Monarchin von Madagaskar. Als Gegenleistung für die Gratisüberfahrt musste Ida Pfeiffer für die Königin auf dem Klavier, einem total verstimmten Instrument, bei dem auch noch einige Tasten klemmten, spielen.« Dennoch sei die Königin begeistert gewesen. Es stellte sich jedoch heraus, dass Lambert nicht nur Sklavenhändler, sondern auch an einer Verschwörung gegen die Königin beteiligt war, die aber aufgedeckt wurde. Unschuldig sei die Reisende, die an Fieber erkrankte, unter Androhung der Todesstrafe des Landes verwiesen und durch Sumpfgebiete unter Bewachung zum Hafen Tamatave gebracht worden. Trotz der widrigen Umstände habe sie dem »Naturalien-Cabinet« eine reichhaltige Sammlung von Pflanzen und Tieren zukommen lassen. Bevor sie aber ihre nächste Reise nach Australien habe unternehmen können, sei sie 1858 in Wien gestorben.

Bei meinen weiteren Besuchen von »Die Entdeckung der Welt« stieß ich noch auf eine große Zahl anderer

Forscher und Sammler, auf die Brasilienreise des späteren Kaisers von Mexiko, des damaligen Erzherzogs Ferdinand Max, auf die »Ostasiatische Expedition« der Fregatte »Donau«, bei der der bereits erwähnte Unterwassermaler Eugen Ransonnet ein weiteres Beispiel österreichischer Musikalität gab, indem er im Palast des japanischen Kaisers auf dem »Kunsterzeugnis des Herrn Bösendorfer«, wie es heißt, einige Walzer, Quadrillen und Galopps von Johann Strauss spielte, welche die Kaiserin entzückt haben sollen. Vom Mikado habe er aber nur das Gesicht gesehen, welches dieser angeblich durch das Loch einer Spanischen Wand durchsteckte, so der mitreisende Schiffsarzt.

Im Künstlerhaus waren auch ethnographische Objekte, eine Riesenmuschel, Korallen und Pflanzen, Vögel und Tausendfüßler ausgestellt, die Theodor Kotschy, der insgesamt 600 000 Einzelbelege sammelte, auf seinen Reisen durch Afrika, Anatolien, Armenien, den Irak und Persien mitbrachte. Außerdem die ethnologischen Objekte, Vögel, Falter und Käfer, die Emil Holub, ebenfalls ein exzellenter Reiseschriftsteller, in Afrika erwarb, eintauschte, erlegte und fing, und die Vögel und Vogelbälge Eduard Schnitzers, der den Namen Emin Pascha annahm und Kronprinz Rudolf 161 Exemplare zum Geschenk machte, oder die grandiose Sammlung des Neuseelandforschers Andreas Reischek, die dieser auf seinen neun Expeditionen in zwölf Jahren zusammentrug. Dabei wurden ihm von den Maoris feierlich die Schwanzfedern des Huia-Vogels überreicht und der Ehrentitel »IHAKA REIHEKE TE KIWI, RANGATIRA TE AUTURIA« verliehen (Häuptling Reischek, der Schnepfenstrauß, Fürst von Österreich). Nach seiner Rückkehr aus Neuseeland warteten jedoch weder Ehrungen oder Auszeichnungen noch ein Lehramt auf den Naturforscher. Andreas Reischek arbeitete stattdessen wieder als Tierpräparator unter anderem für den »Wiener Ornithologischen Verein« und hielt Vorträge.

Aus den unzähligen bekannten, berühmten, aber auch anonymen Forschungsreisen ragt noch ein Name hervor. Er bezeichnet jedoch keinen Menschen, sondern ein Schiff: die Fregatte »Novara«, die mir seit frühester Kindheit ein Begriff ist, denn meine Großmutter besaß die zweibändige Ausgabe des Reiseberichts und zeigte mir auf mein Verlangen immer wieder die reichhaltigen Illustrationen. Einmal behauptete sie sogar, ihr Mann, mein Großvater, sei ihr im Traum erschienen und habe sie auf eine Reise nach Formosa, mitten in einen Taifun eingeladen, den die Fregatte am 18. und 19. August 1858 im chinesischen Meer überstanden habe, wie sie vorlas. Ich sah im aufgeschlagenen Band an dieser Stelle aber nichts als rote und schwarze Bogenlinien und sich kreuzende Breiten- und Längengrade. Zu jeder der Illustrationen erfand sie damals auch eine Geschichte, weshalb mir die Weltumseglung als ein einzigartiges, endloses Abenteuer erschien. Erzherzog Ferdinand Max, der spätere Kaiser von Mexiko, plante dieses größte wissenschaftliche und nautische Unternehmen der österreichischen Marine. Gleichzeitig wurden Überlegungen angestellt, die Insel Sokotra östlich von Somaliland zu kaufen oder Kolonien zu erwerben. Besonders wurden die Nikobaren, die sich unter Maria Theresia in österreichischem Besitz befunden hatten, ins Auge gefasst, um dort Militär und Sträflinge hinzuschicken. Außerdem bestand die Absicht, Neuguinea zu besetzen. Frau Riedl-

Dorn berichtet in ihrem Buch, dass alle diese Pläne durch Intrigen der Beamtenschaft zunichte gemacht wurden. Schließlich begnügte man sich mit der Absicht, auf kleineren Inseln, bei deren Annexion keine internationalen Konflikte drohten,»Stützpunkte« zu errichten. Als Fachmann für Länder- und Völkerkunde wurde Dr. Carl Ritter von Scherzer, ein Mann mit sozialen Ideen, die ihn mehrmals fast ins Gefängnis brachten, beauftragt, an der Weltumseglung teilzunehmen, er verfasste dann auch den Reisebericht. Die Expedition begleitete ferner der Maler Joseph Sellény. Er war der Zeichenlehrer von Kronprinz Rudolf und malte später die Dekorationen in der Kaiservilla in Bad Ischl. Dabei erlitt er einen Nervenzusammenbruch und versank in geistige Umnachtung. Der bedeutendste Wissenschaftler an Bord war Ferdinand von Hochstetter, Privatdozent für Gesteinskunde. Er war gegen den heftigen Widerstand der Kirche ein Vorkämpfer für Darwins Abstammungslehre, außerdem ein Liberaler und Protestant. Später wurde er trotz allem zum Erzieher von Kronprinz Rudolf auf naturwissenschaftlichem Gebiet ausgewählt und zum Direktor des Hofmineralienkabinetts ernannt.

Am 30. April 1857 stach die »Novara« mit 354 Mann, darunter sieben Musikern, wie im Archiv des Naturhistorischen Museums vermerkt ist, in See. Die Reise ging über Madeira nach Rio de Janeiro, von dort nach Kapstadt, Ceylon, auf die Nikobaren, nach Singapur, Java, zu den Philippinen, nach Hongkong, Kanton, Macao, den Jangtsekiang aufwärts nach Shanghai, durch den Stillen Ozean zu den Marianen und den Salomon-Inseln, weiter nach Australien und Neuseeland. Dort verließ Hochstetter das Schiff. Er führte neun Monate lang geologische, zoologische und ethnographische Untersuchungen durch und wurde wegen seiner ausgezeichneten Beziehungen zu den gefürchteten Maori von diesen als Ehrenhäuptling aufgenommen. Er entwarf die erste geologische Karte Neuseelands mit zahlreichen topographischen Details. Sein Buch »Neuseeland« gehört zu den bedeutenden Werken der Reiseliteratur. Die »Novara« heuerte indessen auf Neuseeland zwei Häuptlingssöhne der Maori an, die in Wien zu Buchdruckern ausgebildet wurden und nach ihrer Rückkehr dafür sorgten, dass der erwähnte Andreas Reischek mit offenen Armen aufgenommen wurde. An Bord der »Novara«, so berichtete Hochstetter später in der »Wiener Zeitung«, befanden sich inzwischen auch fünf »Kaffern … zur großen Belustigung der Matrosen«. Darüber hinaus zur Belustigung beigetragen haben dürften die gefangenen Tiere, wie ein »komischer, äußerst zahmer Pavian, Schildkröten, Chamäleons, Schakale, Stinkthiere, kleine und große Vögel, alte und junge«.

Die lustige Fahrt ging über Tahiti nach Chile, um das Kap Hoorn über die Azoren nach Pola und schließlich am 30. August 1859 zurück nach Triest. Allein die zoologische Ausbeute der Novara-Expedition betrug 26 000 Einzelstücke, davon 11 000 Vögel 700 verschiedener Arten. Ferner führt Riedl-Dorn neben einem großen Konvolut an wissenschaftlichen Aufzeichnungen an: »376 ethnologische Objekte, wertvolle Herbarien und Sämereien sowie in Alkohol konservierte Früchte tropischer Pflanzen, Hölzer und pflanzliche Drogen, mineralogische, petrographische und geologische Kollektionen in mehr als tausend Stücken, eine große Zahl physiologischer und pathologisch-anatomischer Präparate und

an die tausend Schädel sowie das Skelett eines Busch-
mannes.«

Das Sammeln von Skeletten und Schädeln kam damals als Folge der Romantik und des Nationalismus
immer mehr in Mode.

»1886«, erfahre ich auf meine Fragen, »unternahm die
Korvette ›Saida‹ eine Instruktionsreise für Seekadetten
nach Südamerika und Südafrika. Der Schiffsarzt Stephan Paulay brachte Schädel von Afrikanern ... und
Sakalaven-Schädel aus Gräbern von Wooded Island bei
Madagaskar ... mit.« Von der Korvette »Aurora« wurden von Dr. Swoboda durch Vermittlung des Konsuls
von Yokohama auch drei Skelette von Japanern für die
Wiener Sammlung erworben. Ferdinand von Hochstetter richtete schon 1876 die »Anthropologisch-ethnolo-
gische Abteilung« für das neue »k. k. Naturhistorische
Museum« ein. Auf der Weltreise der Korvette »Fasana«,
so Riedl-Dorn, hätten vier Offiziere nicht weniger als
205 menschliche Skelette von den Salomon-Inseln für
das Naturhistorische Museum erbeutet. Der Schiffsarzt
Dr. Alexander Kukic habe dazu festgehalten, dass sich
die Begräbnisplätze der ihre Toten hoch verehrenden
Eingeborenen auf schwer zugänglichen und von den
Leuten scharf bewachten Orten in nächster Nähe der
Ansiedlungen befunden hätten. Es sei Fremden nicht
gestattet gewesen, sich diesen heiligen Ruhestätten auch
nur zu nähern. Ausführlich schildere der Arzt dann, wie
er die zwischen Felsen versteckten Schädel gewaltsam
habe entfernen oder unter künstlich errichteten Stein-
haufen habe herausholen lassen und den Raub eines in
großen Fetzen eingewickelten Skeletts, das sich in einem
hohlen Baum befunden habe. »An einzelnen Knochen

hafteten noch Fleischreste«, heiße es in dem Bericht, »welche abgeschabt und in 10%iger Carbollösung ausgekocht … wurden.«

Nicht jede Expeditionsreise verlief aber glimpflich, fährt Frau Riedl-Dorn fort. So wurden fünf Mitglieder der Besatzung des Kanonenbootes »Albatross« auf Guadalcanal getötet und sechs weitere schwer verletzt, als sie unwissentlich ein Tabu brachen, indem sie einen heiligen Berg bestiegen.

Die zahlreichen Expeditionen führten schließlich dazu, dass es unumgänglich wurde, das Naturhistorische Museum in der heutigen Form zu planen und den Bau durchzuführen.

Nach der Eröffnung am 10. August 1889 wurde das Gebäude vom »Publikum geradezu gestürmt«, wird berichtet. Bei einer Öffnungszeit von nur vier Tagen pro Woche habe man in den ersten fünf Monaten 275 227 Besucher gezählt. Im darauffolgenden Jahr seien es 406 000 gewesen.

Nach dem Ausbruch des Ersten Weltkrieges schloss das Museum zunächst bis März 1915, ab da wurden nur noch Teile der Sammlungen gezeigt. Außerdem wurde das Personal drastisch reduziert. Im Winter wurde das Gebäude nicht geheizt, und die Beleuchtung war mangelhaft. Ende der zwanziger Jahre aber wurden bereits wieder Forschungsreisen zum Sammeln von Fischen auf Java oder Schmetterlingen im Amazonasgebiet durchgeführt. »Herr Junker brachte von einer im Auftrag der ›Akademie der Wissenschaften‹ durchgeführten Grabung bei den Pyramiden von Gizeh 600 altägyptische Schädel für die ›Anthropologische Abteilung‹ mit«, verzeichnet das Archiv.

Wesentlich schwerer machten es die damaligen Archivare ihren Nachfolgern bei der Aufarbeitung der Zeit des Nationalsozialismus. Es bestehe der dringende Verdacht, schreibt Riedl-Dorn in »Das Haus der Wunder«, dass zum und nach Ende des Zweiten Weltkriegs Schriftstücke vernichtet worden seien ...und aus den erhalten gebliebenen seien einzelne Sätze mit der Schere herausgeschnitten worden. Der aus Dresden berufene Ornithologe mit dem Nestroy'schen Namen Hans Kummerlöwe habe in der Zeit des Nationalsozialismus einen »programmatischen Entwurf« zur Neugestaltung der »Wiener wissenschaftlichen Museen« erstellt. Gesammelt – so das Resümee – sollte möglichst umfassendes Material der Rassen-, Völker- und Volkskunde werden. Die wichtigste Aufgabe müsse es sein, »unmerklich zugleich zu leiten, zu überzeugen und im Sinne unserer Weltanschauung zu erziehen.« »In der höchsten Zielgebung«, heißt es weiter in dem für Deutschnationale so typischen verkorksten Deutsch, »muss straffste Einigkeit bestehen, sollen Willkür und volksfremde oder gar volksfeindliche Strömungen für immer ausgeschaltet bleiben.« Schon 1930 sei der erste anthropologische Schausaal unter dem Aspekt »Rassengliederung der Menschheit« eingerichtet worden. Neben 700 Schädeln, Skeletten und tausend Fotos seien hier Abgüsse lebender Malayen ausgestellt worden. Ab 1936 sei ein weiterer Träger Nestroy'scher Namensgebung, Josef Wastl, mit der Leitung der Anthropologischen Abteilung betraut und 1945 seines Amtes enthoben worden. Selbstredend bedeutete das aber nicht auch das Ende seiner wissenschaftlichen Karriere. Von 1954 an war er Vizepräsident der »Anthropologischen Gesellschaft Wien«, 1965 wurde er zum Leiter der »Arbeitsgemeinschaft Anthropologischer-erbbiologischer Sachverständiger« gewählt. Als er 1968 starb, wurde er in einem Nachruf als »ein aufrechter und zu seiner Auffassung stehender Mann und Wissenschaftler« gewürdigt. 1938 schlug Wastl eine Ausstellung »Das körperliche und seelische Erscheinungsbild der Juden« vor. Dabei bat er die Gestapo und das »Amt für Sippenforschung« um Unterstützung. Im Erkennungsamt der Polizeidirektion Wien forderte er außerdem Polizeifotos von Juden für anthropologische Untersuchungen und seine geplante Ausstellung an, entnehme ich dem Katalog »Beschlagnahmt« des Jüdischen Museums Wien.

Von der »Juden-Ausstellung« selbst sind darin eine Reihe von Schwarz-Weiß-Fotos abgedruckt. Auf einem davon ist neben den Polizeifotos und menschlichen Schädeln als Eingangsüberschrift zur Ausstellung zu lesen: »Die Judenfrage ist nur durch eine klare Scheidung der ›Nichtjuden von den Juden‹ lösbar.« Und weiter geht aus dem Katalog hervor: Als im Sommer 1942 ein Teil des Währinger Friedhofs zerstört wurde, erhielt die »Anthropologische Abteilung des Naturhistorischen Museums« das mehrmals angeforderte Forschungsmaterial: Mindestens 220 jüdische Exhumierte, Skelette und Schädel wurden in das Museum gebracht und dort vermessen und untersucht. Im gleichen Jahr erwarb die Anthropologische Abteilung vom Anatomischen Institut der Universität Posen »anatomische Präparate« zum Preis von insgesamt 1120 Reichsmark. Bei den Schädeln und Gipsabgüssen von Juden »handelte es sich«, laut den handschriftlichen Aufzeichnungen des Posener Anatomieprofessors Hermann Voss, um Präparate von

72

KZ-Opfern. Nach der Präparation wurden die Überreste im institutseigenen Verbrennungsofen beseitigt. Hermann Voss war nach 1949 Ordinarius in Jena (DDR) und wurde mit dem Ehrentitel »Hervorragender Wissenschaftler des Volkes« ausgezeichnet. Erst 1991 wurde die Öffentlichkeit auf diesen schrecklichen Sammlungsbestand im Naturhistorischen Museum aufmerksam gemacht. Die Schädel wurden der Israelitischen Kultusgemeinde übergeben, die sie bestattete. Die Skelette und Schädel aus dem Währinger Friedhof waren bereits 1947 zurückgegeben worden.

Das Naturhistorische Museum war ein Hort von illegalen Nazis, eine bestimmte Stiege des Gebäudes, auf der sich damals die illegalen Parteimitglieder zu treffen pflegten, heißt im Jargon der Mitarbeiter heute noch »Nazistiege«.

Einer der betreffenden, der Ichthyologe Viktor Pietschmann, fotografierte 1915 auf einer Forschungsreise eher zufällig die gnadenlose Verfolgung und Vertreibung von Armeniern durch Jungtürken. Die seltenen, auf Glasnegativen festgehaltenen Dokumente sollten nach dem Zweiten Weltkrieg vernichtet werden und lagen schon für die Müllabfuhr vor dem Museum bereit, erfahre ich im Archiv. Sie wurden aber identifiziert und in Sicherheit gebracht. 2007 wurden mehrere Aufnahmen von der »Presse« und der »FAZ« publiziert und analysiert. Man sieht darauf lange Kolonnen Vertriebener, allerdings keine anderen Gewalttaten.

»Als die Luftangriffe der Alliierten im Zweiten Weltkrieg einsetzten, wurden alle Räume des Tiefparterres«, erzählt mir Frau Riedl-Dorn am selben Nachmittag, »bis auf zwei zugemauert und dort Bibliotheks- und Sammelbestände untergebracht. Die wertvollsten Objekte wurden in bombensicheren Tresorräumen von Banken versteckt oder in den tiefen Kellern der Neuen Hofburg. Andere in den Schlössern Schönborn und Laudon in Niederösterreich. Aber auch in Lauffen bei Bad Ischl wurden Kisten mit Objekten gelagert. In der Hofburg wurde aus Einsparungsgründen die Heizung abgeschaltet, im Museum war an vielen Stellen das Fensterglas zerbrochen – dennoch seien keine Verluste zu verzeichnen gewesen. Mit den im Herbst 1945 von den Russen zur Verfügung gestellten Lastautos wurde der Rücktransport vor allem der Tierpräparate aus den näher gelegenen Bergungsorten durchgeführt.

Bis zum Abend spricht Frau Riedl-Dorn über die Geschichte des Hauses in der Nachkriegszeit, ich erfahre Einzelheiten über die Elektrifizierung der Schauräume, den wissenschaftlichen Betrieb und die Leistungen und Erfolge der verschiedenen Abteilungen. Schließlich führt sie mich hinauf auf das Dach, wo die Statuen der großen Naturforscher, jede mit einem Blitzableiter auf dem Rücken, an der Balustrade stehen. Von hier aus blicken wir, während ein endloser Schwarm Krähen über unsere Köpfe zu seinem Schlafplatz fliegt, auf das gegenüberliegende Kunsthistorische Museum und das im antiken Stil gebaute Parlament, das neugotische Rathaus und die neugotische Votivkirche und auf alle die Gebäude im Stil des Historismus, die unter uns am Ring liegen, mit einem Wort auf das schöne, vom Krächzen der Krähen scheinbar knarrende Wien.

»Die ersten Fragen der Kinder, die das Museum vorher noch nie betreten haben, drehen sich um den Tod«, sagt Frau Dr. Wiltschke-Schrotter von der Anthropologischen Abteilung, während wir eine eiserne Wendeltreppe hinuntersteigen. Es sei ganz natürlich, dass sie nach dem Tod fragten, denn der Großteil der Schaustücke bestünde aus Tierleichen, Skeletten oder Mineralien. Sie werde auch häufig danach gefragt, fügt sie hinzu, wie sie bloß in einem Haus des Todes arbeiten könne.

Ich kenne die Räumlichkeiten der Anthropologischen Abteilung noch von meinem nächtlichen Ausflug her, als ich den Schädel Mozarts sehen wollte und von einem Beamten an der Nase herumgeführt wurde. Der lange Schädelgang liegt verlassen da, bei Tageslicht ist er noch größer als in meiner Erinnerung. Die verglasten Schränke reichen bis zur Decke, ich zähle vierzehn Reihen, in denen dicht gedrängt Schädel an Schädel liegt. Vor der Tür zum Schädelsaal ist der schwarze Sammelschrank von Kronprinz Rudolf abgestellt, andere Möbelstücke aus seinem Arbeitsraum befinden sich im Zimmer der Direktorin, ebenso wie das Safe, für den der Beamte damals offenbar keinen Schlüssel hatte. Auch Frau Wiltschke-Schrotter besitzt keinen Schlüssel, und die Frau Direktor ist verhindert, weshalb ich weder Kronprinz Rudolfs Schreibtisch noch das ominöse Safe sehen kann. Wir haben inzwischen den Schädelsaal betreten, und hier wiederholt sich mein Eindruck, den ich schon vom Schädelgang her kenne, dass er viel größer als in meiner Erinnerung ist. Auf einer Seite sind zudem

zehn Reihen weißer, beschrifteter Schachteln aufgesta-
pelt, mit Skeletten, die man bei Grabungen in einem
Schulhof gefunden hat, wo sich vor 150 Jahren der Friedhof eines Lazaretts befunden hat. Die Knochen der Soldaten weisen keine Kriegsverletzungen auf, die jungen
Männer sind offenbar an Seuchen gestorben. Die Anthropologie arbeite heute mit der Archäologie zusammen, erklärt Frau Wiltschke-Schrotter, und helfe ihr, die
Lebensumstände vergangener Zeiten zu erforschen.
Weitere Bananenschachteln mit Skeletten sind unter und
neben den zahlreichen großen Tischen aufgestellt, deren
Platten ebenfalls bedeckt sind mit zu Gruppen geord-
neten Schädeln, aber auch mit anderen Knochen. Im
Hintergrund an einem Schreibtisch arbeitet ein grau-
haariger Herr vor dem Bildschirm eines Computers,
daneben sind fotografische Werkzeuge: Scheinwerfer,
Kamera, Schirm, eine Projektionsleinwand aufgestellt,
und über allem wacht regungslos ein zusammengesetz-
tes Skelett. Was die Anordnung betrifft, könnte man von
einer Art Schädelbibliothek sprechen. Die aufgeschlich-
teten Knochen und die Ansammlung von Schädeln –
deformierte, verletzte, zertrümmerte, kindliche, alte, mit
und ohne Zähne – deuten auf eine Suche hin, die nie zu
einem Ende kommt, ebenso wie die in Leder gebun-
denen Registrierbände. In den verschiedensten Handschriften ist in ihnen jedes einzelne Stück mit Angabe
des Fundorts, laufender Nummer und dem Datum der
sogenannten Bergung eingetragen. Zum Transport der
Skelettknochen sind Rolltische im Saal aufgestellt, die
aber längst wieder bedeckt sind mit weiteren Schädeln
und Schachteln. Auch ein lederner brauner Kopf, den
ich in einem der Schränke entdecke, wird mir auf mein

Verlangen gezeigt, seine Haut hat sich dunkelbraun verfärbt, die Augen sind in den Höhlen verschwunden, die Zähne sichtbar. Sein Haar ist noch zum Teil erhalten, und auf seinem Schädeldach ist eine große Wunde zu erkennen. Angeblich wurde der Mann, dem dieser Kopf gehörte, bei einer Schlacht schwer verletzt und starb, nachdem er ärztlich versorgt worden war. Man habe den Schädel daraufhin präpariert, sagt Frau Wiltschke-Schrotter, und ihn den Angehörigen zukommen lassen, zum Beweis, dass medizinisch alles unternommen worden sei, um den Mann zu retten.

Selbst in der großen Bibliothek finden sich noch Schädel, zum Teil in geöffneten Schachteln aus Karton. Kein Mensch ist zu sehen, so dass sie den Eindruck erwecken, zufällig liegen geblieben oder vergessen worden zu sein. Der geschnitzte Kopf eines Wakusasse-Indianers auf einem Sockel vor einem Stapel von Ordnern und Büchern lässt mich an die Kapitänskajüte eines alten Forschungsschiffes denken, und bevor wir endlich in den Präparierraum gelangen, wo Abgüsse hergestellt oder Reparaturen an beschädigten Objekten vorgenommen werden, blättere ich eine Weile in den wissenschaftlichen Büchern, bis Frau Wiltschke-Schrotter wieder erscheint, um mich zu begleiten.

Ein älterer und ein jüngerer Mann in weißen Kitteln sitzen an den großen Tischen unter hellen Arbeitslampen, mit Schwenklupen und Werkzeug, vor sich Knochenteile, Skelettschädel und -hände sowie Gipsbüsten. Scheinbar bewegungslos gehen sie ihrer Arbeit nach. Neben den Schreibtischen sind auch hier zusammengesetzte Skelette aufgestellt, die sich in den Glastüren der Schränke spiegeln. Ich frage den älteren Herrn mit Bart und Brille, ob es nicht auf das Gemüt schlage, sich den ganzen Tag mit dem Knochengerüst von Toten zu beschäftigen? Er schüttelt aber, ohne seine Arbeit zu unterbrechen, nur den Kopf und antwortet, dass er diese Gedanken längst nicht mehr habe. Nur manchmal falle ihm ein: »Schon wieder ein Kind«, wenn er einen Kinderschädel restauriere.

Eine Mitarbeiterin der Abteilung »Archäologische Biologie und Anthropologie«, die mir Frau Wiltschke-Schrotter vorstellt, Frau Dr. Berner, fordert mich inzwischen auf, ihr zu folgen, und zeigt mir im Dachgeschoss eine fensterlose Kammer mit zwei Dutzend lebensgroßer, nackter und dunkelhäutiger Skulpturen, Männer und Frauen, die im ehemaligen »Rassensaal« ausgestellt waren. Auch ein Neandertaler und mehrere Gipsbüsten stehen herum.

Das Naturhistorische Museum ist in den letzten sieben Jahren bemüht, sich mit seiner Vergangenheit in der Zeit des Nationalsozialismus auseinanderzusetzen und betreibt in der Abteilung »Archiv und Wissenschaftsgeschichte« Provenienzforschung. Immer wieder tauchen Belege dafür auf, dass bestimmte Objekte nicht dem Naturhistorischen Museum gehören, erfahre ich. So sucht Frau Riedl-Dorn jetzt den Erben von drei Pflanzenbildern des Botanikers Jacquin, die 1989 angekauft wurden, dessen ursprünglicher Besitzer aber 1942 im KZ ermordet wurde. Im Archiv kann man auch erfahren, dass Spuren der späteren nationalsozialistischen Ideologie bereits in den Schriften des Geologen und Begründers der Anthropologischen Abteilung, Hochstetter, und des Zoologen von Frauenfeld zu finden seien und aus einer Zeit stammen, in der sich die Lehre

Darwins und die Rassenkunde mit dem Nationalismus verbanden.

Frau Dr. Berner, die über »die rassenkundlichen Untersuchungen der Wiener Anthropologen in Kriegsgefangenenlagern 1915 bis 1918« und »Judentypisierungen in der Anthropologie am Beispiel der Bestände des Naturhistorischen Museums Wien« gearbeitet hat, hat nachgewiesen, dass die Leiter der Anthropologischen Abteilung in den dreißiger Jahren des vergangenen Jahrhunderts illegale Nationalsozialisten waren und ihre Überzeugung, wie angeführt, in mehreren Ausstellungen zum Ausdruck brachten. In einer weiteren Publikation berichtet Claudia Spring unter anderem von der »anthropologischen Untersuchung an 440 Juden im Wiener Stadion 1939 unter der Leitung von Josef Wastl vom Naturhistorischen Museum Wien«: »Sechs Tage«, schreibt sie, »vom 25. bis 30. September 1939, leitete Wastl eine achtköpfige Kommission, die im Wiener Stadion 440 dort inhaftierte Juden anthropologisch untersuchte ... Anfang Oktober 1939 waren die insgesamt über tausend Häftlinge des Stadions schon in Viehwaggons in das KZ Buchenwald bei Weimar deportiert und der Großteil bis Mitte November bereits« ermordet. »Die Masken«, hält Claudia Spring fest, »die man ihnen gewaltsam aufdrückte, sollten letztendlich ihre Totenmasken sein.« Wastl schrieb zur gleichen Zeit an die »Rassenhygienische Forschungsstelle des Reichsgesundheitsamtes« in Berlin: »Wir verfügen über ein schönes Material über polnische Juden, die vor 14 Tagen bei uns gemessen und aufgenommen wurden.« Das »Material« umfasste laut Wastl »700 dreiteilige beziehungsweise Stereofotos, mehr als hundert Haarproben, 19 Gipsmasken und knapp 440 Merkblätter mit umfangreichen biographischen und biometrischen Daten«.

An diesem Tag kann ich auch im Tiefspeicher die unzähligen Kartons in den Regalen sehen, in denen die Skelette und Knochenteile von Menschen liegen. Und während wir nun vor dem sogenannten »wissenschaftlichen Material« stehen, das in Wirklichkeit ein Friedhof der Namenlosen ist, frage ich nach Mozart und der Untersuchung an seinem Schädel im Naturhistorischen Museum. Rasch findet Frau Dr. Berner die braunen Schachteln mit einem Abguss und einem Kopf mit dem rekonstruierten Gesicht Mozarts, der aufgrund der Beschaffenheit seines Schädelskeletts angefertigt wurde. Ich kenne inzwischen beide Gegenstände schon von Fotografien und, ohne dass ich beim Anblick der künstlichen Reliquien eine Regung verspüre, schließen sie doch die Geschichte meiner fast zwanzig Jahre zurückliegenden Wanderung durch das nächtliche Naturhistorische Museum ab. Als die Gegenstände wieder in den Kartons verstaut werden, weiß ich auch, dass es gleichgültig ist, ob ich damals den richtigen oder den falschen Schädel des Komponisten sah, denn niemand kann bis heute mit Sicherheit sagen, ob der richtige nicht doch der falsche ist.

Die Herbarien in der Botanik, die, wie gesagt, keinen Ausstellungssaal mehr besitzt, scheinen die Originale eines von Mozart komponierten Pflanzenrequiems zu sein, mit vertrockneten Blüten- und Blätternoten, die nur von Eingeweihten gelesen werden können. Wir sind über die Wendeltreppe in den Vorraum gelangt, zwei Damen fügen dort an Schreibtischen geduldig Blätter, Stängel und Blüten beschädigter Pflanzen aus Herbarien zusammen, als würden sie die komplizierten Formen der Natur in ein Stickmuster für Gewächse übertragen. Die dahinter befindlichen großen Räume sind vollständig mit alten Kästen verstellt, in und auf denen sich die in Packpapier eingeschlagenen Herbarien wie Aktenberge türmen, Zeugnisse geradezu manischer Sammelleidenschaft. Jean-Jacques Rousseau erhob im 18. Jahrhundert in seinem Büchlein »Zehn Botanische Lehrbriefe«, das er in seinem Schweizer Exil verfasste, die »Scientia amabilis«, das Botanisieren, quasi in den Adelsstand. In seinem letzten autobiographischen Werk »Träumereien eines einsamen Spaziergängers« schrieb er 1773 über seine Passion: »Meine große Freude war, all meine Bücher gut verpackt in Kisten zu belassen und ganz ohne Schreibzeug zu sein … Ich füllte mein Zimmer nicht mehr mit diesem tristen Papierkram, sondern mit Blumen und duftendem Heu«, und in einem Brief an einen Freund meinte er: »Eine einzige neue Pflanze zu entdecken, ist mir hundertmal lieber als fünfzig Jahre lang dem Menschengeschlecht zu predigen.« Später wanderte er, seiner Leidenschaft für Pflanzen ergeben, unerkannt unter dem falschen Namen Renon drei Jahre durch das südliche Frankreich.

Den einstigen Stolz des »Naturalien-Cabinets«, die Passion der »grünen Habsburger«, sieht der Leiter der Botanischen Abteilung, Herr Dr. Vitek, von seinem Generaldirektor Lötsch nicht gebührend gewürdigt. Wir sitzen in einem der mit Pflanzenakten vollgestopften Räume, und Herr Dr. Vitek beklagt sich darüber, dass Lötsch die Herbarien als »Flachware« bezeichnet habe, die man nicht ausstellen könne. Der ehemalige Botanische Saal sei jetzt dem »Mikrotheater« gewichen, und die Vorstellungen der beiden über die Präsentation der botanischen Objekte klaffen weit auseinander. Will sein Generaldirektor in einem Saal Glashäuser aufstellen lassen, verweist Vitek auf das Palmenhaus in Schönbrunn und den Unsinn, eine Art tropisches Wohnzimmer einzurichten. Ich darf meinen Blick nur in drei Herbarien werfen, wobei eines aus getrockneten »Palmkätzchen« besteht. In zwei Laden befinden sich diverse Zapfen von Nadelbäumen, deren Schildchen durcheinandergeraten sind. Überhaupt sei das Aufbewahren von Pflanzen eine diffizile Angelegenheit, sagt Herr Vitek. Zweimal im Jahr würde das Institut »vernebelt«, dann dürfe sich niemand in den Räumen aufhalten, denn die »Pyrethoide«, das Spritzmittel gegen Schädlinge, seien giftig. Nach Ende des Zweiten Weltkrieges, fährt er fort, seien die Fensterscheiben zerbrochen gewesen und »massiver Käferbefall« in der Botanischen Abteilung aufgetreten. Amerikanische Soldaten hätten zu Hilfe gerufen werden müssen und hätten 150 Kilogramm DDT versprüht, das heute noch »unsichtbar« in seinem Institut vorhanden sei. Aber die Herbarien sind ebenso wertvoll wie empfindlich. Er kritisiert, dass sein Vorgänger die Pflanzenzeichnungen und -aquarelle an das Archiv abgegeben habe, und macht überhaupt aus seinem allgemeinen Ärger keinen Hehl, auch während wir die Räume mit Kästen, Kartons und »Aktenbergen« langsam über die Wendeltreppe wieder verlassen, und als wir einen Blick zurück in den langen Flur werfen, kommt uns Kafkas Archivwelt aus dem »Prozeß« in den Sinn.

Die Eindrücke in der Ichthyologie, der Fischsammlung, sind gänzlich anderer Natur. Im ersten Raum starrt uns im dämmrigen Licht zwischen zwei Bücherregalen ein ausgewachsener präparierter Stör an, eine Fischsorte, die aus der Donau längst verschwunden ist, nachdem sie jahrzehntelang mit quer über den Fluss gespannten Fangnetzen gejagt wurde. Es ist ein auffallender Fisch mit einem Bart und, da er wegen des Kaviars überall begehrt ist, überhaupt vom Aussterben bedroht. Zwei weitere große präparierte Fische liegen auf dem Fußboden beziehungsweise einer Leiter vor einem der zahlreichen alten Kästen. Eine seltsame Welt tut sich auf, denn in dicht gedrängten Reihen alter Schränke mit Glasscheiben sind unzählige Fischskelette, große und kleine, zu erkennen, die in den nur spärlich beleuchteten Räumen und Fluren wie in Alpträumen auftauchen. Ihre Mäuler sind geöffnet und mit Zähnen bewehrt, sie lassen eher an riesige Insekten als an Fische denken. In der Bibliothek mit einem originalen runden Eisenofen und Gründerzeit-Möbeln, in der, wie wir von Herrn Wellendorf, einem Angestellten, erfahren, einst ein Direktor der Abteilung auch nach seiner Pensionierung lebte, liegen im Halbdunkel drei stachelige Kugelfische und ein zerlegtes gerahmtes Fischskelett sowie das Blatt eines Sägefisches, Papier, Stifte und ein Buch auf dem Schreibtisch. Erst die Präparationsräume sind vom Neonlicht erhellt. Sie sind angefüllt mit unzähligen Glaszylindern, in denen im gelben und bräunlichen Alkohol die durch die Rundung der Behälter gespenstisch verzerrten Köpfe verschiedenster Exemplare zu erkennen sind. Es hat den Anschein, als sammelte ein Fischpathologe Obduktionspräparate. Wohl irrtümlich befindet sich in der gelben Flüssigkeit eines der Glasbehälter auch ein auf dem Kopf stehender Pavian, dessen Antlitz den Eindruck eines gequälten Tieres erweckt. Die Zylinder stehen auf

Tischen, in hohen Metallregalen, auf dem Fußboden und auf Wägelchen, jeder ist mit einem weißen Etikett und Beschriftung versehen. Der Alkohol in den Behältern nehme durch das Fett der Fische mit der Zeit eine gelbe und später braune Farbe an und müsse daher immer wieder ausgewechselt werden, sagt Herr Wellendorf. Manche Präparate seien über hundert Jahre alt, einzelne wiesen als Sammler sogar noch den legendären Johann Natterer auf. Natürlich betont auch Herr Wellendorf die große Zahl von Typen, die die Abteilung besitzt. Im kalten Keller dann, im Tiefspeicher, neben zahlreichen weiteren Alkohol-Präparaten und weiteren Skeletten, alte »Stopfpräparate«, eigentlich Tiermumien, denen zum Teil schon das eine oder andere Auge fehlt. In einem anderen Raum Rochen, Haie und eine ganze Reihe von in Nylonsäckchen verpackten und daher nicht sichtbaren Fischpräparaten. Daneben auf einem Holzregal die riesigen Knochen eines Finnwales und gegenüber eine Wand mit Geweihen von Antilopen und Hirschen. Dann wieder stoßen wir auf ausgestopfte Krokodile, Alligatorenköpfe und eine Ansammlung verschiedener Schildkrötenskelette. Beim Hinausgehen bemerken wir in einem Winkel die hoch aufstehenden Brillenschlangen, die vom Zoll beschlagnahmt und an das Naturhistorische Museum weitergegeben worden sind.

»Kennen Sie die Geschichte ›Ein Sommermorgen‹ von Heimito von Doderer?«, fragt mich am nächsten Tag Frau Dr. Stagl im Laufe unseres Gespräches über Spul- und Madenwürmer in der Helminthologischen Abteilung. Zu Hause finde ich die gesuchte Stelle in einem Band »Gesammelte Erzählungen« des Schriftstellers.

»Herr v. W. erbrach rasch und ohne Beschwerde vor sich auf die Tischplatte«, heißt es dort, »Im geringen und dünnen Auswurf, der da nun auseinanderlief – er hatte abends nur eine Suppe essen wollen –, zeigte sich ganz unzweifelhaft ein Wurm, er lag am Rande des Erbrochenen, war blass, offenbar tot und kaum eine Spanne lang: Ascaris lumbricoides, wie ihn vornehmlich Kinder manchmal haben, doch geht er selten per os ab, meistens per rectum.« Es ist der gleiche Wurm, den auch der Präparator Natterer erbrach und in einem Glas aufbewahrte.

Frau Dr. Stagl ist nicht nur Wurmspezialistin, sondern auch eine feine Dame, die jedes einzelne ihrer Tausenden, in klarem Alkohol und Zylindergefäßen aufbewahrten Tierchen liebt. Ihr absoluter Liebling aber, den sie verklärt lächelnd vor mich auf den Tisch stellt, ist ein Tausendfüßler, genauer gesagt der große, fingerdicke Riesentausendfüßler Graphidostreptus aus Afrika. Tatsächlich hat er einen Kopf, der zu einer freundlichen Figur in einem Walt-Disney-Zeichentrickfilm passen würde. Auch der von der mutigen Ida Pfeiffer auf Mauritius gesammelte 18 Zentimeter große und 9 Zentimeter dicke Riesenkugler Globotherium hippocastanum gehört zu den Myriapoda, wie ich erfahre, und steht ebenfalls vor mir auf der Tischplatte. Das eierschalenfarbene Tier hat sich im Tod zusammengezogen wie eine geschlossene kleine Ziehharmonika. Die ausgebleichten Präparate in den geöffneten, übervollen Kästen sehen im klaren Alkohol wie Zeichnungen aus. Hofrat Sattmann kommt hinzu und zeigt mir stolz eine Erstausgabe des helminthologischen Standardwerkes »Lebende Würmer im lebenden Menschen« von Johann Gottfried

Bremser, dem eigentlichen Spiritus Rector der Sammlung. Bremsers »stinkende Untersuchungen«, erfahre ich, gipfelten in dem Bildatlas »Icones Helminthum«, der achtzehn prächtige Farbtafeln enthält. Die Wiener Helminthenkollektion wurde durch rege Sammeltätigkeit zur weltweit größten und bedeutendsten. Und auch von einem Kunstwettstreit, den »der unerreichbare Kliniker« Valentin Edler von Hildenbrand mit Bremser »auf der medicinischen-praktischen Schule zu Wien zum Vergnügen und zur Belehrung der ärztlichen Kandidaten mit sechs Bandwurmkranken anstellte, wovon ein jeder drei nach seiner eigenen Methode behandelte«, erfahre ich aus einer wissenschaftlichen Abhandlung, die mir Frau Dr. Stagl vorliest. Dabei habe sich, berichtet der Verfasser A. I. Wawruch in seinem 1844 erschienenen Buch »Praktische Monographie der Bandwurmkrankheiten«, ein interessanter klinischer Fall ereignet. »Bei einem der Kranken hatte es sich um einen ›Salami-Jungen‹ gehandelt«, liest Frau Dr. Stagl. Dieser habe Hildenbrands Medikamente zu sich genommen und sei plötzlich aus dem Bett gesprungen, um sich auf den Leibstuhl zu setzen. Er sei erblasst, habe zu zittern und schwer zu atmen begonnen, und sein Puls habe aufgehört zu schlagen. Kalter Todesschweiß habe seinen Körper bedeckt, und der Junge sei zuletzt in einen Starrkrampf verfallen. Nach einer halben Stunde angestrengtester »Belebungsversuche« hätten sich dann endlich wieder Puls und Atmung normalisiert und der Starrkrampf gelöst. Als man den lallenden Patienten von seinem Leibstuhl gehoben habe, sei »die Entbindung von etwa 18 Ellen eines Kettenwurmes glücklich vollbracht« gewesen. Beinahe hätte Bremser, setzt Frau Dr. Stagl fort, mit seiner langsamen Behandlungsweise triumphiert, jedoch sei bei seiner Patientin »anstelle der Ausscheidung des Parasiten ein Abortus aufgetreten«, da die Frau, ohne dass der Arzt es bemerkt habe, schwanger gewesen sei. Das alles wird mir fröhlich und ohne Schadenfreude dargebracht, während ich in Bremsers »Lebende Würmer im lebenden Menschen« blättere. Bremser habe sein Wissen über Sektionen erworben, deren Protokolle im Pathologisch-Anatomischen Bundesmuseum des einstigen Narrenturms aufbewahrt würden, erklärt mir Hofrat Sattmann. Dabei habe er ganze Organe entnommen und die von ihnen befallenen Würmer gesammelt. Mit Hilfe von Mikroskopen und Lupen habe er schließlich den Kopf eines Bandwurmes identifiziert, den ihm der Arzt Samuel Thomas von Soemmering, übrigens ein Freimaurer aus Frankfurt am Main, geschickt habe, nachdem er diesen selbst abgetrieben hätte. Soemmering habe nebenbei im Jahre 1795 Aufsehen mit einer Abhandlung »Über den Tod durch die Guillotine« erregt, indem er festgehalten habe, dass »im durch die Hinrichtung vom Körper getrennten Kopf das Gefühl, die Persönlichkeit, das Ich noch einige Zeit lebendig bleibt und einen Nachschmerz empfindet, von dem der Hals betroffen ist«. (Er hielt es sogar für möglich, dass »wenn die Luft noch ordnungsgemäß durch die unbeschädigten Stimmorgane zirkulieren würde, diese Köpfe sprechen würden«. Man sterbe also als Guillotinierter, nachdem man bereits tot sei, schloss er.)

Später besichtige ich auch die vier Meter langen Bandwürmer in den Gläsern, vollständig erhalten, was heute, wie ich erfahre, leider nicht mehr möglich sei, da die Medikamente die Tiere vollständig zerstörten. Seit 1860 habe aus diesem Grund die Sammeltätigkeit nachgelassen und sei schließlich 1880 gänzlich zum Stillstand gekommen. Man höre heutzutage nur noch bei Kaffeekränzchen, wirft Frau Dr. Stagl ein, »meine Katze hat einen Bandwurm«, aber es habe für die Helminthologie keine Bedeutung mehr. Der Großteil der Sammlung sei von Johann Natterer »beigesteuert« worden, der mit Marktlieferanten Geschäfte gemacht habe. Er habe beispielsweise Fröschen, die damals auf der Speisekarte standen, und Hühnern die Eingeweide entnommen, bevor die Tierkörper zum Verkauf kamen. »Parasiten«, betont Hofrat Sattmann, »sind für das Gleichgewicht der Natur wichtig«, sichtlich findet er wenig Gefallen am negativen Beigeschmack der Bezeichnung.

Wurm-Erinnerungen gehen mir durch den Kopf, von der eigenen Erkrankung in meiner Kindheit bis zu Kafkas »Ein Landarzt«, in dem es über einen jungen Patienten heißt: »In seiner rechten Seite, in der Hüftengegend hat sich eine handtellergroße Wunde aufgetan. Rosa, in vielen Schattierungen, dunkel in der Tiefe, hell werdend zu den Rändern, zartkörnig, mit ungleichmäßig sich aufsammelndem Blut, offen wie ein Bergwerk obertags. So aus der Entfernung. In der Nähe zeigt sich noch eine Erschwerung. Wer kann das ansehen, ohne leise zu pfeifen? Würmer, an Stärke und Länge meinem kleinen Finger gleich, rosig aus eigenem und außerdem blutbespritzt winden sich, im Inneren der Wunde festgehalten, mit weißen Köpfchen, mit vielen Beinchen ans Licht. Armer Junge, dir ist nicht mehr zu helfen.« Währenddessen werden mir von einer Mitarbeiterin die schönsten Meeresschnecken und Muscheln gezeigt, sorgfältig: Perlenboote in verschiedenen Größen, schwarz und weiß gemusterte Marmorkegel – Rembrandt hat das prächtige Gehäuse in einer Radierung festgehalten, mit Linkswindung an der Basis, statt wie üblich nach rechts gewunden. Die Lebewesen darin lauern im Sand eingegraben, erfahre ich, auf Beute und stechen dann mit einem Stilett zu. Das Tier könne selbst einen Menschen töten. Wir sehen Tigerschnecken und das Tritonshorn, Pilgermuscheln, Sturmhauben und eine Arche Noah sowie einen großen Schrank voll gewöhnlicher brauner Schneckenhäuser, die gesammelt werden, um untersuchen zu können, wo und wann es diese Tiere gegeben hat und noch gibt. Zuletzt zieht Herr Sattmann die Lade mit mikroskopischen Präparaten auf Glasplättchen heraus, es sind Hunderte der Klasse Rotatoria, der Rädertierchen, von denen heute zweitausend verschiedene bekannt sind, Meister der Anpassung. So sei die neue Vulkaninsel Surtsey erst 1963 vor der Südostküste Islands aufgetaucht – und kaum ausgeglüht, habe man dort schon eine bestimmte Art Rädertierchen gefunden. In »Grzimeks Tierleben« würden sie als »Pioniere des Lebens« bezeichnet.

In den Arbeitszimmern der weltbekannten Meteoritenabteilung des Naturhistorischen Museums hängen alte Ölgemälde von Vulkanausbrüchen und einem Meteoritenregen. Die strenge Ordnung gibt mir das Gefühl, dass sich alles an seinem Platz befindet: die alten messingfarbenen geologischen Geräte in den Glasschränken, der alte Plattenfotoapparat und das große Ölbild des Kaisers Franz Joseph in roter Paradeuniform über dem Schreibtisch. Auch die Bibliothek weist die denkbar sorgfältigste Ordnung auf. Ich wäre nicht darauf gekommen, dass gerade hier über das Ende der Menschheit nachgedacht wird. Dr. Brandstätter, ein dunkelhaariger Wissenschaftler mit Brille und unbeweglichem Gesicht, führt mich in den Meteoritensaal hinaus und erklärt mir – nachdem er sich darüber beklagt hat, dass der Generaldirektor angeregt habe, Meteor-Attrappen von der Decke hängen zu lassen und ihm ein völlig unbrauchbares und sinnloses Ungetüm von Möbelstück in die Schausammlung gestellt habe –, wie der Einschlag eines Meteoriten von zehn bis zwanzig Kilometer Durchmesser das menschliche Leben auf der Erde auslöschen könne. Im sogenannten Himmelskörper zwischen den Planeten Jupiter und Mars befänden sich an die 2000 Asteroiden, deren Durchmesser größer als ein Kilometer sei. Stürze einer mit zehn Kilometer Durchmesser und einer Geschwindigkeit von 100000 Kilometern pro Stunde auf die Erde, könne das nicht weniger als das Ende der Menschheit bedeuten. Vor 65000 Jahren, beim Übergang vom Erdzeitalter Kreide zum Tertiär sei auf diese Weise nahezu 75 Prozent des Lebens auf unserem Planeten ausgestorben. Die Dinosaurier, die 150 Millionen Jahre die Erde bevölkert hätten, seien bekanntlich ebenso verschwunden wie alle Landtiere über einen Meter Körpergröße, die großen Meeresreptilien und die Flugechsen. Der Einschlag sei vermutlich bei der mexikanischen Halbinsel Yucatan erfolgt und habe eine dreimal höhere Temperatur als auf der Sonnenoberfläche erzeugt. Die darauf folgende Druckwelle habe Feuerstürme und damit Waldbrände unvorstellbaren Ausmaßes zur Folge gehabt. Rauch und gigantische Staubwolken hätten sich um die Erde gelegt, die die Einstrahlung von Sonnenlicht verhindert hätten. In der dadurch entstandenen Kälte seien auch Tiere erfroren, die die Hitze überlebt hät ten. Der allmähliche Temperaturanstieg wiederum habe dann auch den Tod des Meeresplanktons zur Folge gehabt.

Ich betrachte inzwischen ehrfürchtig die über 500 Meteoritenstücke in den Gründerzeitvitrinen. Meteoriten leuchteten im All nicht, erklärt mir Dr. Brandstätter mit der ihm eigenen Zurückhaltung, sie glühten beim Eintritt in die Erdatmosphäre nur kurz auf. Sternschnuppen seien lediglich etwa erbsengroß, Kometen hingegen würden für das bloße Auge erst sichtbar, wenn sich durch ihre Annäherung an die Sonne ein heller Kopf und Schweif ausbildeten.

Es ist der richtige Augenblick, um mich zu den Schmetterlingen aufzumachen. Noch befangen von den Gedanken an die letzten Tage der Menschheit, lenke ich mich mit der Vorstellung von der Metamorphose der Insekten ab, der Verwandlung der Eier in Raupen, der Abstreifung ihrer Haut, der Verpuppung und schließlich dem Schlüpfen der Schmetterlinge. Und weiter geht mir auch die Verwandlung von Menschen in Pflanzen und Tiere durch den Kopf, wie sie die Märchen erzählen, und in Steine und heilige Wesen wie in den Mythologien. Schließlich bin ich, eine der eisernen Wendeltreppen hinaufsteigend, bei den »Metamorphosen« des Ovid angelangt, als ich im hellen Dachgeschoss des Naturhistorischen Museums das Archiv der Lepidoptera betrete. Der zuvorkommende Hofrat Lödl hat mir schon zweimal Gelegenheit gegeben, mich umzusehen, und jedes Mal habe ich beim Anblick der Tiere die Zeit vergessen. An Fossilien habe man festgestellt, hat mir der Hofrat erklärt, dass Nachtfalter schon vor 140 Millionen Jahren zur Zeit der Saurier existiert hätten. Als die

Menschen vor 5 Millionen Jahren aufgetreten seien, hätten die Nachtfalter bereits ihr heutiges Aussehen angenommen gehabt. Diesmal aber, als Herr Lödl mir seine Schätze zeigt, denke ich zuallererst an das kurze Leben der seltenen Insekten, und dass sie sich mir tot und auf Nadeln aufgespießt darbieten. Es sind Riesenfalter, wie der Pfauenspinner aus Australien, den ich wegen seiner mantelartigen, großen Flügel bewundere, gelbe Kometenfalter aus Madagaskar, tropische Uraniafalter, Indische Mondspinner und Südamerikanische Morphofalter, deren Männchen einen prächtigen Blauglanz aufweisen. Die Sammelkisten mit Glasscheiben sind bald über den ganzen Raum verteilt, liegen auf den Bücher- und Papierbergen von Herrn Lödls Schreibtisch oder sind aufeinandergestapelt. Der Hofrat kommt mit immer neuen Exemplaren, afrikanischen Riesenritterfaltern, die eine Spannweite von 25 Zentimetern haben und giftig sind, großen Vogelflüglern aus Neuguinea, Perlmuttfaltern, japanischen Grünwidderchen und Spannern mit metallisch glänzenden Farbschuppen, die im Licht schillern. Auf meinen Wunsch zeigt er mir auch mehrere Exemplare des Totenkopffalters, von dem ich gelesen habe, dass der Schwärmer Honig aus Bienenstöcken raubt. Schließlich holt er das Standardwerk: »Die Großschmetterlinge der Erde« von Adalbert Seitz aus dem Bücherregal, und wir blättern die Bände der »indoaustralischen« und »australischen« Fauna mit den herrlichsten farbigen Abbildungen durch, während Herr Lödl mir angeregt von Zwischenfällen bei Fangexpeditionen berichtet, Anekdoten über Forscher erzählt und Wissenswertes über einzelne Exemplare erklärt. Vor so viel Begeisterung und Überzeugungskraft kapituliert

schließlich meine Skepsis, die ich angesichts der aufgespießten, toten Tiere empfand, und alsbald sind wir in
das lebhafteste Gespräch verwickelt, während wir schon
weitere Folianten aufschlagen und noch einzigartigere
Wesen betrachten.

Auch Dr. Heinrich Schönmann in der Käfersammlung
zieht willig Laden mit Glasscheiben aus braunen Schränken und zeigt mir die zu militärischen Formationen ge-
ordneten Insekten, von den Aaskäfern über Hirsch-,
Schwimm- oder Rüsselkäfern bis zu den größten Exemplaren von Nashorn- und Elefanten- oder Bockkäfern
mit langen Fühlern. Der Entomologe, glatzköpfig mit
kurzem grauen Bart und Brille, wacht als allmächtiger
Oberbefehlshaber über seine Armee und verschiebt
seine Truppen wie ein General, der im Sandkasten mit
Zinnsoldaten eine imaginäre Schlacht plant. Nachdem
die einzelnen Tiere benannt sind und keine weiteren
Fragen erfolgen, befördert er die Divisionen, Spähtrupps
und Kompanien zurück in die Dunkelheit der Kästen
und damit zugleich die für die Wissenschaft gefallenen
Krieger in ihr Walhalla.

In der Zoologischen Präparationsabteilung, die ebenfalls Herrn Lödl unterstellt ist, steht ein Nashorn in der
Mitte des dafür zu kleinen Raumes. Schon der Gang davor gehört zur Werkstatt. Dort finden sich ein Leguan,
ein Pelikan und ein Geier neben Abgussmodellen, über
die dann die Tierhäute gespannt werden. Das Nashorn
ist bereits für eine Ausstellung restauriert, nur an der
Farbe soll noch etwas verbessert werden. Alle Aufmerksamkeit der Mitarbeiter richtet sich im Augenblick aber
auf Biber, die für ein Diorama, das gerade im Bau ist,
präpariert werden. Auf einem Tisch das Kunststoffmo-

dell eines felllosen Hundes mit großen schwarzen Leder-
ohren, Glasaugen, Gebiss und Zunge. Dann entdecke
ich das Präparat eines Igelbabys in einer Kunststoff-
schachtel. Wie erfroren liegt es da, mit geschlossenen
Augen und schlaffen Pfoten. In herausgezogenen Laden
eine kaum übersehbare Menge verschiedenster Glasaugen, die zur Präparation dienen. Ich stöbere darin
herum und betrachte dann die alten Lehrtafeln mit
Tierskeletten an den Wänden und auf einem Brett das
bemalte anatomische Gipsmodell eines Querschnittes
durch den menschlichen Schädel sowie das übergroße
Objekt eines Auges. Hinter einem verglasten Bilderrah-
men verschiedene einzelne Vogelfedern, und während
mir Hofrat Lödl stolz das Präparat einer Pythonschlange
zeigt, das er in den ausgestreckten Händen hält, entdecke
ich in dem Durcheinander aus Utensilien, Werkzeugen
und Präparaten auf einem in einer Ecke abgestellten
Regal einen Haufen hingeworfener Vögel und Vogelbälge, darunter Papageien, Drosseln, Enten, Spechte,
aber auch andere, deren Namen ich nicht kenne. Im unteren Fach und auf dem Boden liegen weitere tote Vögel
auf kleinen Haufen. Die meisten Tiere seien nach ihrem
Tod im Naturhistorischen Museum abgegeben worden,
erklärt mir der Präparator auf meine Frage, woher die
Tiere stammten. Zumeist würden nur ihre Federn zur
Ausbesserung bereits vorhandener Objekte verwendet,
die toten Vögel, beziehungsweise ihre Bälge stellten
»den dafür notwendigen Fundus« dar. Ich gehe einmal
um das Nashorn herum, das mich stumm mit gläsernen
Augen mustert, und sehe beim Hinausgehen aus der
Werkstatt als Letztes eine ausgestopfte Saatkrähe.

Es ist ein trüber Februartag und daher kein Wunder,

dass draußen auf der Wiese Saat- und Nebelkrähen nach Futter suchen. Man würde die Geschichte der Menschheit erst schreiben können, denke ich mir, während ich zum Heldenplatz gehe, wenn man auch die Geschichte der Tierheit kennt, eine von Tieren selbst geschriebene Geschichte über die Tiere und die Menschen, die sie jagen, lieben, töten, sich vor ihnen fürchten, sie in Käfige sperren, aufessen, ausstopfen, zu Pelz- und Schuhwerk verarbeiten, sich an ihrem Sterben weiden, sie abrichten, quälen, streicheln und zähmen, sie zu Gefährten machen, betrauern, ihr Lager mit ihnen teilen und sie zu ihren Göttern erheben, ganz wie es ihnen beliebt. Währenddessen fliegt am grauen Himmel, wie jeden Winterabend, ein krächzender Krähenschwarm zum Nachtquartier am Steinhof, in dessen Pavillons die Geisteskranken ihren Gedanken nachhängen, und auch die Krähen vor dem Naturhistorischen Museum erheben sich und folgen ihnen.

Der begehbare Traum
Die Kunst- und Wunderkammern
der Habsburger

Salieri und Saliera – Giftmord und Kunstraub in Wien.
Dieser Kalauer lag in der Luft, als am 11. Mai 2003 be-
kannt wurde, dass ein Einbrecher nach Mitternacht über
ein Baugerüst in den ersten Stock des Kunsthistorischen
Museums geklettert war, ein Fenster eingedrückt, das
Sicherheitsglas einer Vitrine zerschlagen und die kostbare Saliera, die einzige erhalten gebliebene Gold-
schmiedearbeit Benvenuto Cellinis, entwendet hatte.
Das Salzfass ist eine der glanzvollsten Preziosen aus der
Kunst- und Wunderkammer der Habsburger, jener
geheimnisvollen Sammlung, die aus dem Innsbrucker
Schloss Ambras Erzherzog Ferdinands II. von Tirol und
dem Prager Hradschin Kaiser Rudolfs II., seines Neffen,
stammt. Fast drei Jahre rätselten Polizei und Öffentlichkeit, wo das Prunkstück geblieben war. Erst am 22. Januar 2006 wurde der Wiener Sicherheitsexperte Robert
Mang nach einer Schnitzeljagd mit der Polizei als Täter
entlarvt, und es stellte sich heraus, dass der Kunsträu-
ber die kostbare Kleinskulptur aus vierundzwanzig-
karätigem Gold monatelang unter seinem Bett versteckt
gehalten und später am Waldrand in der Nähe eines nie-
derösterreichischen Dorfes vergraben hatte. Nachdem
er versucht hatte, sie dem Kunsthistorischen Museum
zu verkaufen, war er verhaftet worden. Ende gut, alles
gut. Der italienische Hofkomponist Kaiser Josephs II.,

96

Salieri, war bekanntlich nicht der Mörder Mozarts, und auch die Saliera befand sich wieder dort, wo sie hingehörte, wenngleich sie zuerst auseinandergenommen in einem Safe lag und in der Restaurationswerkstatt genau untersucht wurde. Seit 2008 wird sie wieder gezeigt.

Benvenuto Cellini hatte das Salzfass in den Jahren 1540 bis 1543 für König Franz I. von Frankreich geschaffen. Bis 1570 blieb das Artefakt im Besitz des französischen Königshauses. Als Karl IX. die Tochter des habsburgischen Kaisers Maximilian II. heiratete, übernahm der Onkel der Braut, Erzherzog Ferdinand II. von Tirol, die Stelle des Bräutigams »in procurationem«. Zum Dank dafür ließ ihm der französische Monarch durch seinen Gesandten kostbare Geschenke überreichen, darunter die Saliera, die von da an ein Teil der weithin gerühmten Kunst- und Wunderkammer des Erzherzogs auf Schloss Ambras in Innsbruck wurde. Ferdinands II. Urgroßvater war der legendenumwobene Maximilian I. – eine Gestalt zwischen Märchen und Politik –, sein Vater war Kaiser Ferdinand I. und sein älterer Bruder der erwähnte Kaiser Maximilian II. Als der Erzherzog geboren wurde, existierte bereits eine Sammlung seiner Vorfahren: Harnische, Rüstungen, Waffen, Handschriften und kostbare Einzelstücke wie der goldene »Maximilianpokal«, der kleine geschnitzte Tod aus Birnbaumholz, das »Tödlein«, oder die bewunderte goldgefasste »Natternzungenkredenz«, die mit fossilen Haifischzähnen geschmückt war, welche man irrtümlich für Schlangenzungen hielt.

Die ersten zehn Jahre seines Lebens verbrachte Erzherzog Ferdinand II. in Tirol, 1539 schickte man ihn nach Prag, und als Achtzehnjähriger wurde er bereits zum

Vizekönig von Böhmen ernannt. Neun Jahre später kämpfte er mit 10000 Mann in Ungarn gegen die Türken. Er wurde Ritter vom Goldenen Vlies und heiratete die wohlhabende Augsburger Patriziertochter einer Handels- und Bankiersfamilie, Philippine Welser, allerdings musste er sich zu strenger Geheimhaltung seiner morganatischen Ehe verpflichten. Sein Vater Kaiser Ferdinand I. gewährte ihm zwar, wie es heißt, »volle Verzeihung«, aber die Söhne Andreas und Karl blieben von der Erbfolge ausgeschlossen. Nach dem Tod des Kaisers erhielt der Erzherzog die Grafschaft Tirol zugesprochen, Schloss Ambras wurde ausgebaut. Erst 19 Jahre nach der Trauung entband der Papst den Erzherzog von der Pflicht zur Geheimhaltung seiner Ehe mit einer Bürgerlichen, als ihr älterer Sohn Andreas zum Kardinal ernannt wurde. Nach dem Tod seiner Frau heiratete der Erzherzog seine Nichte Anna Caterina Gonzaga, aber die Verbindung blieb ohne männliche Nachkommen. Am 24. Januar 1595 starb Ferdinand II. in Innsbruck. Zurück blieb die inzwischen auf Tausende Objekte angewachsene Sammlung, eine Welt en miniature, ein Mikrokosmos, ein »Theatrum mundi et sapientiae«.

In der »Kornschütt«, deren charakteristisches Merkmal der hohe, dreigeschossige Dachstuhl war, wo im Winter das Getreide gelagert wurde, befanden sich Bibliothek, Antiquarium – eine Sammlung antiker Skulpturen und Münzen – und die »Kleine Rüstkammer«. Es folgte das Museum mit drei unterschiedlich hohen Trakten. In diesem Teil des »Unterschlosses« war in vier Sälen die umfangreiche Waffensammlung aufgestellt. Das Verbindungsgebäude zur »Kornschütt« enthielt in einem einzigen großen, achtachsigen, von beiden Seiten durch

hohe Fenster erhellten Saal die »Kunst- und Wunderkammer«. In der Hauptachse standen in der Mitte 18
vom Boden bis zur Decke reichende Kästen, wozu noch
zwei kleinere an den Schmalseiten kamen. »Die Wände
waren«, schreibt Elisabeth Scheicher in »Die Kunst- und
Wunderkammern der Habsburger«, »dicht behängt mit
Bildern religiösen und profanen Inhalts«. Von der Decke
hingen präparierte Haifische, Krokodile, Schlangen,
missgebildete Tiere und große Knochen, die angeblich
von Riesen, tatsächlich aber von einem Mammut stammten. Das »Lernen durch Anschauung«, schreibt Elisabeth
Scheicher weiter, sei als ein ästhetisches Vergnügen betrachtet worden, und das erlesene Publikum – Adel,
Feldherren, Gesandte – sollte sich wie in einem Theater
fühlen.

Der Inhalt der Kästen war unabhängig von Bedeutung, Herkunft oder Alter der Gegenstände nach Materialgleichheit geordnet. Dieses System übernahm Ferdinand II. von der berühmten »Historia naturalis«, der
siebenunddreißigbändigen Naturgeschichte Plinius' des
Älteren aus dem ersten Jahrhundert nach Christus.
»Die großen, gegen Staub und Sonnenlicht mit Leinen-
vorhängen geschützten Kästen waren (zum Teil) innen
ausgemalt, und zwar so, dass die gewählte Farbe auf die
davor platzierten Objekte abgestimmt war«, setzt Elisabeth Scheicher fort. »So enthielt der erste die Arbeiten
aus Gold vor Blau, der zweite Silber vor Grün, der dritte
die anthrazitfarbenen Handsteine vor Rot und so weiter,
um den Gegenständen ein Optimum an Wirkungsmög-
lichkeit zu verschaffen.« Eine Auflistung der Objekte in
den einzelnen Schränken kann einen Eindruck von Umfang und Aussehen der Sammlung vermitteln, ohne

allerdings die Vielfalt der Erscheinungen erfassen zu können.

Im ersten, dem blauen Kasten befanden sich Erbstücke und »Curiosa«, Gegenstände aus Bergkristall: Gläser, Krüge, Tafelaufsätze, und aus Gold: Pokale, Monstranzen. Im grünen, zweiten Ererbtes und Erworbenes, Objekte aus Silber. Im roten, dritten waren 41 sogenannte »Handsteine« ausgestellt, »Berge« in Mikro- oder Bonsaiformat, wenn man so will, die nicht größer waren als eine Hand, aufwendig umgestaltet zu Landschaften mit Figuren oder biblischen Szenen. Der größte im Inventar beschriebene war mit 69 Tieren aus Silber, zwei Jägern und mehreren Bäumen und Pflanzen verziert. Der weiße vierte Schrank enthielt Musikinstrumente – wie das Glasglockenklavier, die Drachenschalmeien, sogenannte »Tartölten«, Hackbrett, Sackpfeife und »Olifant«, wie das Jagdhorn bezeichnet wurde, der als »leibfarben« beschriebene fünfte Schrank Geräte für Raum- und Zeitmessung, Automaten und weitere wissenschaftliche Instrumente: Astrolabien, Sextanten, Kompasse, eine Mondphasenuhr, einen Glockenturmautomaten. Im ockerfarbenen sechsten Kasten befanden sich Werke aus Stein, aus Marmor – so ein merkwürdiger »Tödlein-Schrein« mit einem kleinen, weißen Menschenskelett, versteinertes Holz, ein Ammonit mit Schlangenkopf, ein fossilierter Fisch oder eine Christusfigur aus Bernstein. Im unbemalten siebenten Kasten waren Gegenstände aus Eisen zu sehen, Werkzeug, kunstvolle Schlösser, aber auch Folterinstrumente. Der unbemalte achte Schrank war dem Themenkreis Buch gewidmet und enthielt Codices mit Illuminationen, wertvolle, mit Holzschnitten illustrierte Bücher über Zoologie, Botanik, Mineralogie und Astronomie, Platos Abhandlung »Timaios« und Albrecht Dürers »Proportionslehre«. Der unbemalte neunte Schrank war für alles, was mit Tierfedern zusammenhing, vorgesehen, Kopfschmuck oder Bilder und Mosaike aus Federn in allen Farben.

Im unbemalten zehnten Schrank fanden sich Werke aus Alabaster. Der elfte war schwarz bemalt und zeigte Glasarbeiten: Deckelpokale, Schmuck, ein Schachspiel, der unbemalte zwölfte wiederum alles, was aus Korallen hergestellt wurde: Behälter für Schreibzeug, kleine Skulpturen – wie Herkules im Kampf mit der Hydra oder ein »Korallenkabinett« mit dem Berg Golgatha und der Kreuzigung. Im unbemalten 13. Kasten befanden sich Arbeiten aus Bronze, beispielsweise eine Venusstatue und ein Krieger zu Pferd, vor allem aber die geschätzten »Naturabgüsse« zuvor in Branntwein getöteter, dann mit Ton bestrichener und schließlich in Bronze gegossener Tiere – wie Schlangen, Frösche oder Krebse, die als Öllampen, Tintenfässer oder als Ziergegenstände Verwendung fanden und mit dem Begriff »Stil rustique« bezeichnet wurden. Im unbemalten 14. Kasten waren Werke aus Ton und Porzellan untergebracht, darunter ein »Scherzgefäß«: eine Trinkflasche, die einen ländlichen »Tantalus« darstellte, der mit beiden Armen die Tischplatte stützte, welche wie eine Krause seinen Hals umfing, und deshalb die Speisen und Getränke nicht erreichen konnte.

Der unbemalte 15. Kasten enthielt kleine Kunstschränke – wie einen Kabinettschrank aus Ebenholz oder ein Münzkästchen. Der unbemalte 16. war »besonderen« Waffen gewidmet, der unbemalte 17. Kasten einem »Mixtum compositum« vorbehalten, das die Ordnung nach Materialgleichheit, wie sie Plinius der Ältere vorgab, durchbrach. Fächer fanden sich darin ebenso wie ein Säckchen aus Krokodilleder, chinesische Seidenbilder, Schlangenhäute und ein weiterer Scherzartikel: eine Schlange aus Draht in einer Schachtel, auf der geschrieben stand: »ein herrlich scheen kunststuckh«. Sobald ein Neugieriger den Deckel öffnete, sprang ihm die Schlange ins Gesicht. Oder der berühmte »Schüttelkasten«: Der Betrachter blickte von oben in einen verglasten Holzkasten, in dem kleine nachgebildete Schnecken, Muscheln, Lurche, Käfer, Schildkröten, Schlangen und Skorpione in Nischen versteckt waren, so dass anfangs nur eine Wiese aus Moos, Stroh und Gips zu sehen war. Wenn man den Holzkasten in Schwingung versetzte, begannen sich die Miniaturtiere darin zu bewegen, weil sie mittels kurzer Drähte nur lose an ihren Angelpunkten am Boden befestigt waren. Der unbemalte 18. Schrank wiederum enthielt Dinge aus Holz, geschnitzte Heiligen- und Schachfiguren, Gefäße, Schalen – Kunststücke mit reiner Schaufunktion –, der kleinere 19. Kasten zeigte Gegenstände aus Perlmutt und Elfenbein, darunter Kassetten mit Reliefs, Löffel und Drechselarbeiten, und der ebenfalls kleinere 20. Schrank war für »Curiosa« vorgesehen: den verloren gegangenen Strick, mit dem sich der Sage nach Judas erhängt haben soll, oder einen Zapfen jener Zeder, aus der angeblich der Tempel Salomons erbaut worden war.

Die Wände waren mit Gemälden behängt, vorwiegend mit Bildnissen der eigenen Familie. Daneben, also gleichwertig, fanden sich aber auch Darstellungen damals lebender »Naturwunder«, worunter man vor allem Menschen und Tiere mit körperlichen Anomalien verstand: Riesen und Zwerge, auch Verkrüppelte und die sogenannten »Haarmenschen«. Riesen waren an den Höfen am begehrtesten. So ließ sich Kaiser Rudolf II. 1560 auf dem Wiener Turnier von dem 2 Meter 40 großen Hofriesen aus Schloss Ambras, Giovanni Bona, genannt »Bartlmä Bon«, dessen Ritterrüstung sich auf Schloss Ambras und dessen Skelett sich jetzt im Anatomischen Institut in Innsbruck befinden, zu den Kämpfen geleiten. Von Bona ist außerdem eine lebensgroße Figur aus Holz erhalten – ebenso wie ein Ölgemälde eines anderen Riesen, Hans Knaus, er misst darauf 2 Meter 87. Auf einem weiteren Bild ist »Bartlmä Bon«, der aus Riva bei Trient stammte, zusammen mit dem Hofzwerg »Thommele« dargestellt, der auf einem hochadeligen Hochzeitsbankett in München aus der Pastete sprang, als diese angeschnitten werden sollte. Insgesamt befanden sich neben drei Porträts von »Thommele« noch vier weitere Bildnisse von Zwerginnen und Zwergen in der Kunst- und Wunderkammer. Von besonderer Attraktion war vermutlich der kleinwüchsige Italiener »Magnifico«. Mit seinen 18 Jahren soll er wie ein Achtzigjähriger ausgesehen haben. Nach heutigem Wissensstand litt er am Hutchinson-Gilbert-Syndrom, einer seltenen Krankheit, die das vorzeitige Vergreisen von Kindern verursacht.

Weitreichende Beziehungen waren nötig, um sich mit den begehrten »Anomalia« zu versorgen, so brachte 1585 ein Lakai drei Zwerge aus Polen in das Schloss Ambras. Am krassesten drücken sich die ungehemmte Neugier und auch böse Freude an der Andersartigkeit im »Bildnis eines behinderten Mannes« aus, der, nackt auf dem Bauch liegend, nur mit einer weißen Krause um den Hals und einer roten Kappe auf dem Kopf bekleidet ist. Der linke Arm, den er ausgestreckt an den Körper hält, erweckt den Anschein von Muskelschwund. Die nach hinten gekreuzten Beine sind im Verhältnis zum Oberkörper zu dünn und kurz, der sichtbare Fuß weist nur vier Zehen auf, wobei die große besonders stark entwickelt ist. Es wird vermutet, dass der Dargestellte mit dem Fuß schrieb. Als Spätdiagnose für die Verkrüppelung des Bedauernswerten wurde Arthrogrypose, eine Erkrankung des Bindegewebes, festgestellt, die Fehlbildungen der Gliedmaßen hervorruft. Ein über dem gemalten Körper auf die Leinwand geklebtes rotes Papier, das vom Betrachter angehoben werden musste, verstärkte vermutlich noch die Neuierde, einen Blick auf den Mann zu werfen.

Am bekanntesten sind die Ölgemälde der Familie des Haarmenschen Pedro Gonzalez. Im 16. Jahrhundert waren Einblattdrucke von »Naturwundern« keine Seltenheit, weshalb sich der Ruhm von »Anomalia« rasch verbreitete. Der Naturwissenschaftler Ulisse Aldrovandi und sein Nachfolger Bartolomeo Ambrosini gaben in Bologna eine elfbändige Enzyklopädie einer »Historia naturalis« heraus, deren sechster Band der »Geschichte der Monster« gewidmet ist. Darin werden auch Fabelwesen beschrieben – wie ein Mensch mit dem Gesicht und Hals eines Kranichs, ein Knabe mit Elefantenkopf oder ein Franzose mit einem Widderhorn auf der Stirn. Trotz aller Wissenschaftlichkeit, verrät diese Abhandlung, wurde dem Glauben immer noch der Vorzug gegenüber dem Wissen gegeben. Aber neben den Fabelwesen schildert die »Historia monstrorum« auch Missbildungen bei Tier und Mensch, darunter eben die

Geschichte des Haarmenschen Pedro Gonzalez und seiner Familie. Schon als Kind wurde Pedro dem französischen König zum Geschenk gemacht. Heinrich II. war von ihm so angetan, das er ihn sogar ein Studium beginnen ließ. Pedro Gonzalez heiratete in Paris eine schöne Französin, die ihm drei Kinder schenkte, von denen zwei ebenfalls behaart waren. Politische Wirren führten die Familie nach Deutschland und Italien an Fürstenhöfe, wo man ihnen Schutz gewährte, sie aber gleichzeitig wie wilde Tiere ausstellte. Der älteste Sohn fand für die Familie endlich eine Bleibe in einem abgelegenen Dorf am See von Bolsena, wo sie ein normales Leben führen konnten.

Bemerkenswert ist auch das Gemälde eines ungarischen Edelmannes, der mit einer abgebrochenen Turnierlanze in einem Auge dargestellt ist, welche sogar aus dem Hinterkopf ragt. Trotz seiner schweren Verletzung soll der unglückliche Adelige noch jahrelang auf diese Weise gelebt haben. Auch Darstellungen abnormer Tiere gehörten zu einer Kunst- und Wunderkammerausstattung, so das Bild eines acht Zentner schweren »haimisch Schwein« oder eines »gescheggeten Rehpock«.

Die chaotisch anmutende Sammlung beruhte in Wahrheit nicht nur auf der bloßen Zusammenführung von gleichen Materialien, sondern auch auf einer schlüssigen Grundidee: Der Erdball selbst mit allem, was ihn bevölkerte, war für Fürsten, Könige und Kaiser, später auch für Wissenschaftler, Apotheker und Ärzte eine Kunst- und Wunderkammer Gottes, die sich in der eigenen Sammlung widerspiegeln sollte. In Europa wurden Anfang des 17. Jahrhunderts nicht weniger als 986 bürgerliche Museen dieser Art erfasst, wie jene des Athanasius Kircher im Vatikan oder des Francesco Calzolari in Verona, die Naturaliensammlung des Basilius Besler in Nürnberg und jene Pierre Borels in Paris, das Museum Ole Worm in Dänemark oder Ulisse Aldrovandis herausragende Kollektion in Bologna. »1577«, notiert Philipp Blom in seinem Buch »Sammelwunder, Sammelwahn«, »zählte das Museum 13000 Objekte, 1595 waren es 18000 und um die Jahrhundertwende 20000. – Die Sammlungen formten ein Netzwerk des Wissens, das sich über ganz Europa spannte, und Gelehrte korrespondierten regelmäßig miteinander, führten lange Kontroversen und schrieben umfangreiche Bücher über Zweck und Ordnung von Sammlungen und der Welt, die diese reflektieren«, stellt Blom fest und führt aus, dass sich daraus eine Mode entwickelt hat, die bald in allen europäischen Städten anzutreffen war.

Die größten Sammlungen befanden sich an Königs- und Fürstenhöfen – wie die erste und lange Zeit bedeutendste dieser Art, die des Duc de Berry und seines älteren Bruders, Karls V., in Paris, oder jene Cosimos und Pieros de Medici in Florenz und später die Münchner Kunstkammer des Wittelsbachers Albrecht V. Außerdem die noch immer bestehende Kunst- und Wunderkammer des Kurfürsten August I. von Sachsen im sogenannten »Grünen Gewölbe« in Dresden, die bereits dem Barock zuzuordnen ist. Für die Adeligen waren solche Sammlungen auch »Zeugnis universalen Herrschaftsanspruchs und bildhaft gewordene Kosmologie, in deren Mittelpunkt sich der Fürst selbst sah«, wie Elisabeth Scheicher festhält.

Der Sammeltrieb beruhte darauf, eine eigene Welt im

Kleinen zu bilden und den Charakter des göttlichen Schöpfungsspiels zu imitieren, denn die Natur, wusste man bereits, entfaltete sich in unendlichen Metamorphosen. Die scheinbare Unordnung von Gegenständen der Natur und Kunstwerken war eine vorsätzliche, um visuelle Brücken zwischen ihnen zu bauen und dadurch das Assoziationsvermögen anzuregen. Naturgeschichte in menschlicher Kunst gipfeln zu lassen, betont Horst Bredekamp in »Antikensehnsucht und Maschinenglauben«, sei der Versuch, die Variationsfähigkeit der Natur vollständig zu erkunden und damit ihre Geschichtlichkeit zu erkennen – anstatt weiter der Geschichtslosigkeit des statischen Schöpfungsberichtes anzuhängen. Bredekamp sieht aus der Zusammenführung von Natur, antiker Skulptur, Kunstwerk und Maschine ein neues Denken in Bildern entstehen. Das habe die Kunstkammern zu einem »Theatrum naturae et artis«, einem Theater der Natur und Künste, werden lassen.

Man unterschied anfangs lediglich zwischen »Naturalia«, den Hervorbringungen der Natur, und »Arteficialia«, Kunstwerken der Natur und des Menschen. Mineralien und pflanzliche Materialien sollten, wie Dirk Syndram ausführt, in ihrer »Schönheit, Seltenheit und Kostbarkeit dem staunenden Besucher dargeboten werden. Ebenso präsentiert werden sollten aber auch die ›artes‹, die Kunstfertigkeit und die wissenschaftlichen Möglichkeiten, mit denen der Mensch diese bearbeiten, erforschen oder sonst auf sie einwirken konnte, um damit der göttlichen Kreation mittels geistiger Kraft Neuschöpfungen vergleichbarer Vollendung zur Seite stellen zu können.« Naturprodukt und Artefakt wurden daher nicht als Gegensatz begriffen, es ging vielmehr um die Durchdringung und Ergänzung des einen mit dem anderen. Bei Steineinlegearbeiten wurde so das Malerische gesucht, andererseits wurden auf geschliffene Steine Bilder gemalt, wobei die Maserung in die Gestaltung mit einbezogen wurde. Goldschmiedearbeiten verbanden Naturprodukte wie Elfenbein, Perlmutt und Schildpatt mit kunsthandwerklicher Meisterschaft zu prunkvollen Pokalen, Vasen oder Möbelstücken. Die aus einem Kirschkern geschnitzte Plastik mit einer Fassung aus emailliertem Gold war ein Beweis dafür, wie aus einem unscheinbaren, winzigen Partikel Natur von Menschenhand ein virtuoses Naturkunstwerk geschaffen werden konnte.

Besonders hoch stand die Kunstdrechslerei im Ansehen. Da die Kunst des Drechslers das Spielerische mit der höchsten Fertigkeit verband, wurde er symbolisch mit dem Schöpfergott verglichen, und Fürsten, Erzherzöge, ja sogar mehrere Kaiser besaßen luxuriöse Drechselbänke, an denen sie, unterstützt von Meistern des Fachs, dem Allmächtigen nacheiferten. Einen weiteren Höhepunkt in dem Streben nach Vereinigung von Kunst und Natur stellte der erwähnte »Stil rustique« dar, »Naturabgüsse« in Bronze oder Silber.

»Naturwunder« bei Mensch, Tier und Pflanze wurden später im Inventar der Sammlung Kaiser Rudolfs II. in Prag als »Mirabilia« bezeichnet. Die »Scientifica« wiederum umfassten Uhren, Astrolabien, Kompasse bis hin zu Automaten – erstaunliche Kreationen menschlicher Erkenntnis und Handfertigkeit. Mit »Antiquitas« wurden Münzen, Gemmen und Kameen, aber auch »heidnische« Skulpturen bezeichnet. Sie wurden jedoch zumeist getrennt von der Kunstkammer in eigens dafür errichteten Antiquarien, in Antikengärten oder in Palästen selbst aufgestellt. Der Wissensdrang im 15. Jahrhundert hatte ja an die Erkenntnisse der Antike angeknüpft, an Aristoteles, Plato oder Plinius den Älteren, woraus sich gleichzeitig eine Verehrung für griechische und römische Kunst ergab. Als Folge der europäischen Welteroberung kamen unbekannte Waren und Dinge nach Europa, die schließlich in Kaiser Rudolfs II. Inventar als »Exotica« bezeichnet wurden.

Es war das Zeitalter der Entdeckung Amerikas durch Christoph Kolumbus und des Seewegs nach Indien durch Vasco da Gama, der blutigen Eroberung Mexikos durch Hernando Cortés, der auf der Suche nach sagenhaften Goldschätzen die Kultur und das Reich der Azteken vernichtete, und der nicht weniger blutigen Eroberung Perus durch Francisco Pizarro, der raffgierig die Kultur und das Reich der Inkas zerstörte, und es war nicht zuletzt das Zeitalter Magellans, der als Erster die Welt umsegelte. Im 16. Jahrhundert war die Aneignung der Weltmeere fast unumschränkt von Portugal und Spanien bestimmt, im 17. Jahrhundert lösten aber die Niederlande die iberischen Nationen als Handelsmächte ab. Zunächst beim Zwischenhandel von Kolonialwaren für die nordeuropäischen Märkte, bald aber segelten sie selbst nach Südasien und errichteten dort Handelsgesellschaften.

Aus allen entdeckten, eroberten und neubesiedelten Ländern gelangten Dinge, die sich jedem Vergleich entzogen, nach Europa. Von der Kokosnuss bis zum Straußenei, vom Goldschatz bis zum Indianer wurden sie als atemberaubende Wunder zur Kenntnis genommen. Die Kunstkammern der Fürsten und reichen Bürger wurden zu Heimstätten der Beutestücke europäischer Eroberer.

Allen Sammlern voran, brachten die Habsburger die begehrten Waren in ihren Besitz, denn als Könige von Spanien, von wo aus ganz Mexiko und Südamerika mit Ausnahme von Brasilien erobert worden waren, saßen sie gewissermaßen an der Quelle. Durch ihre konsequente Heiratspolitik waren sie darüber hinaus auch mit den Königen von Portugal verbunden. So gelangten große Scheiben, die für kultische Zwecke gedient hatten, und sogar Hüte aus Gold und Silber, Federschmuck, Fächer, Schilde und unzählige andere Gegenstände in ihren Besitz, darunter, wie Elisabeth Scheicher vermerkt, auch vier indianische Gefangene als lebende »Mirabilien«: »Die Geschenke des Montezuma stellte Karl V. während seiner Hofhaltung in Brüssel zur Schau, wo sie Albrecht Dürer sehen konnte. Er berichtet im Tagebuch seiner niederländischen Reise: Und ich hab all mein Lebtag nichts gesehen, das mein Herz so erfreut hat als diese Ding.«

Auffallend an Erzherzog Ferdinands II. Kunstkammer ist der geringe Anteil an mystisch-magischen Objekten und Materialien. Die aber sollte ein anderer in reichlicherem Ausmaß erwerben, Kaiser Rudolf II., sein Neffe, der Schloss Ambras und die Kunstkammer nach dem Tod seines Onkels um 170 000 Gulden für das Haus Habsburg erwarb.

Rudolfs Eltern, Kaiser Maximilian II. und Maria, eine Tochter Karls V., waren Geschwisterkinder. Während der Vater eher dem Protestantismus zuneigte, war seine Frau streng katholisch. Der Ehe entsprossen 16 Kinder, Rudolf, der älteste Sohn des Kaiserpaares, kam am

18. Juli 1552 zur Welt. Mit elf Jahren lud Philipp II. ihn und seinen Bruder Matthias an den spanischen Königshof ein, wo sie in den nächsten acht Jahren eine humanistische Ausbildung erhielten. Sie lasen römische Schriftsteller, sie beschäftigten sich mit der Bibel, auch mit Mythologie und Geschichte und nahmen das strenge und seltsame spanische Hofzeremoniell in sich auf. 1568 waren die Brüder Zuschauer eines Autodafés in Toledo, der Hinrichtung eines von der Inquisition Verurteilten auf dem Scheiterhaufen. Das öffentliche Schauspiel hat Rudolf vermutlich missfallen, denn er räumte später der Inquisition in Böhmen kaum Macht ein. 1572 wurde er zum König von Ungarn, 1575 zum König von Böhmen gekrönt. Von da an residierte er im Prager Hradschin, auch noch, als er 1576 nach dem Tod seines Vaters zum Kaiser gekrönt wurde. Mit seinem Bruder Matthias war er inzwischen unversöhnlich zerstritten, der Konflikt führte schließlich zum »Bruderzwist in Habsburg«, über den Franz Grillparzer das gleichnamige Drama schrieb.

Rudolf II. war hypochondrisch und litt an Syphilis und Depressionen. Sein Hof auf dem Hradschin war ein eigenes Universum. Der »Alchemist auf dem Kaiserthron«, wie er genannt wurde, beschäftigte sich mit Astronomie, Astrologie und chemischen Experimenten und ließ sich an seine Wunderkammer sogar ein Labor bauen. Zeit seines Lebens war er von der Idee besessen, den »Stein der Weisen« zu finden, mit dem es ihm gelingen würde, aus unedlen Metallen Gold zu machen. Eine kleine Portion des roten Pulvers, hieß es, sollte auf eine größere Menge geschmolzenen unedlen Metalls oder siedendes Quecksilber gestreut und der Schmelztiegel wieder geschlossen werden. Innerhalb kurzer Zeit würde dann die Transmutation, die Umwandlung des Tiegelinhalts in Gold erfolgen. Zahlreiche Wissenschaftler glaubten jahrhundertelang an die Existenz des Zaubersteins, obwohl keiner ihn gesehen hatte und jeder nur vermutete, dass andere ihn besäßen. Die Alchemie war deshalb auch ein fruchtbares Feld für Verrückte, Schwärmer und Betrüger, die nicht selten am Galgen endeten.

Der Kaiser gründete eine »Akademie der Alchemie« und ließ die berühmtesten Alchemisten seiner Zeit kommen: Denis Zacharias, Nicholas Bernaud, Oswald Croll sowie die Ärzte Bavor Rodowsky Hustiřan d. J., Václav Lanwin, Thaddaeus Budek von Falkenbergka und Thaddäus Hájek. Rudolf kannte sich mit Destillierkolben, Glasphiolen, Büretten aus und besaß magische Gegenstände: Alraunenwurzeln, ein angeblich vom Himmel gefallenes Fell, den Kiefer einer griechischen Sirene und eine in einen Kristall eingeschlossene Teufelssilhouette.

Er holte auch den berühmten Astrologen, Astronomen und Mathematiker John Dee an seinen Hof, der in England wegen des Verdachts der Hexerei für zwei Monate eingekerkert gewesen war und später für Königin Elisabeth I. als Spion tätig war, wobei er seine Berichte mit 007 unterzeichnete. Dee war ein gelehrter Mann, er besaß eine größere Bibliothek als die Universitäten in Oxford und Cambridge und hatte sich der Alchemie, der Kabbala und medialen Kontakten aus dem Jenseits zugewandt. 1583 traf er zusammen mit dem Magier Edward Kelley, der eigentlich Talbot hieß und keine Ohren mehr besaß, da man sie ihm als Strafe für mehrere Urkundenfälschungen abgeschnitten hatte, in Prag ein. Kelley gelang es vor den Augen des kaiserlichen Leibarztes Thaddäus Hájek – durch welchen Taschenspielertrick auch immer –, ein Pfund erhitztes Quecksilber in Gold umzuwandeln. Rudolf II. ernannte ihn daraufhin zum Freiherrn von Böhmen und verlangte, das Kunststück mit eigenen Augen zu sehen. Kelley hielt den Kaiser mit Versprechungen so lange hin, bis dieser ihn in das sogenannte »Zernerschloss« sperren ließ. Bei einem Fluchtversuch brach sich der Alchemist ein Bein und verstarb 1587 an der Verletzung. John Dee kehrte 1589 nach England zurück, wo er vergeblich versuchte, für König Jakob I. Gold zu machen.

Rudolf II. beschäftigte aber auch herausragende Wissenschaftler wie Tycho Brahe, für den er eine Sternwarte bauen ließ, und den protestantischen Johannes Kepler. Brahe, der noch dem geozentrischen Weltbild anhing, bei dem die Erde Mittelpunkt des Alls ist, erstellte für den abergläubischen Kaiser auch pessimistische Horoskope, die Rudolfs Misstrauen in seine Umgebung noch mehr vertieften. Außerdem stellte Brahe für ihn ein an Paracelsus orientiertes, quecksilberhaltiges Elixier zusammen, mit dem der Kaiser seine Syphilis behandelte. Rudolf II. musste später sogar ein falsches Kinn aus Leder tragen, da eine Ostitis als Folge seiner Krankheit den Kieferknochen zerstört hatte. Der Prager Anthropologe Vlček, der 1973 die sterblichen Überreste des Kaisers untersuchte, führt die Unfähigkeit Rudolfs II., zu heiraten, darauf zurück. Seine Krankheit habe ihm nur eine näselnde und unverständliche Sprache erlaubt, weshalb er auch eine Abneigung gegen Audienzen gehabt habe. Schon 15 Monate nach seinem Eintreffen in Prag und noch bevor der Bau der Sternwarte vollendet war, starb Tycho Brahe, vermutlich an einer Quecksilbervergiftung. Es gab jedoch denunziatorische Gerüchte, dass

Kepler, der sein Nachfolger wurde, ihn ermordet habe. Kepler, der das heliozentrische Weltbild mit der Sonne als Mittelpunkt für richtig erkannte, musste nun selbst für seinen Herrscher Horoskope berechnen, angeblich bestimmte er sogar im Voraus das genaue Todesjahr des Kaisers. Seine wissenschaftliche Arbeit krönte er mit den ersten beiden seiner drei nach ihm benannten Gesetze, die auf der Vorarbeit Tycho Brahes beruhten, und später mit den als »Rudolfinische Tafeln« bezeichneten genauen Bestimmungen der Planetenpositionen.

Auch der italienische Philosoph Giordano Bruno, der das neue, naturwissenschaftlich bestimmte Weltbild mit dem Neuplatonismus verband und im Jahr 1600 in Rom auf dem Scheiterhaufen starb, war wegen seiner Neigung zu Magie und Okkultismus Rudolfs Gast, und selbst der legendäre Rabbi Löw – angeblich Schöpfer des »Golems«, eines Homunkulus aus Lehm, wie Alchemisten einen künstlichen Menschen bezeichneten – soll mit dem seltsamen Kaiser in Verbindung gestanden sein. Rudolf II. war jedoch auch ein überaus kunstsinniger Sammler. In ganz Europa schwärmten seine Agenten aus, die für ihn die begehrten Objekte begutachteten und kauften, und sein Hof war ein Zentrum der Maler, Kupferstecher, Medailleure, Kunsttischler, Steinschneider und Goldschmiede. 1602 ließ er eine Krone anfertigen, die ab 1804 symbolisch als österreichische Kaiserkrone diente und in der Schatzkammer der Hofburg aufbewahrt ist.

In den Inventarlisten sind für die Sammlung im Hradschin mehr als 3000 Gemälde verzeichnet, von Arcimboldo, Michelangelo, Leonardo da Vinci, Raffael, Giorgione bis Dürer oder Rubens. Der Hofmaler Giuseppe

Arcimboldo – der Kunsthistoriker Werner Kriegeskorte bezeichnet ihn als »manieristischen Zauberer« – diente dem Hause von Österreich 26 Jahre lang. Er malte nicht nur, sondern gestaltete auch Turniere, Spiele, Feste, Krönungen und richtete Hochzeitsbankette aus. Dafür entwarf er Kostüme, ausgefallene Figuren und groteske Masken. In einem Festzug ließ er so als Drachen verkleidete Pferde und einen echten Elefanten mitlaufen. Zeitgenossen lobten seinen Einfallsreichtum als Architekt und Festungsbaumeister und seinen Erfindungsgeist. Wahrscheinlich ließ sich Arcimboldo auch von der Kunst- und Wunderkammer Rudolfs II. inspirieren, denn er fand dort ausgestopfte Vögel aus der ganzen damals bekannten Welt, Mumien, das Rostrum eines Sägefisches, riesige Muscheln, Kristalle und illustrierte wissenschaftliche Werke. Er malte Brustbilder von Menschen, die aus Blumen, Meeresgetier, Früchten, Gemüse, Wurzelwerk und Blättern oder nackten Menschenleibern zusammengesetzt waren. Das Werk Arcimboldos ist quasi als inneres Abbild, als Seelengemälde der Kunst- und Wunderkammer Rudolfs II. zu begreifen.

25 000 Skulpturen und Tausende von anderen Objekten machten den Hradschin zu einer labyrinthischen Schatztruhe. Die Sammelleidenschaft des Kaisers war obsessiv und morbid, was auch sein gesteigertes Interesse für Monstrositäten beweist. Er besaß mehrere »Bezoare« – der Name leitet sich aus dem Persischen ab: »Bad-sahr« bedeutet »Gegengift«, mit »Bezoar« bezeichnete man die kugelförmigen, weißgrauen Magensteine von Ziegen, Pferden oder Lamas – und trug die kleineren in Gold gefasst über dem Herzen, da sie angeblich gegen Melancholie halfen, oder fertigte (wegen ihrer an-

geblich neutralisierenden Wirkung auf Gifte) aus den großen Pokale an.

Rudolf II. besaß außerdem mehrere zweiköpfige Missgeburten, die in Glasbehältern konserviert waren, und hatte ferner einen Hasen mit einem Kopf und zwei Körpern sowie ein zweiköpfiges Kalb präparieren lassen. Von einem seiner Hofmaler, Joris Hoefnagel, ließ er sich ein vierbändiges Bestiarium zusammenstellen, dessen Bilder von akribischer Naturtreue sind. Doch war er gleichzeitig überzeugt von der Existenz damals geläufiger Fabelwesen, von Greifvögeln mit dem Kopf eines Geiers und dem Körper eines Löwen, von Drachen und Einhörnern, die sich angeblich nur von Jungfrauen zähmen ließen. Obwohl sein Hofwissenschaftler Boethius de Boodt ihn auf Narwale und Walrösser sowie deren Zähne hinwies, ließ sich der Kaiser von seinem Glauben nicht abbringen. In seiner Sammlung findet sich ein Aquarell dieses Phantasiewesens, mit Fischschwanz und flossenartigen Füßen im Wasser schwimmend, und ein Deckelbecher, dessen Cuppa aus einem Narwalzahn bestand, den er aber für ein Einhorn hielt. Entsprechend kostbar war die goldene Fassung aus Email, Diamanten, Rubinen und Achat. Außerdem besaß der Monarch neben der Unmenge an anderen Gegenständen einen Klumpen Lehm aus dem Hebrontal, aus dem, wie im Inventar festgehalten, Gott den ersten Menschen, Adam, formte. Ferner den Stab des Mose und viele mechanische Kunstwerke, in denen die tote Materie zum Leben erweckt wurde, wie einen Diana-Automaten, bei dem die Göttin der Jagd auf einem Kentauren ritt, der über die Tafel fuhr und auf die Tischgesellschaft einen Pfeil abschoss, oder ein Schiffsmodell, das in Bewegung gesetzt Musik erklingen ließ.

Die Fülle der Objekte nagte jedoch an seiner Psyche, er begann sie zu verstecken, ein- und ummauern zu lassen, einzukellern und zu vergraben. Ursprünglich umfasste seine Kunst- und Wunderkammer drei hintereinanderliegende Räume, der zwei Gewölbe vorgelagert waren. Die einzelnen Objekte waren in offenen und geschlossenen Schränken, Truhen oder Schreibtischen mit Laden untergebracht. Bis zur Auffindung des Inventarverzeichnisses in der Bibliothek des Fürsten von Liechtenstein in den siebziger Jahren des 20. Jahrhunderts galt die Kunst- und Wunderkammer des habsburgischen Kaisers als chaotische Sammlung eines Verrückten. Die Auswertung der umfangreichen Listen gab jedoch zum ersten Mal Gelegenheit, den Gesamtkomplex zu beurteilen. Zum Erstaunen der Fachleute wurde ein sinnvoller innerer Zusammenhang sichtbar, nämlich die Klassifizierung der Objekte nach der bereits beschriebenen Weise in »Naturalia«, »Arteficialia«, »Scientifica«, »Exotica« und »Mirabilia«, eine Einteilung, die so noch nie getroffen worden war, da man sich ja bisher an das System der Materialgleichheit Plinius' des Älteren gehalten hatte.

Der Verfasser des Inventars, der kaiserliche Antiquarius Daniel Fröschl, von dem die unschätzbaren Aufzeichnungen stammen, war nur der »Kompilator der Ideen des Kaisers«, wie Elisabeth Scheicher vermerkt. Das Inventarverzeichnis sei umso wertvoller, als ein Großteil der Sammlung verloren gegangen sei. So seien von den 64 aufgezählten Automaten nur noch zehn in der Wiener Sammlung vorhanden. Elisabeth Scheicher hält auch fest, dass von 156 aufgezählten »geschirrlein aus Diamant, Topas, Achat, Chalzedon, Amethyst, Jaspis,

Prasem, Marmor, Bezoar« nur mehr 20 erhalten seien, der Rest sei in andere Sammlungen verstreut oder aufgrund ungünstiger Besitzverhältnisse zerstört und für immer verloren.

Rudolf II. hatte seine Regierungsgeschäfte über seinem künstlichen Universum mehr und mehr vernachlässigt, und da er unverheiratet blieb und nur illegitime Nachkommen hatte – ein unehelicher, vermutlich geistesgestörter Sohn zerstückelte in sexueller Raserei seine Geliebte –, forderte ihn sein Bruder Matthias, der ganz unter dem Einfluss des fanatischen Kardinals Khlesl stand, auf, einen Thronfolger zu nominieren. Khlesl, Sohn eines protestantischen Bäckers und Motor der Gegenreformation, hatte übrigens im Volk den Beinamen »Vizekaiser«. Rudolf II. übertrug seinem ehrgeizigen Bruder nach einer Aussprache den Oberbefehl im laufenden Krieg gegen die Türken und ließ sich von ihm auf zwei Reichstagen vertreten. 1608 fiel Matthias in Böhmen ein und versuchte Rudolf II. abzusetzen, scheiterte jedoch an den protestantischen Ständen, denen der nur nominell katholische Kaiser lieber war als sein glaubenskämpferischer Bruder. 1609 gestand Rudolf II. den Ständen in Böhmen die freie Ausübung ihrer Religion zu, rüstete auf und wollte gegen Matthias zu Felde ziehen, das angeheuerte »Passauer Kriegsvolk«, die Landsknechte seines verbündeten steirischen Vetters Erzherzog Leopold, brach stattdessen jedoch in Böhmen ein. Matthias nutzte die Gelegenheit, besetzte 1611 Prag und ließ sich, nachdem er den Ständen die Glaubensprivilegien bestätigt hatte, zum König von Böhmen krönen. Rudolf II., dem nur noch der Kaisertitel verblieben war, starb ein halbes Jahr darauf, am 20. Januar 1612, nachdem er sich geweigert hatte, die Letzte Ölung zu empfangen. Sein Bruder Matthias lebte noch sieben Jahre.

1618 hatte der Dreißigjährige Krieg seinen Anfang genommen. Nach der Schlacht am Weißen Berg begann auch die allmähliche Auflösung, Zersplitterung und Zerstörung von Rudolfs II. Kunst- und Wunderkammer. Jacqueline Dauxois hält fest, dass der bayerische Herzog Maximilian I. 1500 Karren mit Kunstwerken und Wertgegenständen aus Rudolfs II. Sammlung beladen und wegschaffen ließ, als Bezahlung für die militärische Hilfe, die er Kaiser Ferdinand II. geleistet hatte. Seit die Königin von Saba Salomon die Schätze Äthiopiens überbrachte, bemerkt Dauxois, habe man nicht mehr einen solchen Transport von Wunderwerken gesehen – allerdings handelt es sich bei den angeführten 1500 Karren wohl eher um eine propagandistische Zahl. Elf Jahre später, so Dauxois weiter, habe sich der Kurfürst von Sachsen mit weiteren fünfzig bis zum Rand gefüllten Wagen davongemacht. Am 26. Juli 1648 eroberten die Schweden Prag und besetzten den Hradschin. Graf Königsmarck sandte die Kriegsbeute, fünf Fuhrwerke – in diesem Fall eine schamlose Untertreibung – voller Gold und Silber, an Königin Christine nach Stockholm. Damit hörte die Sammlung endgültig auf, als komplexes Gebilde zu bestehen, denn ein weiterer Teil war inzwischen schon nach Wien geschafft worden. Die schwedische Königin Christine konvertierte übrigens zum Katholizismus und nahm auf eine Pilgerreise zum Papst nach Rom die gesamte geraubte Sammlung mit, um die wertvollsten Stücke großzügig an den Vatikan zu verschenken, darunter Arbeiten aus Koralle, Horn und Elfenbein, aber auch Automaten und wissenschaftliche Instrumente sowie Bilder von Albrecht Dürer. Sogar ihr Bibliothekar und Kustos durfte sich nach Belieben bedienen. Auf diese Weise ging ein Großteil verloren. Zu den mit Sicherheit identifizierten Objekten zählt der 1579 vom Hofuhrmacher Gerhard Emmoser für Rudolf II. aus teilweise vergoldetem Silber angefertigte Himmelsglobus, der sich heute im Metropolitan Museum in New York befindet.

Die Zersplitterung der Sammlung setzte sich fort, berichtet Jacqueline Dauxois weiter, »als Friedrich II. von Preußen die Burg in Prag mit Beschuss belegte«. Vieles sei dabei von den verschreckten Bediensteten, die die Kunstwerke in den Keller trugen, beschädigt worden oder zerbrochen. Sie weiß ferner zu berichten, dass Kaiser Joseph II. den Hradschin in eine Artilleriekaserne umfunktionieren ließ. Da er Platz für ein Munitionsdepot brauchte, habe er kurzerhand eine Versteigerung der Kunstwerke ansetzen lassen. Alles, was als wertlos eingeschätzt wurde – Statuetten, Münzen, Muscheln, Fossilien, Gipsformen –, sei damals wie Abfall in den Hirschgraben gekippt worden, noch fünfzig Jahre später seien Funde in den Schutthaufen gemacht worden. Bei der Versteigerung sei dann Dürers »Rosenkranzfest« für ein paar Heller unter den Hammer gekommen, ebenso wie die Statue des Ilioneus, für die Rudolf II. laut Inventar 10 000 Dukaten bezahlt habe. Ein Aufsichtsbeamter aus Wien stöberte 1876 weitere Gemälde auf und ließ sie nach Wien bringen, und nicht zuletzt vergriffen sich die Nationalsozialisten an der Sammlung und schickten mehrere Kisten mit Raubgut nach Deutschland. Abgesehen von den geretteten Objekten in Wien, sind noch Überreste der gigantischen Sammlung im

Palais Sternberg in Prag, in Dresden, München, Stockholm und in aller Welt verstreut.

Was von der Ambraser Sammlung in Innsbruck geblieben ist, wie die Bildnisse der Haarmenschen, Zwerge und Riesen, aber auch »Naturalia« und »Scientificia«, sah ich an einem verschneiten Winterabend 2005. Draußen war es dunkel geworden, und während der Fahrt zum Schloss wurde der jugendliche Chauffeur davon verständigt, dass sein Vater verstorben sei. In gedämpfter Stimmung besichtigte ich deshalb den ohnehin mystischen Ort. Das Museum war für Besucher bereits geschlossen, der Saal nicht geheizt, ich sah meinen Atem weiß vor meinem Mund und schaute mich eine halbe Stunde lang um. Wegen der kurzen Zeit, der widrigen Umstände und aus Mangel an Kenntnissen war es mir nicht möglich, aus den vorhandenen Gegenständen auf das Ganze zu schließen. Aber die damals gewonnenen Eindrücke gingen mir lange nicht aus dem Kopf.

Unter dem österreichischen Kaiser Franz I. war der Großteil der Ambraser Sammlung aus Furcht vor Napoleon nach Wien gebracht worden. Sie war ja auch Eigentum des Kaisers, denn Rudolf II. hatte sie, wie erwähnt, für das Haus Habsburg gekauft, aber in Innsbruck belassen. Franz I. stellte sie zuerst in der Stallburg aus – nur die Saliera und jene drei weiteren Gegenstände, die der französische König Karl IX. Erzherzog Ferdinand II. anlässlich seiner Verheiratung mit einer Habsburgerin zum Geschenk gemacht hatte, kamen in die Kunstkammer. Zusammen mit dem St. Wiltener Stiftskelch, den das Kunsthistorische Museum im vergangenen Jahrhundert erworben hat, dürfen sie, wie ein schriftlicher Vermerk in der Vitrine ausdrücklich festhält, nicht nach

Tirol entlehnt werden, da das Land Anspruch darauf erhebt.

Die verbliebene Kunst- und Wunderkammer der Habsburger – speziell die »Arteficialia« und »Scientifica« – lagert jetzt in Depots oder in geschlossenen Sälen des Kunsthistorischen Museums in Wien. Die »Naturalia«, wie der Narwalzahn, das Rostrum des Sägefischs oder die goldgefasste Smaragdstufe, befinden sich im gegenüberliegenden Naturhistorischen und die »Exotica«, wie die angebliche Federkrone des Montezuma, im nahegelegenen Völkerkundemuseum. Will man also einen Gesamteindruck gewinnen, muss man sich nur umsehen.

Die Kunstkammer der Habsburger im Kunsthistorischen Museum soll im Hochparterre verlegt, räumlich erweitert und damit ihrer Bedeutung entsprechend repräsentiert werden. Sie ging aus der kaiserlichen Sammlung hervor und ist noch immer die bedeutendste, umfangreichste und wertvollste der Welt.

Ich gehe mit Frau Doktor Haag, einer belesenen Spezialistin, durch die mit Büchern gefüllten hohen Säle, die für die Sammlung vorgesehen sind. Die Abteile sind hell, die Fenster hofseitig gelegen. Für einen Augenblick bedaure ich, dass sich die Studienatmosphäre, die an die Ruhe in den Gemälden Vermeer van Delfts erinnert, durch die Umsiedlung auflösen wird, und je länger wir dann durch die dämmrigen Gänge zum fensterlosen Depot im Hochparterre eilen, desto höher sind meine Erwartungen. Dort befindet sich in wuchtigen Vitrinenschränken ein Viertel der vorhandenen Sammlung; von herrlichen Schüsseln aus Bergkristall über vergoldete Tischuhren bis zu Gegenständen aus Perlmutt und

Schildpatt sehe ich alles vor mir, worüber ich seit Wochen gelesen und nachgedacht habe. Jeder einzelne Gegenstand wird ins Auge gefasst oder zumindest flüchtig gestreift, obwohl die Fülle kaum zu bewältigen ist: der merkwürdige, goldgefasste Bezoar und der Nashornpokal, die Bernsteingefäße, Trick-Track-Spiele aus edlem Holz, die reich dekorierte Nautilusschnecke und das Straußenei, gemalte Spielkarten und Hunderte andere Schönheit ausstrahlende Objekte. Über das noch versteckere Stiegendepot, in dem die Kostbarkeiten frei auf Regalen stehen, in die geschlossenen Ausstellungsräume der Kunstkammer, wo mehr als die Hälfte der Sammlung zumeist in Schränken mit verglasten Türen untergebracht ist, speziell Objekte aus Bronze und Glas. Aber es findet sich neben dem Wald aus Statuetten und Kristallgläsern auch Schnitzwerk aus Elfenbein, es finden sich Büsten, weitere Tischuhren und Automaten, von denen längst kein Spielwerk mehr funktioniert.

Die Kunstkammer ist wahrlich ein Wunder, das Einblick bietet in das Denken und Selbstverständnis einer Zeit im Aufbruch, in die Anfänge und Entstehung der modernen Wissenschaften, in das mechanische Zeitalter, die Wurzeln der Aufklärung, die noch unter der Erde der religiösen Vorstellungen begraben ist, aber schon ans Tageslicht drängt. Und ich denke auch daran, dass Dinge oft mehr Wert besitzen als Menschen. Wie viele Leben sind für die Sammlung ausgenützt, versklavt oder vernichtet worden? Wie viele Objekte verdanken ihr Dasein der Gier, die sich des Betrugs, der Unterdrückung, des Totschlags und des Mordes bediente? Nicht wenige Gegenstände sind zugleich auch Urnen, in die ein tierisches oder menschliches Schicksal mit eingeschlossen ist. Auf der Suche nach dem Einzigartigen und Schönen, Macht und Reichtum zählt die bloße Existenz oft wenig, selbst Leichenraub ist davon nicht ausgenommen.

Während ich durch die verlassenen Räume gehe und nur meine Schritte höre, kommt mir die Kunstkammer wie im Dornröschenschlaf liegend vor, gleich den ägyptischen Mumien, die in Eisenschränken in einem ebenerdigen Depot des Kunsthistorischen Museums ruhen und in deren Antlitz ich an einem anderen denkwürdigen Tag geblickt habe.

Das riesige Kunsthistorische Museum träumt, denke ich, die Säle und Depots sind begehbare Träume der Menschheit, in denen wir uns selbst erkennen können. Die zersplitterte und nur zum Teil wieder zusammengeführte Sammlung aus dem Hradschin und Schloss Ambras erzählt aber auch – wie die Gemälde, die antiken Skulpturen und die ägyptische Sammlung – nicht nur die Geschichte von der namenlosen Gier und Neugier der Menschen, sondern auch das endlose Epos vom Entstehen, Verschwinden und Wiederauftauchen der verlorenen Zeit.

Eine Reise in die vierte Dimension – ein fraktaler Bericht
Das Wiener Uhrenmuseum

Zeit und Wahn

Wenn das Vollkomm'ne kömmt, so geht das Stückwerk hin,
Zeit eilt *hier, dort* leb und bleib ich, was ich bin.

Angelus Silesius
»Der cherubinische Wandersmann«

Ganz in der Nähe des Judenplatzes, genauer gesagt am
Schulhof 2, steht eines der ältesten Gebäude Wiens mit
Grundmauern aus dem Mittelalter. Seit 1921 wird dort
auf drei Etagen die Zeit zerhackt, in Bildern versteckt, in
Spieluhrenmusik oder Kuckucksrufe verwandelt, aus-
gependelt oder mit Hilfe skurriler Automaten verkündet. In dieser scheinbar vergessenen, zumindest aber
aus der Gegenwart in die Vergangenheit transformier-
ten Zeitfabrik sah ich in meiner Vorstellung des Öfteren
schon das Weiße Kaninchen des Mister Charles Lut-
widge Dodgson, eines gelehrten Mathematikers, durch
die Räume flitzen und hörte es im dschungelhaften Ge-
tick der tausend Uhren sein »O weh! O weh! Ich werde
zu spät kommen« ausrufen, wobei es mit seinen weiß-
behandschuhten Pfoten »wahrhaftig eine Uhr aus der
Westentasche zog – und darauf sah und dann weiter-
eilte«, wie Mister Dodgson am 4. Juli 1862 drei kleinen
Mädchen auf einer Flussfahrt in einem Boot erzählte

und später unter dem Pseudonym Lewis Carroll in seinem Buch »Alice im Wunderland« beschrieb. Mister Dodgson-Carroll hat mit Hilfe des Weißen Kaninchens nicht weniger als den Raum der Zeit, die sogenannte vierte Dimension, in Buchstaben gefasst – wenngleich auch nicht in mathematisch-physikalische Formeln –, vielleicht angeregt durch das Gewässer, in dem das Boot gemächlich dahintrieb und das ihn womöglich auf den Gedanken brachte, den Strom der Zeit mit seiner Phantasie zu erkunden. Doch nicht allen Künstlern, die mit ihrem Werk die Zeit umkreisten, gelang es, sie auch surreal und humorvoll ad absurdum zu führen, ähnlich dem literarischen Mathematiker mit seiner Neigung für sehr junge Mädchen, die er mit Vorliebe kostümiert und nicht ohne theatralische Posen – wie die berückend schöne Alice Liddell – oder als Akt – wie die laszive Evelyn Maud Hutch – fotografierte. Die englische Malerin Emily Gertrude Thomson hatte das außerordentliche Vergnügen, während einiger der Fototermine für Kinder, die Carrolls Zeit Ende der siebziger Jahre des 19. Jahrhunderts immer mehr in Beschlag nahmen, anwesend zu sein, und schrieb darüber: »Sein Fotostudio auf dem Dach des Colleges war ein großer Raum, der mit allen möglichen Requisiten, Kostümen und so weiter vollgestellt war. Er zog die Kinder mit verschiedenartigen, ganz seltsamen Kostümen an und ›nahm‹ sie in allen möglichen Posen auf; Pausen für Erfrischungen und Spiele waren sehr häufig. Die Schränke mit den Zauberdingen wurden geöffnet, und dort kam eine wundersame Prozession zum Vorschein: mechanische Bären und Rinder, Kaninchen, Affen und andere wunderbare und reizende Tiere. Wir setzten uns zusammen auf den Fußboden, Lewis Carroll, die Feen, die Tiere und ich, und die Stunden, die wir so verbrachten, waren sehr lustig. Wie sein Lachen klang – wie das eines Kindes!« Es ist noch zu erwähnen, dass viele Mütter ihre kleinen Töchter selbst in Carrolls Atelier brachten und ihn dann mit seinen Modellen allein ließen. Nach dem 15. Juli 1880 hörte Carroll abrupt damit auf und flüchtete sich ganz in Mister Dodgson, ein Grund dafür ist nicht bekannt. Mister Dodgson war sich jedoch seiner Gespaltenheit bewusst, er selbst schrieb in »Briefe an kleine Mädchen«: »Zuerst sah ich ein paar Falten, dann blickte ich durch ein Teleskop und sah, dass es eine Miene war; dann blickte ich durch ein Mikroskop und fand, dass es ein Gesicht war! Ich glaubte, es sähe mir ziemlich ähnlich, also holte ich einen großen Spiegel, um sicherzugehen, und dann fand ich zu meiner großen Freude, dass ich es selbst war. Wir schüttelten uns die Hand und wollten uns gerade unterhalten, da kam mein Ich herbei und gesellte sich zu uns, und wir unterhielten uns recht angenehm miteinander ... Und wer, glaubst du, hat uns zum Bahnhof gebracht? ... Es waren zwei sehr liebe Freunde von mir, die zufällig auch jetzt gerade bei mir sind und darum bitten, diesen Brief herzlichst als deine Freunde unterzeichnen zu dürfen, Lewis Carroll und C. L. Dodgson.« Sein gesamtes Leben war Carroll in Konflikt mit dem Kind – der lebendigen Vergangenheit – und umgekehrt auch mit dem Erwachsenen in sich, der in der Gegenwart die Rolle des schlechten Gewissens verkörperte und zugleich die Angst vor der Zukunft. Vielleicht machte ihn gerade das zu dem Meister des Nonsens und der Zeit, die er in seinem Kopf so vorzüglich durcheinanderwirbelte, dass man meinen kann, er sei nach Belieben Herr über sie gewesen.

Auch der spanische Maler Francisco de Goya überwand die Zeit in seiner Phantasie – allerdings mit schreckenerregenden gemalten Visionen. Im Museo Nacional del Prado in Madrid befindet sich eines der schauerlichsten Gemälde Goyas, das in der »Quinta del Sordo« von ihm mit Ölfarbe an die Wand gepinselte »Kronos (Saturn) verschlingt eines seiner Kinder«. Kronos war in der griechischen Mythologie ein Sohn des Uranos (des Himmels) und der Gaia (der Erde) und stand damit am Anfang der Zeit. Er war nach der Legende der König der Titanen und Titaninnen – seiner Geschwister. Als sich seine Mutter Gaia bei ihm beklagte, dass Uranos die Zyklopen und hundertarmigen Riesen, die sie hervorbringen wollte, in ihren Leib zurückgestoßen hatte, entmannte Kronos seinen Vater mit einer Sichel aus Feuerstein und übernahm, nicht weniger grausam als dieser, seine Herrschaft. Seinerseits hielt er nun die Giganten und Zyklopen in der Erde fest. Da ihm prophezeit wurde, dass ihn durch eines seiner Kinder das gleiche Schicksal ereilen würde wie seinen Vater, verschlang er seine Töchter und Söhne, die seine Schwester Rhea von ihm zur Welt brachte: Hestia, Demeter, Hera, Hades und zuletzt Poseidon. Zeus jedoch konnte auf Kreta in Sicherheit gebracht werden, nachdem Gaia Kronos zuvor getäuscht und er statt seines Sohnes einen großen Stein verschluckt hatte. Die Ozeanide Metis, die Zeus später heiratete, verabreichte auf dessen Betreiben Kronos ein Brechmittel, worauf er die fünf verschlungenen Kinder wieder ausspie. Zusammen mit den Giganten und Zyklopen stießen ihn die Kinder zur Strafe in den Abgrund des Tartaros. Ein anderer Bericht schildert Kronos als gütigen Herrscher, der nach seiner Absetzung König auf den Inseln der Seligen im westlichen Ozean wurde. Einige griechische Geschichtsschreiber brachten seinen Namen fälschlicherweise mit dem Wort »chronos«, »Zeit«, in Verbindung und beschrieben ihn als Vater der Zeit und Mann mit einer Sense. Die mythologische Kronoserzählung ist voll Täuschungen, Hass und blutiger Unerbittlichkeit, wie auch die Ilias und die Odyssee, die Bibel, die Göttliche Komödie oder das Leben selbst. Es ist bezeichnend für den hellsichtigen Schöpfer der »Desastres de la Guerra«, der »Schrecknisse des Krieges«, der »Tauromaquia«, der Stierkampfdarstellungen, der »Torheiten«, der »Disparates« und der »Caprichos«, der »Launen«, die er mit folgendem Text ankündigen ließ: »Eine Sammlung von Drucken launiger Themen, erfunden und radiert von Don Francisco Goya. Da der Autor überzeugt ist, dass die Kritik der menschlichen Irrtümer und Laster (wiewohl sie der Redekunst und Dichtung vorbehalten zu sein scheint) auch Gegenstand der Malerei sein kann, hat er aus der Vielzahl der Absonderlichkeiten und Torheiten, die in jeder Gesellschaft von Bürgern alltäglich sind, und aus den üblichen Vorurteilen und Betrügereien, die durch Gewohnheit, Ignoranz oder Eigennutz gebilligt werden, für sein Werk diejenigen ausgewählt, die er besonders geeignet hielt, ihm Stoff für das Lächerliche zu liefern und gleichzeitig die künstlerische Phantasie anzuregen ...« – es ist also bezeichnend für den hellsichtigen Goya, dass er mit seinem Wandgemälde »Kronos verschlingt eines seiner Kinder« ein zeitloses Zeit-Gemälde an die Wand malte.

Salvador Dalís »Die Beständigkeit der Uhren« oder

»Die weichen Uhren« oder »Die zerrinnende Zeit« zeigen hingegen die vierte Dimension selbst, auch wenn der Maler dazu wusste: »›Weiche Uhren‹ sind nichts anderes als der paranoisch-kritische, weiche, extravagante und einzigartige Camembert des Raumes und der Zeit.« Der Einfall zu dem Gemälde soll Dalí gekommen sein, als er nach einer Mahlzeit die Reste eines verlaufenden Camemberts betrachtet habe und dessen fließende Form in die ausgestorbene, leere Landschaft des Bildes, an dem er gerade arbeitete, projizierte. Auch in seinen Bildern »Der große Masturbator« oder in »Auflösung der Beständigkeit der Erinnerung« zerlaufen Uhren. Frank Weyers schreibt in seiner Monographie über »Der große Masturbator«: »Vor dem Hintergrund der Felsen des Cap Creus liegt ein amöbenhafter Kopf in der Landschaft ... Auf diesem Profilkopf ... zerfließt eine Taschenuhr, und links von der Gestalt erkennt man einen lehmfarbenen Sockel, auf dessen Kante ebenfalls eine Uhr zerläuft. Am hinteren Rand des Sockels steht ein toter Baum, über dessen einzigem Ast eine dritte weiche Uhr hängt. Als Kontrast zu diesen zerlaufenden Uhren findet sich im vorderen Bereich des Sockels eine feste und geschlossene Taschenuhr, auf der zahlreiche Ameisen krabbeln ... Jede Uhr zeigt eine andere Zeit an, denn in der Traumwelt Dalís hat die lineare, stetig fortlaufende Zeit keine Bedeutung. Unsere Vergangenheit ist in unserer Erinnerung gespeichert. Die Uhren jedoch zerlaufen, und selbst die feste Uhr ist von Ameisen bedeckt«, ein Symbol für Fäulnis, Verwesung und Tod. Zusammen mit dem hellen Licht und der harten Landschaftsmasse im Hintergrund des Bildes hat Dalí, wie er selbst sagt, mit den weichen Uhren Symbole für das vierdimensionale Raum-Zeit-Kontinuum der Relativitätstheorie geschaffen, nach der jeder Körper eine Eigenzeit besitzt, die nur von seiner Bewegung und seinem energetischen Zustand abhängig ist, nicht aber von der durch Uhren messbaren Zeit.

Sowohl Carroll als auch Goya und Dalí waren mit dem Wahn in Berührung gekommen, und allen Dreien ist gemeinsam, dass sie ein unbekanntes Gesicht der Zeit enthüllten. Wer sagt, dass sich nicht überhaupt erst im Wahn die vierte Dimension erschließt? Denn hat nicht auch Janus, der erste König von Latium und römische Gott der Anfänge, zwei Gesichter, mit denen er vor- und zurückschauen, in die Zukunft und die Vergangenheit blicken konnte? Manchmal wird er sogar mit vier Gesichtern und damit unbeabsichtigt zugleich als Ureinwohner der vierten Dimension dargestellt. Er hatte dem vom Himmel gejagten Kronos (Saturn) Gastfreundschaft gewährt, wofür der Gott ihm die Fähigkeit verliehen hatte, sowohl die Vergangenheit als auch die Zukunft immer vor Augen zu haben – ein Zustand, der zwangsläufig in den Wahn führen muss, wenn man nicht selbst eine Uhr ist.

Musik ist hörbare Zeit. Igor Strawinsky schreibt darüber in seinen »Erinnerungen«: »Das Phänomen der Musik ist uns zu dem einzigen Zweck gegeben, eine Ordnung zwischen den Dingen herzustellen und hierbei vor allem eine Ordnung zu setzen zwischen den Menschen und der Zeit.« Joseph Haydns 101. Symphonie in D-dur für zwei Violinen, Viola, Violoncello, Kontrabass, zwei Flöten, zwei Oboen, zwei Fagotte, zwei Hörner, zwei Trompeten und Pauken hat selbst den Titel »Die Uhr«. Er schrieb sie 1794 in London. Das gleichmäßige Tick-Tack der Streicher und Fagotte, das sich durch den ganzen Satz zieht, legt den Vergleich mit den Geräuschen einer Uhr nahe. Allerdings gab nicht Haydn der Symphonie diesen Namen, sondern das entzückte Londoner Publikum.

An Haydn denkend stelle ich mir vor, dass das Haus am Schulhof 2 ein riesiger Uhrkasten ist mit den darin aufbewahrten Uhren als Werk und dass ich, wenn ich es betrete, mich im Inneren der Zeitmusik befinde, gleichsam dem Konzertsaal der Zeit. Ist man aber allein im Museum, staunt man über die Ruhe, die – wie im Zentrum eines Hurrikans – im Auge der Zeit herrscht, und die Musik, die das Ohr wahrnimmt, ist nicht Haydns Symphonie Nr. 101, sondern John Cages »Silence«. Statt Zeit zu erfahren, befinde ich mich in einem Zeitvakuum, trotz eifrigen Tickens und Tackens, Klingens, Spieldosenmusizierens, aufgeregter Kuckucksrufe und nimmermüder langsamer oder noch langsamerer Zeigerbewegungen. Überhaupt scheint es, als seien die Uhren hier ästhetischer Selbstzweck, Vasen für gepflückte Blumen, sinnentleerte, sentimentale Automaten, während draußen eine andere, unerbittliche Zeit voranschreitet, aus der wir in eine Art Taucherglocke der Zeitlosigkeit gestiegen sind. Und wie in einem Hurrikan Möbelstücke, Kühe, Autos, Ziegel, Tiere, Pflanzen und Menschen durcheinandergewirbelt werden können, wirbeln auch mir im Museum Erinnerungen durch den Kopf: Kindheit und Tod, Unglück und Krankheit, Wahn und Traum – Partikel der Zeit, die fortdauernde Gegenwart ist und dazu gleichzeitig das immerfort gefilmte Universum.

Ich sehe jetzt den Wirbelwind meiner Gedanken vor mir wie in einem Trickfilm: Die Instrumente, die Haydns »Die Uhr« intonieren, haben sich verselbständigt und fliegen abwechselnd auseinander und wieder zusammen, als seien sie ein Vogelschwarm im Flug, die Uhren im Museum explodieren, und Gangräder, Zylinder, Unruhen, Spiralfedern, Aufzugswellen, Pendel, Zeigerwellen und Zeiger, Ziffernblätter und Sekundenräder sausen mir um die Ohren, und doch geht alles lautlos vor sich – ich habe nur einen Tropfen vom Wahn gekostet, ohne den ich die Zeit nicht begreifen kann.

Gleich Alice versuche auch ich dann dem imaginären Weißen Kaninchen Lewis Carrolls in Gedanken zu folgen und ihm in das Zeitloch seines Kaninchenbaus nachzulaufen, um in eine irrationale Parallelwelt zu gelangen. Während aber Lewis Carroll seine Alice zuerst fallen und fallen lässt, weshalb sie sich bereits ausmalt, »dass ich durch die Erde einfach durchfalle! Das kann ja lustig werden, wenn ich bei den Menschen herauskomme, die mit dem Kopf nach unten laufen!«, steige ich in dem *uhr*alten Haus die *uhr*alten Treppen nach oben, um jedes Mal auf eine neue Zeitebene zu gelangen, in der die Automatenwelt gleichsam in einem Mikrokosmos das Universum vortäuscht – wenn auch nur in Form von Uhren, deren mechanische Geometrie die Zeit zum Stottern und Stammeln bringt, wie ein Lehrer in einer Gehörlosenanstalt seine Schüler.

Franz Joseph Gall, Laurence Sterne, Marquis de Sade
und Albert Einstein

Ich bin nicht zum ersten Mal im Uhrenmuseum. Entweder eile ich, sozusagen im Vorbeigehen, durch die Etagen, oder ich suche mir eine Stunde, in der sich außer mir kaum Besucher in den Räumlichkeiten aufhalten.

Die drei Etagen mit ihren 19 Ausstellungsräumen, welche in meinem Kopf verschiedene Zeitebenen bilden, lassen mich immer auch an die Phrenologie und den Schädel mit eingezeichneten »Organen« und »Zentren« des Gehirnforschers Franz Joseph Gall aus der Wende zum 19. Jahrhundert denken. »Er war«, schreibt Herbert Ullrich in »Schädel-Schicksale historischer Persönlichkeiten«, »der Ansicht, dass die Großhirnrinde aus einer … Anzahl voneinander unabhängiger ›Organe‹ und ›Zentren‹ besteht, denen verschiedenartige Funktionen und psychische Eigenschaften … entsprechen sollten. Nach Galls Lokalisationslehre waren 27« – Brian Innes spricht von 33 – »verschiedene ›Hirnorgane‹ zu unterscheiden, denen ebenso viele ›Sinne‹ entsprechen würden.« Das Josephinum, das Museum des Wiener medizinhistorischen Institutes, besitzt den Schädel eines Patienten aus dem Narrenturm – der ersten Wiener Irrenanstalt –, auf dem Gall in Form von Kreisen, Ellipsen und Segmenten eigenhändig den Sitz der verschiedenen seelischen und geistigen Eigenschaften im darunterliegenden Gehirn eingetragen hat. So ortete er einen Witzsinn, einen Ortssinn, einen Zahlensinn, einen Tonsinn, einen Diebssinn, ferner einen Farbensinn und Kunstsinn, einen Würgesinn, Rauf- und Mordsinn, einen Höhen- und Ruhmessinn, einen vergleichenden und einen philosophischen Scharfsinn, aber auch Schlauheit, Eitelkeit, Bedächtigkeit, Kinderliebe, Freundschaft, Theosophie, Anhänglichkeit, Instruktionsvermögen und Erziehungsfähigkeit. In der linken Augenhöhle entzifferte ich im Schädel des Narrenturmpatienten »Wortsinn«, und tatsächlich hat der französische Arzt Paul Broca in der dahinterliegenden Hirnpartie, genauer gesagt in der dritten Stirnhirnwindung, 1861 das nach ihm benannte Sprachzentrum nachgewiesen – die 26 oder 32 anderen von Gall definierten Sinne waren wohl nur Spekulationen des phantasievollen Arztes, der Hunderte von Tier- und Menschenhirnen seziert hatte und dabei die beiden Grundelemente des Nervensystems – die weiße und die graue Substanz – und den Ursprung der meisten Hirnnerven aus dem verlängerten Rückenmark entdeckte. Außerdem beschrieb er gültig die Kreuzung der Pyramidenbahnen und erkannte als Erster die Bedeutung des Cortex. Daneben betrieb er bereits um 1800 in Wien Verhaltensbiologie. Der Störversuch beim Nestbau der Schwalben – er ließ den Resonanzkörper einer Klingel in ihrem Nest enden – dürfte das erste Experiment mit ethologischer Zielsetzung gewesen sein. Gall geriet jedoch wegen seiner aufklärerischen Haltung in Turbulenzen mit dem habsburgischen Kaiserhaus: »Was nicht unter die Sinne fällt«, hielt er fest, »ist außer meinem Wirkungskreise und ich lasse Jeden, den Christen und den Heyden bey seinem Glauben. Meine Lehre besteht neben jeder Religion und neben jeder Staatsverfassung ...« Seine liberalistische Philosophie wurde zwischen 1830 und 1860 in Amerika und England übernommen, nicht aber in Österreich, wo Franz I. (II.) am Weihnachtstag des Jahres 1801 Galls Vorlesungen durch seinen Hofkanzler Joseph Andreas Stifft mit folgenden Worten untersagen ließ: »Da über diese neue Kopflehre, von welcher mit Enthusiasmus gesprochen wird, vielleicht manche ihren eigenen verlieren dürften, diese Lehre auch auf Materialismus zu führen ist, mithin gegen die ersten Grundsätze der Religion und Moral zu streiten scheint, so werden sie diese Vorlesungen alsogleich ... verbieten lassen.« Nach seiner Ausweisung aus Österreich im Jahr 1805 gewann Gall auf Reisen durch Deutschland, die Niederlande und die Schweiz, Frankreich und England eine große Anhängerschaft. Goethe traf ihn 1805 in Halle und schrieb über ihn: »Er scherzte über uns alle und behauptete, meinem Stirnbein zufolge, ich könnte den Mund nicht auftun, ohne einen Tropus auszusprechen, worauf er mich denn freilich jeden Augenblick ertappen konnte.« Er bewunderte ihn als großen Hirnanatomen und setzte fort: »Denn das Gehirn bleibt immer der Grund und daher das Hauptaugenmerk ... Galls Vortrag durfte man wohl als den Gipfel vergleichender Anatomie anerkennen.« Unter seinem Publikum befanden sich auch hohe Staatsbeamte, Gelehrte, Priester, Ärzte, Künstler und Studenten, die von ihm erfahren wollten, wie man aus den Erhebungen des knöchernen Schädels, den Gall abtastete, Philosophen, Mörder, Diebe, Maler und Dichter, Geizige und Schlaue erkennen könnte, denn Gall behauptete ja, dass die hinter einer Vorwölbung des Schädels liegende Hirnpartie, die er, wie gesagt, als »Organ« bezeichnete, besonders ausgeprägt sei. Er selbst nannte seine Erkenntnisse »Schedellehre«, und erst sein Schüler Spurzheim prägte 1805 den Begriff »Phrenologie«. Gall starb als französischer Staatsbürger 1819 in Paris.

Nach dieser Sterne'schen Abschweifung, die nicht nur den Vergleich der 19 Ausstellungsräume des Uhrenmuseums mit dem von Gall eigenhändig beschrifteten Schädel eines Irren deutlich machen, sondern auch das unendliche Thema Zeit mit dem Wahn der Wissenschaft in Beziehung bringen und schließlich auf die Möglichkeit hinweisen soll, die das willkürliche Wandern durch die Räume bietet – übrigens ein Vergnügen, das ein Leser der neun Bände des »Tristram Shandy« aus der Lektüre kennt –, nach dieser Sterne'schen Abschweifung also noch ein Wort zu dem englischen Schriftsteller selbst und seinem genialischen Werk. Der Roman beginnt im ersten Buch mit der Zeugung des Helden, bei der seine Mutter den Vater mit den Worten »Ei mein Guter, hast du auch dran gedacht, die Uhr aufzuziehen?« unterbricht, seiner Geburt im dritten, der Taufe im vierten Buch und setzt sich dann fort mit der unfreiwilligen Beschneidung Tristram Shandys durch ein herabfallendes Schiebefenster. Im siebenten Buch ist er auf Bildungsreise in Frankreich, und zugleich werden im sechsten bis neunten Buch die Feld- und Liebeszüge Onkel Tobys geschildert. Der Roman schreitet jedoch nur in verschachtelten Digressionen fort, die Abschweifungen unterwandern die Handlung derart, dass die Chronologie oft in ihr Gegenteil verkehrt wird. Die angebliche Lebensbeschreibung »Tristram Shandys« beginnt 1718 und endet 1713, schweift zwischendurch in das Jahr 1699 ab, beschäftigt sich mit dem Tod Yoricks 1749 und spielt auch in den sieben Jahren von 1759 bis 1766, in denen Sterne seinen Roman schrieb. Wir haben es in Laurence Sterne also mit einem Meister der Zeit zu tun, der für die Abfassung seines wunderlichen Buches gewiss mit dem Wahn gespielt hat, um der Zeit ein Schnippchen zu schlagen. Diderot, Wieland, Jean Paul, Herder, Goethe, Lessing und Lichtenberg verehrten den englischen Dichter, andere warfen ihm vor, dass er die Klassizität der Romankunst zerstört habe, weshalb sein

Ruhm im 19. Jahrhundert schwand, bis James Joyce und Virginia Woolf seinen Erzählfaden wieder aufnahmen. Seither gehörten auch Thomas Mann, Samuel Beckett, Günter Grass oder Arno Schmidt und Wolfgang Hildesheimer zu seinen begeisterten Lesern. Mit Gall hat Sterne allerdings nur aus der Ferne und über fünf Ecken zu tun, nämlich, indem der englische Schriftsteller ebenso ohne Kopf in seinem Grab lag wie Haydn, der Komponist der »Uhr«. Auch von Bach, Beethoven, Mozart oder Schubert, Descartes, de Sade und Leibniz waren die Schädel zumindest einige Zeit lang vermisst, wenngleich sie, wie es sich gehört, mit ihren Besitzern begraben worden waren. Am 4. Juni 1968 ließ der Laurence-Sterne-Trust auf dem Friedhof von Tyburn nach dem Leichnam des Dichters graben. Der Friedhof hatte schon zur Zeit, in der »Tristram Shandy« geschrieben wurde, einen üblen Ruf, weil dort die Hingerichteten begraben wurden und Leichenräuber die Gräber heimsuchten. Die »Times« schrieb über die Exhumierung: »Fünf einzelne Schädel und verschiedene Knochen wurden aus dem Grab ausgegraben. Der obere Teil eines der Schädel war abgesägt worden. Ein Anatom aus Harley Street nahm mit Greifzirkeln genaue Messungen vor und verglich sie mit der Büste Sternes von Joseph Nollekens, die wahrscheinlich anatomisch exakt ist. Die Abmessungen des abgesägten Schädels, für einen erwachsenen Mann ungewöhnlich klein, stimmten genau mit der Büste überein; alle anderen waren viel zu groß. Die Porträts zeigen Sterne als einen hageren Mann mit einem extrem kleinen Kopf. Aus einem neben dem abgesägten Schädel gefundenen Oberschenkelknochen schloss der Anatom, dass er von einem fünf Fuß zehn Zoll großen Mann stamme: Sterne sagte, er sei fast sechs Fuß groß. Auch die hohen Backenknochen und die vorstehenden Oberzähne passten zu Sterne. Der aufgesägte Schädel lässt entweder auf eine Obduktion oder auf eine Sezierung durch Pathologen schließen. Leichenöffnungen waren im 18. Jahrhundert außerordentlich selten. Von den 11 500 auf dem St. George's-Friedhof gefundenen Schädeln waren nur zwei oder drei aufgesägt worden. Daraus lässt sich der vorläufige und einleuchtende Schluss ziehen, dass die Cambridge-Pathologen so entsetzt waren, als sie erkannten, welch berühmten Mann sie unter ihren Skalpellen hatten, dass sie seine Überreste eilig und heimlich zu dem Friedhof zurückschafften, von dem die Leiche gestohlen worden war.« – Ach, armer Yorick!

Marquis de Sades Schädel wiederum widerfuhr die Ehre, nach Galls Methode untersucht zu werden. Dreißig Jahre von den insgesamt 74 seines Lebens saß der französische Schriftsteller, bizarre und dünkelhafte Erotomane in Gefängnissen und Irrenanstalten. Der 1740 geborene Sohn aus altem Adel wurde nach strenger Erziehung durch die Jesuiten, die ihre Schüler gerne mit der Peitsche züchtigen ließen, schon mit 14 Jahren Soldat, nahm am Siebenjährigen Krieg teil und wurde 1759 zum Hauptmann der Kavallerie ernannt. Er führte ein ausschweifendes Leben und heiratete mit 23 Jahren die wenig anziehende, aber vermögende Renée-Pélagie de Montreuil, die mehr als zwanzig Jahre seine wüsten Exzesse ertrug, auch weil sie ihm sexuell hörig war. Außerdem war er ein gefürchteter Räsonneur und Choleriker. Aus der Ehe gingen drei Kinder hervor. Als de Sade 1768 in seinem Landhaus die junge Bettlerin Rose Keller zur

Lustgewinnung fesselte, auspeitschte und wahrscheinlich auch mit dem Messer verletzte und ihr mit heißem Kerzenwachs Brandwunden zufügte, wurde er zum zweiten Mal inhaftiert. Bereits 1763 war er in Vincennes »wegen ungesetzlicher Exzesse« eingesperrt worden. Nach der Begnadigung durch König Ludwig XV. musste er neuerlich ins Gefängnis: 1771 wegen Schulden und 1772 wegen »Sodomie (Analverkehr) und Giftmordanschlages«, dem sogenannten »Kantharidinskandal« – benannt nach der chemischen Substanz, die unter dem Namen »Spanische Fliege« bekannt ist und sexuell stimulierte, aber bei Überdosis Vergiftungserscheinungen hervorrief, wie bei zwei der fünf beteiligten Prostituierten. Zwar gelang es ihm in Begleitung seiner Schwägerin, zu der er mit Wissen seiner Frau eine leidenschaftliche Liebesbeziehung unterhielt, nach Italien zu fliehen, doch wurde er in Abwesenheit zum Tode verurteilt und kurz darauf sogar »in effigie« gehängt. Erst 1778 erreichte er nach seiner Rückkehr die Annullierung des Todesurteils. Aber schon 1777 war er nach weiteren gewalttätigen und blasphemischen Exzessen wieder in das Gefängnis von Vincennes eingeliefert worden, diesmal auf Betreiben seiner einflussreichen Schwiegermutter und mit Unterstützung des Königs, zur, wie es hieß, »Sicherheitsverwahrung«. Es war der Beginn einer über elfjährigen Gefangenschaft, die erst 1790 in der Französischen Revolution endete, in der de Sade kurzfristig sogar zum Gerichtsvorsitzenden ernannt wurde. Inzwischen hatte sich seine Frau von ihm scheiden lassen. Nach abermaliger Verhaftung 1794 wurde der Marquis ein zweites Mal zum Tode verurteilt, jedoch infolge des Sturzes von Robespierre wieder freigelassen. 1801 – nach elf Jahren in Freiheit – nahm ihn die Polizei dann bei seinem Verleger in Paris fest und lieferte ihn ohne Gerichtsurteil in das Staatsgefängnis Sainte-Pélagie ein. Schließlich überstellte man ihn in das Irrenhaus Charenton-Saint-Maurice, wo er die 13 Jahre bis zu seinem Tod am 2. September 1814 blieb. De Sade wurde bekanntlich nicht nur wegen seines Lebenswandels, sondern auch wegen seines gnadenlosen und tief aus dem Unterbewussten gespeisten Werkes verfolgt. »Alles, was die wahnwitzige Phantasie nur an Ungeheuerlichem, Makabrem und Widerwärtigem erdenken kann«, hält Abraham Melzer fest, »hat de Sade erdacht und geschrieben. Er ist gleichsam der menschliche Irrwahn in höchster Potenz, und er hat das Laster und das Verbrechen durch tausendfach bewiesene Lehrsätze geradezu philosophisch vertieft und sanktioniert. Es gibt wohl keinen moralischen Gedanken, den er nicht mit seiner unflätigen Phantasie besudelt hätte.« Und: »Die Ausschweifungen des französischen Hofes und Adels, welche nur an die Befriedigung ihrer unzüchtigen Gelüste dachten, während das Volk im größten Elend schmachtete, haben ohne Zweifel dazu beigetragen, den so schrecklichen Ausbruch der Französischen Revolution zu beschleunigen. So ist denn das Werk Marquis de Sades eigentlich auch eine Revolution, wenn auch eine literarisch-philosophische, verpackt in einer Art von erfundener Selbstbiographie. Wer seine Lebensgeschichte kennt, findet auf jeder Seite seines umfangreichen Werkes den Verfasser wieder, wie er gelebt hat oder wie er gerne gelebt hätte.«

De Sade beschrieb nichts weniger als den Kontinent der sexuellen Perversion und des Bösen. Wohl kaum ein anderer Schriftsteller lebte so fern seiner Zeit und war ihr gleichzeitig so innig verbunden. Es ist daher nur folgerichtig, dass er zugleich verfemt war und alle Verfolgungen, wenn auch in Gefängnissen und Irrenhäusern, überlebte, sowohl unter den Königen Ludwig XV. und XVI. als auch in der Zeit der Französischen Revolution und in der Napoleonischen Ära.

De Sade, ein überzeugter und kämpferischer Atheist, erhielt ein kirchliches Begräbnis auf dem Friedhof des Hospizes von Charenton. Der 19-jährige Medizinal-Assistent L.-J. Ramon, ein begeisterter Anhänger der Phrenologie Franz Joseph Galls und des damals ebenso verbreiteten Magnetismus Franz Anton Mesmers, hatte in der Nacht, in der de Sade starb, an dessen Bett gewacht und berichtete fünfzig Jahre später: »Ein paar Monate darauf ... wurden auf dem Friedhof Umbettungen vorgenommen, und dazu gehörten auch die Überreste de Sades, die nun exhumiert wurden. Ich verfehlte nicht, dabei anwesend zu sein, und verschaffte mir den Schädel des Marquis, dessen Authentizität völlig sicher war. Es waren ja auch viele Leute anwesend, die de Sade und sein Grab ebenso gut kannten wie ich selber. Gerade, als ich mich daran machte, den Schädel zu Hause kunstgerecht zu präparieren, erhielt ich den Besuch eines Freundes, des berühmten Phrenologen Spurzheim, der ein Schüler Galls war. Als er mich sehr darum bat, überließ ich ihm den Schädel, und er versprach, ihn mir bald zusammen mit einigen Abgüssen, die er sogleich machen wollte, wiederzubringen. Aber er machte in der kommenden Zeit Vorlesungsreisen nach England und Deutschland und starb dann plötzlich. So habe ich den Schädel nie wiedergesehen.« Der Schädel wird jedenfalls in Deutschland oder Amerika vermutet, vielleicht liegt er unerkannt neben Hunderten anderen in einem anthropologischen Institut. Ramon setzte fort: »Indessen hatte ich ihn in den wenigen Tagen, die er bei mir lag, phrenologisch genau untersucht. Die Ergebnisse waren: Gut entwickelte Schädelwölbung (Theosophie, Wohlwollen); keine auffallenden Ausbuchtungen in der Schläfengegend (Sitz der Grausamkeit); keine auffallenden Ausbuchtungen hinter und über den Ohren (Sitz der Streitsucht); Kleinhirn mit mäßigen Abmessungen, kein ungewöhnlich großer Abstand von einem Warzenfortsatz zum anderen (Sitz hypertrophischer Sinnlichkeit). Mit einem Wort: Wenn ich schon in dem würdig, beinahe möchte ich sagen: patriarchalisch in Charenton herumwandelnden de Sade nie den Autor von »Justine« und »Juliette« erkannt hätte, so würde ich ihn nun, nach dem Studium seines Schädels, erst recht von der Anschuldigung freisprechen, diese Bücher verfasst zu haben. Sein Schädel glich in jeder Hinsicht demjenigen eines Kirchenvaters.« Im Labor für Anthropologie des Musée de l'Homme wurde inzwischen ein von Spurzheim angefertigter Abguss von de Sades Schädel und die dazugehörige Analyse eines gewissen Dumoutier (laut Maurice Lever) oder M. Dumontet (laut Gilbert Lely) gefunden, der ein Assistent und Gehilfe des Phrenologen war. »Die Gehirnorganisation des Marquis de Sade«, heißt es in der Analyse, »ist … eines dieser häufigen Beispiele, bei denen man die unvereinbarsten Kontraste antrifft. Die übertriebene Entwicklung einiger Organe, deren Vermögen äußerst verschiedene Zwecke erfüllen, gibt zur Vermutung Anlass, dass diese Fähigkeiten den größtmöglichen Grad ihrer Tätigkeit erreicht haben und die glänzendsten Charakterzüge dieses merkwürdigen Mannes hervorbringen mussten. Unter dem Einfluss eines weisen und aufgeklärten Willens wären die Auswirkungen der edelsten und großherzigsten Leidenschaften daraus hervorgegangen. Doch das Gegenteil geschah: Die Harmonie, die den erhabenen Kombinationen der geistigen Fähigkeiten und der menschlichen Empfindungen vorsteht, hatte bei ihm zu existieren aufgehört. Das Ergebnis war, ob nun infolge von Veränderungen in der Organisation des Gehirns oder durch den Einfluss äußerer Umstände, eine solche Verderbnis in der Moral und in der Philosophie des Marquis de Sade, dass die eine wie die andere die formloseste Anhäufung von Lastern und Tugenden, Wohltätigkeit und Verbrechen, Hass und Liebe bilden. Eine so monströse, aus den schändlichsten Leidenschaften entstandene und von den Empfindungen der Schmach und Schande geprägte Konzeption würde, wäre sie nicht das Werk eines Verrückten, ihren Verfasser der Bezeichnung Mensch unwürdig machen und für immer das Andenken seiner Nachkommen beflecken.«

Albert Einstein, der Zen-Meister der Zeit, wurde noch am Tag, an dem er starb, verbrannt und die Asche »an einem Ort verstreut, der nie bekannt gegeben wurde, damit er nicht später Ziel von Pilgern würde; man nimmt an, es sei ein naher Fluss gewesen«, berichten Roger Highfield und Paul Carter in »Die geheimen Leben des Albert Einstein«. »Das war jedoch noch nicht der endgültige Schluss«, heißt es weiter: »Früher an diesem Morgen hatte Dr. Thomas Harvey eine Autopsie vorgenommen und dabei Einsteins Gehirn entfernt und zur Untersuchung konserviert.« Die Eigenmächtigkeit des Arztes verursachte einen Wirbel bei den Angehörigen des Verstorbenen. Harvey hatte vor der Entfernung von Einsteins Gehirn aus dem Schädel durch die Arterien Formalin eingespritzt, ein Konservierungsmittel. Dadurch sind Teile des Organs heute noch erhalten. »Der größte Teil aber wurde in dünne Scheiben geschnitten und in Celloidin, ein haltbares, aber durchsichtiges Material eingebettet, das mikroskopische Untersuchungen zulässt«, fahren Highfield und Carter fort. Die folgenden Analysen hätten faszinierende Ergebnisse gebracht. Einstein habe, heißt es, mehr Gliazellen pro Neuron im Vergleich zu »normalen« Männerhirnen gehabt, das heißt Zellen, die Informationen verarbeiten und weitergeben.

Hier im Uhrenmuseum, im Zeittempel, ist es nur naheliegend, an Einstein zu denken, den physikalischen Erforscher des Universums, der dem Irrationalen Logik verlieh. Sein Gehirn, sein eigenes Universum, ist wissenschaftlich zerstückelt, wie er selbst das seit Newton geschlossene Weltbild der Physik wissenschaftlich in seine Bestandteile zerlegt hat. »Der normale Erwachsene denkt über die Raum-Zeit-Probleme kaum nach«, sagte er. »Das hat er seiner Meinung nach bereits als Kind getan. Ich hingegen habe mich geistig derart langsam entwickelt, dass ich erst als Erwachsener anfing, mich über Raum und Zeit zu wundern. Naturgemäß bin ich dann tiefer in die Problematik eingedrungen als normal veranlagte Kinder.« Ernst Peter Fischer hält in »Einstein für die Westentasche« fest: »Die Lichtgeschwindigkeit taucht in der berühmten Einstein-Formel $E=mc^2$ nicht zufällig auf. Sie bekommt in seiner Physik die Doppelrolle, eine Naturkonstante zu sein und eine obere

Grenze darzustellen. Nichts kann sich schneller als Licht bewegen, was auch heißt, dass die Übertragung von Information nicht beliebig schnell sein kann, sondern so viel Zeit braucht wie das Licht. Auch die Information über die Zeit selbst braucht Zeit, die daher nicht absolut sein kann, wie es sich der gewöhnliche Menschenverstand denkt. Einstein erkennt, dass sie nur relativ zum Ort ihrer Messung (einer Uhr) bestimmbar ist, und die genaue Darstellung dieser Zusammenhänge heißt heute Relativitätstheorie.« Einstein selbst wusste keine Antwort auf die Frage: »Was macht die Zeit, wenn sie vergeht?« Und fragte ihn jemand nach dem Wesen der Zeit, pflegte er ihn mit dem Satz abzuspeisen: »Zeit ist, was man an der Uhr abliest.«

Kurze Beschreibung des Museums

In den drei Etagen mit den Ausstellungsräumen des Uhrenmuseums finden sich unter den tausend Uhren die bemerkenswertesten Stücke. Übrigens sind noch weitere 3000 bis 4000 Objekte in den Depots vorhanden. Es ist allerdings unmöglich, auch nur alle »bemerkenswertesten Stücke« zu beschreiben oder anzuführen, wir würden uns dabei verirren wie in einer unbekannten Galaxie, in der die Zeit in Form von Buchstaben auf Bäumen wächst, als sich sekündlich verändernde Farbe der Erscheinungen sichtbar wird oder sich in flirrende Musik verwandelt, die das Gehirn betäubt.

In der ersten Etage finden sich in sieben Räumen neben Sand- und Sonnenuhren vor allem astronomische Uhren, an denen man den Lauf der Gestirne ablesen kann, Empire- und Japanische Uhren, die Uhrensammlung der Schriftstellerin Marie von Ebner-Eschenbach, Uhren des Barock und die alte Turm- beziehungsweise die Türmeruhr des Stephansdomes.

In der zweiten Etage, verteilt auf fünf Räume, sind Uhren aus der ersten Hälfte des 19. Jahrhunderts ausgestellt: Bilderuhren, die kleinsten Pendeluhren der Welt oder die Uhr zu Ehren des Uhrmachers Jacob Degen, eines unglücklichen Flugpioniers, dessen etwas umständlicher Flugkörper jedoch als Unikum im Gedächtnis bleibt. Außerdem befindet sich in diesem Stockwerk die Uhrmacherwerkstatt.

Die dritte Etage zeigt in sieben Räumen eine Auswahl an Objekten aus dem 19. und 20. Jahrhundert: Wanduhren, Standuhren, Kuckucksuhren, Taschenuhren – wie etwa ein schwarzes Gehäuse, das nach dem Ringtheaterbrand 1881 bei einem der Leichname gefunden wurde –, Armbanduhren und Automaten: das »perpetuum mobile«, das es eigentlich nicht gibt, ferner einen Mohren, in dessen Händen ein Pendel schwingt, oder eine Zimmerorgel, die behäbige Leierkastenmusik ertönen lässt.

Das Uhrenmuseum ist also selbst ein kompliziertes Räderwerk aus tausend Uhren, die unabhängig voneinander funktionieren und doch alle das Gleiche tun.

Ein Rundgang mit Abschweifungen

Die japanischen Pfeileruhren in der ersten Etage stellen selbst versierte Besucher des Museums vor ein Rätsel. Sie weisen kein rundes Ziffernblatt auf, alles ist linear, weshalb die Zeit für einen Nichteingeweihten auch nicht ablesbar ist. Überdies müssen die Stundenmarkierungen auf den Skalen verschoben werden, um die je nach Jahreszeit unterschiedlichen Tages- und Nachtstunden einstellen zu können. Im Winter sind demnach die Tagesstunden kurz und die Nachtstunden lang, im Sommer die Tagesstunden lang und die Nachtstunden kurz. Der Stundenzeiger selbst ist an einem Gewicht befestigt und zeigt beim Abwärtsgleiten die Stunden an. Dieses fragmentarische, mir selbst nicht ganz verständliche Wissen über japanische Pfeileruhren, welche man eher für Barometer oder Seismographen hält, beziehe ich aus der DVD »Das Uhrenmuseum«, die im Eingangsbereich erhältlich ist. Herr Kerschbaum, der Direktor mit Bart, Brille und weißen Handschuhen, erinnert mich darauf an das Weiße Kaninchen aus Lewis Carrolls »Alice im Wunderland«, weshalb ich ihm neugierig durch die verschiedenen Zeitebenen seines »Baus« gefolgt bin.

Einmal hatte ich sogar das Glück, zu einer seiner Führungen zu stoßen, und ich benutzte sogleich die Gelegenheit, mich ihr unauffällig anzuschließen. Dabei waren wir, so kam es mir vor, von einer Atmosphäre des Irrationalen umgeben. Wir befanden uns gerade im zweiten Raum der ersten Etage, in dem die kostbaren Stücke aus der Josephinischen Zeit um 1800 ausgestellt sind, und Herr Kerschbaum zeigte mit seinem weißen Handschuh auf die sogenannte »Kanonenuhr«, eine Kommodenstanduhr in Form eines Geschützes. Das Wichtigste an einer Uhr, erklärte er dazu, sei damals das Gehäuse und nicht die Präzision des Werkes gewesen. »In dieser Kanonenuhr«, sagte er, »ist die Uhr tatsächlich so in einem der Räder versteckt, dass man sie leicht übersehen kann.« Andererseits, dachte ich mir, erzielte die Platzie-

148

rung auch eine elegische Wirkung wie bei einer nebenstehenden Uhr mit Damenfigur. Die Dame lehnte beim Lesen eines Buches so auf den alabasternen Säulchen, die das Kleinod stützten, als trauere sie auf einem Friedhof am Grab ihres Geliebten. Ganz bestimmt hatte sie längst die Zeit vergessen, die ihr die Uhr vergeblich Sekunde für Sekunde vortickte. Die Ausgrabungen in Pompeji und Herculaneum im 19. Jahrhundert, fuhr Herr Kerschbaum fort, hätten dazu geführt, dass auch die Gehäuse der Uhren Tempel, Vasen, Urnen und Lyren nachahmten. Er wies sodann auf die Objekte in den Vitrinen und bezeichnete sie als »Bronzegolduhren«, die »feuervergoldet« seien, weswegen ihr Glanz selbst nach 200 Jahren noch immer strahlend sei. Hierauf betrat er den angrenzenden Raum, stellte sich vor eine holzgerahmte Vitrine und wies auf die seltsamsten Taschenuhren, um nicht zu sagen, die verträumtesten Taschenuhren – Taschenuhren, die sich in Dinge verwandelt zu haben scheinen, oder Taschenuhren für einen Taschenuhrenkarneval in Venedig. Die Gehäuse sind zumeist bunt emailliert und verkleinerte Modelle von Gegenständen oder Früchten: Birne, Geige, Glocke, Apfel, aber auch vergrößerte etwa in Form einer Blüte. Es sind Phantasieuhren aus dem 19. Jahrhundert, sogenannte Formuhren, die die Schriftstellerin Marie von Ebner-Eschenbach sammelte und mit denen sie sich in ihrem Arbeitszimmer umgab. Das muss ein merkwürdiger Raum gewesen sein, in dem die Zeit herrschte und zugleich gezähmt war, dachte ich. Man finde überall, erklärte inzwischen Herr Kerschbaum – eines der Ührchen in den Handschuhen haltend –, einen verborgenen Knopf, den man drücken müsse … Ein Deckel springe dann auf, und man könne die Zeit ablesen. Mir kamen die Taschenuhren vor wie schöne Käfige für kleinste Vögelchen, noch kleiner als ein Zeisig, vielleicht sind es auch nur die Bruchteile von Sekunden, die darin gefangen gehalten werden.

Die Schriftstellerin ist auf einem Ölgemälde zu sehen, mit einer Haube auf dem wohlgeformten Kopf, und ich stellte mir vor, wie die Automaten sie zum Schreiben anregten. Wiesen die Taschenuhren sie auf den Tod hin? Erfreuten sie das Kind in ihr? Oder verhalfen sie ihr zu Einfällen? Ist es nicht so, dass beim Schreiben die Zeit und die eigene Person sich auflösen und es gerade dieser Zustand der Selbstauflösung ist, das Sich-Verwandeln in Sprache, der süchtig danach macht, es immer und immer wieder von Neuem zu beginnen, ähnlich einer Uhr, die ja auch immer und immer wieder die Stunden zählen muss? Im Laufe der Zeit sammelte Ebner-Eschenbach 270 Exemplare, über die sie in ihrem »Inventar« mit der Beschriftung »Meine Sammlungen alter und moderner Taschenuhren« penibel Buch führte.

Die Schriftstellerin sei eine ausgebildete Uhrmacherin gewesen, erläuterte jetzt Herr Kerschbaum, der selbst ein Meister der Uhrmacherkunst ist. Er zog ein Etui aus einer Lade, öffnete es und zeigte uns die erhalten gebliebenen edlen Werkzeuge auf grünem Samt. Ebner-Eschenbach sei 1879 von Karl Hartl in der Uhrmacherkunst unterrichtet, 1900 in die Zunft der Wiener Uhrmacher aufgenommen und 1908 sogar »Fahnenmutter« der Innung geworden. Alle ihre Sammelstücke habe sie selbst gewartet und repariert. In ihrem Werk habe sich ihre Leidenschaft in der kurzen Abhandlung »Meine Uhrensammlung« und der langen Erzählung »Lotti, die Uhrmacherin« niedergeschlagen. Von ihrer umfangreichen Sammlung, die nach ihrem Tod zur Gänze im Uhrenmuseum ihren Platz fand, seien aber nur vierzig Stück erhalten geblieben, der Rest sei »im Zweiten Weltkrieg«, wie er sagte, »verloren gegangen«. Mich hätte es brennend interessiert, auf welche Weise die wertvollen Stücke und mit ihnen ihre gegenständliche Zeit verloren gegangen waren, und ich erfuhr später, dass alle Objekte des Museums in ein sicheres Depot – Schloss Stixenstein in Niederösterreich – gebracht worden seien. Bei der Rückführung nach 1945 habe sich herausgestellt, dass eine größere Anzahl wertvoller Stücke fehlte, darunter die 230 Uhren der Ebner-Eschenbach-Sammlung. Es könne jedoch nachträglich nicht mehr festgestellt werden, sagte man mir, wer die unersetzlichen Stücke geraubt habe. Diese Zurückhaltung legt allerdings die Vermutung nahe, dass außer russischen Soldaten auch abziehende SS-Einheiten und einheimische Ehrenmänner für die Plünderung in Frage kommen. Zuvor waren außerdem Uhren jüdischer Besitzer vom Museum günstig »angekauft« und der Sammlung einverleibt worden, wie der Restitutionsbericht auf der Homepage »wienmuseum« zeigt. Der Schätzung nach handelte es sich um etwa siebzig bis achtzig Objekte, in einem Fall waren es allein vierzig. Aber die Uhren liefen, wie man weiß, anders, als man damals dachte.

Inzwischen hatte Herr Kerschbaum begonnen, von der Sammelleidenschaft, der Sammelbesessenheit der Schriftstellerin zu sprechen. Von einem Antiquar war ihr eine kostbare Taschenuhr angeboten worden, die sie noch im Laden genauer besichtigt habe. Dabei habe sie ein verborgenes Blättchen mit der Inschrift »Peter Hele«

entdeckt und sei der Meinung gewesen, es handle sich um eine Uhr aus der Werkstatt von Peter Henlein – der zwar nicht, wie fälschlicherweise behauptet wird, die Taschenuhr erfunden hat, wohl aber 1510 das berühmte »Nürnberger Eierlein«, eine Taschenuhr, die ursprünglich »Nürnberger Aeurlein« hieß und erst im Flussbett der mündlichen Überlieferung zu dem »Eierlein« wurde, das sie in den Köpfen vieler Menschen heute noch ist. Die Uhr wurde ursprünglich übrigens in der Hosentasche getragen, wegen anzüglicher Bemerkungen und ungebührlicher Anspielungen wurde sie aber in die Weste versetzt, wo sie dann für Jahrhunderte ihre Heimstatt fand. Die Schriftstellerin vermutete also mit einigem Recht, dass die angebotene Taschenuhr besonders wertvoll sei, und kaufte sie, ohne sich um den Preis zu kümmern. Zu Hause bei der neuerlichen und genauen Untersuchung stellte sie jedoch fest, dass Bauteile in dem Werk verwendet worden waren, die Peter Henlein noch nicht gekannt haben konnte. Trotzdem räumte sie dem Stück einen Ehrenplatz ein, denn sie fand, dass es uhrmeisterlich gebaut sei.

Ebner-Eschenbachs Sammelleidenschaft sei jedoch noch von einem Mann übertroffen worden, fährt Herr Kerschbaum fort, dem das Uhrenmuseum eigentlich seine Existenz verdanke: Rudolf Kaftan, der als »Supplent«, also Lehramtskandidat für Physik und Mathematik an mehreren Wiener Mittelschulen, »beruflich tätig gewesen« sei. Der 1870 als Sohn eines Lehrers geborene Kaftan habe sich bereits als Kind für mechanische Räderwerke interessiert und in der Volksschule begonnen, Uhren zu sammeln. Wie man aus seinen Aufzeichnungen wisse, sei sein erstes Stück eine

Schwarzwälderuhr mit »Holzwerk, Viertelschlag und Glasglocken aus Julbach im Mühlviertel« gewesen, Holzuhren aus Niederwaldkirchen seien gefolgt. Kaftan habe an den Rand seiner Inventarliste notiert: »Gewinnung meiner Privatsammlung; jede Uhr schwer errungen.« Als Mittelschüler habe er eine Institutsuhr repariert und zur Belohnung dafür Äpfel erhalten und 1903 eine Uhr für den Unterricht konstruiert, die die Pausen signalisierte. Als seine Sammlung 9000 Objekte sowie eine umfangreiche Fachbibliothek umfasste, habe ihm 1916 die Räumung aus dem Wohnhaus in der Billrothstraße gedroht. Das »Neue Wiener Tagblatt« habe jedoch unter dem Titel »Ein obdachloser Sammler« seine Not und die »dichtgefüllte Uhrenkammer« beschrieben, mit all ihren kleinen mechanischen Wunderwerken und emsigen Geräuschen, und Herrn Kaftans Mikro-Universum aus knarrenden, ratternden, klingelnden und läutenden Zahnrädern, Schrauben, Federn, Aufziehrädchen, Glöckchen und anderen Bestandteilen, das im Kleinen versuchte, es dem Großen gleichzutun, als einzigartig bezeichnet. Der schöne Wahn des Herrn Kaftan wurde bald darauf belohnt. Am 4. Mai 1917 beschloss der Wiener Gemeinderat den Ankauf der Uhrensammlung und ernannte Kaftan zugleich zum Direktor des geplanten Uhrenmuseums, das er, wie Herr Kerschbaum sagte, »bis zu seinem Tod 1961 leitete«. An dieser Stelle wies er mit seinen weiß behandschuhten Händen auf die Wände, wie um die Genese des Uhrenuniversums gebührend abzuschließen.

Auch in der Zeit des Dritten Reichs, erfuhr ich, huldigte Kaftan seinem schönen Wahn und war als kleines Zahnrädchen dem Räderwerk des Nationalsozialismus dienlich. Mit Eifer gelang es ihm, die Sammlung durch günstige »Ankäufe« von jüdischen Besitzern, die emigrieren mussten oder später deportiert wurden, zu erweitern. »Jede Uhr schwer errungen«? Im Laufe der Zeit gewann dieser Satz eine andere Bedeutung.

Später zeigte uns Herr Kerschbaum eine von seinem Vorgänger gekaufte astronomische Standuhr aus dem Jahr 1563, die dieser in dem Ausflugslokal »Sophiens Doppelblick« bei einer Wanderung in Ischl entdeckt habe. Herr Kerschbaum beschrieb ausführlich Räderwerk, Spindelgang mit, wie er sagte, »damit verbundenem Kuhschwanzpendel, Schnurzug, zwei Schlossscheiben für Viertel- und Stundenschlag und zwei darüber befindlichen Glocken«. Die Standuhr zeige Stunden, Datum, Wochentage, Monate, Mondphasen und Vierteljahre an, der farbenprächtige holzgeschnitzte Rahmen stelle zwei Bischöfe dar, die Wasserpatrone Sankt Nikolaus und Wolfgang, und einen blauen Sternenhimmel, in dem sich eine Kugel drehe, welche die Mondphasen anzeige. »Mit dem in 13 Wochen umlaufenden Zeiger konnten die vierteljährlichen Termine im kirchlichen Jahreslauf, aber auch im nichtsakralen Bereich gemessen werden.« Vierteljährlich, zum Quatember, sei nämlich die Quatemberabgabe an die Bergbaubehörde, die Landesherrn, die Zünfte, das Schulgeld, die Besoldung des Pfarrers, die Almosen für Bettelmönche und sonstige Bedürftige fällig geworden. Aber auch Naturalabgaben, fuhr Herr Kerschbaum unbeirrt fort, wie der Quatemberfisch oder das Quatemberholz seien zum Quatember zu leisten gewesen. Es war der Zeitpunkt, als ich mich von der Führung trennte, aber noch im nächsten und übernächsten Raum schien mir das Geräusch der Uhren jetzt nicht mehr ein »Tick-Tack-Tick-Tack«, sondern ein geflüstertes »Quatember-Quatember« auszudrücken.

Die astronomische Kunstuhr des Augustinerfraters David a Sancto Cajetano im vierten Raum der ersten Etage verdient das Attribut »Kunst« tatsächlich. Der Mönch, ein gelernter Tischler aus dem Schwarzwald, stellte sie vor mehr als 230 Jahren in sieben Jahren Bauzeit her. Sie besteht aus 120 Rädern mit über 50000 Zähnen und hat nicht weniger als 21 Zeigerspitzen, die exakt die Sekunden, Minuten, die Umlaufzeiten der Planeten Mars, Venus, Jupiter und Saturn um die Sonne und die Umlaufzeiten des Mondes um die Erde sowie sein Alter anzeigen. Ferner berechnet das Messingwerk mit Gewichtszug, das eine Laufzeit von einem Monat hat, Tierkreiszeichen, die Sonnenzeit, die Zeit der täglichen Erdumdrehung, die richtige Zeit für 83 Orte, die Römerzinszahl, den Sonnenzirkel, Sonnen- und Mondfinsternisse und den Schaltjahreszyklus. Das Jahr ist in vier kleinen Fenstern bis 9999 abzulesen, dann beginnt die Uhr wieder mit dem Jahr 0000. Der langsamste Zeiger braucht unvorstellbare 20904 Jahre für eine Drehung und für einen einzigen Millimeter nicht weniger als 107 Jahre. Er zeigt die jeweilige Änderung des Frühlingsbeginns an, »die dadurch entsteht, dass die Erdachse sich taumelnd im Weltall bewegt«, wie Herr Kerschbaum auf der DVD erläutert. »Wenn die Uhr weiter betreut wird von allen Uhrmachern, die nach uns kommen«, schließt er, »wird sie unbegrenzt weiter funktionieren.«

Vor diesem Wunderwerk der Mechanik denke ich an die Zeit, als ich im Rechenzentrum Graz mit dem Computer, einer UNIVAC 490 und später einer UNIVAC 494, arbeitete. Die Großrechenanlagen besaßen eine Bandstation mit sechs Servos, eine sogenannte Trommel, einen Lochstreifenleser, zwei Lochkartenleser und drei Drucker. Zehn Jahre, von 1966 bis 1976, pilgerte ich täglich zu der Maschine hin und studierte jeden Morgen die Schichtbücher, in denen die Operators die aufgetretenen Fehler festhielten. Ich war selbst ein Jahr Operator gewesen und hatte im Drei-Schichtbetrieb gearbeitet: Eine Woche von 7 bis 15 Uhr, eine von 15 bis 23 Uhr und eine von 23 bis 7 Uhr früh. Um 7 Uhr kamen die »Techniker« und, wenn nötig, auch die »Systemprogrammierer«, um den Computer zu warten. Am Anfang war ich in der Nachtschichtzeit allein mit der Anlage gewesen und den auf kleinen Transportwagen aufgeschichteten Lochkarten und Magnetbändern. Die Maschine konnte theoretisch bis zu vierzehn Programme parallel verarbeiten und protokollierte auf einer elektrisch gesteuerten Console, einer Art Schreibmaschine, die Arbeitsschritte und die Zeit, die dafür benötigt wurde, so dass jeder Eingriff eines Operators auch nachträglich überprüft werden konnte. Die Arbeit war immer ein Wettlauf gegen die Zeit gewesen, denn das Rechenzentrum verkaufte Computerzeit, die sehr teuer war. Ich zog zu Schichtbeginn Turnschuhe an und lief die ganze Nacht von einem Gerät zum anderen wie das Weiße Kaninchen von Lewis Carroll, um alle Jobs bis zum Morgen zu erledigen. Wir rechneten für Verwaltung und Wissenschaft, darunter auch astronomische Daten. Nach einem Jahr wurde ich in die Organisationsabteilung versetzt und später Leiter dieser Abteilung mit dreißig Mitarbeitern. Den halben Tag beschäftigten wir uns mit der Aufklärung vertrackter Fehler, die im Schichtbuch festgehalten worden waren. Ein Teil konnte von den Technikern als Hardwarefehler, ein Teil von der Systemprogrammierung und den Programmierern als Softwarefehler, ein weiterer Teil von der Organisation als Fehler eines Operators, der Locherei oder als Unaufmerksamkeit bei der Zusammenstellung der Jobs nachgewiesen werden, aber ein Rest blieb ungeklärt. Die Maschine tyrannisierte uns mit der Unerbittlichkeit ihres Gehorsams den Befehlen der Programme gegenüber, sie ließ nicht die geringste Ungenauigkeit zu, und gleichzeitig geriet bei den notwendigen Wiederholungen von abgebrochenen Jobs der gesamte Maschinenzeitplan, den ich an jedem Donnerstag für die folgende Woche erstellte, durcheinander, so dass wir Tag für Tag daran arbeiteten, verlorene Zeit aufzuholen. Es herrschte deshalb immer eine gewisse Gereiztheit zwischen den einzelnen Gruppen, die sich gegenseitig für Verspätungen verantwortlich machten. Oft genug musste auch das Wochenende durchgearbeitet werden, was nicht selten als Strafe aufgefasst wurde. Da wir Zeit verkauften, standen wir ständig unter Zeitdruck. Ich beschäftigte mich zwangsläufig mit dem Computer selbst und der Kybernetik von Norbert Wiener, der Boole'schen Algebra sowie der Geschichte der Rechenmaschinen, die ja mit Uhren und Automaten begann.

Angesichts der astronomischen Kunstuhr des Mönchs Cajetano, die mich an einen Mumiensarg erinnert, in dem ich, in einem kurzen Nebengedanken, den Pharao, den Herrscher über die Zeit, ruhen lasse, denke ich auch an die Entwicklung der ersten Rechenmaschinen, wobei mir einfällt, dass es die Zahl Null anfangs nicht gab. Sie wurde erst 879 n. Chr. erdacht und kam 1500 n. Chr. durch die Araber zusammen mit dem in Indien entstandenen Ziffernsystem nach Europa. In Ägypten und im alten Griechenland verwendete man bereits Rechentische, die Chinesen entwickelten hingegen schon vor 4000 Jahren den Suan Pan, aus dem sich das erste Rechengerät der Antike, der Abakus, etwa 300 Jahre v. Chr. ableitet. Millionen von Kindern haben ihn in der Schule benutzt, zuerst als eine Leiter zur Erklimmung von Rechenklettergärten, um immer höhere und steilere mathematische Türme zu bezwingen. Wilhelm Schickard konstruierte 1623 eine Rechenmaschine, von der nur eine Skizze aus einem Brief an seinen Freund Johannes Kepler erhalten ist sowie ein Nachbau anhand der bekannten Daten, der sich in Braunschweig befindet. Weiters konstruierte er auch eine erste mechanische »Rechenuhr«. »Schickards Erfindung«, las ich in Alfred Waizes »Die Welt der Rechenmaschinen«, bestand darin, dass er zehn »Finger« auf einem Rad anordnete, die auf der Kuppe die Ziffern Null bis Neun tragen. Über dem Zahnrad befand sich eine Zahnstange. Wurde sie in Pfeilrichtung bewegt, so griffen die Zähne in die Finger und bewegten das Rad zum Beispiel bis zur »4«. Die Zahnstange sprang dann nach oben und hierauf wieder zurück. Auf diesem Prinzip beruhen noch heute alle mechanischen und elektromechanischen Rechenmaschinen.

1642 stellte der 19-jährige Blaise Pascal, Mathematiker

und Philosoph, einer der denkwürdigsten Menschen, die jemals auf diesem Erdball lebten, der Öffentlichkeit eine Rechenmaschine vor, die er selbst angefertigt hatte. »Da war einmal ein Mensch, der als Zwölfjähriger mit Hilfe von Stäben und Ringen die mathematische Wissenschaft begründete«, schrieb Chateaubriand 1802 über Pascal, »der als Sechzehnjähriger die gelehrteste Abhandlung über die konischen Körper seit der Antike schrieb, der mit neunzehn Jahren eine Wissenschaft, die nur dem Verstande zugänglich war, maschinell erfassbar gemacht hat; der mit dreiundzwanzig die Phänomene des Luftgewichts aufzeigte und damit einen der großen Irrtümer der älteren Naturwissenschaften zerstörte; der in einem Alter, in dem die anderen Menschen kaum damit begonnen haben zu erwachen, bereits den ganzen Umkreis des menschlichen Wissens umschritten hatte, als er auch schon dessen Nichtigkeit erkannte und sich der Religion zuwandte; der von diesem Zeitpunkt an bis zu seinem neununddreißigsten Lebensjahr trotz ständiger Schwächeanfälle und Schmerzen die Sprache Bossuets und Racines vollendete und für den vollkommensten Witz wie für die schärfste Kritik bleibende Muster aufstellte; der schließlich in den kurzen Atempausen, die ihm sein Leiden gönnte, zu seiner Zerstreuung eines der schwierigsten Probleme der Geometrie löste und Gedanken aufs Papier brachte, welche über Gott und die Menschen gleich viel aussagten. Dieses erschreckende Genie hieß Blaise Pascal.« Pascals Rechenmaschine arbeitete wie ein Kilometerzähler. Die Addiermaschine hatte er für seinen Vater gebaut, der Steuerberater war. Leider gelang es den Uhrmachern von Rouen nicht, weitere Exemplare davon herzustellen, da sie, wie

Waize anführt, »es nicht verstanden, seine Ideen in die Praxis umzusetzen«.

Gottfried Wilhelm Leibniz, ebenfalls Mathematiker und Philosoph, beschäftigte sich seit 1672 mit der Herstellung eines »Rechenkastens«. Mit seiner Theorie, dass die Menschen in der besten der möglichen Welten lebten, zog er sich den Spott von Schopenhauer und Hegel zu. Voltaire persiflierte diesen Gedanken in seinem Roman »Candide«. Denis Diderot hingegen befand: »Dieser Mann hat allein Deutschland so viel Ruhm gebracht, wie Platon, Aristoteles und Archimedes zusammen Griechenland.« Mit der Erfindung des »Rechenkastens« durch Leibniz schlug, um es prosaisch auszudrücken, die Geburtsstunde des Computers. Nach seiner Übersiedlung nach Paris beauftragte Leibniz den Mechaniker Olivier mit der Ausführung seiner Pläne. 1674 erfand er die Staffelwalze, eine Art Zahnrad in Walzenform. Bis zu seinem Tod im Jahr 1715 beschäftigte er sich nun mit der Vervollkommnung seiner Maschine und investierte mehr als 24 000 Taler, aber er fand für die Umsetzung seiner genialen Idee keinen geeigneten Feinmechaniker. Erst 1894 gelang es, eines seiner Modelle zum Rechnen zu bringen.

Nach Polenis Erfindung des Sprossenrades in Padua 1709 baute der in Wien lebende Schwabe Antonius Braun 1727 eine Rechenmaschine für die vier Grundrechenarten, und fast fünfzig Jahre später, 1774, gelang es dem Württembergischen Pfarrer Philipp Matthäus Hahn, die erste »einwandfrei rechnende Vierspezies-Addiermaschine« herzustellen. Als »geistiger Vater moderner Rechenautomaten« gilt aber der englische Mathematiker Charles Babbage mit seiner »analytischen

Maschine«, sie war »der erste, programmgesteuerte digitale Rechenautomat, der aus einer Recheneinheit, einem Zentralspeicher, Ein- und Ausgabeeinrichtungen für Zahlen und aus einer Steuereinheit, welche das in Lochkarten gestanzte Programm in Aktion umsetzte«, bestand. Aber auch Babbage bemühte sich 25 Jahre lang vergeblich, eine vollständige Anlage zu bauen. Erst Herman Hollerith schaffte es, dessen Konzept so zu verbessern, dass damit der Durchbruch gelang.

Kleine Geschichte der Uhr

Die Nachtlichtuhr im fünften Raum der ersten Etage ist ein Fixstern bei Herrn Kerschbaums Führungen durch das Uhrenuniversum. »Niemand hat die Zeiger gestohlen«, beginnt er und weist auf das vergoldete Zifferblatt, das sich unter einer Zeigermarke in Position der zwölften Stunde dreht. »Ziffern und Zeiger sind ausgeschnitten.« Herr Kerschbaum nimmt das seltene Objekt in die behandschuhten Hände und dreht es um. »Am Abend hat man die Uhr aufgemacht, eine brennende Kerze in den Kasten hineingestellt, und der Lichtschein, der durch die ausgeschnittenen Stundeneinteilungen und die Zeigermarke fiel, zeigte in der Dunkelheit die Zeit an. Damit der hölzerne Uhrkasten nicht zu brennen anfing, stand die Kerze hier in einem kleinen Rauchfang aus Blech.«

Feueruhren waren schon den Chinesen bekannt, Wasseruhren den Ägyptern, Sonnenuhren den Babyloniern und Sanduhren in der Antike. Unabhängig von der Zeitmessung mit Hilfe der Elemente, kann man die Zeit auch an der Natur selbst ablesen: an den Jahresringen und der Dicke der Bäume, die von den Klimaschwankungen abhängen, oder an der Schichtung von Sedimenten, die anhand einschneidender Ereignisse wie Meteoritenfälle oder Vulkanausbrüche miteinander verglichen und zeitlich eingeordnet werden können. Das wichtigste Merkmal der Uhr, der Zeitgeber, ist für die Sonnenuhr die Erdrotation, für Kerzenuhren die Geschwindigkeit, mit der die Kerze abbrennt, für die Sand- und Wasseruhr die konstante Strömung von Sand und Wasser durch eine enge Passage und für sogenannte Vogeluhren der Gesang der unterschiedlichen Vogelarten beim anbrechenden Tag. Auch durch Beobachtung der Himmelsgestirne wurde von jeher die Zeit gelesen. Ryszard Kapuściński schreibt in »Meine Reisen mit Herodot« über »die vielfältige Art die Zeit zu messen«: »die einfachen Bauern maßen sie nach den Jahreszeiten, die Menschen in der Stadt nach Generationen, die Chronisten antiker Staaten nach der Länge der Herrschaft einer Dynastie«. Und: »Gewöhnt an die mechanische Zeitmessung, sind wir uns nicht bewusst, was für ein Problem die Zeitrechnung für den Menschen früher darstellte, wie viele Schwierigkeiten, Geheimnisse, Rätsel in ihr steckten.«

Die ersten mechanischen Uhren wurden vermutlich im späten Hochmittelalter gebaut, und angeblich ist der Begriff »Uhrmacher« zum ersten Mal 1269 auf einer Bierrechnung für das Kloster Beaulieu aufgetaucht. Die erste urkundliche Erwähnung einer mechanischen Uhr datiere aus dem Jahr 1335 und beziehe sich auf ein Gerät in der Kapelle des Palastes Visconti in Mailand. Bei den ersten mechanischen Uhren handelte es sich um große Instrumente, die in Kirchen und Klöstern aufgestellt wurden und dem Klerus die Zeit für die sieben Tagesgebete, die Horen, läuteten. In den meisten großen europäischen Städten gab es gegen Ende des 14. Jahrhunderts bereits eine Räderuhr. Sie galt als Symbol für den Reichtum einer Stadt. Allgemein griff man jedoch noch immer auf Sanduhren zurück, die sowohl in Kirchen und Bürgerhäusern als auch in der Schifffahrt verwendet wurden. 1427 erfand Heinrich Arnold die Uhrfeder. Und als die Uhren immer kleiner hergestellt werden konnten und sogar in der Tasche Platz fanden, wurden sie zuerst zum Schmuckstück und erst im Laufe der Zeit zu Alltagsgegenständen. Der niederländische Physiker und Mathematiker Christiaan Huygens fertigte 1657 die erste Pendeluhr an. Die wichtigsten Zentren der Uhrmacherkunst befanden sich damals in Augsburg, Nürnberg, Genf und London. Die Industrialisierung ab Mitte des 19. Jahrhunderts verwandelte dann die Uhr in ein Massenprodukt, und eine weitere Miniaturisierung des Uhrwerkes Anfang des 20. Jahrhunderts ermöglichte die Herstellung von Armbanduhren. 1923 entwickelte schließlich John Harwood die Automatikuhr.

Zeitreisen

Da so viel von Entwicklung und Erfindung die Rede ist, so viel von Mechanik und Zeit, lassen wir den »Zeitreisenden« in H. G. Wells' Science-Fiction-Roman »Die Zeitmaschine« aus dem Jahr 1888 – also noch vor Einsteins umwälzenden Entdeckungen – zu Wort kommen, der gewissermaßen die Luftverbindungen und Destinationen des Flugverkehrs in der vierten Dimension be-

163

schreibt. »Einfach ausgedrückt verhält es sich so«, erklärt darin der Zeitreisende: »Nach der Darstellung unserer Mathematiker schreibt man dem Raum drei Dimensionen zu, die man Länge, Breite und Höhe nennen kann, und dies lässt sich stets mit Hilfe dreier Ebenen, die alle im rechten Winkel zueinanderstehen, definieren. Aber ein paar philosophisch veranlagte Leute haben sich gefragt, warum gerade *drei* Dimensionen – warum nicht noch eine andere, die jeweils im rechten Winkel zu den drei übrigen steht? Und sie haben sogar versucht, eine vierdimensionale Geometrie zu konstruieren … Sie alle wissen, wie man auf einer Ebene mit nur zwei Dimensionen einen dreidimensionalen festen Körper darstellen kann; und auf ähnliche Weise, glauben diese Leute, könnten sie auch mit Hilfe von dreidimensionalen Modellen einen solchen mit vier Dimensionen darstellen – wenn sich nur die Perspektive dieses Vorgangs beherrschen ließe. Verstehen Sie?« Wells hat bereits als 19-jähriger Student eine erste Version der »Zeitmaschine« mit dem Titel »Die Zeitargonauten« geschrieben und sie als »scientific romance« bezeichnet. Damit spielte er auf Vorläufer wie Bacons »Nova Atlantis«, Keplers »Somnium« und Cyrano de Bergeracs Mondreisebuch an, vor allem aber auf Jules Vernes Romane, die naturwissenschaftlich-technische Elemente nicht selten in den Mittelpunkt stellen. Mit Hilfe der von ihm selbst gebauten Zeitmaschine begibt sich der Zeitreisende in das Jahr 8207, zu den »Eloi« – neugierigen, zutraulichen Wesen, die an fünfjährige Kinder erinnern – und den »Morlocks« – Geschöpfen mit »bleichen, kinnlosen Gesichtern und großen, lidlosen, rötlich-braunen Augen« –, die in unterirdischen Gängen und Maschinenhallen hausen und nachts die Eloi als

Schlachtvieh jagen. Denn noch immer ist die menschliche Gesellschaft in Besitzende und Besitzlose geteilt. Nachdem der Zeitreisende zuerst das Modell seiner Zeitmaschine vor einer verblüfften Herrenrunde in die Zukunft entschwinden lässt, führt er die Anwesenden schließlich in das Laboratorium und zeigt ihnen den fertigen Apparat. »Einzelne Teile waren aus Nickel, andere aus Elfenbein und wieder andere waren zweifellos aus Bergkristall geschliffen oder geschnitten. Das Ding schien so gut wie fertig zu sein, nur die spiralförmigen Kristallwellen lagen noch unvollendet auf dem Arbeitstisch neben einigen Zeichnungen, und ich nahm eine in die Hand, um sie besser betrachten zu können. Sie schien aus Quarz zu bestehen.« Mehr erfahren wir nicht über den Mechanismus. Leonardo da Vinci hätte mit Sicherheit einige aufschlussreiche Skizzen von ihnen hinterlassen und Jules Verne eine ausführlichere Beschreibung. Wells aber konfrontiert uns nur mit seiner Idee, die allen damaligen physikalischen Formeln voraus war und nicht weniger verblüffend ist als Zenons Paradoxon, jenes Produkt reiner, gegen alle Erfahrung gerichteter Logik, die von Fall zu Fall Mathematiker und Philosophen überkommt: In Zenons Gedankenwelt kann Achill niemals eine vor ihm davonkrabbelnde Schildkröte einholen, weil sie – rein logisch gesehen – immer um ein weiteres winziges und immer winziger werdendes Stück voraus ist, sobald Achill dieses aufgeholt hat. Wells »Zeitmaschine« hatte Einfluss auf George Orwell, Aldous Huxley oder Ray Bradbury und begründete die Science-Fiction-Romanliteratur. Sein Werk erweckte auch die Bewunderung des literarischen Merlins Jorge Luis Borges, der sich in seiner »persönlichen Bibliothek«

sogar zu der Bemerkung hinreißen ließ: »Die Fiktionen von Wells waren die ersten Bücher, die ich gelesen habe; vielleicht werden es auch die letzten sein.« Angesichts der zahlreichen Anspielungen von Borges auf Wells kann dieses sibyllinisch klingende Lob nur aufrichtig gemeint sein.

Fortsetzung des Rundganges. Zeit und Kirche.

Längst bin ich an den eisernen Wanduhren des 16. bis 19. Jahrhunderts mit ihren aufdringlichen, messerscharfen »Tick-Tack«-Geräuschen vorbeigegangen, die anfangs nach allen Seiten hin offen waren und später »eingehaust« wurden und mit ihrem vor dem Zifferblatt hin und her schwingenden Kuhschwanzpendelchen bedrohlich darauf hinzuweisen scheinen, dass sich mit jeder ihrer Bewegungen das Leben des Betrachters um eine Sekunde verkürzt. Inzwischen stehe ich schon vor dem riesigen, 700 Kilogramm schweren Turmuhrwerk von St. Stephan, das im Jahr 1699 von dem Wiener Mechaniker Joachim Oberkircher erbaut und im Mai 1700 in Betrieb genommen wurde. 1860 versuchte der Turm, es dem Bauwerk in Pisa gleichzutun, zumindest was seine Spitze betraf, die plötzlich schief stand. Als Ursache wurde das zu schwere Uhrwerk eruiert und daher nach 160 Jahren Laufzeit entfernt. Es blieb bis Anfang der sechziger Jahre des vergangenen Jahrhunderts im Domgebäude und wurde dann in das Uhrenmuseum überstellt. Es war bereits die zweite Uhr auf dem Turm, die erste wurde 1417 konstruiert. Allerdings ließ ihre Genauigkeit zu wünschen übrig, sie ging am Tag zwanzig bis dreißig Minuten zu schnell oder zu langsam, also immerhin zwei bis drei Stunden Differenz in einer Woche. Daher musste sie, wie die meisten Uhren ihrer Zeit, regelmäßig überprüft und nachjustiert werden. Dazu dienten mehrere Sonnenuhren, die an der Außenwand des Stephansdomes angebracht waren.

Turmuhrwerke waren Tag und Nacht in Betrieb, Vögel ließen sich auf den eisernen Gestängen nieder und markierten sie mit ihrem Kot. Zur Reinigung wurde das Uhrwerk daher in seine Teile zerlegt und in Feuer gelegt, um den Schmutz herauszubrennen.

Die Türmeruhr ist die älteste Uhr des Museums, sie stammt aus der zweiten Hälfte des 15. Jahrhunderts. Bis 1699 wurden die Stunden nur händisch vom Türmer angeschlagen und die Viertelstunden auch später noch bis zum Ende des 18. Jahrhunderts. Im Stundenrad der alten Türmeruhr befanden sich zwölf Löcher mit einem Stift, und jede Stunde läutete ein Glöcklein, das den Türmer daran erinnerte, die Stundenglocke zu schlagen. Überhaupt: die Kirche und die Zeit! Zahlreiche Kleriker beschäftigten sich im 18. Jahrhundert mit Mechanik, Mathematik und Astronomie. »Als die bürgerliche Wiener Uhrmacherei noch in der Bedeutungslosigkeit verharrte«, lese ich in »Dem Glücklichen schlägt keine Stunde«, »erlangten die beiden Augustinerpatres … David a Sancto Cajetano und Michael Fras im 18. Jahrhundert auf dem Feld des Uhren- und Instrumentenbaus einen herausragenden Ruf. Nachdem im 16. und 17. Jahrhundert noch die Vorstellung von Gott als Kunstdrechsler herrschte, worauf sich vermögende Adelige und selbst einige Kaiser in der Kunst des Drechselns unterweisen ließen, wandelte sich die Ansicht unter dem

Einfluss des mechanistischen Weltbildes Isaac Newtons, der das All als eine gigantische und präzise Maschine beschrieb, zur Vorstellung Gottes als des unübertrefflichen Uhrmachers.* Die astronomischen Uhren waren daher theologische Gottesbeweise, die die Schöpfung anschaulich machten, und zugleich Huldigungen an den Schöpfer. Bereits im Mittelalter spielte auch eine streng geregelte zeitliche Gliederung des Alltags in den

* Newton selbst, der sich Jahrzehnte lang mit Theologie befasste, die Infinitesimalrechnung entwickelte, die spektrale Zusammensetzung des weißen Lichtes nachwies und das erste Lehrbuch der theoretischen Physik verfasste, sagte über sich: »Mir selbst komme ich vor wie ein Knabe, der am Meeresufer spielt und sich damit belustigt, dass er dann und wann einen glatteren Kiesel oder eine schönere Muschel als gewöhnlich findet, während der große Ozean der Wahrheit unerforscht vor ihm liegt.« »Voltaire«, schreibt Johannes Wickert, »formte erstmals aus den Fragmenten von Newtons Persönlichkeit ein Sinnbild: Der große Physiker und Mathematiker wurde durch den Philosophen der Aufklärung zum Idol reiner Rationalität, das – befreit von aller Metaphysik – alle Weltprobleme durch die Schärfe seines Verstandes, durch Experimente und Mathematik zu lösen vermochte …« 1965 verblüfften die renommierten Physikhistoriker Alexander Koyré und Fritz Wagner die Welt mit einem anderen Newton-Bild. Sie hatten bisher unbeachtetes Material zu Newton ausgewertet und legten dar, dieser sei nicht etwa der erste Rationalist, sondern der letzte Magier gewesen. Auf Koyrés und Wagners Sockel stand jetzt eine Gestalt, deren rationale Analysen in ein Gewebe von Alchemie und Theologie geflochten sind. Rationalist oder Magier? Wickert kommt zu dem Schluss: »Ja, Newton vertraute auf die Beweiskraft des Experiments, aber auch zweifelsfrei auf die Propheten des Alten Testaments.«

Klöstern eine große Rolle, und in den nachfolgenden Jahrhunderten waren Zeitvorgaben ein unverzichtbares Mittel, um breitere Bevölkerungsschichten der Uhrzeit unterzuordnen. Übrigens handelte die Kirche bis dahin schon selbst erfolgreich mit Jenseitszeit. Für einen entsprechenden Geldbetrag in irdischer Währung konnte man eine Verkürzung der Buße im Fegefeuer erkaufen, ein einträgliches Geschäft, das unter dem Begriff »Gewährung des Ablasses« lief.

Für die große Masse der Wiener blieb bis weit in das 18. Jahrhundert die von der Kirche vorgegebene Zeit das entscheidende Ordnungselement des täglichen Lebens. Ausführlich schildert ein Beitrag in »Dem Glücklichen schlägt keine Stunde …« das zeitliche Korsett, das den Wiener Alltag umgab. »So hielten etwa die Franziskaner täglich 33 Messen ab 5 Uhr 30 früh in halbstündigen Abständen ab. In der Michaelerkirche fand sogar jede Viertelstunde eine Messe statt, im Stephansdom wurden neben den regelmäßigen Gottesdiensten zu jeder vollen Stunde noch circa 80 Privatmessen und 3 Rosenkränze um 9 Uhr, 11 Uhr 45 und 14 Uhr 30 abgehalten.« Friedrich Nicolai berichtet in »Eine Reise durch Deutschland und in die Schweiz« über seinen Wienaufenthalt 1781: »Die erste Messe in allen Kirchen ist um 5 Uhr, und hernach bis 12 Uhr ohngefähr jede halbe Stunde eine andere; sodaß ohngefähr täglich in den Wochentagen in jeder Kirche 14 Messen gelesen werden … An Sonn- und Feiertagen werden die Predigten so gehalten, daß von 6 bis 10 Uhr in den verschiedenen Pfarrkirchen gepredigt wird …« Nicht nur Adel und Bürgertum besuchten eifrig die Messen, auch zahlreiche Wiener Berufsstände waren in geistlichen Bruderschaften organisiert, deren

Mitglieder unter anderem regelmäßig gemeinsam die Gottesdienste zu besuchen hatten. Ab 1594 wurde die »Aussetzung und Anbetung des Altarsakraments« als vierzigstündiges Gebet abgehalten. »Die Andacht begann am 27. 1. bei St. Stephan um 8 Uhr früh und dauerte bis Mitternacht am 28. 1. Das Gebet ›wanderte‹ dabei innerhalb der Stadt von einer Kirche zur anderen … Im Jahr 1642 hatten die Wiener Zünfte ein fünfzigtägiges Gebet zu übernehmen, das jeden Tag von einer bestimmten Zunft in der Zeit von 7 bis 12 Uhr absolviert werden musste … Nach 1657 wurde ein ebenfalls von Kirche zu Kirche wechselndes, jeweils vierstündiges Gebet an sämtlichen Sonntagen des Jahres abgehalten… Noch während der gesamten Hälfte des 18. Jahrhunderts wurden in der Stadt die vierzigstündigen Andachten regelmäßig abgehalten.« Neben den kirchlichen Feiertagen wurden auch bei Geburt oder Tod im Kaiserhaus ausführliche Heilige Messen gelesen und stundenlang alle Kirchenglocken »sowohl in als auch außer der Stadt geläutet«. Erst Joseph II. schränkte die ausufernde Anzahl von Messen und das sie begleitende vehemente Glockengeläute ein.

Auch in der zweiten Etage, im ersten Raum, findet sich eine astronomische Kunstuhr eines geistlichen Herrn, des Pfarrers Michael Krofitsch aus Leutschach, der sie in fünf Jahren von 1810 bis 1815 hergestellt hat, ein früher Vorläufer von »Gsellmanns Weltmaschine«, jenem seltsamen mechanischen Kunstwerk, das der Feldbacher Bauer unter anderem aus weggeworfenen und ausrangierten Maschinenteilen in der zweiten Hälfte des vergangenen Jahrhunderts hergestellt hat. Es verfolgt keinen anderen Zweck, als »sinnlos« zu funktionieren, und ist darum um so menschlicher, da es nicht von etwas überzeugen will, sondern nur die Vorstellung des genialisch veranlagten Herrn Gsellmann vom sogenannten »Atomium«, welches er in Brüssel selbst gesehen hat, zum Ausdruck bringt. Im zweiten Raum der zweiten Etage sind in einem braunen Biedermeierschrank mit Glastür die kleinsten Pendeluhren der Welt zu sehen. Sie haben etwas Insektenhaftes an sich, etwas von Käfern, die nicht fliegen können und mit ihrem hin und her zappelnden Stachel Drohgebärden vollführen. Für einen Uhrmacher sind es nur Messingwerke mit Röllchengang, deren Hemmungsart schnelle Pendelbewegungen sind. Das kleine Pendel vor dem Zifferblatt schwingt so rasch hin und her, dass man den Uhren den Namen »Zappler« gab. Überhaupt hat dieser Raum eine märchenhaft-idyllische Atmosphäre. Manche Uhren stehen unter einem Glassturz, andere haben Spielwerke oder sind mit Figuren geschmückt: eine Cellospielerin, ein Kind mit Tschinelle, ein vergoldeter Reiterhusar. Der so abwesend auf seinem Rappen sitzende Husar in polnischer Uniform stellt übrigens Fürst Poniatowski, den in Wien geborenen Sohn einer berühmten Adelsfamilie dar – sein Onkel war der letzte gewählte polnische König Stanislaw II. 1787 wurde Poniatowski zum Flügeladjutanten Kaiser Josephs II. ernannt, lese ich in »Prominentenuhren«, einer Broschüre des Museums. 1789 trat er als Generalmajor in die polnische Armee ein und wurde 1807 Kriegsminister der von Frankreich unterstützten polnischen Regierung. Die Figur auf dem Pferd stellt Poniatowski bei seinem Todessprung in die Elster dar, als er in der Völkerschlacht bei Leipzig im Jahr 1813 auf dem Rückzug versuchte, den Fluss zu überqueren, und dabei ertrank. Der Sockel des kleinen Reiterstandbildes deutet das Flusswasser an. Im Wien-Museum befindet sich ein Gemälde, auf dem die gleiche Szene dargestellt ist. Der polnische Fürst reitet dort allerdings auf einem Schimmel und springt gerade über den Leichnam eines Gefallenen in die Elster.

Die Bilderuhren an den Wänden des Raumes scheinen die Aufhaltsamkeit der Zeit vorzutäuschen, indem sie die dargestellten Augenblicke in »Ewigkeit« verwandeln. Zumindest aber soll die Zeit versteckt sein und doch abgelesen werden können. Die Bilder wurden auf Bronze- oder Eisenblech gemalt, um das Befestigen des Uhrwerkes am Gemälde zu ermöglichen. Kaiser Franz I. (II.) sitzt da in seinem Arbeitszimmer am Schreibtisch und liest Akten. Die Uhr wurde über dem Fenster eingefügt, sie suggeriert, dass der Monarch Herr der Zeit im Staate ist. Ein weiteres Bild zeigt Andreas Hofer, den Tiroler Freiheitskämpfer, mit dem Kapuzinerpater Joachim Haspinger und Josef Speckbacher vor einem Stadtturm, auf dem die Uhr angebracht ist, dahinter eine Landschaft mit verschneiter Gebirgskette. Ein anderes den Blick durch ein Tor auf eine Hinrichtungsstätte, wo ein Henker mit einem Beil auf Karl I. von England wartet, der am 30. Januar 1649 vor seiner Residenz in London enthauptet wurde. Der König nimmt gerade Abschied von seiner Frau Henrietta-Marie de Bourbon und seinem jüngsten Sohn Heinrich, ein Priester und eine Nonne im Hintergrund verharren im Gebet, während eine Wache und ein Offizier, möglicherweise Oliver Cromwell selbst, der den König zum Tode verurteilen und die Republik ausrufen ließ, bereit sind, diesen zum Richtblock zu führen. Weniger dramatisch ist eine Biedermeierlandschaft mit Flanierenden – ein Paar, Passanten, ein Reiter, eine Kutsche vor einer Turmruine, wieder mit Uhr. Oder das Stadtbild von Wien mit der Donau, auf der ein Passagierschiff, Lastenboote und ein Floß fahren und an deren Ufer Arbeiter ihrer Beschäftigung nachgehen. Zur Abwechslung befindet sich die Uhr in der Brücke. Und natürlich darf der Stephansdom nicht fehlen. Um das Läuten der großen Glocke, der Pummerin, zu imitieren, wurde ein Echoschlagwerk eingebaut, das zu den vollen Stunden und – es kann nicht anders sein – zu den Gebetszeiten schlägt. Die Quecksilberpendeluhren im vierten Raum sind ästhetische Möbelstücke, edle Präzisionsinstrumente, in denen die Zeit, das unsichtbare Lebewesen, eine sichtbare Behausung gefunden zu haben scheint.

In die vierte Dimension wollte sich vielleicht auch Jacob Degen begeben, zeit seines Lebens »Der fliegende Uhrmacher« genannt, ein früher Zeitreisender also. Seine Wiener Zunftbrüder haben ihm 1810 ein Denkmal in Form einer Kommodenstanduhr errichtet, mit einem vergoldeten Pendel, auf dem er mit seiner Flugmaschine Tag für Tag durch die Lüfte schaukelt, als sei er tatsächlich ein zum Vogel mutierter Mensch. Degen studierte an der Universität Wien Mechanik, Mathematik und Experimentalphysik. Es schwebte ihm aber die ganze Zeit vor, »etwas dem Vogelfluge Ähnliches durch die Kunst darzustellen«. Er baute sich zunächst zwei Flügel, die durch ein Gestell zusammengehalten wurden, einen sogenannten »Schwingenflieger aus gefirnisstem Papier, Bambus, Schilfrohr, Kiefernholz, Seidenfäden, Leder und Metall, der durch Muskelkraft bewegt werden sollte«. Im Katalog »Prominentenuhren« ist eine kolorierte Radierung abgebildet, auf der Degen sich an einer Querstange zwischen den orange und gelb gestreiften tropfenförmigen Flügeln, die durch Seile von oben und unten aufgespannt sind, festhält. Es könnte das Anfangsbild einer von Heinrich Hoffmanns Struwwelpetergeschichten sein, das in der Idylle der ersten Szene bereits etwas vom Schrecken erahnen lässt, mit dem sie zwangsläufig enden wird. Am 18. April 1810 führte Degen seine Flugmaschine, die eher eine Flugvorrichtung war, in der k. k. Winterreitschule der Öffentlichkeit vor. Er bewegte sich dabei in Sprüngen bis zur Decke des Saales, ohne aber unter ihr oder über den Köpfen des erwartungsvollen Publikums dahinzusegeln oder sogar im Raum zu kreisen. Das war mechanisch auch nicht möglich, denn zum Schwingenflieger gehörten auch Gewichte an den Wänden, die Degens eigenem Körpergewicht und dem der Flügelkonstruktion entsprachen und mit einem Seil an seinem Körper befestigt waren, so dass seine Bewegungsfreiheit von Beginn an eingeschränkt war. Degen verbesserte mit Hilfe eines ihm bekannten Apothekers sein Fluggerät, indem er die Gegengewichte durch einen Wasserstoffballon ersetzte, der den Flügeln Auftrieb verleihen sollte. Diese Konstruktion sah merkwürdig aus, denn unter dem Ballon hing nun ein Mann, der künstliche Flügel schwang und auf einem Gestell stand. Degen trat mit seinem Apparat bei zahlreichen Flugschauen auf, unter anderem am Stuwerschen Feuerwerksplatz im Prater. Allmählich stellte sich auch Erfolg ein. Die Konstruktion hatte nämlich einerseits etwas Hilfloses, andererseits aber unterstrich sie auch die Tollkühnheit und Entschlossenheit des Aeronauten, wenngleich – um beim Struwwelpeterver-

174

gleich zu bleiben – Heinrich Hoffmanns Reimmühle sich längst in Bewegung gesetzt und im Takt einer Ringelspielmusik das nahende Unheil angekündigt haben würde. Mit seinem Schwingenflieger flog Jacob Degen zunächst noch von Laxenburg bis Bruck a. d. Leitha und wurde vorübergehend sogar zum Volkshelden. Verschiedene Agenten versuchten seine Erfolge auch im Ausland, der unbekannten und, wie es heißt, lockenden Ferne zu vermarkten, und der Uhrmacher reiste daher 1812 nach Paris, wo ihn das unerbittliche Ende, wie von Hoffmanns Dichterwerkstatt prophezeit, ereilte: Transportschäden an der Flugmaschine, ungünstige Wetterverhältnisse, Verleumdungen seitens französischer Konkurrenten und zuletzt ein Absturz bei einem Flugversuch. Drei Jahre musste Degen mit seinem Sohn in Paris einer Arbeit nachgehen, um sein Gerät wieder instand zu setzen und die Kosten dafür aufzubringen. Nach seiner Rückkehr machte der Uhrmacher einige weitere Erfindungen. Zwar nicht mehr auf aeronautischem Gebiet und auch nicht auf dem weiten Feld der Zeitmessungstechnik, sondern auf dem der schwarzen Kunst des Druckergewerbes, indem er eine Maschine konstruierte, die fälschungssichere Banknoten herstellte, denn Zeit ist ja, wie das binsenweise Sprichwort sagt, Geld.

Intermezzo

An der Uhrmacherwerkstätte vorbei – und hinauf in die dritte Etage steigend –, bin ich in Gedanken bei Jorge Luis Borges und seinen beiden Essays »Eine neue Widerlegung der Zeit«, in denen ihm so etwas wie eine literarische Anatomie der Zeit in Form eines Möbiusbandes oder einer Möbiusschleife gelang. Die Klebestellen am Anfang und am Ende des Papierstreifens lauten: »Im Laufe eines der Literatur und (gelegentlich) der metaphysischen Verblüffung gewidmeten Lebens habe ich eine Widerlegung der Zeit erahnt oder vorausempfunden, an die ich selber nicht glaube, die mich aber bei Nacht und in der matten Dämmerung immer wieder heimsucht mit der illusorischen Kraft eines Axioms« und am Ende des zweiten Essays, einer revidierten Fassung des ersten: »Die zeitliche Sukzession leugnen, das Ich leugnen, das astronomische Universum leugnen sind scheinbare Verzweiflung und geheimer Trost. Unser Schicksal (im Unterschied zur Hölle Swedenborgs und der Hölle der tibetanischen Mythologie) ist nicht seiner Unwirklichkeit wegen entsetzlich, sondern es ist entsetzlich, weil es _un_umkehrbar und eigen ist. Die Zeit ist die Substanz, aus der ich gemacht bin. Die Zeit ist ein Fluss, der mich davonreißt, aber ich bin der Fluss; sie ist ein Tiger, der mich zerfleischt, aber ich bin der Tiger; sie ist ein Feuer, das mich verzehrt, aber ich bin das Feuer. Die Welt, unseligerweise, ist real; ich, unseligerweise bin Borges.« Dazwischen liegt das ganze anregende und wunderbare Werk des argentinischen Dichters, das mit seiner spielerischen Gewissheit erst die Schleife im literarischen Möbiusband bildet. Und auch an Einstein denke ich angesichts der Vorstellung kaputter, vor- oder nachgehender Uhren in der Reparaturwerkstatt des Museums. In der Speziellen Relativitätstheorie bewies er, dass in Bewegung befindliche Uhren langsamer ticken, und bei der Entwicklung der Allgemeinen Relativitätstheorie, dass die Zeit im Gravitationsfeld eines schweren Körpers ebenfalls langsamer vergeht. Dieser Umstand ist durch ein Experiment belegt, bei dem ein Präzisionsinstrument aus der Physikalisch-Technischen Bundesanstalt in Braunschweig auf dem Nordturm des Kölner Doms fixiert wurde und nach einer Woche mit der Referenzuhr im achtzig Meter tiefer gelegenen Braunschweig verglichen wurde. Die »näher im Wirkungsbereich des Erdgravitationsfeldes positionierte Uhr in Braunschweig«, heißt es, »war tatsächlich um 7 Milliardstel Sekunden langsamer gelaufen, ein unvorstellbar kurzes, von Menschen nur messbares Zeitintervall«. Aber vielleicht gibt es Wesen, deren gesamtes Leben nicht länger dauert, und vielleicht kommt dieses ihnen ebenso lang oder kurz vor wie uns das eigene. Auch an Stephen Hawkings »Eine kurze Geschichte der Zeit« denke ich und seine Erkrankung an amyotropher Lateralsklerose, einer unheilbaren Krankheit mit Rückbildung der Körpermuskulatur, Lähmung und Verfall. »In seinem Buch ›Das Universum in der Nussschale‹ lotet er … die Bedingungen … aus, unter denen makroskopische Zeitreisen vielleicht doch möglich wären. Für eine Zeitreise«, schreibt Hubert Mania in einer Monographie des Physikers, »müssen bestimmte Bahnen in einer Raumzeitregion möglich sein, geschlossene, zeitartige Kurven, die er *Zeitschleifen* nennt. Auf solchen Bahnen könnte ein Objekt, das sich bei einer entsprechenden Raumzeitkrümmung langsamer als das Licht fortbewegt, in die eigene Vergangenheit zurückreisen.« Und weiter: »Wollte nun eine fortgeschrittene Zivilisation eine solche Zeitmaschine bauen, müsste sie negative Energie dafür aufwenden und einem kosmologischen Modell folgen, in dem die Materie den Quantenregeln gehorcht, die Raumzeit jedoch klassisch definiert ist.« Und Hawking selbst präzisiert in »Das Universum in der Nussschale«: »Die Energiedichte am Horizont – an der Grenze der Zeitmaschine, der Region, in der man in die Vergangenheit reisen könnte, müsste unendlich sein ... Das aber würde bedeuten, dass eine Person oder eine Raumsonde, die versuchte, ihn zu durchqueren, um in die Zeitmaschine zu gelangen, von einem Strahlenblitz vernichtet würde.« Das wiederum bedeutet nach Hawkings »Chronologieschutzthese«, dass man nicht aktiv in die Vergangenheit eingreifen kann.

Das Ende der Zeit, ein uhrenphilosophischer Abriss
Erster Teil

In der dritten Etage, die ich nun schon müde erreiche, gehe ich mit großer Unruhe, welche ja auch ein Teil der Uhr ist, durch die sieben Räume. Meine Aufmerksamkeit hat nachgelassen, aber gerade dieser Umstand vermittelt mir die anregendsten Eindrücke, und außerdem ist es der lebendigste und verrückteste Teil des Uhrenmuseums. Unübersehbar und wie eine tropische blau- und bronzegoldene Pflanze und doch auch wie eine Karikatur auf den in sich selbst verliebten Adel steht die Bodenstanduhr aus der Rokokozeit an einer Wand. Sie soll sich in der Bad Ischler Villa von Katharina Schratt befunden haben, der Geliebten des alten Kaisers Franz Joseph, könnte aber auch zum Hof der Spielkartenkönigin aus »Alice im Wunderland« gehört und dort die Funktion einer etwas einfältigen und lächerlichen Hofdame ausgeübt haben. Mit all meinen Gedanken habe ich jetzt das Gefühl, mich selbst in das Weiße Kaninchen zu verwandeln. Herr Kerschbaum, erfahre ich später, hat die Porzellanuhr für den Transport in das Museum in vier Teile zerlegt und mit Seifenwurzellösung gereinigt, »eine Harakiri-Aktion«, wie er sagte, »weil man immer im Hinterkopf hat, dass das Gehäuse zerbricht«. Lewis Carroll hätte bestimmt eine hübsche kleine Szene aus dem Zerlegen der Uhr gemacht.

Vom dritten bis zum siebenten Raum deklamiert die Zeit die Ursonate von Kurt Schwitters, Lautgedichte von Gerhard Rühm oder Ernst Jandls philosophische Nonsenspoesie. Vorbei an geschnitzten Kuckucksuhren und »Surrern«, an Automaten, in denen ein Soldat Schritt für Schritt vor einem Tor Wache schiebt, einem Mohren, der zur vollen Stunde den Mund öffnet, die Zunge herausstreckt und dabei die Augen rollt, oder einem Flötenspieler in Tracht, der in regelmäßigen Abständen einen Liedanfang intoniert und endlich den Kuckucken in allen Größen, die ihre blasebalgbetriebenen Rufe von sich geben, und weiter vorbei an Kuriositäten und Raritäten wie einer Erdkugel, auf der ein am Nordpol pausenlos sich drehender Stift die vergehenden Sekunden sichtbar macht, oder einem Gehäuse, das schwarze, römische Ziffern bewohnen, die sich, wenn die Reihe an sie kommt, zeigen und gleich wieder verschwinden, um den nachfolgenden Platz zu machen. So erreiche ich die außergewöhnliche Kugellaufuhr des Wieners Johann Voggenberger aus dem Jahr 1920. Die Kommodenstanduhr hat den Künstlernamen »perpetuum mobile«, unter dem sie arglose Besucher in die Irre führt. Längst weiß jedes Kind, dass es ein »perpetuum mobile« nicht geben kann, aber dieses eine ist wohl die Ausnahme. Sein Antrieb erfolgt durch Kugeln, die auf einer Schiene zu einem Rad mit Fächern laufen und dort zur Ruhe kommen. Dadurch dreht sich das Rad weiter und macht so Platz für das nächste Fach. Hierauf folgt eine weitere Kugel, während zugleich am Rad unten eine andere wegrollt. Jeder, der nicht ahnt, dass die Kugeln über einen versteckten Aufzug wieder nach oben transportiert werden, um von dort auf die Schiene zu rollen, steht vor einem Rätsel. Erst wenn er den Mechanismus durchschaut hat, weiß er, dass der Transport über eine Feder läuft, die wiederum selbst aufgezogen werden muss – denn ohne Eingriff von außen würde das Werk zum Stillstand kommen. Trotzdem ist es ein Vergnügen, dem Lauf der magischen Kugeln zu folgen.

Die »Armbanduhr eines Geheimagenten« im fünften Raum arbeitet ebenfalls mit verborgenen Hohlräumen. Das viereckige Gehäuse springt, wenn man einen Druckknopf bei »sechs Uhr« betätigt, auf, und eine sehr kleine Papierrolle kommt zum Vorschein, auf der Notizen und Zeichnungen angefertigt werden können. Für einen besessenen Notizbuchschreiber ist die Vorrichtung zwar äußerst filigran, aber sie regt auch seine Phantasie an, unter welchen Umständen er dieses kleine, unauffällige Gerät benötigen würde. Ehrlich gesagt, weiß ich trotz langer Überlegungen keine Antwort darauf, aber die Armbanduhr geht mir nicht aus dem Kopf – wohl ein Anflug von Sammelleidenschaft und Besitzgier. Im sechsten Raum befindet sich die Standuhr mit fliegendem Pendel – eine Vorwegnahme des Slapstick-Humors in der Uhrenwelt. Die Beschreibung gibt an: »Fadenpendeluhr. Messingwerk. Federzug. Als Hemmung dient eine an einem Faden befestigte Kugel, die sich bei jeder halben Drehung zweimal um eine Stange wickelt.« Genauer gesagt handelt es sich um eine bewegliche Skulptur, ein erstes »Mobile« also, einen Schirm und darunter ein nacktes Kind darstellend. Links und rechts von ihm sind zwei Stangen befestigt, die den Schirm halten. Zur vollen Stunde windet sich eine an einer Schnur befestigte kleine Eisenkugel – das Pendel – mit der Schnur zuerst um die eine, dann um die andere kleine Stange. Das Reizvolle an diesem Automaten ist die stille Hast, mit der der Vorgang abläuft, der mechanische Eifer, der den Eindruck von Beflissenheit und Gewissheit erweckt, etwas unbedingt verrichten zu wollen. Dazu gibt – als ob es nicht ohnehin schon genug wäre – ein ebenso bemühtes Spielwerk den Radetzkymarsch von sich.

Nicht weniger amüsant ist die Kommodenstanduhr mit »Schmied und Schleifer«. »Jede Stunde schlägt ein kleiner goldener Engel als Schmied mit seiner rechten Hand einen Hammer auf den Amboss und hierauf tritt ein anderer goldener Engel mit seinem linken Fuß das Schleifrad«, so die Beschreibung. Im Vergleich zur Fadenpendeluhr wird an diesem Automaten die Sinnlosigkeit der Wiederholung deutlich, denn es ist eine Sisyphus-Arbeit, die die beiden Engel verrichten müssen. Aus ihren fortgesetzten Bemühungen entsteht nichts, und sie müssen dieses Nichts weiter und weiter herstellen, bis die Mechanik zum Stillstand kommt.

Begleitet von einem Flötenwerk mit Blasebalg und 22 Pfeifen, in das ich einmal einen Blick werfen durfte und dabei eine Spindel mit Papierflügeln sich rasend schnell um die eigene Achse drehen sah – gleich einem pirouettendrehenden, körperlosen Engelchen – und eine schwerfällig ins Leere sich dahinbewegende Walze mit kleinen Nägeln, der ich den Namen »Märtyrerwalze« gab, denn sie wird auch gleichzeitig von mechanischen Armen abgetastet, die ihre Schmerzenslaute hörbar machen, begleitet also von melancholischer Kindheitsmusik gelange ich in den letzten, den siebenten Raum, und meine etwas merkwürdig an Mord und Totschlag interessierte Phantasie lässt mich, angeregt durch die klagende Musik im Hintergrund, an Béla Bartóks Oper »Herzog Blaubarts Burg« denken, in der der Mörder »Blaubart« auf Drängen seiner Braut sieben Türen zu sieben Räumen öffnet, um dann im letzten auf die drei von ihm ermordeten Frauen zu treffen. Der französische Adelige Gilles de Rais war der ursprüngliche »Blaubart«, ein Kinderschänder und -mörder aus dem 15. Jahrhundert. Als Gefährte der Jeanne d'Arc tat sich Gilles de Rais bei nahezu allen spektakulären Schlachten hervor, entnahm ich dem »Lexikon der Serienmörder« von Peter und Julia Murakami. Der »brave und kühne Hauptmann«, dem man eine Vorliebe für das Aufhängen kriegsgefangener Engländer nachsagte, habe für seine Tapferkeit vom König den Titel »Marschall von Frankreich« erhalten. Mit 26 Jahren zog sich Gilles de Rais auf das Schloss Tiffauges zurück und pflegte dort einen derart ausschweifenden und luxuriösen Lebensstil, dass er bald einen Großteil seiner Ländereien verkaufen musste. Zu seinen Leidenschaften gehörte das Sammeln wertvoller Bücher. Nach seinen eigenen Angaben war es auch ein Buch, das ihn auf den Gedanken brachte, Lustmorde zu begehen. Bei seinem Prozess in Nantes rechtfertigte sich de Rais nämlich, dass das Werk des römischen Historikers Sueton »Caesarenleben«, in dem die Ausschweifungen von Kaiser Caligula und anderer beschrieben werden, ihn angeregt habe, es ihnen gleichzutun. »Das Buch war mit Abbildungen versehen, auf denen das Treiben der heidnischen Kaiser dargestellt war, und ich las in diesem feinen Buche, wie es Tiberius und Caracalla und andere Kaiser mit Kindern trieben, und es ihnen besonderes Vergnügen bereitete, sie zu quälen. Das erweckte in mir den Wunsch, sie nachzuahmen, und noch am gleichen Abend tat ich das, was mir auf den Abbildungen vorgemacht wurde.« Gilles de Rais, der wegen seines blauschwarzen Bartes später den Namen »Blaubart« erhielt, erwürgte sein erstes Opfer, schlug ihm die Hände ab und riss ihm Herz und Augen aus. »Mit dem Blut des Knaben verfasste er okkultistische Texte. Vertraute entführten fortan für ihn Kinder, die er vergewaltigte, aufschlitzte und in deren Eingeweiden er wühlte. Später veranstaltete er, da ihn das Sterben von Kindern zu langweilen begann, ›Schönheitswettbewerbe‹ mit den aufgespießten und geschminkten Köpfen der Kinderleichen.« Nach seiner Verhaftung am 13. September 1440 wurden bei der Durchsuchung des Schlosses verkohlte Knochen und blutige Kleidungsstücke gefunden. Gilles de Rais wurde vom Gericht wegen der Ermordung von 140 Jungen und Mädchen, Sodomie und Häresie zum Tode verurteilt und gehängt. Marquis de Sade ließ sich durch die Verbrechen zu seinem Hauptwerk »Die 140 Tage von Sodom« anregen, das wiederum Pier Paolo Pasolini zu seinem gleichnamigen Film inspirierte, und Georges Bataille verfasste über das menschliche Monster eine ausführliche Biographie. Im Laufe der Zeit verlor sich aber das Wissen über ihn, und ein allgemein bekanntes Volksmärchen schrieb schließlich seinen Spitznamen »Blaubart« einem fiktiven Ritter Raoul zu, dessen siebente Frau die Leichen ihrer sechs ermordeten Vorgängerinnen in einem Raum findet, den sie laut ihrem Gatten nicht hätte betreten dürfen. Die wirklichen »Blaubärte«, wie der berüchtigte Henri Landru oder Johann Hoch, spielten ihren späteren Opfern Liebe vor, um an ihr Vermögen heranzukommen. Die einzige Oper Béla Bartóks basiert auf einem provokanten und pathetischen Theaterstück von Béla Balázs, das dieser »Mysterium in einem Akt« nannte. »Blaubart« erscheint darin als eine tragische Figur, einsam, verschlossen und rätselhaft. Die sieben Türen, die seine Frau aufschließt, führen in Gärten, Landschaften, Folterkammern und schließlich ins Innere seiner Seele. »Als das Stück 1926 in Köln uraufgeführt wurde«, schreibt Everett Helm, »erregte es einen solchen Skandal, dass weitere Aufführungen von der Stadt Köln, deren Oberbürgermeister Konrad Adenauer war, untersagt wurden.«

Aber das Uhrenmuseum ist kein Ort der Grausamkeit. Es ähnelt, wenn schon, eher Jacques Offenbachs »Blaubart«-Parodie. Das Libretto, ein Vorläufer von Anatole France' »Blaubart«-Novelle, versieht den Mörder »mit philosophischem Humor und lässt Mord und Grauen in übermütige Heiterkeit umschlagen«, wie P.

Walter Jacob festhält. »Der von der Legende als grausamer Mörder seiner Frauen verschriene Blaubart … zeigt sich als Prophet und Heros einer neuen Zeit:

›Ich, hochgeborner Sproß, uralter Stammbaum-Äste
Der Clou der Hautevolée, Chevalier de Barbe-Bleue!
Will die Vereinigung der Hütten und Paläste!
Darum ist es wohl das Beste,
Wenn ich dieses Hirtenmädchen nehm zur Eh'!‹

Das Hirtenmädchen, eine Stallmagd, lässt sich durch die Schar der Hofschranzen des Königs nicht irremachen und fleht dann – halb tragisch, halb in Opern- und Selbst-Persiflage (die unnachahmlichste und missverstandenste Szene des Stücks) – um ihr Leben« und zähmt den gefährlichen »Blaubart« so, dass ihm alle Lust auf weitere Eroberungen vergeht. Jacob beschreibt das Werk als eine »zwischen Opernparodie und Gefühlsüberschwang, Gruselballade und lachender Galoppade hin und her pendelnde opéra-buffe«. Noch immer im siebenten Raum der dritten Etage, stelle ich mir jetzt vor, ich hätte mich inzwischen in das Weiße Karnickel, das Geschöpf von Dodgson und Carroll, verwandelt, und ich sage im Kopf H.C. Artmanns »Blaubartgedichte« aus »med ana schwoazzn dintn« auf, die wie für die Automaten und Leierkästen geschrieben zu sein scheinen:

»i bin a ringlgschbüübsizza
und hob scho sim weiwa daschlong
und eanare gebeina
untan schlofzimabon fagrom

185

heit lod i ma r ei di ochte
zu einen libesdraum –
daun schdöl i owa s'oachestrion ei
und bek s me n hakal zaum!«

Das Ende der Zeit, ein uhrenphilosophischer Abriss
Zweiter Teil

Und was passt besser zu Offenbachs Parodie und H.C.
Artmanns »Blaubart-Gedichten« als die Zirkusuhr im
siebenten Raum, in der unter einem goldenen Uhr-
kastenzelt zwei Pferde über das Zifferblatt der Manege
reiten. Ein Spiegel im Hintergrund verdoppelt die Tiere.
Auf einem der Pferde steht ein kostümierter Akrobat,
trinkt aus einem Glas und hält in der anderen, wegge-
streckten Hand eine Flasche, der zweite, ebenfalls stehende Reiter, stemmt seine Hände unentwegt in die Hüften. Im Vordergrund links und rechts und in der Mitte
drei uniformierte Zirkusmusikanten mit Blasinstrumen-
ten, dazu Leierkastenmusik für Zwerge. Die elegante
Flöten- und Harfenuhr daneben gibt hingegen eine
scheppernde Musik von sich, die von filzbespannten
Tasten kommt und ein leises Schreibmaschinengeklap-
per als Nebengeräusch hören lässt. Sie war Eigentum des
österreichischen Erzherzogs Friedrich, Stellvertreter des
letzten österreichischen Kaisers Karl, der ihn 1917, vor
dem Zusammenbruch der k.u.k. Monarchie, jedoch
»von dieser Aufgabe enthob«, wie es heißt. Und auch
das schöne österreichische Land darf nicht fehlen: Eine
Bilderuhr zeigt ein Dorf mit Sägemühle und Bach, aus
dem Holzarbeiter Baumstämme ziehen. Ein paar Schritte

weiter spricht ein Mann mit Hut und Pfeife stumm mit seiner Familie, Frau und Kind. Ein walzender Handwerksbursch wandert auf eine Ruine zu, einen Turm mit Uhr, Felsen und einem Waldstück. Im Vordergrund lässt ein Automat Wasser in einer Holzrinne zu einem kleinen, sich drehenden Mühlrad fließen – und dann über einen Wasserfall hinweg in den blau gemalten Bach. Natürlich fließt das Wasser nicht, die Attrappe besteht aus 15 Zentimeter langen Glasstäben, die gewunden sind wie Bohrer und sich pausenlos um die eigene Achse drehen. Auch die katholische Kirche muss in diesem Raum ihren Platz haben. In der »12-Apostel-Uhr«, einer Bodenstanduhr, bewegen sich 12 Mönchsfiguren im Kreis und schlagen mit einem Hammer auf die Glocke, um die Gläubigen an ihre Sterblichkeit zu erinnern und in die Kirche zu rufen. Und nicht zuletzt die Orgeluhr mit ihrer Schaubudenmusik aus hölzernen Orgelpfeifen, die zehn Musikstücke in ihrem Repertoire hat, von der Polonaise über den Galopp zum Bolero, vom Rondo über den Marsch bis zum Walzer. Das Orchestrion von H. C. Artmanns »ringlgschbüübsizza« fällt mir wieder ein und untermalt die Idylle mit Mord und Totschlag.

H. G. Wells begnügte sich nicht mit einigen Ermordeten, er ließ seinen Zeitreisenden nach der Begegnung mit den »Eloi« und »Morlocks« in eine noch fernere Zukunft fliehen, in der das gesamte menschliche Geschlecht von der Erde verschwunden ist. Die rote Sonne spendet dort ein düsteres Licht, und es existieren nur noch einige wenige primitive Lebensformen. Bei der dritten Weiterreise in eine dreißig Millionen Jahre entfernte Zukunft erreicht der Zeitreisende den Punkt, an dem der Wärmetod unmittelbar bevorsteht … Nach seinem Bericht vor der Gesellschaft gelehrter Herren taucht er neuerlich ein in die Zeit und kehrt nicht mehr zurück. Ist er auf einer Expedition in die Vergangenheit ums Leben gekommen, oder ist er noch immer auf der Suche nach einer besseren Welt in der Zukunft verschwunden? Ist er in »Alices Wunderland« gelangt und zum Weißen Kaninchen geworden? Wurde er zu einem Gedanken, der in Einsteins Kopf die Relativitätstheorie schuf, oder gelangte er gar ins Paradies? Hat ihn die Zeit am Ende verschlungen, wie Kronos eines seiner Kinder auf Francisco de Goyas Bild?

»Alles was entsteht, ist wert, dass es zugrunde geht« – den Mephisto aus Goethes »Faust« zitierend, fährt Friedrich Engel in einer »Dialektik der Natur« fort: »Millionen Jahre mögen darüber vergehen, hunderttausende von Geschlechtern geboren werden und sterben; aber unerbittlich rückt die Zeit heran, wo die sich erschöpfende Sonnenwärme nicht mehr ausreicht, das von den Polen herandrängende Eis zu schmelzen, wo die sich mehr und mehr um den Äquator zusammendrängenden Menschen endlich auch dort nicht mehr Wärme genug zum Leben finden, wo nach und nach auch die letzte Spur organischen Lebens verschwindet und die Erde ein erstorbener, erfrorener Ball wie der Mond, in tiefer Finsternis und in immer engeren Bahnen um die ebenfalls erstorbene Sonne kreist und endlich hineinfällt.«

Zuvor jedoch: Kann man die verlorene Zeit suchen wie Marcel Proust? Was sagten Aristoteles, Plato, Augustinus, Descartes, Kant, Leibniz, Bergson, Husserl, Sartre und Heidegger über die Zeit? Wo lokalisierte Franz Joseph Gall den Zeitsinn in unserem Gehirn? Ist die Zeit am Ende verrückt wie in Laurence Sternes »Tristram

Shandy«? Wird sie eines Tages zerrinnen wie die Uhren von Dalí? Und komponiert die Zeit selbst Musik wie Joseph Haydns »Die Uhr«? Was geschieht mit ihr, wenn die Erde nicht mehr existiert? Denn wenn sie niemand mehr wahrnimmt, vergeht nicht auch sie dann?

In Jorge Luis Borges' »Eine neue Widerlegung der Zeit« habe ich eine mögliche Antwort gefunden. Sie stammt aus dem »Cherubinischen Wandersmann« von Angelus Silesius und erlaubt mir zum Schluss das Zeitliche selbst zu segnen:

»Freund, es ist auch genug. Im Fall du mehr willst lesen,
so geh und werde selbst die Schrift und selbst das Wesen.«

Eine Enzyklopädie des menschlichen Körpers
Das Josephinum und das
Museum der Gerichtsmedizin

Die florentinischen Wachsmodelle stehen und liegen lebensgroß in Vitrinen aus furniertem Rosenholz mit vergoldeten Kanten. Unbeteiligt stellen sie das anatomische Universum ihrer Körper zur Schau. Ich bin allein in den Sälen des Josephinums, setze mich auf einen Stuhl und betrachte die *Mediceische Venus*, die in ihrem Schneewittchensarg aus mundgeblasenem venezianischem Glas ruht. Ihr Körper ist hingebreitet auf eine Decke aus naturfarbenem Seidenstoff mit goldenen Fransen, das Haupt mit wallendem, blondem Haar ist auf ein violettes Atlaskissen gebettet. Obwohl die Venus ihr Gesicht abwendet, erweckt sie den Eindruck, als sei sie in Erwartung eines unsichtbaren Liebhabers. Ihr Hals ist mit einer zweireihigen Perlenkette geschmückt, der Körper nackt, das Schamhaar unbedeckt – das Auffallendste an ihr ist jedoch, dass sie das Geheimnis ihres Innenlebens preisgibt: Von den Schultern bis zum Becken fehlen Haut, Muskeln, Bauchdecke und Rippen, und die Eingeweide liegen für jeden sichtbar da. Die wachsbraunen Lungenflügel sind zart wabenförmig gemustert, vom fleischroten Herz sieht man nur die Spitze mit den blauen und roten Kranzgefäßen, das muskelfarbene Zwerchfell breitet sich flügelartig über dem gelblichen Magen aus, darunter die Bauchspeicheldrüse, die an einen Maiskolben erinnert. Zwölffingerdarm und Dickdarm sind nur zum Teil vorhanden, der Dünndarm ist entfernt, so dass beide Nieren und die großen Arterien und Venen zum Vorschein kommen, und in der geöffneten Gebärmutter – der fehlende Teil liegt zwischen den Beinen des Modells – kann man den zusammengerollten Fötus erkennen. Die Venus ist schwanger. Noch bei meinem letzten Besuch fehlte der Embryo, da er, wie ich später erfahre, restauriert wurde – in der Zwischenzeit muss sich wohl das seltene Ereignis der Befruchtung einer Wachsfigur zugetragen haben. Übrigens kann man alle Organe einzeln herausnehmen, um sie zu studieren oder zu sehen, was hinter ihnen verborgen liegt.

»Da formte Gott, der Herr, den Menschen aus Erde vom Ackerboden und blies in seine Nase den Lebensatem. So wurde der Mensch zu einem lebendigen Wesen«, heißt es in der Bibel im Kapitel »Das Paradies«. Tatsächlich glaubt man sich beinahe im Atelier eines Künstlers, der wie Pygmalion in den »Metamorphosen« des Ovid eine lebensechte weibliche Statue anfertigte, welche Aphrodite sodann zum Leben erweckte – nur dass es sich hier eher um ein anatomisches Labor handelt, in dem ein Wissenschaftler an der Erschaffung eines Homunculus arbeitete, ohne dass ihm der letzte Schritt gelang.

Wenige Schritte weiter, auf violettem Taft, drapiert mit weißer Seide, der *Lymphgefäßmann* mit seiner wie von Spinnennetzen bedeckten Oberfläche aus Lymphgefäßen und Adern über den roten Muskelschichten. Penis und Hoden sind nicht ausgespart. Der rechte Arm ist angewinkelt, als spräche die Figur zu sich selbst. Gelassen blicken die Glasaugen zur Decke.

Die Muskelmenschen im Nebensaal – sechs an der

Zahl – stehen hingegen aufrecht in den verglasten Rosen-holzschränken, auf ehemals drehbaren Messingplatten. Die Türen konnten bei Bedarf geöffnet und die Figuren von allen Seiten gezeigt werden, so dass die verschiedenen Schichten der Wachsmodelle verglichen und studiert werden konnten: Blutgefäße, Nerven und Eingeweide, die oberflächlichen und tieferen Muskelschichten, die Muskulatur des Körperinneren und schließlich das von Knorpel- und Bindegewebe zusammengehaltene Skelett.

In kleineren Vitrinen an den Wänden sind unzählige weitere Wachspräparate in Zweierreihen aufgestellt: die *Kopf-Hals-Region mit eröffnetem Schädel zur Darstellung der Lymphgefäße und Lymphknoten* (fälschlicherweise auch im Gehirn, wo man sie nicht finden kann), der *Aortenbogen und die Arterien der Kopf-Hals-Region*, welche in ihrer Verästelung an rote Korallen erinnern, verschiedene *Gehirndarstellungen mit und ohne harte Hirnhaut*, ein drastischer *Medianschnitt durch den Schädel zur Darstellung der Mund- und Nasenhöhle*, das *Rückenmark und seine Nerven*, die beiden Lungenflügel, ein zerlegbares Modell des menschlichen Herzens, das, auf einen goldenen Sockel gestellt, an einen Pokal aus Muskelfleisch erinnert, *Blutgefäße und Nerven des männlichen Gliedes, Einzeldarstellungen zur Anatomie des Auges und des Ohres*, die *Sehnenbänder und Faszien von Füßen und Händen* und weitere Hunderte kunstvolle Wachsmoulagen in einer kaum vorstellbaren Vielfalt. Über den Vitrinen hängen gerahmte, aquarellierte Zeichnungen. Die anatomischen Blätter aus dem 18. Jahrhundert stellen die entsprechenden Präparate dar. Jede kleinste Einzelheit des gezeichneten Objekts ist darauf durch eine gepunktete

Linie mit einer Ziffer verbunden. Die erklärenden Texte in lateinischer, italienischer und deutscher Sprache befinden sich in herausziehbaren Laden unter den Vitrinen.

Die kleinen Säle mit ihren Parkettböden und abgedunkelten hohen Fenstern sind mit Ziervasen aus Gips und mit weißen, runden Kachelöfen ausgestattet.

Zwei Kinder, etwa zehn Jahre alt, ein Bub und ein Mädchen, betreten den Saal, setzen sich rasch auf die Stühle vor den Fenstern und fangen flüsternd an, die *Mediceische Venus* und ihre Eingeweide mit Hilfe eines Buches zu erforschen. Vermutlich sind sie es gewohnt, hierherzukommen, denn sie verhalten sich gänzlich ungezwungen.

Ich gehe an diesem Tag mehrmals durch die Räume. Jedes Detail lenkt die Aufmerksamkeit auf das Wunder des menschlichen Körpers. Die Präsentation ist barock und sakral, und die Wachsmoulagen erwecken den Anschein von kostbaren Reliquien der göttlichen Schöpfung, aber auch der anatomischen Wissenschaft. Im gedämpften Nachmittagslicht sind sie von einer mystischen Aura umgeben, denn die Vitrinen reflektieren abwechselnd mein Gesicht und das Interieur, so dass die Spiegelungen auf dem Glas die Wachsmodelle überlagern und ihnen etwas Okkultes verleihen. Ich habe mehrere Semester Medizin studiert und an Sektionen teilgenommen. Die Präsenz des Todes hat mir dabei den stärksten Eindruck hinterlassen. Auch in Gerhard Wolf-Heideggers und Anna Maria Cettos' »Die anatomische Sektion in bildlicher Darstellung« habe ich kein Beispiel gefunden, das davon und dem Eindruck von Gewalt frei war. Von der ersten Abbildung aus dem 11. Jahrhundert, »Ein Magier eröffnet des Leib eines Geopferten, um aus seiner Leber die Zukunft vorauszusagen«, die noch einen fast kindlichen Eindruck hinterlässt, über die expressive »Obduktion einer Frau« aus dem 13. Jahrhundert, die mehr Grausamkeit ausdrückt als wissenschaftliche Neugier, und den zahlreichen Illustrationen zu »Nero lässt seine Mutter sezieren« in Jansen Enikels »Weltchronik«, bis zu Rembrandts unübertroffenen Gemälden »Die anatomische Vorlesung des Dr. Nicolaes Tulp« und »Die anatomische Vorlesung des Dr. Joan Deijman« aus den Jahren 1632 und 1656 oder Herbert Boeckls »Dr. Fritz Paul leitet eine Obduktion« aus dem 20. Jahrhundert ist es weniger der menschliche Körper als der Tod und der Ausdruck von Gewaltsamkeit, die das Bild beherrschen.

Ich sah die beiden Gemälde Rembrandts in Den Haag und Amsterdam und verspürte ihre suggestive Wirkung. Immer wieder löste ich mich im Mauritshuis von der »Anatomie des Dr. Tulp« und kehrte jedes Mal wie hypnotisiert zurück. Schon seit meiner Zeit als Student steht eine gerahmte Kunstkarte des Bildes auf meinem Schreibtisch. Wenn ich einen Blick daraufwerfe, bin ich abwechselnd der bärtige Dr. Tulp mit Hut, Universitätsprofessor und Bürgermeister von Amsterdam, der mit Hilfe des anatomischen Atlas' von Vesalius den Arm des Adriaen Adriaensz. (Aris Kindt) seziert, und der Leichnam jenes Diebes und Landstreichers, welcher am 31. Januar 1632 gehängt wurde. Während Dr. Tulp, der auf dem Bild unüblicherweise mit der Sektion des linken Armes begonnen und nicht zuerst den Bauch und den Schädel geöffnet hat, mit Hilfe einer Klemme die von Rembrandt übrigens falsch dargestellte Muskulatur hervorhebt, um die Funktion der Sehnen zu demonstrieren, beugen sich sieben weitere schwarz gekleidete und mit weißen Kragen ausgestattete Männer – alle ebenfalls bärtig – fasziniert von dem Schauspiel über den leblosen Körper. Es handelt sich um die Mitglieder der chirurgischen Gesellschaft von Amsterdam, höhere Beamte und Stadtväter, deren Namen auf einer Liste geschrieben stehen, die der Mann neben Dr. Tulp, Hartman Hartmansz., in Händen hält: Jacob Block, Adriaen Slabbraen, Jacob de Wit, Matthijs Calkoen, Jacob Colevelt und Frans van Loenen. Natürlich ist es das Idealbild einer anatomischen Vorlesung, und die Art der Darstellung entsprach zu Zeiten Rembrandts den allgemeinen Vorstellungen. Aber das Gemälde ist vor allem eine eindringliche Parabel über die Unausweichlichkeit und Grausamkeit des Todes und erinnert an Shakespeares »Sein oder Nichtsein«, denn im Mittelpunkt stehen Körper und Gesicht des Hingerichteten. Auf dem Röntgenbild des Gemäldes kann man übrigens erkennen, dass Rembrandt an Stelle der rechten Hand Adriaen Adriaensz. zuerst einen Armstumpf gemalt hatte, und es ist anzunehmen, dass es sich um eine Strafe wegen Diebstahls handelte. Vermutlich war aber die Darstellung auf dem Bild für die Mitglieder der Gilde zu abstoßend.

Einen ganzen Vormittag verbrachte ich im Mauritshuis, schließlich löste ich mich von dem Bild, dem Gebäude und der Stadt und fuhr zurück nach Amsterdam. Dort vergaß ich mich noch am selben Nachmittag vor der »Anatomie des Dr. Joan Deijman« dann gänzlich. Erst am Abend kehrte ich nach einer Fußwanderung entlang der Grachten in das Hotelzimmer zurück, um mir Notizen über meine Eindrücke zu machen. Nach einem Brand ist nur noch ein Teil der »Anatomie« vorhanden, auf dem jetzt der Leichnam im Mittelpunkt steht. Seine Bauchhöhle ist geöffnet und das Gehirn freigelegt. Links davon hält der Assistent Dr. Deijmans, Gysbrecht Matthysz. Calckoen, die knöcherne Schädeldecke des Toten. Von Deijman sind nur die Hände mit dem Seziermesser über dem Gehirn zu sehen – der Kopf des Anatomen fehlt. Auch die ursprünglich auf dem Bild vorhandenen sechs weiteren Personen, wie man aus einer Skizze Rembrandts weiß, sind für den Betrachter verschwunden, er kennt nur den Namen des Anatomen und seines Assistenten. Dafür sind aber Schicksal und Aussehen des Toten unter dem Seziermesser nicht in Vergessenheit geraten. Johan Fonteyn wurde wegen Einbruchs in ein Tuchgeschäft – und weil er sich bei seiner Festnahme mit dem Messer zur Wehr setzte – zum Tode verurteilt, am 28. Januar 1656 hingerichtet und am 29., 30. und 31. Januar seziert. Rembrandt schien vom Gehirn fasziniert gewesen zu sein, denn mehr noch als Fonteyns Gesicht ist es der geöffnete Schädel, der die Blicke auf sich zieht. War es bei der »Anatomie des Dr. Tulp« noch die Hand des hingerichteten Diebes, die als erstes seziert wurde, so ist es jetzt das Denkorgan, in das man gleichsam versucht hineinzusehen.

Im Josephinum hat die Anatomie jedoch das »Memento mori« verloren. Ich bin weiter durch die Säle gegangen, habe die vereinzelten Besucher beobachtet und bin wieder zur *Mediceischen Venus* und dem *Lymphdrüsenmann* zurückgekehrt. Die anatomischen Zeichnungen von Leonardo da Vinci, denke ich, haben den Tod ähnlich in den Hintergrund gedrängt, denn sie sind der Wissenschaft und damit nur der Darstellung des menschlichen Körpers verpflichtet.

Auf seiner »Italienischen Reise« zwischen 1786 und 1788 hatte Goethe in Florenz das »Imperiale Reale Museo di Fisica e Storia Naturale« (später nach dem Bau eines Observatoriums »La Specola«, »Die Sternwarte«, genannt) besucht und dort anatomische Wachsmodelle zu Gesicht bekommen, von denen die im Josephinum gezeigten größtenteils Kopien sind. In »Wilhelm Meisters Wanderjahre« nahm Goethe dann – im dritten Kapitel des dritten Buches – auf die florentinischen Wachsmodelle Bezug. Mit Wilhelm und dem Bildhauer drückt er seine Abscheu vor anatomischen Sektionen aus, die für ihn »immer etwas Kannibalisches« haben. Vor allem ist der Bildhauer abgestoßen von der »verbrecherischen Leichenbeschaffung«, er befürchtet sogar, sie könne eines Tages zu einem gewaltsamen Aufstand der Angehörigen gegenüber den Wissenschaften führen. Daher bildet der Künstler anatomische Modelle aus Holz und Wachs nach und belehrt Wilhelm, dass »Aufbauen mehr belehrt als Einreißen, Verbinden mehr als Trennen, Totes beleben mehr als das Getötete noch weiter töten«.

Kaiser Joseph II., Sohn Maria Theresias und Franz Stephans von Lothringen, sah auf Reisen schon 1769 die ersten anatomischen Wachsmodelle in Bologna und wollte sie spontan kaufen. 1780, bei einer weiteren Reise, entdeckte er dann in Florenz die gleichen, die Goethe einige Jahre später sehen sollte.

Die Wachsbildnerei hatte sich nämlich in Italien seit dem 17. Jahrhundert zu einer wahren Kunst entwickelt. Schon vorher war Wachs im Alten Ägypten und bei den Persern zum Einbalsamieren verwendet worden, schreibt Manfred Skopec in »Anatomie als Kunst«. Aus dem persischen Wort »mum« für »Wachs« habe sich das Wort

»Mumie« entwickelt. Bienen waren für die Ägypter heilige Tiere, die Pharaonen verwendeten ihr Bild als Zeichen ihres Herrschertums über Oberägypten. Napoleon ließ später goldene Bienen in seinen und Josephines Krönungsornat sticken und überall – auf Möbeln, Tapeten und in kunstvollen Intarsien – als sein Herrschaftssymbol anbringen. Für die katholische Kirche galten Bienen lange als Symbol der »Unbefleckten Empfängnis« – erst der österreichische Biologe Karl von Frisch, der Entdecker der Bienensprache, wies im 20. Jahrhundert die Befruchtung der Königin durch bis zu 15 Drohnen nach. Matthias Grünewald noch hatte auf seiner »Stuppacher Madonna« mit Bienenkörben im Hintergrund die jungfräuliche Empfängnis der Gottesmutter verherrlicht. Votivgaben und Totenmasken wurden schon seit der Antike aus Wachs hergestellt. »Bei den oft mehrere Tage dauernden Leichenfeiern für römische Kaiser«, schreibt Manfred Skopec weiter, »wurden gelegentlich kostbar gekleidete Wachsbilder anstelle der bereits Beigesetzten gezeigt. Dieser Brauch wurde noch im Mittelalter an den Höfen Englands und Frankreichs geübt und trug mit dazu bei, die Wachsbildnerei zu fördern.« Auch berichtet er, dass die Gnadenkirche Santissima Annunziata in Florenz an die Mächtigen der Stadt das »sehr begehrte Privileg verliehen« habe, »ihre lebensgroße Nachbildung in Wachs in der Kirche aufzustellen. Später mussten die Figuren aus Platzmangel mit Stricken aufgezogen und an den Dachbalken aufgehängt werden, wo sie nicht selten auf Andächtige herunterstürzten und schließlich aus der Kirche in den Vorhof verlegt wurden.« Dort zerfielen sie mit der Zeit.

Das 17. und 18. Jahrhundert waren, gerade in Italien,

die Zeit der Jahrmärkte, auf denen Kuriositäten, Missgeburten und Afrikaner als »Wilde« zur Schau gestellt und auch öffentliche Sektionen gegen Eintrittsgeld im »Theatrum Anatomicum« veranstaltet wurden. In Padua habe ich auf einer Reise nach Venedig das legendäre Anatomische Theater aus dem 17. Jahrhundert gesehen. Über eine breite Stiege im Gebäude der Universität gelangte ich in zwei Räume. Im ersten befand sich neben zahlreichen Stichen auch das Modell des Anatomischen Theaters. Es ähnelte mit den in konzentrischen Kreisen angelegten Sitzreihen dem Dante'schen Inferno mit seinen sieben Höllenkreisen, durch die der Dichter zum Läuterungsberg, dem Purgatorio, gelangte und von dort schließlich in das Empyreum, den höchsten Himmel des Paradiso. Der unterste Kreis im Inferno war das Zentrum der Hölle. Nach historischen Erläuterungen einer kenntnisreichen und sogar deutsch sprechenden Führerin durfte ich, wenn auch nur kurz, den zweiten Raum betreten. Ich blickte in einen steil aufragenden hölzernen Trichter, den die Balustraden der einzelnen dicht gedrängten Reihen bildeten. Das Muster der Balustraden und der zuerst spiralförmige Eindruck der Sitzreihen riefen in mir für einen kurzen Augenblick ein Schwindelgefühl hervor. Dann aber hatte ich den Eindruck, das Anatomische Theater ruhte auf mir wie eine große Narrenkrone. Stellte ich mir noch die Gesichter der zu mir herunterstarrenden Neugierigen vor – denn ich blickte ja aus der Perspektive des Leichnams nach oben –, kam ich mir überhaupt wie ein Verrückter eines von allen guten Geistern verlassenen Tollhauses vor, wie es Edgar Allan Poe in »Die Methode Dr. Thaer & Prof. Fedders« beschreibt, wo abwechselnd die Insassen die ärztliche

Leitung übernehmen und das Pflegepersonal zu Patienten wird und umgekehrt, ohne dass der Ich-Erzähler restlos Klarheit darüber erhält, wer nun die falschen und wer die richtigen Narren sind.

»Der steile Anstieg der kreisförmigen Sitzreihen«, erklärte unterdessen die Dame, »ermöglichte es den Neugierigen, dem Anatomen sozusagen über die Schulter zu blicken« – um ihre Neugierde letztendlich bis zum Ekel auszukosten, dachte ich weiter.

»Der Mönch Giulio Gaetano Zumbo aus Syrakus«, schrieb die Medizinhistorikerin und ehemalige Direktorin des Josephinums, Erna Lesky, »stellte Ende des 17. Jahrhunderts unter dem Motto ›Triumph der Zeit‹ Pest und Syphilis in Wachs dar und bildete auch die verschiedenen Stadien der Verwesung des menschlichen Körpers an wächsernen Kinder-, Frauen- und Männerleichen in einem heute noch Schauder erweckenden Realismus der Farb- und Formgebung nach.« Was damals als »krankhafte Kaprizen eines sich an makabren und abscheulichen Details ergötzenden Künstlers« erachtet worden sei, werde heute als »typisches Beispiel für die Kultur des 17. Jahrhunderts« interpretiert. Zumbo, schrieb Erna Lesky weiter, modellierte auch den Kopf eines Greises mit seinen Muskeln, Gefäßen und Drüsen sowie dessen Gehirn und seine Häute in Wachs nach, der im »La Specola« unter der Bezeichnung »Testo dello Zumbo« ausgestellt werde. Dort habe auch ich Zumbos Werke gesehen und war überrascht, wie klein die Wachsdioramen, die ich mir beim Lesen so groß vorgestellt hatte, in Wirklichkeit waren.

Als der Erzbischof von Bologna und spätere Papst Benedikt XIV. Anfang des 18. Jahrhunderts in der Universität Bologna Skelette aus der Bossierwerkstatt Ercole Lellis zu sehen bekam, äußerte er sich entgegen der Lehrmeinung der Kirche begeistert über die Modelle und schränkte in einer »Notifikation« sogar den Bann Bonifatius' VIII. aus dem 13. Jahrhundert gegen jeden ein, der das Verbot, Leichen zu sezieren, übertrat. Er sollte nur noch für diejenigen gelten, »die Leichen zerstückeln, um sie an einen anderen Ort zu transportieren und dort wieder bestatten«, nicht aber für jene, die die anatomische Sektion zu Lehrzwecken ausübten und damit eine »nützliche Aufgabe« erfüllten. 1740, im Jahr seiner Ernennung zum Papst, erteilte er schließlich der Universität Bologna den Auftrag, unter Leitung Lellis ein anatomisches Wachsmuseum einzurichten, das den Zweck haben sollte, durch die Modelle Kenntnisse vom menschlichen Körper zu verbreiten, um damit stets an die wunderbare Schöpfung Gottes erinnert zu werden.

In sechs Jahren stellte Lelli mit einer Gruppe aus Prosektoren, Präparatoren und Wachsplastikern eine Sammlung her, die durch die Kunstfertigkeit des Wachsplastikers, Bildhauers, Zeichners, Chemikers und Anatomen Giovanni Manzolini Aufmerksamkeit erregte. Er wurde nach seinem frühen Tod von seiner Frau Anna Morandi sogar noch übertroffen, die die Arbeit ihres Mannes selbständig fortsetzte. Ihre Präparate erreichten einen Grad an Vollkommenheit, der für alle späteren Wachsbossierer zum Maßstab wurde. Zum besseren Verständnis der Studierenden stellte sie nicht nur stark vergrößerte Körperteile wie Auge und Ohr dar, sondern bezeichnete auch alle Details, wie Nerven, Adern und Venen, mit Nummern, auf die sich die dazugehörige Beschreibung bezog.

Als Joseph II. die Sammlung in Bologna sah, äußerte er, wie erwähnt, den Wunsch, sie zu kaufen. Ein Patrizier der Stadt erwarb sie jedoch unverzüglich, als er von den Absichten des Kaisers Kenntnis erhielt, und bot zugleich Anna Morandi in seinem Palast eine Herberge.

1765 wurde Peter Leopold, der Bruder Josephs II., Großherzog von Toskana. Wie sein Vater, Franz Stephan von Lothringen, war er an physikalischen und chemischen Experimenten interessiert, die er gemeinsam mit dem gelehrten Abt Felice Fontana aus Pisa im Palazzo Pitti in Florenz durchführte. Abt Fontana übernahm auch die Einrichtung des Museo di Fisica e Storia Naturale, des späteren »La Specola«. Dort wurde vor allem plastische Anatomie betrieben. Mit der Zeit entstand eine Sammlung, die gegen Ende des 18. Jahrhunderts 24 Großfiguren und 2800 Präparate umfassen sollte, welche in 20 Zimmern aufgestellt waren. Fontana hatte zu diesem Zweck, wie Manfred Skopec ausführt, einen ganzen Stab von Wachsplastikern und Anatomen gebildet, darunter den Meister der Bossierkunst, Clemente Susini. Die *Mediceische Venus*, vor der ich wieder sitze, ist sein Geschöpf, wie auch ihr schwarzhaariges Pendant in Florenz und ihr rothaariges Gegenstück im Budapester Semmelweis-Museum, und ich frage mich, wie dieser Pygmalion wohl darauf reagiert hätte, wenn die wächsernen Damen, die ihre Eingeweide zur Schau tragen, plötzlich erwacht wären. Daraus entsteht in meinem Kopf ein kurzer Collage-Roman im Stil von Max Ernsts »Une semaine de bonté«, in dem die Wiener *Mediceische Venus* ihren Schöpfer mit einem Pistolenschuss tötet, während einer der Muskelmänner durch das Fenster späht. Vielleicht wollte die seltsame Venus auch nur die Zusammensetzung des Materials erfahren, aus dem sie hergestellt ist, die von den Bossierern aber in der Regel als Geheimnis gehütet wurde.

Als Joseph II. 1780, begleitet von seinem Leibchirurgen Giovanni Alessandro Brambilla, seinen Bruder in Florenz besuchte, war er, wie schon 1769 in Bologna, von der Schönheit und Zweckmäßigkeit der Modelle begeistert. Er stieß mit dem Auftrag, für seine geplante militärärztliche Akademie in Wien eine noch größere Anzahl an Wachspräparaten zu fabrizieren, zunächst auf Ablehnung, denn Großherzog Peter Leopold befürchtete, dass dadurch die Herstellung weiterer Modelle in Florenz verzögert würde. Schließlich einigte man sich darauf, dass die Arbeiten in Abt Fontanas Haus mit dafür eigens aufgenommenen Handwerkern durchgeführt würden. Auch Susini übernahm für die Wiener Wachsarbeiten einen gesonderten Auftrag. Ein weiterer Glücksfall war die Mitarbeit des Anatomen Paolo Mascagni, damals der führende Wissenschaftler auf dem Gebiet der Lymphgefäße, was für die Entstehung des *Lymphgefäßmannes* von entscheidender Bedeutung war, und außerdem durften die Gipsabdrücke der florentinischen Werkstatt verwendet werden.

Die Herstellung von Wachsmoulagen war, wie Erna Lesky festhält, eine äußerst komplizierte Angelegenheit. Das betraf schon die damit verbundenen Sezierarbeiten. Für ein exaktes anatomisches Modell wurden aus Mangel an Konservierungsmöglichkeiten bis zu 200 Leichen oder Leichenteile benötigt, für eine Wachsfigur bis zu 260. Dabei bedienten sich die Präparatoren der damals neuesten anatomischen Atlanten als Vorlagen. Im nächsten Schritt musste eine Negativform aus Ton gemacht und hierauf die Positivform aus Gips erstellt werden. In einem weiteren Arbeitsgang wurde dann ein Gemisch aus geschmolzenem Wachs und Terpentin in die hohle Gipsform gegossen. Das Wachs musste von bester Qualität, rein und weiß sein, weshalb man das ukrainischer Wildbienen bevorzugte. Es sollte ja die Färbungsmittel aufnehmen, »mit denen man das helle Rot der Arterien, das Blau der Venen oder das schöne Braunrot der Muskeln gewann. Bis heute haben diese Farben unverändert ihre Leuchtkraft bewahrt«, schreibt Erna Lesky. Nachdem das Wachsmodell »entpuppt« war, wurde die Gipsform sorgfältig aufbewahrt. Hohle Knochen wurden mit Gaze oder Leinwand aufgefüllt. Die Muskeln wurden zunächst nur grob und erst bei der Anbringung an den Knochen fein modelliert. Für dicke Gefäße wurde Eisendraht verwendet, der mit farbigem Wachs überzogen wurde, für dünnere Baumwollfäden und für Lymphgefäße Seidenfäden, oder sie wurden sogar mit feinen Pinseln auf das Modell aufgemalt. Für die Augen nahm man Glas, aber das Haar stammte von Menschen, es wurde um Holzstäbchen gewickelt und sodann im Wachs befestigt.

Claudia Valvani stellte für alle Wiener Modelle die erklärenden Aquarellzeichnungen her.

»Die Arbeiten dauerten sechs Jahre«, erzählte mir die Direktorin des Josephinums, Frau Dr. Horn, »und Joseph II. bezahlte dafür an seinen Bruder Peter Leopold 30 000 Gulden, was etwa 650 000 Euro entspricht. Abt Felice Fontana erhielt ein Diplom und eine Schnupftabakdose.«

In vierzig Kisten, auf den Rücken von 20 Maultieren und Menschen, wurden die Wachsmodelle zuletzt in zwei Transporten über den Brennerpass nach Linz geschafft, wo sie auf ein Schiff verladen und nach Wien befördert wurden.

Dort nahmen die ehemals 1192 Einzelpräparate, darunter 16 Figuren, sechs an den Hörsaal grenzende Räume der inzwischen nach den Plänen des Mailänder Architekten Giuseppe Permasini unter Aufsicht von Isidore Canevale errichteten »k. k. Medicinisch-chirurgischen Josephsakademie« ein. Die Sammlung war an bestimmten Tagen und zu bestimmten Zeiten für das Publikum zugänglich. Unter den Einzelpräparaten befanden sich 102 geburtshilfliche Wachsmodelle in 42 Kassetten, die allerdings den Blicken der Öffentlichkeit verborgen blieben und bis heute in einem geschlossenen Saal aufbewahrt werden.

Es sei nämlich auch die Aufgabe von Militärärzten gewesen, erklärte mir die Direktorin später, in den entlegenen Gebieten der Monarchie bei schwierigen Geburten Hilfe zu leisten, außerdem seien zahlreiche Hebammen an den Präparaten ausgebildet worden.

Die Sammlung im Josephinum stelle ein »enzyklopädisches Inventar der menschlichen Anatomie dar«, fuhr sie fort, und sei von Anfang an für die »Medizinisch-Anatomisch-Chirurgische Schule« zur Heilung der Wunden und Krankheiten von Soldaten gedacht gewesen.

Sie führte mich später in den Leseraum mit weißen, verglasten Bücherschränken, einem Luster aus geschliffenem Glas, Topfpflanzen und hohen Fenstern. An der Frontseite eine Marmorbüste. Der Sockel trägt die Aufschrift: »Josephus.II.Augustus Hic Primus«. Der Bildhauer Giuseppe Ceracchi, sagte Frau Horn, sei mit seinem Werk nicht zufrieden gewesen, weil der Gesichtsausdruck des Kaisers rechts ernst und links heiter sei, der Kaiser habe ihn jedoch mit dem Hinweis, »es liegt in unserer Natur, oft zwei Physiognomien zeigen zu müssen«, aufgefordert, nichts zu verändern.

Auch in der grünen Platte des Lesetisches, an dem ich mich niederließ, spiegelte sich die Büste des doppelgesichtigen Kaisers, und als ich kurz darauf allein mit den Büchern die Geschichte der Entstehung des Josephinums studierte, schien er mit seiner gespiegelten Präsenz darüber zu wachen, dass ich kein Wort missverstand oder überging.

Es ist eine sehr ausführliche Geschichte, die ich damals nicht zu Ende lesen konnte, und daher bin ich später wieder in den Leseraum zurückgekehrt, nachdem ich die *Mediceische Venus* und den *Lymphgefäßmann* lange genug betrachtet hatte, um in den Büchern von Helmut Wyklicky und Erna Lesky und aus den Beiträgen zum Bildband »Anatomie als Kunst« das Weitere zu erfahren.

Zur Zeit Josephs II., lese ich, war der Ärztestand gespalten in Mediziner, die »Doctores und gelehrten Herren«, und Wundärzte, die »Chirurgen und Handwerker«. Das wirkte sich besonders ungünstig für das Militär aus. Alle chirurgischen Eingriffe wurden, da die Narkose erst 1846 erfunden wurde, ohne Betäubung durchgeführt. So verfügte Napoleon beispielsweise über drei der besten Chirurgen – Percy, Larrey und Desgenettes –, die eine Oberschenkelamputation in dreißig bis vierzig Sekunden vornehmen konnten. Dabei wurden lange Messer und eine Säge verwendet. War der Operationsgehilfe nicht achtsam, so konnte es vorkommen, dass auch seine Finger mitamputiert wurden. Der blutende Stumpf wurde abschließend mit Glut verödet. Auf den Schlachtfeldern fielen oft 200 und mehr Amputationen an, die an Ort und Stelle, häufig von unqualifiziertem Personal, durchgeführt wurden. Die Sterblichkeit der Operierten war nicht zuletzt wegen der damals fehlenden Asepsis und Hygiene hoch.

Wesentlich mehr Soldaten ließen wegen mangelnder ärztlicher Betreuung, Infektionen und Seuchen ihr Leben als durch Verwundung auf dem Schlachtfeld. Joseph II. konnte sich während des Bayerischen Erbfolgekrieges 1778/79 in Begleitung seines Leibchirurgen Giovanni Alessandro Brambilla selbst ein Bild vom erbärmlichen Zustand des Feldsanitätswesens machen. Der Leibarzt Maria Theresias, der Niederländer van Swieten, ein genialer Analytiker und Organisator, der unter Mühen begonnen hatte, die militärärztliche Versorgung zu reformieren, hielt allerdings von seinem späteren Nachfolger, welcher sein Universitätsstudium unter anderem in Pavia gemacht hatte und vor seiner Ernennung Chirurg der deutschen Arzieren-Leibgarde in Wien war, so wenig, dass er ihm, berichtet Helmut Wyklicky, nicht einmal den Titel Dr. chirurgiae verleihen ließ, der verdienten Wundärzten zustand. Brambilla, so Wyklicky weiter, soll ihm das nie verziehen und alles darangesetzt haben, das Ansehen der Chirurgen durch eine bessere Ausbildung zu heben.

Die allgemeine Laufbahn eines Militärchirurgen begann oft in Barbierstuben, wo neben dem Rasieren von Bärten das Aderlassen, das Auflegen von Blasenpflastern, das Anlegen von Verbänden und in selteneren Fällen auch das Starstechen ausgeübt wurden. Nach drei Jahren Lehre wurden die zumeist jungen Anwärter zu

Gesellen ernannt und begaben sich auf ausgedehnte Wanderschaften. Gab es in einer Stadt einen chirurgischen Lehrstuhl, so hörten sie vielleicht Vorlesungen, um später den Meistergrad zu erwerben. Oder sie fanden Anstellung in einem Armenhaus, wo sie die »Berechtigung zur Ausübung der Chirurgie«, wie Wyklicky schreibt, erlangen konnten. Es kam jedoch auch vor, dass sie die Erlaubnis, ihren Beruf auszuüben, und die dazugehörige Stube durch Heirat einer Barbierswitwe erwarben.

Wyklicky zählt sodann die drei unter van Swieten beim Militär beschäftigten Chirurgenstände auf: die Stabschirurgen, die Regimentschirurgen und die Feldscherer.

Die Stabschirurgen hatten die Aufgabe, Spitäler und Lazarette zu leiten, größere Operationen durchzuführen und sich um die Gesundheit der Offiziere zu kümmern. Die Regimentschirurgen mussten Magister der Chirurgie sein und verfügten über zehn bis zwölf Feldscherer. Die Arbeit des Feldscherers entsprach der eines Barbiers.

In einem Schreiben vom 27. Februar 1759 beklagte van Swieten jedoch, »dass wir noch immer so viele Unwissende in der Armee haben«, und fragte zugleich nach der Ursache. Die Antwort gab er sich schon im nächsten Satz selbst: »Weil Officiere Feldscherer ernannt und selbst bis zum Regimentschirurgen befördert haben.« Dabei schilderte er die gepflogenen Usancen: Habe ein Offizier einen Kammerdiener in seinen Diensten gehabt, so habe er ihn mitunter dadurch belohnt, dass er ihn zum Feldscherer gemacht habe. Auf Verlangen des Offiziers oder gegen Bezahlung habe man einem solchen

Feldscherer dann – ohne ihn je zu Gesicht bekommen zu haben – ein Befähigungszeugnis ausgestellt. Wurde das Dokument verweigert, so sei der Beamte vom Offizier mit Stockstreichen misshandelt worden, bis er gefügig geworden sei. Auf diese Weise hätten bei weiterer Protektion Feldscherer sogar zu Regimentschirurgen ernannt werden können.

Was Brambilla und Joseph II. daher planten, war, »die ärztliche Kunst mit dem chirurgischen Handwerk zu vereinen und sogenannte Medico-Chirurgen auszubilden«, hielt Erna Lesky fest.

Joseph II. reformierte zuvor aber noch das gesamte Krankenwesen. Ein Jahr vor der Fertigstellung des Josephinums eröffnete der Kaiser 1784 das benachbarte »Allgemeine Krankenhaus« in der Alserstraße. Zuvor hatte er das dort angesiedelte Großarmenhaus, in dem neben Kranken und Alten auch Waisen, Invalide und ledige Mütter Zuflucht gefunden hatten, aufgelöst und für jede einzelne Gruppe ein eigenes Gebäude vorsehen lassen. Das »Allgemeine Krankenhaus« verfügte über 110 Zimmer und 2000 Betten, denn im Unterschied zum Pariser Vorbild, dem »Hôtel-Dieu«, hatte jeder Patient ein eigenes Bett, während sich in Paris drei bis vier Kranke eine Liegestätte teilen mussten, was den Ausbruch von »Hospitalfieber« und seuchenartigen Infektionen begünstigte. In Wien wurden außerdem bei Vorlage eines sogenannten »Armutszeugnisses« Patienten kostenlos behandelt und selbst Begräbnisse von im Krankenhaus Verstorbenen bezahlt. Die Aufnahme einer Schwangeren im Gebärhaus blieb auf Wunsch anonym, die Frauen hatten nur auf einem versiegelten Zettel Namen und Adresse zu hinterlegen, für den Fall, dass sie bei der Geburt starben. Außerdem wurde ein Findelhaus angeschlossen – für Kinder, die von ihren Müttern nicht angenommen wurden – und der legendäre Narrenturm für Geisteskranke eingerichtet. Um geschlechtskranken Patienten die Schmach zu ersparen, dass Besucher aus den obligaten Betttafeln Namen und Leiden der Kranken erfuhren, wurde dort eine falsche Diagnose – häufig »Kachexie« (Unterernährung) – aufgeschrieben.

Ich gebe zu, dass der doppelgesichtige Joseph II., der auf meiner Tischplatte schimmert, mir jetzt sehr gefällt, und ich nicke daher der heiteren Gesichtshälfte des Kaisers zu, wobei mir aber die ernsthafte zu widersprechen scheint.

Viele der gut gemeinten Maßnahmen, lese ich weiter, blieben nämlich ohne Erfolg. Im Findelhaus, berichtet Erna Lesky, starben in den ersten siebzig Jahren von 259 544 abgegebenen Säuglingen 228 818, also mehr als drei Viertel – die Sterblichkeit von Neugeborenen außerhalb des Krankenhauses lag bei 40%. Im Narrenturm vegetierten die Geisteskranken ohne die Möglichkeit einer sinnvollen oder auch nur sinnlosen Beschäftigung dahin, wehrlos der medizinischen Behandlung ausgeliefert, die nur eine zusätzliche Qual war. Viele Patienten waren angekettet. Der Turm diente den Wienern bald zur Unterhaltung: Gegen Schmiergeld verschafften die Wärter dem Publikum Zutritt zu den Gängen, von wo aus es die Insassen in ihren Zellen besichtigen konnte. Das Hospitalfieber grassierte trotz aller Vorsichtsmaßnahmen, und zu allem Überdruss läutete die Krankenhauskapelle beim Tod jedes Patienten, worüber sich selbst die Professoren beschwerten. Über Joseph II. gibt es ein häufig verwendetes Zitat von Johann Schack: »Er war ein großer Gärtner, seine Bäume und Sträucher waren Menschen«. Das heißt aber, dass die Pflanzenwesen im monarchistischen Staatsgarten keinen eigenen Willen hatten und der Fürsorge und den Maßnahmen des kaiserlichen Gärtners ausgeliefert waren, der für sie dachte. Er konnte sie abschneiden, zurechtstutzen, ausreißen oder einsetzen, ganz wie es ihm gefiel oder richtig erschien.

Joseph II. und Brambilla schickten fünf angesehene Ärzte nach Frankreich und England, um ihre Ausbildung zu vervollkommnen, und bestimmten sie sodann zu Lehrkräften der Medizinisch-Chirurgischen Akademie, an die ein Garnisonsspital für 1200 Patienten angeschlossen war. War es Zufall, dass die Portale des Narrenturms und des Garnisonsspitals, wie die Pläne zeigen, einander gegenüber lagen, oder beabsichtigte man, auch Soldaten mit Verdacht auf Geisteskrankheiten im Narrenturm unterzubringen?

Das Spiegelbild der Statue des Kaisers Joseph II. auf der Tischplatte blickt weiter gelassen in die Ewigkeit, auch wenn jetzt, wie mir scheint, die ernste Physiognomie deutlicher zum Vorschein kommt.

Von Anfang an standen die Ärzte der Universität und des »Allgemeinen Krankenhauses« dem Josephinischen Projekt misstrauisch gegenüber und fühlten sich herausgefordert.

Nur ein paar Schritte von meinem Leseraum entfernt hielt der zum Medizinalminister ernannte Brambilla bei der feierlichen Eröffnung vor 600 Geladenen – Feldmarschällen, Stabs- und Oberoffizieren, dem Hofkriegsrat, Fürsten, der gesamten medizinischen Fakultät, den

Professoren der Akademie, den Stabs-, Regiments- und Bataillonschirurgen und 200 Zöglingen – im Hörsaal eine provokante Rede, in der er den Vorrang der Chirurgie vor der Medizin betonte. Der »Akademische Lehrkurs« hätte zwei Jahre zu dauern, und nach sechs- bis achtjähriger Spitalspraxis sollten die »Josephiner« den Magister beziehungsweise den Doktor der Chirurgie erwerben können; Ziel sei eine »Gesamtmedizin«. Beiden, Medizin und Chirurgie, müsse die »Heylkunde in ihrem ganzen Umfange bekannt« sein. »Denn so wie keyner ein Arzt sein kann«, führte er weiter aus, »der nicht die Chirurgie verstehe, so verdiene auch im Gegenteil kein Wundarzt diesen Namen, wenn er nicht die Medizin aus dem Grunde studiert habe.«

Das Josephinum war, abgesehen von den Wachsmodellen und dem Hörsaal, auch mit allen notwendigen chirurgischen Instrumenten in 56 mit Maroquinleder überzogenen Kassetten ausgestattet und mit einer Bibliothek von ursprünglich 10 000 Bänden ausschließlich medizinischen beziehungsweise naturwissenschaftlichen Inhalts.

Es würde zu weit führen, den fast hundert Jahre anhaltenden Zwist zwischen Medizin und Chirurgie in Wien näher zu schildern. Der Streit ging unter anderem um die Wachspräparate, denen der Großteil der Ärzte ablehnend gegenüberstand. Man bezeichnete sie als »Spielzeug für Kinder«, obwohl die Überlegenheit der Moulagen gegenüber anatomischen Atlanten wegen der dreidimensionalen Darstellung augenscheinlich ist. Sie konnten jedoch nicht die Sezierübungen am Leichnam ersetzen, die allein schon zur Ausbildung des handwerklichen Geschicks notwendig waren. Außerdem handelte es sich bei den Wachsmodellen um idealisierte Darstellungen, an denen keine krankhaften Veränderungen studiert werden konnten.

Im Laufe von mehr als 200 Jahren haben sich die kunstvollen Lehrstücke, als die die florentinischen Wachsmodelle angekauft worden waren, in den Augen späterer Betrachter zu lehrreichen Kunststücken gewandelt. Auf elegante Weise befriedigen sie die voyeuristischen Bedürfnisse und die Neugierde von Menschen, die keine medizinische Vorbildung haben. Anfangs riefen die Schaustücke noch einen gruseligen Schauer und Empörung hervor: »Wie groß die Aufklärung in Wien ist«, schrieb ein Reisender 1802 in einem Bericht, »sieht man hier besonders, da eine Menge Frauenzimmer herkommen, um Anatomie zu studieren, und ohne Erröthen vor allen Präparaten stehen bleiben. Ich bin wenigstens kleinstädtisch genug, um nicht begreifen zu können, wie eine Mannsperson das Herz hat, ein Frauenzimmer hierher zu bringen, und dieses hier einen Augenblick verweilen kann.«

Das Josephinum blieb nur bis 1874 eine medizinisch-chirurgische Ausbildungsstätte. In dieser Zeit kam es überdies zu einer zweimaligen Stilllegung, um die Lehrpläne zu modifizieren, denn es herrschten stets Zweifel darüber, ob eine spezielle militärärztliche Ausbildung notwendig sei. Außerdem stieß die militärische Führung der Akademie wegen ihres autoritären Charakters von Anfang an auf Ablehnung.

Nach dem Ende der Monarchie wurde 1920 in dem inzwischen leerstehenden Gebäude das »Institut für Geschichte der Medizin« eingerichtet, in dem sich außer den Wachspräparaten noch die Objekte der »Wiener

Medizinischen Geschichte des 18. und 19. Jahrhunderts«
befinden. Die Bestände stammen, wie Wolfgang Regal
und Michael Nanut in »Medizin im historischen Wien«
festhalten, aus Wiener Kliniken und dem Josephinum
selbst, und die Themen reichen von der Erfindung der
Auskultation durch Leopold Auenbrugger bis zur Phrenologie des Hirnanatomen Gall, von der Entdeckung
des Kindbettfiebers durch Ignaz Semmelweis, den die
Missgunst seiner Kollegen in den Wahnsinn trieb, bis zu
Karl Landsteiners Blutgruppenbestimmung und Sigmund Freuds »Traumlehre«.

In der Stille des Leseraumes, dessen einziger Benutzer
ich bin, vergesse ich beinahe meine Verabredung mit
dem Urologen Prof. Schimatzek, der mir die endosko-
pische Sammlung des Josephinums zeigen will. In Erwartung eines Abstiegs vom Paradiso der Wachsfiguren
und des Leseraumes in das Purgatorio – das Fegefeuer
der ärztlichen Kunst – steige ich eine eiserne Wendeltreppe hinunter in das Museum jener bedrohlichen kleinen Sonden, mit denen es möglich wurde, das Universum des lebenden Körpers zu erforschen, ohne ihn dabei
zu verletzen. Zwischen grauen Archivschränken wartet
schon der 87-jährige Professor auf mich, um mir die alten
und neuen Zystoskope vorzuführen. Und während ich
Hunderte und nochmals Hunderte der kleinen Fernrohre betrachte, die der Professor in dunklem Anzug mit
Krawatte mir liebevoll und stolz präsentiert, wie ein
Goldschmied seine Preziosen, werfe ich immer wieder
einen Blick auf seine Gestalt und das Gesicht. Er trägt
ein Sauerstoffgerät umgeschnallt, zwei kleine, durch-
sichtige Plastikschläuche führen in die Nasenlöcher. Die
schütteren Haare an den Schläfen sind grau, ebenso wie

der dichte Schnurrbart, eine große Brille verleiht ihm den Ausdruck wacher Neugierde. Die natürliche Eleganz, die lebhafte Stimme und die auffallende Ähnlichkeit des Professors mit dem Kaisersohn Otto von Habsburg lassen mich rasch vergessen, wo ich bin, und wenn meine Aufmerksamkeit nachlässt, beobachte ich ihn unauffällig, wie er, auf seinen Stock gestützt, in gerader Haltung vor einer der Vitrinen steht und mit gedämpfter Begeisterung über die dünnen Stahlrohre spricht, die in den männlichen Harnleiter bis zur Blase eingeführt werden, um dort krankhafte Veränderungen oder Steine ausfindig zu machen. Mit jedem einzelnen Stück erklärt er mir, wie es allmählich gelang, Licht ins Dunkle des Körpers zu bringen, anfangs nur unvollkommen mit Hilfe »externer Kerzenflammen und kleiner Spiegel«, zuletzt »durch elektrischen Strom und einen glühenden Platindraht, der in das Instrument eingebaut ist«. Als wir nach mehr als zwei Stunden an allen herrgottswinkeligen Vitrinen ehrfürchtig vorbeigepilgert sind – von den schlauchförmigen schwarzen Coloskopen, zur Darmspiegelung, bis zu den leuchtenden Glasstäben zur Untersuchung der Lungen – und auch das zierliche Biedermeierschränkchen mit altarartigem Aufsatz – das sich nicht aufsperren ließ und erst von einem herbeigerufenen Beamten geöffnet werden konnte – erforscht war und die Laden mit sorgsam in Watte gebetteten und in Schächtelchen verpackten Blasensteinen in verschiedensten Größen und Formen mit Bewunderung und Stück für Stück betrachtet worden waren – ovale, runde, kristalline, glatte, darunter auch ein faustgroßes Exemplar aus dem Körper eines Ägypters –, als wir also endlich müde und ich zusätzlich verwirrt durch die Erzählungen des ehemaligen Urologen über Bleistifte, Thermometer und Kugelschreiber, die er aus weiblichen Genitalien entfernt, und Geschlechtskrankheiten, von denen er im Krieg wohl eine ganze Kompanie Soldaten geheilt hat, an ein Ende gelangt sind, bedaure ich trotz meiner Erschöpfung den Abschied von dem höflichen und passionierten Gelehrten.

Vom Museum des Schmerzes sind es nur wenige Schritte zur Sammlung über die Geschichte der Anästhesie ... Oberarzt Dr. Wolfgang Regal, Mitverfasser des unschätzbaren Büchleins »Medizin im historischen Wien«, erklärt mir die erstaunlichen Geräte, die auf Wunsch Schmerzfreiheit, Tod und Auferstehung bewirkten, wobei die Auferstehung lange Zeit nicht garantiert war.

Novina Göhlsdorf beschreibt im Katalog zur Ausstellung »schmerz« einen sogenannten »Beißstab« für den Einsatz bei Operationen ohne Narkose, einen 89,5 Zentimeter langen Stock, der mit Leder überzogen war und dem Patienten zwischen die Zähne geschoben wurde, während der Arzt den Eingriff vornahm: »In der Mitte des Anästhesiestockes befinden sich viele kleine Beißspuren. Über den dunkel eingefärbten Stock weiß man nicht allzu viel. Man kennt weder seinen genauen Herkunftsort, noch weiß man die Namen derjenigen, die ihn trugen und deren Spuren er trägt. Und doch sind die Unbekannten gegenwärtig.« Und: »Die Kerben im Leder zeugen von Schmerzen, die offenbar nicht auszuhalten waren, ohne seine innere Spannung an einem Gegenstand aus Messing, Holz und Leder zu entladen. Zahlreiche solcher Übertragungen haben den Anästhesiestock in Mitleidenschaft gezogen: er kam nicht spurlos davon.«

In meinem Alter ist es fast unvermeidlich, mit den schmerzvollen Seiten von Krankheiten und damit auch der Medizin Bekanntschaft gemacht zu haben, daher nimmt Dr. T. G. Morton, der am 16. Oktober 1846 in Boston die erste Äthernarkose mit Erfolg durchgeführt hat, einen besonderen Platz in meinem und wohl auch vieler anderer Leben ein, auch wenn von Äther heute keine Spur mehr in der Anästhesie zu entdecken ist. Als sechsjähriges Kind habe ich aber noch die Tropfnarkose mit der »mullbedeckten Drahtmaske« kennengelernt, als mir das Ellbogengelenk eingerenkt wurde, eine zwiespältige Erfahrung, denn ich vermeinte zu ersticken.

Dr. Regal zeigt mir alte und neue Anästhesiegeräte, bleibt schließlich vor einem tragbaren praktischen Narkoseapparat stehen und erzählt mir das abenteuerliche Leben des Dr. Ferdinand Adalbert Junker. Nach seinem Studium in Wien habe Junker in London als Chirurg und Gynäkologe im Samaritan Free Hospital gearbeitet. Dort habe er 1867 den »Apparat zur Verabreichung narkotischer Dämpfe, bestehend aus einer Flasche für das Narkosemittel, einem Gummiballon als Gebläse und einer Maske« erfunden. »Die Flasche konnte mit einem Haken«, führt Dr. Regal weiter aus, »an der Kleidung eingehängt werden.« Das Gerät habe weltweite Verbreitung erlangt und sei noch in Narkoselehrbücher der fünfziger Jahre des vergangenen Jahrhunderts aufgenommen worden. 1871 sei Junker zum Direktor der Kyoto Medical School berufen worden. Er habe später die »Segenbringenden Reisähren«, eine mehrbändige Anthologie über die japanische Kultur, die heute noch geschätzt würde, verfasst. 1882 sei er wieder in London aufgetaucht und um 1900 »praktisch spurlos von der

Bildfläche verschwunden«, wie der Oberarzt sagt. Das hätte zu allerlei Gerüchten geführt, das makaberste habe Junker in Zusammenhang mit dem legendären Frauenmörder »Jack the Ripper« gebracht, nach dem die Polizei in London seit 1888 gefahndet habe. »Man suchte ja einen Mann«, führt der Oberarzt aus, »der fähig war, seine weiblichen Opfer zu betäuben und innere Organe mit chirurgischer Präzision zu entfernen – Junker konnte das alles zweifellos. Und auch die Frauenmorde haben nach seinem Verschwinden aufgehört.«

Der weitere Weg führt mich in ein Gebäude nicht weit vom Josephinum, in dem sich die Medizin mit Tod und Verbrechen befasst, in das »Gerichtsmedizinische Museum«. »Dort wo der Tod wohnt«, wie mir ein Ortskundiger, den ich nach der Adresse Sensengasse 2 fragte, Auskunft gab.

Frau Dr. Dorffner vom »Institut für Geschichte der Medizin« arbeitet seit mehr als einem Jahr anhand der Sektionsprotokolle an der elektronischen Erfassung der 2500 Präparate des Museums und gibt den Lehrobjekten dadurch etwas von ihrem Schicksal zurück.

Der Führer »Medizin im historischen Wien« bezeichnet die Sammlung als ein »lebendiges Lehrbuch der Gerichtsmedizin«. Sie ist im ehemaligen Hörsaal des k. u. k. Garnisonsspitals untergebracht, wo die gelben, verglasten Vitrinen wie Kulissen in einem ehemaligen Amphitheater aufgestellt sind. Stunde um Stunde sind auf dieser imaginären Bühne Tragödien von Verbrechen, Verrat, Einsamkeit, Verzweiflung, Eifersucht und Hass zu sehen.

Öffnet man die doppelflügelige Tür zum Saal, sieht man auf eine Landschaft aus dicht aneinandergereihten

Regalen, in denen sich die verschieden großen Glaszylinder drängen, und jeder einzelne enthält ein verstörendes Geheimnis. Vom Eingang führen zu beiden Seiten Treppen hinunter in das Inferno. Neben der Tür und an der Wand zwei menschliche Skelette mehrfacher Mörder, von denen einer hingerichtet wurde und der andere Selbstmord beging. Mehrere Stufen tiefer auf Stangen befestigte monströse »Fettwachsleichen« anonymer Ertrunkener, die über Wochen im Wasser lagen und dadurch mumifiziert wurden. Im oberen Stockwerk, links und rechts der Eingangstür, erstrecken sich auf zwei Plateaus, die auf weiß gestrichenen Säulen ruhen, die gelben Vitrinen bis zur Rückseite des theaterförmigen Saales und den hohen Fenstern. Auch dort sind selbst an den Zwischenwänden Regale mit Präparaten aufgestellt. Ich denke noch immer an Dantes trichterförmigen Krater und vermeine mich im siebenten Höllenkreis zu befinden – der den »Wüterichen, Räubern und Mördern« vorbehalten ist, den »Selbstmördern, Gotteslästerern« und jenen, die »widernatürlichen Lastern« verfallen sind.

Die »Fettwachsleichen«, zum Teil ohne Kopf, und die Skelette stehen da wie der Chor im antiken Drama eines Sophokles, Aischylos oder Euripides, nur bleiben sie stumm. Vor ihnen die Vitrinen mit ermordeten Neugeborenen und zerstörten Skelettschädeln, die die Zähne fletschen oder einen endlosen Schrei ausstoßen, manche noch mit Haaren. Natürlich fehlen auch die verschiedenen Mord- und Selbstmordinstrumente nicht: Hacken vor allem und Messer – Rasiermesser, Schlachtmesser, Stilette, Dolche, Spring- und Taschenmesser, Wiegemesser, Feitel, Küchenmesser, große und kleine Messer, spitze und stumpfe – aber auch Hämmer, Feilen, Knüppel, Schlag- und Spazierstöcke, ein Holzscheit, ein Bolzen-Schlachtschussapparat, Nudelwalker, Stricke, Bügeleisen, Bleirohre, an denen noch vertrocknetes Blut zu erkennen ist, und natürlich Gewehre, Revolver und Pistolen.

Wie ein Vergil erscheint der Gerichtsmediziner, Universitätsprofessor Reiter, ein großer und kräftiger Mann mit grauem, kurz geschnittenem Haar, das sich zu lichten beginnt, Schnurrbart und Brille. Das graue Sakko gibt ihm etwas von einem anonymen Passanten, doch wenn er spricht, vermittelt er den Eindruck eines Mannes, dem Sarkasmus nicht ganz fremd ist. Zusammen mit der Zurückhaltung und Ernsthaftigkeit seines Auftretens, der Sachlichkeit seiner Rede und Gedanken verleiht ihm das eine natürliche Autorität, derer er sich bewusst ist.

Die Einteilung der Sammlung entspreche den einzelnen Kapiteln der gerichtlichen Medizin, erzählt er nachdenklich. Jeder Schrank des Museums sei einem bestimmten Thema gewidmet, wodurch verschiedene Fälle miteinander verglichen werden könnten. Es könne nämlich manchmal schwierig sein, ungewöhnliche Selbstmorde von Morden zu unterscheiden. Er führt mich zum bleichen Kopf eines Selbstmörders, der sich mehr als dreißig Wunden mit der Hacke zufügte und sich anschließend – da er noch immer bei Bewusstsein war – erhängt hat. Auch der Kopf eines jungen Mannes mit blondem Haar und Schnurrbart gehörte einem Selbstmörder. Er hat sich in einem Waldstück am Leopoldsberg gleichfalls erhängt. Der Professor macht mich mit dem Zeigefinger auf den Strick aufmerksam, der noch um den Hals des Unbekannten geschlungen ist. Der Tote aus dem Jahr 1927 sei an der Luft getrocknet und mumifiziert, erklärt er, denn man habe ihn lange nicht gefunden. »Die Stelle im Wald ist übrigens mehrmals von Selbstmördern aufgesucht worden, weil man beim weiten Ausblick auf die Donau offenbar ungestört ein Resümee seines Lebens ziehen kann«, fährt er nach einer kurzen Pause fort. Außerdem sei es oft der Wunsch von Selbstmördern, einen einsamen Ort aufzusuchen, um, ohne eine Spur zu hinterlassen, aus dem Leben scheiden zu können. Noch immer starre ich den Kopf des jungen Mannes an: Seine Augen und Lippen sind geöffnet, und er scheint abwesend zu lächeln.

Gelassen und doch nicht ohne Respekt vor den Schicksalen der Toten führt mich der Professor »ins Herz einer ungeheuren Finsternis«, wie Joseph Conrad schreibt, in »das Grauen«. Vielleicht ist es eine Lehre, die mir erteilt wird, denn ich habe das Gefühl, eine Erfahrung zu machen, die ich nicht vergessen werde.

Wir kommen an einer verglasten Lade mit der Aufschrift »Leichenfauna« vorbei, in der präparierte Fliegenlarven in allen Entwicklungsstadien zu sehen sind, welche zur Bestimmung des Todeszeitpunktes bei schon verwesenden Leichen dienen; an Föten in allen Lebensmonaten – mit acht Wochen sehen sie aus wie Wesen von einem anderen Stern und sind doch schon als Menschen erkennbar; an ermordeten Neugeborenen, schrecklichen, in Alkohol aufbewahrten Zeugen von Verzweiflung, Ausweglosigkeit und Gewalt: mit einem Finger, einem Grasbüschel oder einem Knebel aus Zeitungspapier erstickt, mit den Händen erwürgt, mit Schnüren und Stricken erdrosselt, mit der Hacke oder

der Faust erschlagen, mit Messern, Haarnadeln oder einem Löffel erstochen oder überhaupt zerstückelt und verbrannt. Von einem ist nur ein Glas mit verkohlten Knochenresten übrig geblieben. Daneben Gebärmütter und Eierstöcke von Frauen, die bei der Abtreibung starben, oder Körperteile von Unglücklichen, die sich wegen einer ungewollten Schwangerschaft auf jede erdenkliche Weise das Leben nahmen: durch Vergiften, Ertränken, Aufhängen oder In-den-Tod-Springen. Zur Sammlung gehört auch der Hymenschrank mit mehr als hundert weiblichen Geschlechtsteilen von Verunglückten, Ermordeten oder an einer seltenen Krankheit Verstorbenen, anhand derer Ärzte um die Jahrhundertwende die verschiedenen Arten von Deflorierungen studierten, für den Fall, dass bei einer Hochzeit ein ärztliches Jungfernschaftszeugnis verlangt wurde. Der Anblick macht fassungslos. Eine amerikanische Universität habe nach dem Krieg einen hohen Geldbetrag für die Sammlung im Schrank geboten, sagt Professor Reiter, aber man verkaufe nichts. Zu jedem dieser Geschlechtsteile gehört eine Geschichte, und ich erfahre sie aus den handschriftlichen Sektionsprotokollen, die aufbewahrt wurden. Es sind durchwegs Organe junger Frauen, und tatsächlich hat jede ihr ganz eigenes Schicksal. Kleiner, wenn auch nicht weniger akribisch angelegt, ist die Sammlung von Penissen in verschiedenen Größen und Verformungen sowie Geschlechtsteilen von Hermaphroditen. In diesem »Theater der Grausamkeit« gibt es außer Mord und Totschlag auch plötzliche Todesfälle, die der Gerichtsmediziner klären musste: eine durch ein giftiges Pilzgericht zerstörte Leber, Gliedmaßen mit den Merkmalen der Mors electrica, tödlicher Stromschläge, heraussezierte Kehlköpfe, die vom Ersticken zeugen: an einem Zigarettenspitz, einem Maiskorn, einer Kaffeebohne, Wurst, Gänsefleisch, verschluckten Gebissen, einem kleinen Glöckchen, sogar ein Babyschnuller wurde einem Kind zum Verhängnis. Manche verschluckten allerdings die Gegenstände absichtlich, um sich zu töten: einen Löffel, Stecknadeln, einen selbst gebastelten Knebel – überhaupt, der Wunsch sein Leben zu beenden! Die Präparate von Selbstmördern nehmen einen großen Teil der Sammlung ein: In einem der knöchernen Schädel steckt noch ein Mauerhaken, den sich ein Verzweifelter in den Kopf schlug, andere Schädel zeigen zwei Einschusslöcher, weil der erste Versuch misslang, auch zwei Mägen mit Einschusslöchern sind vorhanden – von einem Geschwisterpaar, das gemeinsam aus dem Leben schied, weil es seine inzestuöse Beziehung nicht mehr verheimlichen konnte.

Natürlich umfasst das weiteste Feld alles, was mit Mord zusammenhängt: Hautteile mit Schuss- und Stichverletzungen, Ohren, durchschlagen von Geschossen, und zerstörte Schädel: durch Schrotpatronen, Pistolenkugeln, den Wurf mit einer Schneiderschere, den Schlägen mit einem Bügeleisen oder einem Hammer. Früher befand sich der Kopf des Mörders Luigi Luchenis in der »pathologisch-anatomischen Sammlung des Narrenturms«, erklärt Professor Reiter, er sei jedoch im Jahr 2000 auf dem Anatomiefriedhof begraben worden. Lucheni hatte am 10. November 1898 in Genf die österreichische Kaiserin Elisabeth mit einer Feile erstochen. »Die Feile«, fährt der Professor fort, »wurde dem Gerichtsmedizinischen Institut zur 600-Jahrfeier der Wiener Universität von den Schweizer Kollegen als Geschenk überreicht.«

Sie befinde sich jedoch nur selten im Museum, weil sie für alle möglichen Ausstellungen verliehen würde. Anstelle des Kopfes von Lucheni zeige man eine Büste des Mörders und mehrere gerahmte Fotografien, unter anderem von einem Brief und dem Gefängnis, in dem er sich mit einem Gürtel erhängte. Der Professor zeigt mir einen zerstückelten und mit Metallklammern und -scharnieren wieder zusammengesetzten Skelettschädel einer 1948 ermordeten Frau aus Gänserndorf. Ihr Mann war im Krieg Sanitäter gewesen, gab sich als Arzt aus und hatte eine Zeit lang auf dem Land eine Praxis, erzählt der Professor. Als eines Tages seine Frau verschwunden war, gab er an, sie sei zu Bekannten in die Tschechoslowakei gefahren. Dort war sie jedoch nie angekommen. Der vorgebliche Arzt wurde verhaftet und gestand, seine Frau mit einer Hacke erschlagen zu haben. Er hatte die Leiche anschließend zerstückelt und im Garten vergraben, einige Leichenteile hatte er verbrannt. Gleich daneben zwei Skelettschädel, die noch die künstlichen Gebisse im Mund haben, ein Ehepaar, Landwirte, die im Bett von ihrem Sohn mit einem Zwei-Kilo-Gewicht erschlagen worden waren. Das Schädeldach des Nächsten wird nur durch Metallfedern zusammengehalten und stammt aus dem Jahr 1920. »Ein Schutzmann«, führt der Professor aus, »machte Patrouille auf dem Oberlaaer Frachtenbahnhof, durchstreifte die Magazine und kontrollierte die Waggons. Beim Hauptgebäude sah er in der Dunkelheit eine Gestalt. Er rief sie mehrmals an, erhielt jedoch keine Antwort. Als die Gestalt eine Bewegung machte, aus der der Schutzmann schloss, dass sie auf ihn schießen wollte, feuerte er seinen Karabiner ab. Dann lief er auf den Getroffenen zu und erkannte, dass es sich um einen Bahnbediensteten handelte. Sie sehen die ausgedehnte Zertrümmerung der Schädelkapsel.« Besonders erschreckend ist das Gesicht einer Frau, das von der Stirn bis zur Oberlippe von einem Axthieb gespalten ist und auseinanderklafft, weshalb ich zuerst glaube, zwei Gesichter zu sehen. Die Augenlider sind zusammengepresst, die Momentaufnahme eines schmerzhaften Todes. Daneben die Gesichter zweier erst Wochen nach ihrem Ableben aufgefundener Frauen, deren Köpfe von ihren Haustieren, einem Hund und einer Katze, angefressen wurden. Bei beiden sind die Haare noch vorhanden, eines der Gesichter hat ein starrendes Auge, das andere ist um die Nase bis zum Knochen abgenagt. Auch Ameisen- und Rattenfraß an Köpfen ist an verschiedenen Präparaten erkennbar. Ein kleines Stück Haut mit einem Einschussloch erzählt eine Geschichte aus dem Jahr 1907. Damals, am 1. Januar, erschoss eine Frau ihre Geliebte und sich in Wien. Die Selbstmörderin hatte angegeben, die uneheliche Tochter des Erzherzogs Otto und der Gräfin Charlotte zu sein und von den Zinsen ihres Kapitals zu leben. Da sie hohe Römerstiefel und einen Revolver zu tragen pflegte, wie das Protokoll verzeichnet, und auch sonst »männliche Gewohnheiten« gehabt habe, hätten die Eltern der Freundin verlangt, dass sie die Bekanntschaft mit ihr beendete. Am Neujahrstag legte sich die Frau mit dem Hinweis, sie habe Herzbeschwerden, auf das Bett ihrer Freundin und bat diese, ihren Kopf an den ihren zu lehnen. Daraufhin erschoss sie die Freundin und sich selbst.

Als wir zu den zahlreichen Gehirnen mit dunklen Flecken von Blutaustritten kommen, denke ich an die Erin-

225

nerungen, die darin gespeichert waren, an Kindheiten, Jugendzeiten, die Bilder von Eltern, Geliebten, Angehörigen, an die Eindrücke von Landschaften und Städten, Tieren und Pflanzen, an Abschiede, Wiedersehen und Feste, Schmerzen, Krankheit, Trauer und Liebe. Nicht nur Spuren von Gewalt sind an den Gehirnen ablesbar, sondern auch Folgen von Krankheiten, die zu plötzlichen Todesfällen führten, wie Aneurysmen und Schlaganfälle.

Die Relikte von Unfällen sind noch verstörender als das, was ich bisher gesehen habe. Das zerrissene Herz eines Kindes, das beim Versteckenspielen auf die Fensterbank geklettert ist und vier Stockwerke tief in den Hof stürzte, weil die Fensterflügel nicht verschlossen waren. Ein anderes von einem Mädchen, das beim Rutschen auf dem Stiegenhausgeländer das Gleichgewicht verlor und zwei Stockwerke hinunterstürzte. Die Halswirbelsäule eines Mannes, der betrunken ausrutschte, auf den Rücken fiel und dabei mit einem auf dem Boden liegenden Metalltrichter sein Genick durchbohrte. Eine von einem Ventilator abgerissene Hand und – die von Zahnrädern durchlöcherte Haut eines Mannes, der in eine Maschine geriet.

Auch über öffentliche Katastrophen gibt die Sammlung Auskunft. Ich sehe Skelettschädel mehrerer in den letzten Kriegstagen erschossener Soldaten, junger Arbeiter, deren Köpfe bei sogenannten »Unruhen« in den dreißiger Jahren des vergangenen Jahrhunderts von einem Säbelhieb gespalten oder einem Gewehrschuss zerstört wurden, oder von Opfern des Ringtheaterbrandes: die verkohlten Köpfe einer Frau und eines Mannes, denen die Schädeldächer fehlen und die daher den Blick freigeben auf den Rest des verbrannten Gehirns, sowie Uterus und Fötus einer Frau und mehrere nicht identifizierte Knochen. Am 8. Dezember 1881, unmittelbar vor Beginn der Aufführung von Jacques Offenbachs »Hoffmanns Erzählungen«, war das Feuer hinter der Bühne ausgebrochen, verzeichnet die »Stadtchronik – Wien«. Der Zuschauerraum habe aus sieben Stockwerken bestanden, sei aber mit keinen Brandschutzeinrichtungen ausgestattet gewesen. Als plötzlich der Vorhang zu brennen angefangen habe, seien die 1700 Zuschauer in Panik geraten ... Die Folgen waren entsetzlich: 386 Frauen und Männer erstickten oder verbrannten. Das »Fremden-Blatt« schrieb, nachdem die Löscharbeiten um Mitternacht eingestellt worden waren: »Bis heute Morgen sind von dem schönen Bau nichts als vier rauchgeschwärzte Wände übrig geblieben. Ununterbrochen wurden bis halb zwei Uhr nachts Leichen aus dem Hause des Unglücks geborgen. Es waren verkohlte Klumpen, die in endloser Reihe von Sanitätsdienern ins Hotel Austria gebracht worden sind. Auf Decken schaffte man sie, oft drei, vier auf einmal heran. Man zählt zur Stunde, wo dieses Blatt in die Presse geht, 140 Leichen. Sie wurden alle ins ›Allgemeine Krankenhaus‹ überstellt. Die Leichen, die zuletzt aus dem brennenden Theater geborgen wurden, waren so ineinander verschlungen, dass es zweifellos ist, dass die Unglücklichen miteinander gerungen haben, um zuerst die Türe zu gewinnen.« Irrtümlich telegrafierte der Ministerpräsident Taaffe an den in Gödöllö, Ungarn, weilenden Kaiser Franz Joseph: »Alles gerettet.« Der Gründer des Museums für gerichtliche Medizin, Eduard von Hofmann, obduzierte schließlich 240 Leichen des

Brandes und verfasste damit seinen eigenen traurigen Epilog zu »Hoffmanns Erzählungen«. Besonders schwierig, sagt Professor Reiter, sei die Identifizierung von Personen bei einer solchen Katastrophe. Er zeigt mir die Sammlung an Tätowierungen in Glaszylindern, Arme, Hände, sogar Füße und die Rückenhaut eines anonym gebliebenen Matrosen, die ein japanischer Schwertkämpfer ziert. Sie sieht von weitem aus wie ein Bild, war jedoch einmal Teil eines Menschen.

Die embryonalen Missbildungen habe ich schon im Narrenturm gesehen, nicht aber den vertrockneten Fötus, in einem eigens gebastelten federschachtelkleinen Sarg, der auf dem Grab eines Wiener Friedhofs gefunden wurde.

Das seltsamste Stück entdecke ich im Vorbeigehen: den Penis eines Mannes aus dem 19. Jahrhundert, den ein Goldkettchen schmückt. Die Beschreibung im Sektionsprotokoll gibt Auskunft darüber, dass eine eifersüchtige Gattin die Vorhaut am Geschlechtsteil ihres Mannes mit einem »Goldketterl«, wie es heißt, »durchziehen ließ, welches sie mit einem kleinen Schloss versperrte. Den Schlüssel dazu hatte die Ehegattin in Verwahrung.« Der Mann verstarb plötzlich.

Bevor wir den Raum verlassen, gehen wir noch am »Mann im Schrank« vorbei, den ich schon beim Eintreten bemerkt habe. Die Gestalt hockt, wie man durch die Glasscheibe sehen kann, am Boden der Vitrine und wendet uns den Rücken zu. Vom Kopf erkennt man nur die dunklen Haare auf dem Hinterhaupt. Er ist vollständig bekleidet mit Hemd, Hose und Schuhen. Es handelt sich um einen »vertrockneten Mann«, der 1951, sechs Jahre nach Kriegsende, in Simmering beim Abtragen einer

Bombenruine im Keller gefunden wurde. Als Todesursache ist »Staubeinatmung« festgehalten.

Und während wir das Amphitheater wieder verlassen, erfahre ich von Dr. Dorffner, dass Kaiser Franz I. vor
mehr als 200 Jahren anordnete, eine »Lehrkanzel für
Staatsarzneykunde« zu gründen. Im Wintersemester,
erklärt sie mir, sei gerichtliche Medizin, im Sommer-
semester »medizinische Polizey« vorgetragen worden.
Die Geschichte der Sammlung habe erst um 1875 begonnen, obwohl es seit 1815 eine eigene »Leichenöffnungs-
kammer gleich ums Eck« gegeben habe. Neben der
Obduktion von Verstorbenen des »Allgemeinen Krankenhauses« seien von Pathologen auch gerichtliche Sektionen durchgeführt worden, denen der Ordinarius für
»Staatsarzneykunde« mit seinen Schülern habe beiwoh-
nen müssen. Eduard Hofmann seien dann als erstem
Professor für »Staatsarzneykunde« alle gerichtlichen
und sanitätspolizeilichen Obduktionen zugefallen, und
die Lehrkanzel sei in eine für Gerichtliche Medizin und
eine für Hygiene geteilt worden. Hofmann habe für
seine Vorlesungen, die er für Mediziner und Juristen gehalten habe, ausgiebig Anschauungsmaterial gesammelt. Als der Sohn Kaiser Franz Josephs und seiner Frau
Elisabeth »Sisi«, Kronprinz Rudolf, in Mayerling zuerst
seine Geliebte Mary Vetsera erschossen und dann Selbstmord begangen habe, habe Hofmann die Obduktion in
der Hofburg vorgenommen und das bekannte Gutach-
ten erstellt, in dem er zwar den Suizid des Thronfolgers
bestätigte, aber auch »Zeichen chronischen Hirndrucks,
die zur Annahme von Zuständen der Geistesverwirrung
berechtigten«, diagnostiziert. Dieser Befund aus Staats-
räson habe die von der katholischen Kirche zunächst

verweigerte Grablegung Rudolfs in der Kapuzinergruft erst ermöglicht.

Auf dem Weg zurück in das Josephinum gehen mir die Bilder und Geschichten, die ich gesehen und gehört habe, nicht aus dem Kopf. Zu meinem Glück zeigt mir Fr. Dr. Dorffner die Bibliothek, die heute aus 6500 Bänden besteht, ein Wunderwerk, in dem ich auf Anhieb Newtons »Optik« und andere Kostbarkeiten finde. Weiße Handschuhe liegen auf weißen Schränken, und die weißen Schränke mit den weißen Polsterstühlen und die großen Folianten versetzen mich rasch in eine Parallelwelt, in der Ordnung und Vertrauen herrschen und die Zeit sich auflöst. Lange bleibe ich im wiedergefundenen Paradies sitzen, in Gedanken an meine Jugendlektüre, Jürgen Thorwalds »Das Jahrhundert der Detektive« und »Die Stunde der Detektive« und die beiden Bände Medizingeschichte »Das Jahrhundert der Chirurgen« und »Das Weltreich der Chirurgen«. Ich hatte diese Bände von meinem Vater bekommen, der mich für das Medizinstudium begeistern wollte, und es hat mich damals kaum etwas so sehr in seinen Bann gezogen wie diese Sachbücher: Filme liefen in meinem Kopf ab, Schwarz-Weiß-Fotografien entwickelten sich vor meinem inneren Auge, ich sah Handschriften sich über weißes Papier ihren Weg bahnen und hörte Gespräche, wie auf alten zerkratzten Schellacks konserviert. Damals fing ich an, ernstlich über Krankheit und Tod, Verbrechen und Gewalt nachzudenken, und in meiner Phantasie entstanden die unheimlichsten Szenen.

Frau Direktor Horn und die Bibliothekarin zeigen mir später alte anatomische Atlanten, Stiche von Regionen des menschlichen Körpers, farbige Radierungen in Pflanzenbüchern, Skizzen in vergessenen Werken über Augenheilkunde und handgeschriebene medizinische Anleitungen zur Behandlung von Patienten. Das war jedem Schrecken so fern, als hätte ich altes Kinderspielzeug betrachtet, in Modeheften aus der Biedermeierzeit geblättert oder in einem vergessenen Garten Blattformen studiert. Noch dazu drang kein Laut von außen herein, und ich war so müde, dass ich in der Bibliothek am liebsten eingeschlafen wäre. Im darauffolgenden Gespräch wies die Direktorin darauf hin, dass das Institut im Rahmen der Provenienzforschung dabei sei, Bücher zurückzugeben, denn selbst hier hatten die Nazis ihre Raubzüge durchgeführt.

Zum Abschied wurden mir die drei geschlossenen Säle mit geburtshilflichen Wachspräparaten und weiteren lebensgroßen Figuren gezeigt. Es fehle an Personal, begründete die Direktorin die Schließung, außerdem kämen auch Kinder in das Museum. Im ersten Raum befindet sich in einer gläsernen Vitrine ein verkleinertes »Allgemeines Krankenhaus« mit dem Narrenturm und dem angrenzenden Josephinum, über dem man wie in einem Ballon zu schweben scheint, und gleich dahinter in weiteren schwarz eingefassten Vitrinen die Wachsmodelle. Ich denke an die Gemälde von Francis Bacon, die Glaskanzeln, unter die er die schreienden Päpste setzte, und die Körper mit ihren Verrenkungen, während ich abwesend die Rümpfe von schwangeren Frauen betrachte. Die Oberschenkel sind unter der Hüfte abgeschnitten, ebenso wie Oberkörper, Kopf und Arme. Die Bäuche sind geöffnet, darin liegen unzählige Babys aus Wachs in den verschiedensten Lagen und Geburtsstadien. An manche Köpfe sind Ge-

231

burtszangen angesetzt – wie seltsame Ohrenschützer oder Kopfhörer aus dem 18. Jahrhundert kommen sie mir vor, wenn es sie damals schon gegeben hätte. Unaufdringlich scheinen die Föten aus Wachs darauf zu warten, in die Welt zu gelangen und zum Leben erweckt zu werden, ohne zu wissen, dass damit ihr Ende seinen Anfang nimmt.

Das Gedächtnis aus Papier
Das k.k. Hofkammer-Archiv und Franz Grillparzer

Am 7. April 1832, drei Monate nachdem er zum Direktor des Kaiserlich-Königlichen Hofkammer-Archivs ernannt wurde, notierte Franz Grillparzer in sein Tagebuch: »Gestern mittags, wo ich allein im Archiv war und ein Dokument aus einem Faszikel in der obersten Reihe der Akten hart am Plafond herausnehmen wollte, fiel ich, von der Schwere des beinahe fünfzig Pfund schweren über meinem Kopfe stehenden Faszikels aus dem Gleichgewichte gebracht, von der obersten Sprosse der Leiter und stürzte die ganze Höhe des Archivsaales, also doch mindestens fünf Klafter hoch herunter, ohne mich, was einem Wunder gleicht, außer einigen Hautabschindungen und Quetschungen sonst irgend bedeutend zu beschädigen. Beim Fallen und während desselben stellte ich die ruhigsten Betrachtungen an …«

Grillparzer hasste seinen Beamtenberuf zeit seines Lebens. Es ist nicht auszuschließen, dass er bei seinem gefährlichen Sturz unbewusst den Direktor des k.k. Hofkammer-Archivs in sich ermorden wollte.

So skurril die Hypothese eines Selbstmord-Todessturzes vom Archivregal erscheinen mag, so ist sie doch mehr als nur die ironische Eröffnung der Charakter-Analyse eines österreichischen Klassikers und seiner Zerrissenheit in der Ausübung seines Berufs als Beamter. Immerhin ereignete sich der erwähnte Sturz 16 Jahre, bevor er mit seinem k.k. Hofkammer-Archiv, das seit dem Jahr 1527 bestand und dreißig Millionen handgeschriebene Akten in 10000 »Findbüchern« umfasste, vom ehemaligen »Kaiserspital« in das neue Gebäude in der Johannesgasse 6 umsiedelte – was übrigens von beamtenfachlicher Seite als seine bedeutendste Leistung gewürdigt wird.

Schon als Hofkonzipist trachtete der Dichter täglich danach, sich nicht zu sehr im Amt zu verausgaben, um möglichst viel Zeit und Energie für sein Werk freizuhalten: »Da ich kein Hehl hatte, meine unbedeutenden Geschäfte so einfach und schnell als möglich abtat, so … sagten (andere Beamte) von mir: ich hätte nichts zu tun, worin sie der Wahrheit so ziemlich nahe kamen.« Bereits als Konzeptsbeamter notierte er: »Um zwölf Uhr im Büro, keine Arbeit vorgefunden … Im Thukydides gelesen.«

Tatsache ist, dass sein Gehalt von der Ernennung zum Direktor des Hofkammerarchives bis zu seiner Pensionierung im Jahr 1856 stagnierte, ausgenommen eine Erhöhung um 300 fl. im Jahr 1835. Sein Arbeitszimmer, das sechsstöckige Archiv, ja das gesamte vom Architekten Paul Sprenger errichtete Gebäude im 1. Wiener Gemeindebezirk, sind wunderbarerweise unbeschadet erhalten und völlig funktionsfähig geblieben. Auch die Inneneinrichtung stammt noch im wesentlichen aus dieser Zeit – das k.k. Hofkammer-Archiv ist damit der älteste existierende Archivzweckbau Mitteleuropas.

Die gedrechselten und bemalten Holzregale, in denen Tausende dickleibige Lederfolianten und Aktenbündel hinter kalligraphisch schön ausgeführten Aktendeckeln aufgeschichtet sind, der Geruch von altem Papier und die Größe der Räume, die sich scheinbar ins Unendliche fortpflanzen, wie manche Säle von Schlössern in raffinierten Spiegelkonstruktionen, lassen selbstverständlich an Franz Kafka denken.

Dem besseren Verständnis halber gehört an diese Stelle ein kurzer Einschub über die Geheimwissenschaft des allgemeinen und speziell des österreichischen Archivwesens, das einen noch geringeren Bekanntheitsgrad hat als beispielsweise die Einweihungsriten in die Freimaurerei. Beim Wort »Archiv« assoziiere ich zunächst immer etwas Vollkommenes, eine Sammlung all dessen, was auf diesem Planeten vorgefallen ist: das Schicksal jedes Volkes, jedes Menschen, Tieres, jeder Pflanze, jedes Steines, jeder Wolke, jedes Kunstwerkes, jeder Maschine – also etwas Wahnsinniges, Großartiges und Religiöses zugleich.

Jedes existierende Archiv ist ein Fragment dieses imaginären Gesamtarchives, ein schlafendes Gedächtnis, aus dem manches verdrängt, in dem manches zerfallen, zerbröselt, also vergessen, anderes durch seine Beamten manipuliert, gefälscht, entfernt wurde – das jedoch insgesamt noch immer ein codierter Aufbewahrungsort von allen Geschehnissen ist.

Dazu gehört ein ebenso imaginäres, spiegelbildliches Archiv II, in dem alles enthalten ist, was aus dem ersten entfernt, in ihm vergessen, manipuliert und gefälscht wurde und das nur deshalb existiert, weil alle Eingriffe durch die vertrackte Anlage des Archivs I im Archiv II, wenn auch oft mühsam, rekonstruiert werden, so dass nichts verlorengehen kann. Nur das, was auch im Archiv II zerstört wird, ist auf ewig vergessen.

Das Österreichische Staatsarchiv ist als ein winziges

Bruchteil eines solchen imaginären Archivs aufzufassen, es ist ein Neubau im wienerischen Erdberg, und bewahrt grob gesagt alle Urkunden, Dokumente und Akten der Monarchie und der Republik auf. Außerdem gibt es zwei Außenstellen, eine für die Finanzen der Monarchie (das k. k. Hofkammer-Archiv) und eine für die Haus-, Hof- und Staatsverwaltung (das damalige Außenministerium) am Wiener Minoritenplatz. Die Akten des »Tausendjährigen Reiches« sind hingegen im deutschen Bundesarchiv in Berlin aufbewahrt, denn in Wien gab es zu dieser Zeit keine Ministerien.

Bekanntlich war die österreichische Monarchie um ein Vielfaches größer als die Erste und Zweite Republik, trotzdem kam sie bis 1848 mit nur vier Ministerien aus, dem Kriegsministerium, der Hofkanzlei (die dem Innenministerium entsprach), der erwähnten Haus-, Hof- und Staatskanzlei (dem Außenministerium) und eben der Hofkammer (dem Finanzministerium). Jedem dieser Ministerien entsprach ein Archiv, und dem letzten, dem Finanzministerium, eben das k. k. Hofkammer-Archiv.

Nach dieser Erklärung erwartet ein Kenner Spitzwegscher Malerei vom k. k. Hofkammer-Archiv und Grillparzer vielleicht eine Mischung aus dem »Bücherwurm« und dem »armen Poeten«, doch liegt er hier zu 97 oder 97,5 Prozent falsch.

Überraschenderweise löst dieses banale aller banalst vorstellbaren Archive Bilder und Szenen aus vergangenen Zeiten aus, dass man einmal glaubt, Mozart'sche Quartette zu hören, ein andermal Brüsseler Spitzen und Vermeer van Delft'sche Interieurs zu sehen, Entdeckungen auf weißen Flecken von Landkarten zu machen,

Zeuge von Schlachten zu sein oder mittelalterliche Schauerromane zu lesen.

Archivdirektor Hofrat Sapper, ein durchschnittlich großer und starker Beamter, jongliert mit gewichtigen, koffergroßen, bis zu 20 Kilogramm schweren »Findbüchern« voller Akten, dass man es nicht wagt, an das Spiel seiner Bandscheiben zwischen den Wirbeln zu denken; er ist ein erfahrener, kenntnisreicher Mann. Einmal hat er schon in einer Akte einen im 18. Jahrhundert vergessenen Gänsekiel gefunden und sichergestellt, so dass wir ihn später im vierten Stock besichtigen können. Da liegt er wie eine Gräte aus dem Bauch eines großen Fisches, ein eigentümlicher Säbelzahn, zu Recht haftet ihm etwas Tierisches an.

Während der Hofrat den Aktenknoten geschickt öffnet und auf ein sechzig Zentimeter dickes Aktenbündel, Faszikel genannt, hinweist und damit schon eine neue Frage aufwirft, erfahren wir etwas über den Beruf des Schreibers, den *Ingrossisten*, dessen Aufgabe es war, »ein fürchterliches Geschmiere in den Akten zu verhindern, denn die Beamten mussten zumeist geschwind mitschreiben«. Zu diesem Zweck verwendeten *Ingrossisten* Tintenfass, Sandstreuer und eben eine vorne abgeschnittene Feder.

»Ach ja«, fallen wir, längst ungeduldig wegen des ominösen Akten-Knotens geworden, ein, »es gibt also einen eigenen Knoten für diese Faszikel?« (Die Schnüre zum Binden der Akte hängen – wie von uns längst bemerkt – an einem Nagel von einem Regal, gleichsam Haarschlaufen für Aktenpakete, die zu einer bestimmten Form, dem »k. k. Aktenknoten«, gebunden wurden und werden. Andererseits erinnern diese kleinen Kostbarkeiten einen psychiatrisch durchschnittlich versierten Besucher an Verschnürungen von Zwangsjacken): Der »k. k. Aktenknoten« besteht aus zwei asymmetrischen Knotenpunkten, die Krawattenschlaufen nicht unähnlich sind. Ist dieser Doppelknoten einmal von geschickten Händen geöffnet, folgen weitere Schnüre, die ein Aktenkonvolut aus kleineren Aktenpaketen mitunter allzu rasch freigeben, was dann eine sogenannte Papierausschüttung zur Folge hat. Ein Beamter musste also seinerzeit über mancherlei Geschick und Handfertigkeit verfügen.

Pensionierung war bei den Habsburgern unbekannt, kam das Alter mit Blindheit oder Taubheit zu Hilfe, wurde gnädig »quiesciert«, sonst gab es bis zur Pensionierung Grillparzers keinen Ruhestand, auch nicht mit neunzig Jahren. Da das Gebäude nicht elektrifiziert war, gingen seine acht Beamten und der Hausbursche bei Einbruch der Dunkelheit nach Hause, im Winter früh, im Sommer spät. Geheizt wurde nicht oder sparsam, so dass im Winter nicht selten der Dienst im Mantel und mit Handschuhen versehen wurde.

Während nun Archivdirektor Hofrat Sapper die ersten Akten sichtbar werden lässt, stellt sich bei mir unversehens die Frage nach Vorteil und Nachteil einer Wiedergeburt ein: Angenommen, man käme als eine solche beschriftete Akte, die niemand interessiert, auf die Welt, eingezwängt und mit »k. k. Aktenknoten« festgemacht, zwischen anderen beschriebenen Akten, sagen wir als Strafe für ein nachlässiges Arbeiten als Beamter? Oder als Historiker, der die Geschichte zurechtgebogen hat?

Nach kurzer Lähmung, wobei der Gedanke, eine dieser vergilbten Akten zu werden, so schrecklich wird, dass sich das weitere Geschehen unbemerkt vollzieht, liegen plötzlich die Alimentenzahlungen Maximilians I. für 16 (!) uneheliche Söhne vor uns. Das stellt sich allerdings nur als eine Überraschung des Archivdirektors heraus, das heißt, die 16 unehelichen Söhne und die Alimente stimmen zwar, aber wir sollten eigentlich die Hofzahlungsbücher mit den Ausgaben für die »Kanntorei-Knaben« (die heutigen Wiener Sängerknaben) vor 500 Jahren sehen, die eine Summe von 822 Gulden erhielten. Im selben Jahr 1543 gab man übrigens laut diesen Hofzahlungsbüchern für die »Hundts Undterhalltung« 253 Gulden aus, also für die anfallenden Kosten der Jagd- und Schoßhunde.

In den »Kommerzakten«, mit denen die Wirtschaft der Monarchie verbessert werden sollte, findet Direktor Sapper zur Illustration der Vielseitigkeit der Akten je einen Buchstaben für ein kurzweiliges ABC: Austrockung der Moräste bei Aquiläa, Blumenmalerei-Akademie, Capitano di Porto von Triest, Diamantenschleifer, Erfindungen, Farbkräuter, Glockengießer, Handels- und Entdeckungsreisen, Intelligenz- und Kundschaftsblätter, Jahrmärkte, Konsularwesen, Levantehandel, Manufakturen, Nautisches Studium, Ochsenhandel, Porzellanfabriken, Quecksilberhandel, Rotgerber, Seeschifffahrt, Talernegotium (Gewinn aus dem Handel mit Maria-Theresientalern), Uhrmacher, Visitation fremder Schiffe, Wappenstecher, Zuckerfabrikation …

Eines der Kennzeichen eines Archives ist seine gnadenlose Gleichgültigkeit, die der eines Lexikons um nichts nachsteht: In einem Regal finden sich die schönsten, eisblumenhaften Spitzenmuster aus Böhmen, während sich schon der folgende Akt mit dem Vampyrismus auseinandersetzt: »Nachdem die Anzeig beschehen, dass in dem Dorf Medwett die sogenannten Vambyrs 17 Personen durch Aussaugung des Bluts umbracht haben, seind wir auf hoche Verordnung des löblichen Oberkommandos dahin abgeschickt worden, um die Sach vollständig zu untersuchen«, heißt es. »Die einhellige Aussage ware dort, daß Arnont Pavle, der sich durch einen Fall vom Heuwagen den Hals gebrochen, bei Lebzeiten von der Erden eines Vambygrabes gegessen und sich mit dessen Blut beschmiret und deswegen nach seinem Thode vervambyret und würklich auch vier Personen zu Tode bracht habe. Umb dies Übl einzustellen seind wir auf den Fridhoff gangen, um die verdächtigen Gräber öffnen zu lassen. Der Pavle wurde ausgegraben und dabei gefunden, daß er ganz unverwesen seye, auch ihme das frische Blut zu denen Augen, Nasen, Mund und Ohren herausgeflossen, auch ihme neue Nägel an Händen und Füßen gewachsen. Weillen nun die Leuth daraus gesehen, daß er ein wirklicher Vambyr seye, so haben sie denselben eine Pfahl durch das Herz geschlagen, wobei er einen Grächazer gethan, dann ihme den Kopf heruntergeschlagen und sambt dem Körper verbrennet. … Andere Tote, wo die Leiber so verwesen, wie es sich auf einen rechtmäßigen Leichnamb gehört, wiederumb in Ihre Gräber gelegt worden.« (Ärztlicher Visitationsbericht, mit vier Zeugen, Hofkammer-Archiv Wien), steht darunter.

Wieder andere Akten bestätigen, dass auch berühmte Künstler zu ihrer Zeit pekuniär nicht viel mehr geachtet waren als ein »Kuchlmensch«, allesamt, ob Dürer, Tizian, Fischer von Erlach, Gluck oder Mozart, mussten das ihnen zustehende Geld der nur langsam zahlenden Hofkammer erst durch beredte Bittschriften abringen.

Grillparzers Bürozimmer ist biedermeierlich bürgerlich: der rote Läufer, der goldene Luster, das weißblaue Tapetenmuster mit kleinen Blättern an den Wänden, braune Stühle, ein brauner Tisch, Kasten, Schreibtisch, Stehpult, Drehhocker. Der Schreibtisch mit großem, grünen Filz, dahinter der Arbeitssessel – das Leder am Rücken stark abgewetzt durch ein Pendeln des Körpers zwischen Lehne und Tischplatte, hin und her in der Ebbe und Flut der Arbeitsbewegung, ausgehöhlt wie ein Felsen von den Gezeiten dieser Pendelbewegung, die nie regelmäßig verlief und nur im Zeitraffer sichtbar gemacht hätte werden können. Das schwarze Kruzifix an der Biedermeierwand vor dem grün befilzten Stehpult, an dem Grillparzer dichtete – ein gestrenges Memento mori, wo er doch in seinen Tagebüchern mit der Kirche scharf ins Gericht ging.

Was in Grillparzers posthumen Tagebüchern zu lesen ist, ist allerdings oft das Gegenteil dessen, was der Dichter und Archivar öffentlich sagte oder tat. Hebbel bezeichnete ihn als »servile Natur«. Im Privatgespräch kann man nicht genug zornige Schmähworte über gewisse hohe Persönlichkeiten hören, die er dann öffentlich besingt. Seinem berühmten Zitat aus »König Ottokars Glück und Ende« widersprach er selbst: »Drum ist der Österreicher froh und frank, trägt seinen Fehl, trägt offen seine Freuden, beneidet nicht, lässt lieber sich beneiden! Und was er tut, ist frohen Muts getan.« In den Tagebüchern liest man: »Fliehen will ich dieses Land der Erbärmlichkeit, des Despotismus und seines Begleiters, der dummen Stumpfheit, wo Verdienste mit der Elle der

Anciennität gemessen werden ... Und wo ... Vernunft ein Verbrechen ist und Aufklärung der gefährlichste Feind des Staates ... Natur, warum ließest du mich gerade in diesem Land geboren werden!«

Franz Mehring stellte fest: »Grillparzers Anhänglichkeit und Treue an ein Kaiserhaus, das ihn jeden Tag neu misshandelte oder misshandeln ließ, geht über unseren Horizont.« So durfte »König Ottokars Glück und Ende« zwei Jahre wegen Einwänden der Zensur nicht uraufgeführt werden, auch ein an Harmlosigkeit schwer zu überbietendes Gedicht mit kirchenkritischer Anmerkung wurde von der Zensur eingezogen.

Grillparzer erhielt zu seiner Pensionierung den Hofratstitel und wurde vom Kaiser in Audienz empfangen. Anschließend äußert er, drei Silberzwanziger wären ihm lieber gewesen.

Joseph Roth fand in einem großartigen, transparenten Essay eine Perspektive auf Grillparzer, die die geradezu karikaturhafte Zerrissenheit des Schriftstellers zu verstehen versucht. Er feiert ihn in seinem Porträt für die prophetischen Worte »Von der Humanität durch Nationalität zur Bestialität«, und fährt fort: »Er revolutionierte niemals, er rebellierte immer und zwar aus konservativer Neigung, als Bekenner hierarchischer Ordnung und als Verteidiger traditioneller Werte, die ihm nicht von unten, sondern im Gegenteil von oben her vernachlässigt, angegriffen, verletzt erschienen ... Er ist, man gestatte den Ausdruck, ein reaktionärer Individualanarchist, also ein Reaktionär par excellence ... Der einzige konservative Revolutionär, den die Geschichte Österreichs kennt.« Grillparzer selbst stellte noch zu Lebzeiten klar: »... ich bin kein Deutscher, sondern ein Österreicher, ja ein Niederösterreicher und vor allem ein Wiener.«

Und wie um seine Zerrissenheit zu demonstrieren, schrieb er nur noch für die Schreibtischschublade: »Ein Bruderzwist in Habsburg«, »Die Jüdin von Toledo« und »Libussa« wurden alle erst posthum, mehr als 20 Jahre nach ihrer Fertigstellung aufgeführt.

In seinem k. k. Hofkammer-Archiv hinterließ Grillparzer tadellose Ordnung, ein Bürozimmer im besten Biedermeierstil, das bis heute als letztes originales Musterbeispiel dieser Epoche gilt, mit einem Schreibtisch, den sein Nachfolger Otto Prechtler, ebenfalls ein dichtender Beamter, bei seinem Dienstantritt mit »Kritzeleien« seines Vorgängers übersät fand. »Meistens waren es Epigramme«, berichtet Prechtler. »Auf Schreibtischunterlagen, auf unscheinbaren Papierschnitzeln, selbst auf Akten fanden sich« (auch später) »manchmal recht bösartige Verse vor.«

Der Sarg von Wien

»In der Literatur ist, wie im Leben, nur das Schweigen ›aufrichtig‹«, hält Sándor Márai in seinem Erinnerungsbuch »Land, Land« fest. »Sobald einer zur Öffentlichkeit spricht, ist er nicht mehr ›aufrichtig‹, sondern Schriftsteller oder Schauspieler, also ein Mensch, der kokettiert. Denn das Schreiben, das ›schöne Wort‹, ist immer auch Possenreißerei … Aber es gibt kein Entrinnen, denn er (der Schriftsteller) kann nicht ›schweigen‹, er muss auch auf dem Weltmisthaufen reden, er redet noch aus dem Massengrab. Die Hoffnung, eine alles übersteigende Erschütterung werde ihm (und der Menschheit) den Tag bringen, da sie wirklich ›aufrichtig‹ sein können, weil sie nur noch mit den Grundwörtern schreiben und wispern, ist eine eitle Hoffnung. Sie können auch dann nichts weiter tun, als ihre Seele zu schminken und mit schönen Grundwörtern ›alles‹ zu sagen. Und das ›Thema‹, über das sie – zu allen Zeiten und auf allen Misthaufen – reden, ist stets das gleiche, Nekyia, also die Reise in das Totenreich, und Nostos, die Heimkehr.«

Márai hat Recht, denn wir befinden uns bereits im Totenreich, und er hat uns selbst dorthin geführt. In den Nebeln der Erinnerung, wenn ich sie quasi elektronenmikroskopisch untersuche, finde ich nur noch Atome und Moleküle aus dem Leben meines Urgroßvaters, eines Kunstglasbläsers, der ruhelos – auf der Suche nach Arbeit – in der k. u. k. Monarchie unterwegs war, bis er blind und alt an »Ausschindung«, wie der Totenschein festhält, starb. Er war sein ganzes Dasein über Analphabet geblieben, da er schon mit dem siebenten Lebensjahr als Motzer, das heißt als Glasmacherlehrling, sein Geld hatte verdienen müssen. Insgesamt ist sein Nachname – vermutlich Druschnitz – in neun verschiedenen Schreibvarianten festgehalten. Er, der Niemand, existierte nur phonetisch, und die Behörden verfuhren mit seinem Namen nach Gutdünken. Wahrscheinlich war er so am »nützlichsten«. Aus Alberto Manguels »Eine Geschichte des Lesens« erfahren wir, dass afroamerikanische Sklaven in Amerika über Jahrhunderte ihr Leben riskierten, wenn sie heimlich lesen lernen wollten. »Wurde man das erste Mal bei Lese- und Schreibversuchen erwischt«, gab ein ehemaliger Sklave vor dem »Federal Writers' Project«, das die Lebensläufe von Entrechteten sammelte, zu Protokoll, »bekam man den Ochsenziemer zu spüren, beim nächsten Mal die neunschwänzige Katze, und beim dritten Mal wurde einem das erste Glied des Zeigefingers abgehackt.« In den Südstaaten war es gang und gäbe, Sklaven zu erhängen, wenn sie versuchten, anderen das Lesen und Schreiben beizubringen. Trotzdem ließ es sich nicht verhindern. Die 90-jährige Belle Myers Carothers erklärte in den dreißiger Jahren des vergangenen Jahrhunderts, dass sie lesen lernte, indem sie das mit Buchstabenklötzchen spielende Kind des Plantagenbesitzers beaufsichtigte. Als ihr Herr sie dabei ertappte, trat er sie mit Stiefeln. Doch Belle ließ sich nicht entmutigen, und eines Tages fand sie ein Gesangbuch und entzifferte die Worte »When I Can Read My Title Clear«.

Das ist eine ebenso wahre Geschichte wie die Tatsache, dass in der jüdischen Gemeinschaft des Mittelalters das Ritual des Lesenlernens ausdrücklich gefeiert wurde. Beim Fest Schawout, das in Erinnerung an den Tag zelebriert wird, da Moses die Thora aus Gottes Händen empfing, wurde der Junge bei der Aufnahme in die Gemeinschaft in einen Gebetsschal gehüllt, zur »Schul« gebracht. Der Lehrer setzte den Anfänger auf seinen Schoß und hielt eine Schieferplatte vor ihn hin, auf der neben dem hebräischen Alphabet ein Vers aus der Heiligen Schrift und die Worte »Möge die Thora dein Beruf sein« geschrieben waren. Das Kind wiederholte jedes Wort, das der Lehrer ihm vorlas. Hierauf wurde die Tafel mit Honig bestrichen. Der Junge nahm sodann die heiligen Worte in sich auf, indem er die Tafel abschleckte. Wenn er die Grundbegriffe beherrschte, wurden hartgekochte Eier und Honigkuchen vorbereitet, auf die Bibelsprüche geschrieben waren. Sobald das Kind sie gelesen hatte, durfte es die Speisen essen. Eine wunderbare Methode, lesen zu lernen!

Ich selbst wurde in die Geheimnisse dieser Kunst noch vor meiner Volksschulzeit über die berühmte Buchstabensuppe eingeweiht, welche mir meine Großmutter als »Vogelmama«, die ihr Junges im Nest füttert, einlöffelte. Die »Vogelmama« brachte mit von weit heranfliegender Hand das ABC, und in den von mir erzwungenen Schluckpausen wurden As gesammelt, Bs, Hs und Es, je nachdem, welches Buchstaben-Puzzle im Teller schwamm. Natürlich war die Suppe bald kalt und ich vom Schrecken erlöst, deshalb zog ich die

246

Schluck- und Erklärungspausen auch immer in die Länge.

Als frühestes noch erhaltenes hebräisches Dokument »systemischen Denkens« erwähnt Gershom Scholem in »Zur Kabbala und ihrer Symbolik« das Schriftstück Sefer Yezirah. Darin ist festgehalten, dass Gott die Welt mit Hilfe der zehn Ziffern und 22 Buchstaben schuf. Der Schlüssel zum Verständnis des Universums liegt nach jüdischer und später auch christlicher Tradition in der Fähigkeit, durch das richtige Lesen der Zahlen und Buchstaben gleichsam in Nachahmung des Schöpfers einen Teil des gewaltigen Textes zum Leben zu erwecken.

Dem nächsten Gedanken möchte ich ein jüdisches Sprichwort als Motto voranstellen, das sich ebenso hell wie dunkel, weise wie bitter interpretieren lässt: »Ein Buch ist ein Freund, der nie verreist.« Ich stelle mir den einsamen, begeisterten Leser vor, dem dieser Satz eingefallen ist. Er, der mit dem Entziffern der Welt beschäftigt ist und mit dem Zauber der Sprache, der dem Rätsel der Sprachbilder und dem Magnetismus der Worte nachspürt, dieser stille und begeisterte Dekodierer, fühlt sich von seiner Tätigkeit, der er sich mit Hingabe widmet, zugleich auch beschützt. Es gibt sogar die Gier nach einem Buch. Keiner hat dieses Phänomen eindringlicher beschrieben als Stefan Zweig in seiner »Schachnovelle«, in der ein von den Nazis verhafteter Gegner des Regimes mit dem Entzug jeglicher geistiger Nahrung gequält wird. Man versteht, dass ausgerechnet einem jüdischen Verfolgten dieses Thema einfiel, einem Sohn der Schrift, des Wortes. Dem von der Außenwelt Abgeschnittenen, der in ein fensterloses, kahles Zimmer gesperrt ist, gelingt es, aus einem vor dem Verhörzimmer abgelegten

Mantel ein Buch zu stehlen, ein Buch – die Rettung! Zu seiner Enttäuschung erweist es sich aber als Schachfibel – und trotzdem, sie vermittelt dem Unkundigen, der allmählich und nur widerwillig und aus Verzweiflung das Spiel allein durch seine Vorstellungskraft erlernt, den Eintritt in eine imaginäre Welt, mit deren Hilfe er die materielle, in die er eingesperrt ist, überwinden kann. Der einsame, begeisterte Leser wird an all diese Wohltaten gedacht haben, die wir den Büchern verdanken, als er den Satz vom Buch als Freund, der nie verreist, formuliert hat.

Doch der unerschöpfliche Alberto Manguel weiß auch von Büchern zu berichten, die geraubt oder verbrannt, die verschleppt und vernichtet wurden. Als Jugendlicher, der unter stetigem Mangel an Büchern litt, las ich ungläubig in meinem »Don Quijote«, dass dessen Bibliothek vom Pfarrer und Barbier »verbrannt« wird, weil die Lektüre von Ritterromanen den Verstand des Mannes von La Mancha verwirrt haben soll. Cervantes kannte die brennenden Scheiterhaufen der Inquisition und speziell die Philipps II., eines Habsburgers, der gemeinsam mit den katholisch-christlichen Gerichtsbehörden Mauren, Juden und angebliche Staatsfeinde auf dem Scheiterhaufen hinrichten ließ.

Feuer und Wahn wüteten im 17. und 18. Jahrhundert auch in der Österreichischen Nationalbibliothek. Paradoxerweise waren die Zensoren und Oberzensoren gleichzeitig Beamte der Institution, da diese am besten Bescheid wussten. Im Sitzungszimmer der Zensurkommission existierte sogar ein eigener Ofen als Krematorium für Bücher. Der offenbar allwissende Alberto Manguel führt in seiner »Geschichte des Lesens« eine

Reihe von Vandalenakten ähnlicher Art an – von der Vernichtung der Werke des Protagoras in Athen, 411 vor Christus, bis zum chinesischen Kaiser Shihuang-ti, der das Lesen überhaupt abschaffen wollte, indem er alle Schriften in seinem Herrschaftsbereich verbrennen ließ.

Die russische Lyrikerin Anna Achmatowa hingegen hatte in der Zeit der Verfolgung durch Stalin in den dreißiger und vierziger Jahren des vergangenen Jahrhunderts Angst, ihre Gedichte schriftlich festzuhalten, und verbrannte sie kurz nach der Niederschrift. »Sie klaubte sie Zeile für Zeile (wieder) aus dem Gedächtnis zusammen«, wie ihre Biographin Jelena Kusmina schreibt, »oder buchstäblich Wort für Wort aus der Erinnerung jener Menschen, deren Gedächtnis sie ihre Gedichte in jenen schrecklichen Jahren anvertraut hatte ...« Die Manuskripte Achmatowas aus den fünfziger Jahren waren voller Leerzeichen, Pünktchen und Fragezeichen. Das seien nicht die üblichen Entwürfe gewesen, an denen man den Entstehungsprozess von Gedichten ablesen könne, stellt die Biographin fest, sondern »Stationen ihrer qualvollen Wiedergeburt. Ungeachtet dessen, dass die Muse taub wurde, blind und ein Samenkorn, das in der Erde sein Leben ließ«, fährt sie fort, »erwies sich das Wort stärker als das Vergessen.«

Auch Adolf Hitler betätigte sich bekanntlich als »Sprachvernichter«, und das nicht nur mit besonderem Erfolg in seinem programmatischen Pamphlet »Mein Kampf«. Zwar gelang es ihm, etwa die Bücher Stefan Zweigs verbieten und sogar verbrennen zu lassen, ja den Schriftsteller schließlich in den Selbstmord zu treiben, dennoch lesen wir heute »Die Welt von Gestern«.

Wir lesen darin, wie am 10. Mai 1933 in Berlin »Bücher nach altem, deutschem Brauch an den öffentlichen Pranger genagelt wurden« oder wie sie, »da es leider nicht erlaubt war, Menschen zu verbrennen, auf großen Scheiterhaufen unter Rezitierung patriotischer Sprüche verbrannt« wurden. Es waren mehr als 20 000 – darunter Werke von Freud, Marx, Einstein, Thomas und Heinrich Mann, Werfel, Hemingway, Steinbeck, Zola, Proust, London, Brecht, Döblin, Schnitzler, Lernet-Holenia, Dos Passos, Joyce, Hašek und Erich Kästner, der zufällig selbst zugegen war und sich, wie es heißt, rasch entfernte, als eine Schauspielerin ihn erkannte.

1945, als dann Menschen, Tiere, Pflanzen, Bibliotheken, ja ganze Städte zu Asche verbrannt oder verwüstet waren, befiel nicht wenige Überlebende im nun ehemaligen »Reich« eine seltsame Amnesie, die einer Dante'schen Strafe aus dem »Inferno« der »Göttlichen Komödie« entnommen sein könnte: Ein selbst auferlegtes Schweigen über die Vorfälle hatte sie befallen, es war nicht das »aufrichtige« Schweigen, von dem Sándor Márai sprach, sondern ein beredtes Schweigen, das stumme Blöken der sich ahnungslos stellenden Unschuldslämmer – als hätte Dante die Schuldigen im letzten Kreis der Hölle zu »Büchern mit sieben Siegeln« verwandelt, in denen die verschlüsselten Fragmente der von ihnen verursachten Apokalypse aufgezeichnet waren. Da Bücher sich nicht selbst lesen können, müssen die Verwandelten stumm und erinnerungslos im Inferno ausharren, bis sie eines Tages von kryptologisch Geschulten dechiffriert werden, die mühsam Wort für Wort, Satz für Satz, Splitter für Splitter die Geschichte des Wahns und des bluttriefenden Untergangs einer Epoche zusammensetzen.

Als ich mich im Herbst 1989 zu einer literarischen Spurensuche in die Bücherspeicher der Österreichischen Nationalbibliothek begab, wanderte ich mit einem kundigen Vergil, Doktor Duchkowitsch, in entlegene Kontinente des unterirdischen Labyrinths, die nur für geübte Beamte und zu Fuß erreichbar waren. Ich entdeckte die »Numismatik«, den »Statistikkeller« und den »Segmentgang«, erfuhr von der »Musikkammer« und der »Friedrichsküche«. Das »Birnholzzimmer« war nicht, wie angenommen, mit Möbeln aus Birnenholz ausgestattet, sondern nach einem jüdischen Apotheker und Exlibrissammler benannt, der 1939 nach Amerika emigrierte.

Es gab außerdem, erfuhr ich weiter, einen Raum mit dem unheimlichen Namen »Sarg«, in dem nicht erfasste Bücher lagen.

»Ganze Bibliotheken jüdischer Flüchtlinge«, schrieb ich daraufhin (und ergänze heute »und Deportierter«), »die selbst im Laufe von Jahren nicht ›aufgearbeitet‹ werden konnten, stapelten sich im ›Sarg‹. Übrigens war auch die Bibliothek von Schnitzlers Erben darunter. Noch heute findet man, obwohl der Großteil nach Möglichkeit zurückgegeben wurde, ›verschwundene‹ Exemplare mit Widmungen an Arthur Schnitzler.«

Die Nekyia dieser Bücher, die Reise in das Totenreich des »Sarges« der Nationalbibliothek, bis zum traurigen »Nostos«, der »langsamen Heimkehr«, dauerte aber weitere 15 Jahre. Zunächst wurde von der damaligen Direktion abgestritten, dass es überhaupt noch geraubte Bücher in den Speichern der Österreichischen Nationalbibliothek gebe. So wurde zum Beispiel nach der Veröffentlichung meiner literarischen Reportage 1990 ein Ersuchen um Rückgabe von beschlagnahmten Büchern des Verlegers Bermann Fischer mit dem Bescheid, dass alle beschlagnahmten Bücher schon restituiert worden seien, abgelehnt.

Insgesamt fast siebzig Jahre später hat nun die Österreichische Nationalbibliothek die Auswirkungen der politischen Beben rekonstruiert, soweit sie an ihnen aktiv beteiligt war. Die verstörende Geschichte begann schon 1934. Nach dem Verbot der Sozialdemokratie ließ der austrofaschistische Staat landauf, landab Säuberungen von Büchereien durchführen. Hunderte und Aberhunderte sozialdemokratische Bildungseinrichtungen, die als Vereine existierten, wurden aufgelöst, allfällig vorhandenes Vermögen beschlagnahmt. An diesen umfassenden Säuberungen wirkte die Nationalbibliothek maßgeblich mit. »Obwohl es bis zum Frühjahr 1935 dauerte, bis die Zentralstelle für Volksbildung im Unterrichtsministerium einen konkreten Plan hatte«, schreibt Murray G. Hall, »wie sie mit den Hunderttausenden in ganz Österreich ausgesonderten Büchern verfahren sollte, bedeutete die Schließung sozialdemokratischer Einrichtungen für die Nationalbibliothek eine einmalige Gelegenheit, ihren Bestand zu vermehren.«

Zwar fiel der anfängliche Elan bald einer Lähmung, dem Stupor Austriacus, zum Opfer, der kennzeichnend für zahlreiche halb oder gar nicht ausgeführte Pläne und Maßnahmen in unserem Land ist, aber es kamen dennoch einige zigtausend Bände zustande, so dass man zumindest von einem »Teilerfolg« sprechen konnte. Die umfangreiche Geschichte der Österreichischen Nationalbibliothek über die Jahre 1923 bis 1967 von Ernst Trenkler weiß darüber allerdings nichts zu berichten, was vielleicht aus der beruflichen Laufbahn des Verfassers erklärlich ist. (Davon später mehr.) Der verantwortliche Generaldirektor wurde jedenfalls 1938 von den Nationalsozialisten durch einen »kunstsinnigen« Standartenführer der SS ersetzt. Während sein Vorgänger in das KZ Dachau und anschließend in das KZ Sachsenhausen gebracht und von dort noch im Herbst 1938 in seine Wohngemeinde Piesting entlassen wurde (wo er sich, unter Hausarrest gestellt, bis zum Ende des Krieges aufhielt), fand der nationalsozialistische Generaldirektor für den größten Bücherraub und die umfassendste Büchervernichtungsaktion der österreichischen Geschichte eine andere Zielgruppe – Juden und politische Gegner. Ich erlaube mir jedoch einen kurzen Vorgriff auf die nächste Personalrochade. Die Aktivitäten des von den Nationalsozialisten eingesetzten Generaldirektors endeten 1945 mit dessen Selbstmord. Hierauf wurde wieder sein Vorgänger zum Nachfolger bestellt. Selbstverständlich musste sich dieser nie für seine Untaten in der Zeit des Austrofaschismus verantworten. Auch der Verfasser der erwähnten Geschichte der Österreichischen Nationalbibliothek von 1923 bis 1967, Ernst Trenkler, verdient noch eine kurze Anmerkung: Er arbeitete in der Zeit des Nationalsozialismus als Beauftragter des »kunstsinnigen« Standartenführers bei der Beschlagnahme – genauer gesagt dem Raub – von Büchern mit diesem eng zusammen, um ihm dann nachträglich eine »manische Besessenheit, den Bücherbesitz jüdischer Emigranten an die Nationalbibliothek zu bringen«, zu attestieren. Außerdem war er nach dem sogenannten Zusammenbruch für die Restitution »beschlagnahmter« Bücher zuständig und brachte es später sogar bis zum Direktor der Druckschriftensammlung.

Margot Werner listet in ihrer grundlegenden wissenschaftlichen Arbeit »NS-Raubgut in der Österreichischen Nationalbibliothek« den, wie sie lakonisch schreibt, »Eingang entzogener Bibliotheken und Sammlungen in die Nationalbibliothek« und die »Formen des Zuwachses zwischen 1938 und 1945« penibel auf. »Sämtliche beschlagnahmte Bestände – sofern eine Inventarisierung erfolgte – wurden als ›Geschenk‹ in die Einlaufbücher aufgenommen.« Und weiter: »Aus Zeit- und Personalmangel wurde ein großer Teil der beschlagnahmten Bibliotheken nicht einsigniert, sondern verkauft, getauscht oder im Aufbau befindlichen Bibliotheken des Deutschen Reiches zugewiesen.« Das heißt, sie sind für eine Restitution verloren.

Bereits im Oktober 1938 schrieb der damalige Generaldirektor, er könne eine angebotene Zuweisung an Büchern derzeit nicht annehmen, »da der starke Anfall an Bücherbeständen alle unsere an sich spärlichen Kräfte voll in Anspruch nimmt«. Er denke daran, einen »Stoßtrupp zusammenzustellen«, um »endlich ein wenig Luft zu bekommen«. Außerdem bat er das Reichsfinanzministerium um Zuteilung weiterer Bücherregale, da »fast 300 000 Bände in den Magazinen lagern und aufgearbeitet werden müssen und zweifellos noch viel Material hereinkommen wird«. An erster Stelle waren, wie gesagt, jüdische Privatpersonen und Einrichtungen, wie zum Beispiel die Israelitische Kultusgemeinde, von der Beschlagnahme ihrer Bibliotheken und Sammlungen betroffen, darüber hinaus politisch unerwünschte Besitzer, Bibliotheken ausländischer Institutionen und öffentliche Büchereien …

Die Restitutionen in der Nachkriegszeit waren generell mit großen Problemen verbunden. Margot Werner berichtet aber, dass zum Beispiel ein Teil der Bibliothek der Israelitischen Kultusgemeinde im Umfang von circa 8000 Bänden im Jahr 1949 »formlos« zurückgegeben wurde, ebenso wie die Bibliotheken ausländischer Gesandtschaften. Bis zum Jahr 1950 restituierte die Nationalbibliothek aus den »einsignierten beschlagnahmten« Bücherbeständen ungefähr 5420 Titel, das entsprach nur etwa einem Drittel der *erfassten* Menge. Weiters klärt Margot Werner in der angeführten Arbeit auch den Begriff des »Sarges« auf – eines Gangs, der das ehemalige Augustinerkloster mit der Albertina verband, und differenziert meine bereits zitierten Bemerkungen. Im »Sarg« wurden 52 500 Bände festgestellt, darunter tatsächlich noch eine größere Anzahl an entzogenen Bänden, aber auch – Zynismus der Geschichte – nach Erlässen des Bundesministeriums für Unterricht von öffentlichen Dienststellen abgelieferte NS-Literatur. Die bis zum Jahr 1947 gesammelte NS-Literatur hatte insgesamt ein Gewicht von 67 Tonnen und wurde schließlich der Neusiedler Papierfabrik zur Makulierung übergeben. Der »Altbestand« im Sarg betrug daher nur ungefähr acht Prozent beschlagnahmter NS-Literatur.

Die Rückgabe der Bücher seit dem Kriegsende ist reich an Grotesken, Unterlassungen, Irrtümern und Fehlern. Vor allem sind falsche Auskünfte und sechzig Jahre Wartezeit auf die Restitution geraubten Eigentums bedrückend und inakzeptabel. Die Ursachen dafür waren gewiss nicht nur Resignation vor der Schwierigkeit und den Mühen, die damit verbunden sind, nicht nur Personalmangel, nicht nur die augenscheinliche Unmöglichkeit, Orientierung im Chaos zu finden, nicht nur die

Dante'sche Usura, die Habgier. Was dann? Amnesie? Der Stupor Austriacus? Gleichgültigkeit?

Der »Nostos« nach der »Nekyia«, von dem wir zu Beginn hörten, die Heimkehr aus dem Totenreich, meint aber zuallererst nicht die Bücher.

Die jüdische Religion ist entgegen den antisemitischen Klischeevorstellungen eine Religion des Verzeihens. Am heiligsten Tag des Judentums, an Jom Kippur, dem Versöhnungstag, werden die umkehrenden Gläubigen gewiss, dass das Maß der Güte Gottes reichlicher ist als das Maß der Heimsuchung. Doch ist nach Auffassung der jüdischen Religion Vergebung der Schuld nicht nur ein Vorgang zwischen Gott und Mensch, sondern auch zwischen Mensch und Mitmensch. »Sünden gegen seinen Nebenmenschen sühnt der Versöhnungstag nicht, bis man Vergebung erlangt hat«, heißt es. Angesichts dessen, was geschehen ist, ist es fraglich, ob wir jemals wirklich werden begreifen, das heißt bis in jede Einzelheit werden nachvollziehen können, welche Dimension das Grauen des Nationalsozialismus tatsächlich hatte. Wir können nur weiter an der Dechiffrierung der Aufzeichnungen über die Apokalypse in dieser Zeit arbeiten, versuchen, den materiellen Schaden, so weit es möglich ist, zu beheben, und – gleichsam im Dunkeln – die Hand tastend und suchend ausstrecken, in der Hoffnung, dass irgendwo eine andere wartet, die uns Verzeihung gewährt.

Das Inhaltsverzeichnis der »Österreichischen Musikzeitschrift« des Jahrgangs 1959 führt einen von Hofrat
Universitätsprofessor Leopold Mozart verfassten Artikel an, mit dem Titel »Mozarts Requiem-Autograph
wurde beschädigt«. Leopold Mozart? Das Mysterium
ist rasch als Fehler des Druckers aufgeklärt: Hinter dem
Namen von Mozarts Vater verbirgt sich, ein unfreiwil-
liges Inkognito, Leopold Nowak, damaliger Leiter der
Musiksammlung der Österreichischen Nationalbibliothek in Wien. Dieser in höchstem Maß ironische Lapsus
aus der Welt der schwarzen Magie ist nur ein winziges
Detail von zahllosen Verwirrung stiftenden Einzelheiten, die sich um das »Requiem« ranken, das letzte
Werk Mozarts, dem von fremder Hand vollendeten und
nachträglich rekonstruierten Torso. Hier gibt ein scheinbar gelöstes Rätsel über seine Entstehung zugleich ein
oder mehrere neue auf, hier führt ein sich als richtig er-
weisender Denkansatz überraschend in die Irre, dafür
kommt ein Irrweg ans Ziel einer gültigen Deutung, die
sich letztendlich aber doch nicht als widerspruchsfrei
herausstellt.

Was nun hat Leopold Nowak, Herausgeber des Mozart'schen Requiems in der Neuen Mozart-Ausgabe
vom Jahr 1964 und außerdem Verfasser zweier grund-
sätzlicher Studien zum Requiem-Fragment, über die Be-
schädigung des Requiem-Autographs der Öffentlichkeit
zur Kenntnis gebracht? Der Universitätsprofessor erfüllt
nicht mehr als in allgemeinen Worten der Entrüstung –
die Tatsachen etwas herunterspielend – die Meldungs-
pflicht eines zuständigen Verantwortlichen.

»Man würde eine solche Untat, begangen an einem der ehrwürdigsten und kostbarsten Denkmäler österreichischer Musik, nicht für möglich halten. Aus dem Autograph des Requiems von W. A. Mozart (Cod. 17.561 der Nationalbibliothek), das im Österreich-Pavillon der Brüsseler Weltausstellung zu sehen war, wurde aus dem letzten beschriebenen Blatt, fol. 99, die untere rechte Ecke herausgerissen. Auf ihr stand von Mozarts Hand geschrieben: quam olim/d:c:. Das ist der Vermerk, mit dem der sterbenskranke Meister andeutete, dass die Quam olim Abrahae-Fuge des ›Domine Jesu‹ am Ende des ›Hostias‹ zu wiederholen sei.

Der unbekannte Täter hat sichtlich mit Bedacht gehandelt. Er wählte das letzte Blatt und riss die vier Worte so geschickt heraus, dass er nichts vom Notentext verletzte. So ergatterte er in einer Weise, die jeder Ehrfurcht vor Mozarts letztem Werk Hohn spricht, ein ›Andenken‹. Man kann nur die Hoffnung haben, dass ihn dies eines Tages reut und er das Stück wieder zum Autograph zurücksendet.« Unter den Abbildungen des vollständigen und des beschädigten Autographs findet sich neben der Bilderklärung weiterhin der Hinweis: »Vermutlich glaubte der Täter Mozarts letzte Handschrift entwendet zu haben. Diese aber ist die hier gezeigte Stelle des ›homo reus‹ aus dem ›Lacrymosa‹.« Dargestellt ist die entsprechende Seite aus der Partitur, die jahrzehntelang als Postkarte an Touristen mit dem Vermerk verkauft wurde, es handle sich um Mozarts letzte Worte und Noten. Eine solide Behauptung zwar, die aber einen wirklichen Beweis schuldig bleibt.

Über 1791, Mozarts letztes Jahr, gibt das gleichnamige Werk von H. C. Robbins Landon genauer Auskunft.

Mozart vollendete in diesem Jahr ein Klavierkonzert, ein Horn- und ein Klarinettenkonzert, schrieb das berühmte »Ave verum corpus« für eine Fronleichnamsprozession, die »Kleine Freimaurer-Kantate« und andere weniger bedeutende Kompositionen. Vor allem aber komponierte er zwei Opern, praktisch gleichzeitig: »La clemenza di Tito« und die »Zauberflöte«, zwischen deren Premieren nur vierundzwanzig Tage lagen.

Vermutlich zu Beginn seines letzten Sommers auf Erden erschien bei ihm überdies der mittlerweile zu literarischer Berühmtheit gelangte, lange unbekannt gebliebene »Graue Bote« und bestellte im Auftrag eines Anonymus ein Requiem, eine Totenmesse. Dieser Bote wird unter anderem von der Mozart-Biographin Dorothea Leonhart als Erfindung Konstanze Mozarts in das Reich der Legenden verwiesen, und wir können nun jeden weiteren Schritt der Geschichte mit Theorien, Hypothesen, Geistesblitzen, logischen Schlüssen, Behauptungen und deren Gegenteilen belegen und würzen, die sehr oft verblüffend, glaubwürdig und logisch erscheinen, wenn nicht auch gleichzeitig das jeweilige Gegenargument von der gleichen Qualität wäre. Ein großes Argumente-Kegeln, Theorien-Umschießen, Meinungen-Schachmattsetzen ist seit zweihundert Jahren im Gange, ein detektivisches Aufstöbern, ein geradezu talmudisches Interpretieren von Dokumenten, das den Leser ganz in das Rashomon-Reich einer schillernden, widersprüchlichen Wirklichkeit versetzt. Wer sagt übrigens, dass nicht die ausgefallensten, die unwahrscheinlichsten Zusammenhänge doch die wahren sind? Was immer auch phantasiert wurde, die menschliche Existenz ist in der Regel von Geheimnissen umwittert, und nur in den seltensten Fällen lässt sich ein Ereignis logisch in allen Einzelheiten begreifen und noch weniger im Nachhinein ausrechnen. Davon singen Millionen Gerichtsverhandlungen ein dissonantes Lied. Was erst aber, wenn man fast nur auf Aussagen angewiesen ist, die Jahrzehnte nach Mozarts Tod getroffen wurden?

Der »Graue Bote« soll ein Verwalter des Grafen Walsegg-Stuppach namens Anton Leutgeb gewesen sein. Eine andere Theorie bevorzugt den Kanzlisten des Wiener Advokaten Dr. Johann Sortschan, der die Geschäfte des Grafen besorgte. Der Graf war ein von den Musen geküsster – man verzeihe den etwas respektlosen Ton – Schlawiner. Er spielte Cello und Flöte und bestellte gegen außerordentliche Honorare bei heute in Vergessenheit geratenen Komponisten wie Devienne oder Hoffmeister unter strenger Geheimhaltung Werke, die er eigenhändig abschrieb und dann mit seinen Hofmusikern aufführte. Einer von ihnen schilderte, wie der Graf sich geschmeichelt fühlte, wenn man nach seiner Aufforderung, den Komponisten zu erraten, den Namen Walsegg-Stuppach nannte, und dass es ihm dann nie einfiel zu widersprechen, weshalb es sich eingebürgert hatte, bei den merkwürdigen Bauchpinseleien augenzwinkernd mitzuspielen. Wie auch immer man zu dem hochstaplerischen Spleen stehen mag, einer neuerlichen Ironie des Schicksals und der Eitelkeit des Grafen, dessen Frau Anna, geborene Edle von Flammberg, am 14. Februar 1791 gestorben war, verdanken wir jedenfalls die Entstehung des »Requiems«. Darüber gibt es keinen Zweifel, wenngleich über die Höhe des Honorars Uneinigkeit herrscht.

Aus den großen Kompositionen Mozarts in den letzten Monaten und aus Papieruntersuchungen ist zu schließen, dass der erschöpfte Komponist die Totenmesse nicht in der angegebenen Reihenfolge und auch nicht in einem Zuge schrieb, sondern mit drei Unterbrechungen, vom Juni bis zu seinem Tod am 5. Dezember 1791.

Sogleich nach seinem letzten Atemzug begann der Gerüchtebaum Blüten zu treiben. Das berühmteste Falschgeld ist wohl die Anschuldigung des Giftmordes, begangen an Mozart durch den italienischen Rivalen, den damals erfolgreicheren Hofkapellmeister und Lehrer Beethovens, Schuberts und Liszts, Antonio Salieri, der selbst neununddreißig Opern, Kirchen- und Instrumentalmusik geschrieben hatte. Die Ursache für das Gerücht ist in den Gesprächsaufzeichnungen des britischen Verlegers und Komponisten Vincent Novello und seiner Frau Mary mit Konstanze aus dem Jahr 1829 nachzulesen: »Etwa sechs Monate (Wochen?) vor seinem Tod war er besessen von der Vorstellung, vergiftet worden zu sein – ›Ich weiß, ich muss sterben‹, rief er aus, ›irgend jemand hat mir acqua toffana verabreicht und den genauen Zeitpunkt vorausberechnet – wofür sie ein Requiem bestellt haben, es ist für mich selbst, dass ich es schreibe‹.« (Acqua toffana war ein Gift aus Arsen und Blausäure mit tödlicher Langzeitwirkung.)

Ein Arzt, Eduard Vincent Guldener von Lobes, der bei Mozarts Krankheit und Tod konsultiert worden war, verneinte entrüstet jegliche Giftanwendung. »Eine große Anzahl der Einwohner Wiens litt zu dieser Zeit unter den gleichen Beschwerden, und die Fälle, die wie bei Mozart tödlich verliefen, häuften sich. Ich sah den Leichnam nach Eintritt des Todes, und sein Aussehen unterschied sich in nichts von dem bei solchen Fällen üblichen ... Nichts würde mir größere Genugtuung verschaffen oder mich mehr befriedigen, als zu wissen, dass das Zeugnis, das ich ablege, wenigstens in gewissem Grad dazu dient, dieser schrecklichen Herabwürdigung des Andenkens an den vorzüglichen Salieri entgegenzuwirken.«

Die Vorliebe des Dichters Alexander Puschkin für paradoxe, außerhalb der alltäglichen Erfahrung liegende Themen ließ ihn 1830 ein Bühnenfragment »Mozart und Salieri« verfassen, in welchem Salieri der Mörder Mozarts ist. Rimski-Korsakow vertonte Puschkins Werk 1898, und eine Reihe von Mozart-Biographen verbreitete diese These. In den achtziger Jahren des vergangenen Jahrhunderts gelang Peter Shaffer mit seinem Bühnenstück »Amadeus«, vor allem aber Milos Forman mit der fulminanten Verfilmung ein Welterfolg.

Die Gerüchtewelle machte allerdings nicht einmal vor Mozarts freimaurerischen Brüdern halt. So beschuldigte Friedrich Daumer, Textdichter zahlreicher Lieder von Brahms, die Freimaurer der Vergiftung Lessings und Mozarts und löste damit eine Reihe ähnlicher Publikationen aus. H. C. Robbins Landon fasst im Buch »1791, Mozarts letztes Jahr« die Gerüchte zusammen und berichtet: »Gleichzeitig mit der finsteren Hypothese, Mozart sei ermordet worden, kam eine Reihe von Legenden über seine Beziehungen zu Frauen in diesem Lebensabschnitt auf. In diesem Zusammenhang griff ein Freund und Logenbruder Mozarts, Franz Hofdemel, seine schwangere Ehefrau Magdalena, eine Klavierschülerin von Mozart, auf das widerwärtigste an. Am Tag nach Mozarts Tod verstümmelte Hofdemel seine Frau mit

Rasiermesserschnitten im Gesicht und am Hals für den Rest ihres Lebens und tötete sich dann selbst.«

Zu Mozarts Tod gibt es unzählige medizinische Kommentare und mehr oder minder wissenschaftliche Interpretationen, die unter anderem Nierenversagen, Syphilis und Erschöpfung durch die Aderlasse als Ursache vermuten. Im Totenprotokoll wurde hingegen nur ein »hitziges Frieselfieber« konstatiert. Der Wiener Pathologe Hans Bankl resümierte: »Die Bezeichnung ›hitziges Frieselfieber‹ bedeutet nicht die ärztliche Diagnose, sondern die populäre Beschreibung eines Symptoms, nämlich Fieber mit Hautausschlag. Die Ärzte haben Mozarts Krankheit von Beginn an anders genannt: ›Er erkrankte … an einem rheumatischen Entzündungsfieber‹.« Bankl folgerte weiter: »Was ist aber wirklich so schlimm daran, dass Mozart eines natürlichen Todes starb und schon die ärztliche Diagnose richtig war? Der Mythos des Geheimnisvollen ist weg. Die kriminelle Komponente fehlt, Mordgeschichten und Kriminalfälle finden ja immer ein neugieriges Publikum, überhaupt die Verbindung Sex and crime, da ja auch behauptet wurde, Constanze hätte sich in Baden bei Wien mit Mozarts Musikadjunkten Süßmayr vergnügt, während ihr Mann in der Zwischenzeit langsam vergiftet wurde.«

Über Mozarts »Requiem« brauten sich unterdessen ganz andere Gerüchtewolken zusammen, die in vielen Metern von Publikationen ihren noch immer währenden Niederschlag gefunden haben. Sie gipfelten in der Erkenntnis, Mozart habe das gesamte »Requiem« nicht selbst verfasst, das Werk bestehe nur »aus Mozartischen Skizzen, Brouillons, Croquis und Papierschnitzeln«, wie der Komponist Gottfried Weber, selbst Verfasser eines

Requiems, in der Musikzeitschrift »Cäcilia« 1825 behauptete. Dieser Angriff sollte vermutlich dem Komponisten Weber zur Selbstprofilierung dienen, da er damit die Behauptung verband, Mozarts »Requiem« sei dessen »unvollkommenstes, sein wenigst-vollendetes«, ja kaum wirklich ein Werk Mozarts zu nennen. Zumindest muss man Weber zugestehen, dass er den Braten gerochen hat. Seinem etwas ungestümen Angriff verdankt die Requiemologie überdies ein Schlüsseldokument über die Entstehung der Totenmesse, die Antwort Abbé Maximilian Stadlers unter dem Titel »Vertheidigung der Echtheit des Mozartischen Requiems«, den »Nachtrag zur Vertheidigung ...« und den »Zweyten und letzten Nachtrag zur Vertheidigung ...« aus den Jahren 1826 und 1827. Abbé Stadler, ein Freund und Verehrer Mozarts, selbst Komponist, war in die Requiem-Geschichte mitverwickelt. Doch die Ursache für alle späteren Kontroversen, Legenden und Widersprüche um das »Requiem« war Mozarts Witwe.

Konstanze wurde von den Mozart-Biographen auf das unterschiedlichste beurteilt, als treulose Gattin einerseits und innig Liebende andererseits, die sich aus Verzweiflung über Wolfgangs Tod zum Leichnam in das Bett legte, in der Absicht, von der infektiösen Krankheit angesteckt zu werden und mit Mozart zu sterben. Sie hat Mozart in den neun Jahren ihrer Ehe sechs Kinder geboren. Die Söhne Raimund Leopold und Johann Thomas Leopold starben nach ihrer Geburt 1783 und 1786, ebenso wie die beiden Töchter Theresia 1787 und Anna Maria 1789. Der 1784 geborene Sohn Carl Thomas wurde vierundsiebzig Jahre alt, der im Sterbejahr 1791 zur Welt gekommene Franz Xaver Wolfgang dreiundfünfzig.

Auf Konstanzes angebliche Leichtfertigkeit wird in erster Linie aus der Abneigung, die Vater Leopold gegen sie empfand und brieflich ausdrückte, geschlossen. Überdies gibt es mehr oder weniger verschlüsselte Andeutungen im Briefwechsel mit Wolfgang Amadeus, die allerdings auch anders ausgelegt werden könnten. Dem vielzitierten Verhältnis mit Süßmayr – er begleitete sie nach Baden, als sie hochschwanger war – soll Franz Xaver Wolfgang entsprossen sein. Das wird unter anderem aus den Vornamen Franz Xaver geschlossen, denselben wie Süßmayrs.

H. C. Robbins Landon, ein sehr klarer und umsichtiger Kombinierer von brieflichen Puzzles, biographischen Hinweisen und nicht eindeutigen Dokumenten, widmete in seinem Buch über Mozarts letztes Jahr der »Ehrenrettung« Konstanzes sogar ein eigenes Kapitel, in dem er alle Anschuldigungen in das Reich der Phantasie verweist. Dass sie Mozarts Begräbnis nicht beiwohnte, schreibt er ihrem übergroßen Schmerz zu. (Übrigens nahm auch Goethe nicht an der Beerdigung seiner Frau Christiane teil.) Dass sie nach Mozarts Tod das Grab siebzehn Jahre nicht besuchte, könne nicht als Beweis für irgendetwas genommen werden. Hingegen gelte als gesichert, dass Mozart keine Entscheidung ohne sie traf – ein schwer widerlegbares Zeugnis des Vertrauens.

Zwei Passagen aus Robbins Landons Kapitel sind besonders hervorzuheben: In der ersten stellt er fest: »Nicht Gott, sondern deutsche Musikwissenschaftler verunglimpften diese Ehe ...« Auch Wolfgang Hildesheimers Andeutungen missfallen Robbins Landon, vor allem die Beschreibung Konstanzes, dass sie »unfähig gewesen wäre, ihm jenes Gefühl zu spenden, dessen ein

Geringerer zu seiner Selbstverwirklichung bedurft hätte«. Hildesheimer weiter: »Es ist unwahrscheinlich, dass sie jemals psychisch gelitten hat, und auch ihre physischen Leiden betrachten wir mehr als willkommenen Vorwand zu Badekuren.«

Als Anmerkung, nach Schluss des Kapitels, hält Robbins Landon in einer Fußnote schließlich eine Argumentation von Peter J. Davies aus dessen Artikel »Mozart's Illnesses and Death« fest: »Bei Mozarts linker Ohrmuschel fehlten die normalen Schneckenwindungen (dieser seltene erbliche Geburtsfehler ist in der medizinischen Literatur heute als ›Mozartohr‹ bekannt); die Tatsache, dass Mozarts jüngster Sohn mit der gleichen Missbildung zur Welt kam, ist eine Trumpfkarte für Konstanzes Unschuld, ist sie doch der schlagende Beweis für Mozarts Vaterschaft!« – Woher Davies diese Kenntnisse hat, weiß ich allerdings nicht. Die Bemerkung sei jedoch erlaubt, dass alle moralisierenden Interpretationen und Schlussfolgerungen über Konstanzes Charakter durch Mozarts Leben und Werk im Grunde entkräftet wurden. Denn welche negative Auswirkungen auf Mozart hätte diese Verbindung gehabt? Etwa ein noch umfangreicheres und großartigeres Werk verhindert? Nehmen wir getrost an, Mozart wusste durch seine Liebe zu ihr, wie das Leben spielt, ein Wissen, das ihm bei seiner künstlerischen Arbeit letztendlich zugute kam.

Bei einem Requiem handelt es sich um eine Totenmesse der katholischen Liturgie, deren Text durch das Missale Romanum vorgegeben ist. Der Text ist in lateinischer Sprache abgefasst und besteht aus vierzehn Teilen:

I. Introitus Requiem; II. Kyrie; III. Sequenz mit 1. Dies irae, 2. Tuba mirum, 3. Rex tremendae, 4. Recordare, 5. Confutatis, 6. Lacrymosa; IV. Offertorium mit 1. Domine Jesu, 2. Hostias; V. Sanctus; VI. Benedictus; VII. Agnus Dei; VIII. Communio, Lux aeterna.

Nur einen geringen Teil der Partitur – was den Umfang betrifft – hat Mozart tatsächlich selbst ausgeführt. Konstanzes Bestrebungen gingen daher zuerst in die Richtung, das Fragment gebliebene »Requiem« vollenden zu lassen, da der »unbekannte Auftraggeber« eine Anzahlung geleistet hatte und ein Geldbetrag zudem noch ausständig war. Begreiflicherweise benötigte Konstanze diese Summe, denn Mozart hatte Schulden hinterlassen.

Als Erster wurde der Hofkapellmeister und spätere Nachfolger Salieris, Joseph Leopold Eybler, am 21.12. 1791 damit beauftragt, was Konstanze jedoch später – aus welchen Gründen auch immer – abstritt. (Die Spuren seiner Handschrift sind allerdings in der »Arbeitspartitur« zu verfolgen.) Hierauf gab Eybler, der 1846 selbst beim Dirigieren des Mozart'schen »Requiems« vom Schlag getroffen wurde und später verstarb, den Versuch, das Werk zu vollenden, auf. Da auch andere Meister angeblich die Fortsetzung nicht wagten, wandte sich Konstanze zuletzt an den fünfundzwanzig Jahre alten Franz Xaver Süßmayr, der erst neun Jahre nach Mozarts Tod in einem Brief klarstellte, welche Teile von seinem Lehrmeister stammten und welche von ihm selbst. Der spätere Fund der »Arbeitspartitur« bestätigt nachträglich seine Angaben:

Von den vierzehn Teilen des Requiems sind ausschließlich die 48 Takte des I. Introitus Requiem von

Mozart allein. Ab II. Kyrie stammen zwar Chorstimmen und Bass von Mozart, die Instrumentalstimmen bis auf Trompete und Pauke jedoch von einem anderen Schüler Mozarts, Franz Jakob Freystädtler. Trompete und Pauke wurden von Süßmayr ergänzt. Für III. Sequenz und IV. Offertorium gilt, dass Süßmayr dafür die damals vorhandenen und heute nicht mehr auffindbaren Entwürfe Mozarts, weiterhin wahrscheinlich Skizzen, Notate und mündliche Anweisungen weiterverarbeitete. Süßmayr bestätigt das selbst in dem oben angeführten Brief: »... Endlich kam dieses Geschäft an mich, weil man wusste, dass ich noch bei Lebzeiten Mozarts die schon in Musik gesetzten Stücke öfters mit ihm durchgespielt und gesungen, dass er sich mit mir über die Ausarbeitung dieses Werkes sehr oft besprochen, und mir den Gang und die Gründe seiner Instrumentierung mitgeteilt hatte. Ich kann nur wünschen, dass es mir geglückt haben möge, wenigstens so gearbeitet zu haben, dass Kenner noch hin und wieder einige Spuren seiner unvergesslichen Lehren darin finden können ...«

Die Teile V. Sanctus, VI. Benedictus, VII. Agnus Dei hat Süßmayr überhaupt neu komponiert, zum Schluss auf Mozarts Wunsch das Introitus Requiem herangezogen.

Um den »geheimen Auftraggeber«, den Grafen Walsegg-Stuppach, jedoch zu täuschen, er habe ein geschlossenes, von Mozart geschaffenes Werk erstanden, beließ Konstanze nur die von Mozart ganz oder hauptsächlich verfassten Teile I und II als Originale im Manuskript. Süßmayr, der als Schüler Mozarts häufig dessen Noten kopiert hatte, schrieb nach den Entwürfen und Anfängen seines Meisters die neue Partitur und vermerkte »sicherheitshalber« im Autograph auf Blatt 1 rechts oben »von mir Wolfgang Amadeus Mozart eigenhändig« – auf lateinisch: »di me W:A:Mozart mpr/792.« Wie man weiß, war diese Urkundenfälschung kein Meisterstück, denn nicht nur versuchte er dabei Mozarts Unterschrift nachzumachen (was ihm nur fehlerhaft gelang), sondern er verriet sich auch gleichzeitig mit der hinzugefügten Jahreszahl 1792, die zwar seinen eigenen Fertigstellungstermin richtig angab, nur mit dem gravierenden Unterschied, dass Mozart bereits 1791 gestorben war. Auch in seiner Partitur imitierte er die Handschrift Mozarts, so gut er konnte. Diese Partitur, die von Konstanze an den Grafen übergeben worden war, wird in der Musikwissenschaft als »Ablieferungspartitur« bezeichnet.

Der geheime Auftraggeber Graf Walsegg-Stuppach schrieb sie wie geplant selbst ab, um den Eindruck eigener Autorenschaft zu erwecken, fügte bestätigend hinzu »Requiem composto del Conte Walsegg« und führte es auch schließlich als sein Werk auf.

Das fragmentarische Original Mozarts aber – wie gesagt ohne die Teile I. Introitus Requiem und II. Kyrie, die ja in die »Ablieferungspartitur« eingebunden wurden – mit den skizzierten Teilen III. Sequenz und IV. Offertorium bis zum »Hostias« blieb ebenfalls erhalten und trägt – weil in ihm nachzulesen ist, was von Mozarts eigenhändiger Arbeit vorhanden ist – die Bezeichnung »Arbeitspartitur«.

Beide Partituren gelangten über Irrwege Jahrzehnte später in die Österreichische Nationalbibliothek, wo sie jetzt in einem der drei feuerfesten Stahlschränke, dem »Wertheimer«, hinter dem Chefzimmer der Musiksammlung aufbewahrt werden. Der Leiter der Abteilung und Mozartspezialist Hofrat Dr. Günter Brosche, zu dem meine Recherchen mich schlussendlich führen, ein eloquenter, behender Beamter mit einem gezähmten Faible für zynische Bemerkungen und ironische Gegenfragen, öffnet die Tür zu einem Wandverbau aus Edelholz, sperrt den dahinter befindlichen »Wertheimer« auf, in dem Schätze wie Beethovens Konzert für Violine und Orchester op. 61 aufbewahrt sind, alle Hauptwerke Anton Bruckners inklusive seiner Gebetsaufzeichnungen, die er in Taschenkalendern festhielt, die Erstniederschrift von Gustav Mahlers 9. Symphonie oder die kompletten Originalpartituren der Opern »Der Rosenkavalier« und »Die ägyptische Helena« von Richard Strauss – und entnimmt ihm den braunen Schuber mit »Ablieferungs«- und »Arbeitspartitur«. Vor dem Akt der Öffnung erfahre ich, dass Konstanze das »Requiem« (nach heutigen Begriffen das Copyright) insgesamt fünfmal verkauft hat und dass sie »zumindest anfänglich versucht hat, die Vollendung des Fragments durch einen anderen Komponisten zu verschweigen. Bei dem damals nicht geregelten Urheberrecht ist der fünfmalige Honorarbezug für ein und dasselbe Musikwerk nichts Strafbares gewesen, ein unangenehmer Nachgeschmack bleibt aber doch bestehen.«

Der jugendlich wirkende Hofrat, dem auch ein, wenn es sein muss, süffisantes Lächeln leicht gelingt, ist in seinem Element. Scheinbar erheitert zieht er den zweiten Band, die »Arbeitspartitur«, aus dem braunen Schuber heraus und fährt fort: »Zum Ersten erhielt sie bekanntlich die zugesagte ›Belohnung‹ vom anonymen Besteller«, Graf Walsegg-Stuppach, zum Zweiten hat sie eine Kopie der fertiggestellten Partitur 1792 für hundert

Dukaten an König Friedrich Wilhelm II. von Preußen verkauft, zum Dritten hat sie eine Kopie für die Uraufführung hergegeben und zum Vierten eine solche dem Leipziger Verlag Breitkopf & Härtel verkauft, der auch dann im Jahre 1800 den Erstdruck herausbrachte. Zuletzt hat sie noch Ende 1800 dem Verleger Johann Anton André ein weiteres Exemplar angeboten. Und das alles, obwohl sie wusste und noch an Breitkopf & Härtel schrieb, dass der Auftraggeber ›die Nichtausgabe zur Bedingung gemacht hatte‹.«

Genüsslich und nicht ohne eine – man kann es nicht anders nennen – nonchalante Feierlichkeit wendet er sich dem kostbaren Original zu. »Schuber und Einbände«, erklärt er dann, »stammen aus der Zeit um 1840 und wurden in der k. k. Hofbibliothek angefertigt.«

Der Schuber mit Goldpressung trägt die Aufschrift: MOZART'S REQUIEM inmitten von ornamentalem Rankenwerk. Links oben kleben unschöne Papierschilder mit Bibliothekssignaturen. Ehemals hat ein innen im Schuber befestigtes Band aus demselben grünen Seidenmoiré des Innenfutters das Herausziehen aus dem Schuber offenbar erleichtert. Das abgerissene Band hängt jetzt lose bei.

»Die Ablieferungspartitur«, Günter Brosche spricht plötzlich in Windeseile, so dass es mir schwer fällt, ihm zu folgen, »wurde im Dezember 1838 von der Bibliothek von Katharina Adelpoller, Frau des einst im Dienste des Grafen Walsegg stehenden Stuppacher Gerichtsdieners Johann Adelpoller, um fünfzig Dukaten gekauft. Vorher war die kostbare Handschrift aus dem Besitz des Grafen Walsegg an seine Schwester und Erbin, Gräfin Sternberg, gekommen, die wiederum den gesamten musikalischen

Nachlass ihres Bruders an den Verwalter Leitgeb (vermutlich der ›Graue Bote‹) verkauft hatte. Von diesem brachte der gräfliche Amtsschreiber Karl Haag die Partitur des ›Requiems‹ an sich, und von diesem wiederum hatte sie Katharina Adelpoller geerbt. Teil 2, die ›Arbeitspartitur‹, war bereits früher in die Bibliothek gekommen: Die ersten 22 Blätter verkaufte 1831 Abbé Maximilian Stadler (wie erwähnt der Verteidiger der Echtheit des ›Requiems‹ gegen die Anschuldigungen des Komponisten Gottfried Weber in der Musikzeitschrift ›Cäcilia‹). Woher er sie erhalten hatte, ist ebensowenig bekannt wie der Preis, zu dem er sie verkaufte. Die Blätter 87–100 aber schenkte Josef Eybler, der als Erster das ›Requiem‹ hätte vollenden sollen, bereits 1833 der Bibliothek, entgegen seiner Anmerkung auf Blatt 87r, dass er sie ihr erst nach seinem Ableben vermachte. Eybler starb 1846.«

Der Mozartspezialist schlägt jetzt das berühmteste Blatt der beiden Bände auf, das Lacrymosa.

»Sehen Sie, was hier rechts oben steht?«

Er weist mit einem nervösen Finger auf eine Handschrift, die ich stockend entziffere:

»Letztes Mozart-Manuskript«, lese ich. »Nach meinem Tod der k. k. Hofbibliothek vermacht von Joseph Eybler.«

»Eybler hat den größten Irrtum bezüglich Mozarts letzten Worten und Noten mit dieser unexakten Bemerkung heraufbeschworen!« Der Leiter der Musiksammlung steht plötzlich von seinem Stuhl auf.

Auch ich erhebe mich, angespannt auf seine weiteren Ausführungen wartend.

Günter Brosche trägt übrigens zu einem blauen Hemd eine gelbe Krawatte und ein braunes Sakko, die mir im

Augenblick durch und durch »musikalisch« vorkommen, obwohl ich weiß, dass das ein unsinniger Gedanke ist. Er selbst erscheint mir für einen Moment sogar wie eine Erfindung Mozarts, während ich das Gefühl habe, nur das Hörrohr des nahezu tauben Beethoven zu sein. Aber diese überspitzten Phantasien hängen sicher nur mit der äußersten Aufmerksamkeit zusammen, zu der ich mich zwinge, und tatsächlich eröffnet mir der Hofrat das Ungeheuerliche:

»Diese Notiz und der Umstand, dass das Lacrymosa der einzige Satz des Werkes ist, den Mozart begonnen und nach wenigen Takten abgebrochen hat, hat Anlass zu einer weiteren Legende um das Werk geboten, nämlich, dass die acht Takte des Lacrymosa die letzten von Mozart geschriebenen Noten sind.« Er blickt mich herausfordernd an, beugt sich dann über die »Arbeitspartitur« und hält alle Seiten vom Lacrymosa weg bis zum Ende des Hostias zwischen Daumen und Zeigefinger.

»Aus zweierlei Gründen lässt sich diese Vermutung aber nicht halten«, ruft er amüsiert aus. »Erstens beziehen sich die Worte Eyblers nicht nur auf das Lacrymosa, also das Doppelblatt 87/88, sondern auf das ganze Faszikel mit den Blättern 87 bis 100, das von ihm der Hofbibliothek ja geschenkt wurde. Und zweitens schreibt einer der wichtigsten und zuverlässigsten Zeugen zur Entstehung des Werkes, Abbé Maximilian Stadler, dass Mozarts letzte Worte in dem Domine nach dem Hostias, die er geschrieben, quam olim da capo waren. An einer zweiten Stelle seiner Verteidigungsschrift der Echtheit des Werkes schreibt Stadler noch deutlicher: »… mit den Worten quam olim da capo, die seine letzten geschriebenen waren! Das sind wörtliche Zitate! Wenn auch die

273

oft geäußerte Vermutung, Mozart habe die einzelnen Sätze nicht in der angegebenen Reihenfolge zu Papier gebracht, viel für sich hat, so fehlt doch jeglicher Beweis, dass er das Lacrymosa zuletzt geschrieben hat, und wir können angesichts Stadlers Bericht auch diese Behauptung in das Reich der Legenden verweisen. Ich habe meine Theorien bereits 1990 als Herausgeber im Vorwort zur letzten Faksimile-Ausgabe des ›Requiems‹ Wort für Wort niedergeschrieben!«

Er legt das »Requiem« zurück in den »Wertheimer«, versperrt ihn, begibt sich in das Nebenzimmer und kommt mit einem Separatum zurück, das er vor mir aufschlägt. Während er neuerlich das »Requiem« aus dem »Wertheimer« holt, lese ich hastig »Mit größter Sicherheit dürften also die auf Blatt 99r nun nur mehr zweimal aufscheinenden Worte quam olim da capo die von Mozart knapp vor seinem Tod zuletzt geschriebenen Worte sein, womit er Anweisung gibt, nach dem Hostias die Fuge mit jenem Textbeginn aus dem Domine Jesu Christe zu wiederholen. Wir sehen keinen Anlass, nicht anzunehmen, dass daher Blatt 99r auch die von Mozart zuletzt geschriebene Partiturseite ist, können dafür aber auch keinen Beweis erbringen. Die Textworte ›Faceas, Domine, de morte transire ad vitam‹ (›Herr, lass sie vom Tode hinübergehen zum Leben‹) den Sterbenden schreiben zu lassen, ist verlockend, jedoch wollen wir keinen Anlass zu einer neuen Legendenbildung geben. Dazu würde auch der traurige Umstand passen, dass die rechte untere Ecke dieses letzten beschriebenen Blattes, die zum drittenmal die Worte quam olim d:c: und damit wirklich das Letzte, was Mozart niederschreiben konnte, enthielt, von einem offenbar Wissenden herausgerissen und gestohlen wurde. Diese Untat wurde im Jahre 1958 begangen, als die Originalhandschrift als große kulturelle Kostbarkeit der Republik Österreich auf der Weltausstellung in Brüssel gezeigt und möglicherweise zu wenig bewacht wurde.«

Inzwischen hat der Hofrat die entsprechende Stelle des Domine aufgeschlagen, und schon sehe ich die letzte Seite vor mir, an der die rechte untere Ecke mit der Anweisung – wie sie noch in der vorletzten Faksimile-Ausgabe abgebildet ist – quam olim d:c: fehlt.

Der Text der bis heute angeblich letzten Worte und Noten Mozarts lautet:

Lacrymosa
»Tag der Tränen, Tag der Wehen,
Da vom Grabe wir erstehen
Zum Gericht der Mensch voll Sünden;
Lass ihn, Gott, Erbarmen finden.
Milder Jesus, Herrscher Du,
Schenk den Toten ew'ge Ruh. Amen.«

Und der des darauffolgenden Offertorium, mit Mozarts wahrscheinlich wirklich letzten Worten:

Domine Jesu Christe
»Herr Jesus Christus, König der Herrlichkeit,
bewahre die Seelen aller verstorbenen Gläubigen vor
den Qualen der Hölle und vor den Tiefen der
Unterwelt. Bewahre sie vor dem Rachen des
Löwen, dass die Hölle sie nicht verschlinge,
dass sie nicht hinabstürzen in die Finsternis.
Vielmehr geleite sie Sankt Michael, der

Bannenträger, in das heilige Licht: Das
Du einstens dem Abraham verheißen und
seinen Nachkommen (quam olim Abrahae promisisti)
  Hostias
Opfergaben und Gebete bringen wir zum Lobe
Dir dar, o Herr: nimm sie an für jene
Seelen, deren wir heute gedenken Herr,
lass sie vom Tode hinübergehen zum Leben.
Das du einstmals dem Abraham verheißen und
seinen Nachkommen.«

(Als Anweisung, diese Strophe zu wiederholen,
schrieb Mozart an den rechten Rand der
Partiturseite die Bemerkung: quam olim d:c:)

»Und wer hat das Autograph gestohlen und wie?«, frage
ich nach einer längeren Pause, in der die letzte Seite der
Arbeitspartitur aufgeschlagen vor mir liegt, mit den
hastig hingeworfenen Notenfiguren Mozarts in seiner
kleinen Schrift und der fehlenden Ecke.

Ich folge Günter Brosche, nachdem er das »Requiem«
wieder zurück in den »Wertheimer« gelegt, den »Wertheimer« abgeschlossen und die Wandtüre zugemacht
hat, in sein Büro nebenan, wo ich vor seinem Schreibtisch Platz nehme, eine Kopie des berühmten, unvollen-
deten Ölporträts Mozarts von Joseph Lange im Rücken.
Mozart blickt auf dem Bild im Profil zu Boden. Er trägt
seine Perücke, eine Masche um den Hals. Der Kopf und
ein Stück des Brustkorbes ruhen auf seinem sich scheinbar in gelbem Dunst auflösenden Körper, die unsichtbaren Hände spielen Geisternoten auf einem gelben
Geisterklavier.

Ich spreche eine Stunde lang mit dem Hofrat über den

Diebstahl des Autographs, seinen wahrscheinlichen Verbleib, über verdächtige Personen, aber der Beamte weigert sich standhaft, Vermutungen auszusprechen. Als ich das Band später abhöre, lässt sich nur so viel sagen, dass das »Requiem« auf Wunsch des Generaldirektors der Österreichischen Nationalbibliothek vor vierzig Jahren zur Weltausstellung nach Brüssel gebracht wurde. Der damalige Leiter der Musiksammlung Leopold Nowak zerstritt sich deshalb mit ihm, da er das kostbare Autograph nicht aus der Hand geben wollte. (Allerdings lag es bis dahin in einem gewöhnlichen Schrank aus Holz, zu dem man relativ leicht Zutritt hatte.) Leopold Nowak fuhr übrigens nicht zur Eröffnung der Weltausstellung, wohl aber der Generaldirektor.

Ein Beamter wurde eigens zur Bewachung des unbezahlbaren »Requiem«-Autographs, das in einer Vitrine ausgestellt war, mitgenommen. Dieser Beamte schwor alle Eide, die Kostbarkeit »wie seinen eigenen Augapfel« gehütet zu haben. Erst drei Wochen, nachdem das »Requiem« wieder in die Österreichische Nationalbibliothek zurückgebracht worden war, bemerkte und meldete Leopold Nowak selbst den Diebstahl. Günter Brosche weiß nichts davon, dass jemals eine Anzeige bei der Polizei erstattet worden wäre. Aber wenn seine Überlegungen stimmen, dann liegt jetzt irgendwo ein kleines Stück Papier mit den Worten quam olim d:c:, ohne dass der Besitzer vielleicht weiß, welche Bewandtnis es damit hat. Oder es wurde längst weggeworfen, da man seine Bedeutung nicht erkannte.

Der Leiter der Musiksammlung glaubt nicht mehr, dass er es jemals wieder mit dem Original vereinen wird können und dass die Partitur noch einmal wie einstmals aussehen wird. Eigentlich passt diese Geschichte sehr gut in das Mozartische Spiegelkabinett, denke ich mir, als ich erschöpft die vier Stockwerke zurück auf die Straße gehe, da der Lift inzwischen außer Betrieb ist. Hermann Hesse hatte wohl recht, als er schrieb: »Je mehr man Mozart liebt –, je mehr man sich mit ihm beschäftigt, desto rätselhafter wird seine Persönlichkeit.« Und alles, was mit ihm zu tun hat, füge ich in Gedanken hinzu, bevor ich in die Rauhensteingasse gehe, zu dem Ort, an dem Mozart starb.

Nachtschrift
Das Blindeninstitut in Wien

Auf einer Reise nach Sizilien sah ich im Museo Capodimonte in Neapel das Gemälde »Der Blindensturz« von
Pieter Brueghel dem Älteren. Das monochrom wirkende,
in Wirklichkeit aber in graubraunen, dunkelbraunen,
blassblauen und weißen Farben gehaltene Bild scheint
auf eine paradoxe Weise selbst blind oder zumindest
von einem Blinden gemalt zu sein. Die Titel zu Brueghels
Bildern entstanden erst nachträglich und änderten sich
im Laufe der Jahrhunderte. So fand ich in verschiedenen
Monographien noch andere Bezeichnungen für das Gemälde: »Der Sturz der Blinden«, »Das Gleichnis von den
Blinden« und »Die Parabel von den Blinden«. Die Erklärungen dazu verweisen auf das Gleichnis Christi im
15. Kapitel des Matthäus-Evangeliums, in dem es heißt:
»Wenn aber ein Blinder einen Blinden führt, werden
beide in eine Grube fallen.«

Brueghel vollendete das Gemälde 1568, zu einer Zeit,
als Blinde in Gruppen bettelnd durch das Land zogen,
und er muss sich wohl akribisch mit dem Thema befasst
haben, denn der Ophthalmologe Tony-Michel Torrilhon
erkannte an den Augen und Augenhöhlen der Dargestellten verschiedene Krankheitsursachen und die Einwir-
kung von Gewalt. Abgesehen von dem Lautenspieler, der
auch der Anführer ist und bereits auf dem Rücken in der
Grube liegt, wobei seine Hutkrempe die Augen verdeckt,

hat der im Fallen begriffene zweite Blinde mit der weißen Haube seine Augen durch »Ausschälung« verloren. Unter anderem könnte das die Folge einer nach einem Gerichtsurteil vollzogenen Blendung durch Herausdrücken und -drehen des Augapfels mit dem Finger sein. Der nächste Blinde, der den Stock des Stürzenden hält und daher mitgerissen wird, leidet an einem Leukom. Der Mann mit dem Hut, der ihm folgt, scheint zu horchen, was vorfällt. Seine Hand liegt auf der Schulter des Vordermannes, der Kopf ist angespannt gehoben und sein langer Stock schleift auf der Erde. Er ist an Atrophie der Augäpfel erkrankt. Der Fünfte ist wegen der tief ins Gesicht gezogenen Hutkrempe nur unvollständig zu erkennen. Torrilhon diagnostizierte an ihm einen Schwarzen Star. Vermutlich wird er nicht straucheln, denn auch er hält eine Hand auf die Schulter seines Vordermannes, während er mit dem sechsten und letzten Blinden über einen langen Stock verbunden ist. Dessen Leiden ist Blindheit durch Pemphigus, eine Hauterkrankung.

Als ich das Museum verließ, begriff ich mein Sehen als partielle Blindheit gegenüber dem Makro- und dem Mikrokosmos. Mit der Beschränktheit meines Sehens war mir auch die Beschränktheit meines Denkens bewusst geworden, und mein gesamtes Leben erschien mir als Sturz, denn auch ich – wurde mir klar – war angewiesen auf andere, die ich nicht einmal kannte oder nie kennenlernen würde, obwohl sie mein Schicksal beeinflussten oder sogar bestimmten. Natürlich waren mir diese Erkenntnisse nicht neu, aber sie trafen mich an diesem Nachmittag mit einer Wucht, als sei ich Zeuge einer privaten Tragödie geworden. Mir wurde auch klar, dass ich mir über die meisten Menschen falsche Vorstellungen machte, weil ich ihre größten Geheimnisse nicht kannte. Und war ich nicht selbst oft genug meinem eigenen Tun gegenüber blind gewesen?

Seit dem Besuch im Museo Capodimonte sind dreißig Jahre vergangen, aber das Bild geistert noch immer durch meinen Kopf, und ich sehe die sechs Männer in meiner Vorstellung wie die Phasenbilder des Fotografen Eadweard Muybridge als gleichsam eingefrorene Bewegung. Später, beim Betrachten von Brueghels Gemälde »Die Niederländischen Sprichwörter«, das auch »Die verkehrte Welt« heißt, weil die Sprichwörter eben wörtlich genommen werden, entdeckte ich ganz klein und im Hintergrund noch einmal das Motiv des Blindensturzes. Diesmal waren es jedoch nur die Silhouetten dreier Gestalten, die sich am Horizont abzeichneten. Fast gleichzeitig stieß ich auf die Rede »Blindheit« in dem Band »Die letzte Reise des Odysseus« von Jorge Luis Borges. Der 1899 in Buenos Aires geborene Schriftsteller war auf einem Auge vollständig, auf dem anderen partiell blind. Seine Erkrankung habe sich über einen Zeitraum von mehr als fünfzig Jahren hingezogen, bis er schließlich 1955 als »Leser und Schriftsteller« erblindet sei. »Die Leute stellen sich einen Blinden als eingekerkert in einer schwarzen Welt vor«, sagte Borges. Die Welt des Blinden sei aber nicht die Nacht, wie man allgemein annehme. Jedenfalls könne er das für sich feststellen, und auch für seinen Vater und seine Großmutter, die beide blind gestorben seien. »Ich habe immer in vollständiger Dunkelheit geschlafen und deshalb hat es mich lange Zeit gestört, dass ich in dieser Nebelwelt schlafen muss«, fuhr er fort, »einer Welt grünlichen oder bläulichen und vage beleuchteten Nebels, der Welt des

Blinden.« Er konnte nach eigenen Angaben die Farben Grün, Blau und Gelb unterscheiden, Weiß war für ihn »verschwunden« oder floss mit Grau zusammen. Die Farben, die er zu seinem Bedauern nicht erkennen konnte, waren Schwarz und Rot. Rot sah er als »undeutliches Dunkelbraun«.

Ich war verblüfft, wie sehr Borges' Ausführungen auf die Farben von Brueghels »Blindensturz« zutrafen.

1955, im Jahr seiner »Erblindung als Leser und Schriftsteller«, wurde Borges zum Direktor der Nationalbibliothek von Buenos Aires ernannt. Er hatte sich, wie er sagte, das Paradies immer als eine Art Bibliothek vorgestellt. Nun habe er sich also im Paradies befunden und sei »irgendwie« der Mittelpunkt von 900 000 Büchern in vielen Sprachen gewesen. Er stellt fest, dass er kaum noch Titelseiten und Buchrücken entziffern kann, aber im »Gedicht von den Gaben« lobt er »die Offenbarung der Meisterschaft Gottes, der mit großartiger Ironie mir gleichzeitig die Bücher und die Nacht gab«. Borges war nach zwei blinden Schriftstellern der dritte, der zum Direktor der Nationalbibliothek ernannt worden war, ein Umstand, der ihm vorher nicht bekannt war und ihn sein Leben lang beschäftigte. »Hier haben wir die Zahl Drei, die die Dinge vollendet«, hielt er fest. »Zwei, das ist eine zufällige Übereinstimmung; drei ist eine Bestätigung. Eine Bestätigung dritten Grades, eine göttliche oder theologische Bestätigung.« Er bezeichnete sich jedoch als »das Gegenteil eines argentinischen Katholiken. Sie sind gläubig, aber nicht interessiert. Ich bin interessiert, aber nicht gläubig.« Häufig beschäftigte er sich mit dem blinden Dichter Homer, an dessen Existenz als realem Menschen er jedoch zweifelte. Alle Überlieferungen hätten von einem blinden Dichter gesprochen – dennoch sei Homers Epos »oft blendend visuell«, begründete er seine Zweifel. Ein anderer berühmter Dichter, Milton, der von sich behauptete, er habe sein Augenlicht dem Schreiben von politischen Pamphleten freiwillig geopfert, »in Verteidigung der Freiheit«, verfasste nach seiner Erblindung unter anderem das lange Gedicht »Das verlorene Paradies«, das die englische Literatur über Jahrhunderte beeinflusste. »Er verbrachte einen großen Teil seiner Zeit allein«, sagte Borges, »komponierte Verse, und sein Erinnerungsvermögen wuchs. Er konnte vierzig oder fünfzig Blankverse im Gedächtnis behalten und diktierte sie dann seinen zufälligen Besuchen.« Es gäbe ein Sonett, führte er weiter aus, in dem Milton von seiner Blindheit spreche. Als er die Welt beschrieb, habe er von »dieser dunklen und weiten Welt« gesprochen. Dies sei genau die Welt der Blinden, wenn sie allein seien, denn sie wanderten umher und suchten mit ausgestreckten Händen nach Unterstützung.

Alberto Manguel, Autor der Bücher »Eine Geschichte des Lesens« und »Die Bibliothek bei Nacht« war in seiner Jugend von 1964 bis 1968 Vorleser von Borges, dessen Sehkraft sich weiter verschlechtert hatte. Er beschreibt die Erblindung von Borges so: »Borges hatte die Krankheit, die ihm schleichend und gnadenlos das Augenlicht raubte, von seinem Vater geerbt, und die Ärzte hatten ihm verboten, im Halbdunkel zu lesen. Eines Tages, während einer Zugfahrt, war er so vertieft in einen Kriminalroman, dass er trotz der hereinbrechenden Dämmerung immer weiterlas. Kurz vor dem Ziel fuhr der Zug in einen Tunnel. Als er wieder herauskam, sah Borges nur noch einen farbigen Nebel, eine

›sichtbare Dunkelheit‹, wie Milton die Hölle beschrieb.«
In dem virtuosen Kurzporträt »Chez Borges« schildert
Manguel Borges als einen sich zögernd bewegenden
über sechzigjährigen Mann mit schleppendem Gang.
Die Realwelt habe ihn nur insofern interessiert, als sie
ihm die Schauplätze seiner Leseabenteuer präsentiert
hätte. Er reiste aber, obwohl er die Orte, die er bereiste,
nicht mehr sehen konnte, auch noch als Blinder gerne.
»Die Blindheit«, sagte Borges selbst, »ist für mich kein
vollkommenes Unglück gewesen, man darf das nicht
rührselig betrachten. Man sollte es als eine Lebensform
betrachten: eine der möglichen Formen des menschlichen Lebens.« Als er vollständig erblindet gewesen sei,
so Manguel, habe er allerdings in elegischer Stimmung
gesagt, Blindheit und Alter seien zwei Arten von Einsamkeit. Und Manguel fährt fort: »Die Blindheit ver-
bannte ihn in eine Einzelzelle, und sein Spätwerk verfasste er im Kopf, Zeile um Zeile, bis sich, wie bei Milton,
jemand fand, der bereit war, sein Diktat entgegenzu-
nehmen.« Borges habe Wort für Wort diktiert, einschließlich der Satzzeichen, sodann das Ganze noch einmal Zeile
um Zeile. Hierauf habe er sich das Aufgeschriebene
»einmal, zweimal, fünfmal vorlesen lassen«. Dabei habe
er sich jedes Mal für die »Zumutung« entschuldigt und
seine Bitte wiederholt. Wieder habe er auf die Worte ge-
lauscht und sie abgewägt. Erst dann habe er die nächste
Zeile diktiert. Wenn das Prosastück oder das Gedicht
dann fertig gewesen seien, habe er das Blatt genommen,
es zusammengefaltet und in ein Buch seiner Privatbiblio-
thek gesteckt. Genauso habe er es kurioserweise auch
mit dem Geld gemacht. Wenn er Geld gebraucht habe,
sei er dann an den Bücherschrank getreten und habe es

wiedergefunden, »aber nicht unbedingt … In seiner Wohnung musste sich immer alles an seinem angestammten Platz befinden«, damit er sich habe zurechtfinden können. Ansonsten sei Borges in seine Wortwelt versunken gewesen.

Manguel behauptet, dass zwischen Borges und den Büchern eine seltsame Beziehung bestanden hätte. Wenn er sich vor einem fremden Bücherregal befunden habe, sei etwas Unheimliches mit ihm geschehen, für das es keine rationale Erklärung gebe. Borges habe mit den Händen über die Bücherrücken gestrichen, als würde er eine Reliefkarte abtasten, und sei daraufhin in der Lage gewesen, Titel und Autorname zu entziffern, die er ganz bestimmt nicht habe lesen können. Bücher hätten für ihn den Kern der Wirklichkeit gebildet, und er habe über ein außerordentliches Erinnerungsvermögen verfügt. Er habe nichts vergessen, obwohl er sich häufig gewünscht habe, es zu können. Er habe jedoch seine Werke aus dem Gedächtnis zitieren, korrigieren und fortschreiben können, meist zum Entzücken und zur Verblüffung seiner Zuhörer. »Er kannte die Texte aller Tangos, die schaurigen Geschichten längst verstorbener Poeten, Dialogfetzen und Beschreibungen aus allen erdenklichen Romanen und Erzählungen, Wortspiele, Rätsel und Einzeiler, lange Gedichte auf englisch, deutsch, spanisch und auch auf portugiesisch und italienisch, Aperçus, Bonmots und Limericks, Passagen aus nordischen Sagas, rufschädigende Anekdoten über Bekannte, Passagen aus Vergil …« – mit einem Wort, er existierte in einer zweiten Welt, ohne aber die erste aufzugeben. »Er baute«, schreibt Manguel, »auf das geschriebene Wort, mochte es noch so zerbrechlich sein, und durch sein Beispiel öffnete er uns den Zugang zu jener unendlichen Bibliothek, die andere das Weltall nennen.« »Für die Aufgabe des Künstlers«, sagte Borges, »ist Blindheit keinesfalls ein völliges Unglück«, und er erwähnte als Beispiel James Joyce, der einen Teil seines weitläufigen Werks im »Schatten geschaffen habe, Sätze im Gedächtnis geschliffen, bisweilen einen ganzen Tag lang an einem Satz gearbeitet, diesen dann niedergeschrieben und korrigiert. All dies blind oder in Perioden der Blindheit.« Blindheit sei eine Gabe, denn wer könne sich selbst besser erforschen und kennen als ein Blinder?

Es dauerte zehn Jahre, bis ich in Wien das Blindeninstitut in der Wittelsbachstraße 5 besuchte. Immer hatte ich den Termin vor mir her geschoben, ohne sagen zu können, warum. Auf den Gängen im Gebäude sah ich als Erstes die zumeist abstrakten Bilder der Schüler, die mitunter von auffallender Farbigkeit waren. Erstaunt fragte ich die Direktorin, Frau Alteneder, nach dem Zeichenunterricht, und ich erfuhr, dass die Blinden oder nur mit einem »Sehrest« ausgestatteten Kinder und Jugendlichen zumeist begeisterte Maler seien. Natürlich interpretierte ich deren Blindheit in die Bilder mit hinein, ein Fehler, wie ich gleich darauf feststellte, denn sie waren durchwegs von einer melancholischen Schönheit und erinnerten mich an juvenile Rothkos, Klees und Expressionisten. Am stärksten beeindruckte mich ein schwarzgrundiertes, quadratisches Aquarell, das nahezu vollständig mit weißen Tupfen bedeckt war, und entgegen meinem Vorsatz deutete ich es als Innenbild eines partiell Blinden, der hell und dunkel wahrnahm. Gleichzeitig bemerkte ich die blinden Kinder und Jugend-

lichen, die in dem großen, verwinkelten Gebäude wie
selbstverständlich die Gänge entlangeilten oder die Treppen hinauf- und hinunterliefen und sich nur hin und
wieder spielerisch durch das Berühren des Geländers
orientierten.

In dem Institut, erklärte mir die Direktorin, würden
150 Schüler aus allen Teilen des Landes unterrichtet,
fünfzig von ihnen wohnten das ganze Schuljahr über bis
auf die unterrichtsfreien Tage im hauseigenen Internat.
Es gebe einen Kindergarten, eine Volks- und Hauptschule, sogar ein Polytechnikum und eine Handels-
schule, außerdem Unterricht in Telekommunikation,
eine Ausbildung zum Masseur und nicht zuletzt eine
Werkstatt für Korb- und Möbelflechter. Daneben würden Kurse für Klavier, Schlagzeug und Trompete angeboten und Lehrgänge für die Orientierung mit dem langen Stock, »Lebenspraktische Fertigkeit« oder Schach
abgehalten. In einer Schulklasse würden höchstens
sechs bis acht blinde Kinder unterrichtet, fuhr die Direktorin fort, bei Mehrfachbehinderten reduziere sich die
Zahl sogar auf vier Schüler. Je früher ein Kind betreut
werde, desto rascher und leichter komme es mit seiner
Behinderung zurecht. Derzeit würde beispielsweise ein
sechsjähriges Mädchen ausgebildet, das auf einem Auge
blind sei und auf dem anderen einen schwachen Sehrest
von nur drei Prozent habe. Es sei schon als Kleinkind in
das Institut gekommen, gehe einkaufen und im Winter
Schi fahren und führe ein fast normales Leben.

Wir haben inzwischen die Aula mit den dunklen
Stuhlreihen, dem Bösendorfer-Klavier und dem an der
Wand darüber angebrachten, gerahmten Blindenalpha-
bet erreicht, und ich nehme Platz, um auf Frau Andre-

Schellner zu warten, die mich durch das Museum führen wird. Die Rückwand der Bühne ist von der letzten Veranstaltung noch mit weißem Stoff und Blättergirlanden geschmückt, das gibt der Halle etwas Feierliches. Ich stehe wieder auf und betrachte das Alphabet der Blindenschrift. Eine Zeit lang versuche ich mich in dem System von erhabenen Punkten zurechtzufinden, die von den Blinden mit den Fingerkuppen auf dem Papier abgetastet und gelesen werden. Die Grundform besteht aus einem »Sechser«, wie er mit Punkten auf einem Würfel angeordnet ist. Vom Buchstaben »a«, der durch den ersten Punkt des »Sechsers« ausgedrückt wird, bis zum Buchstaben »j« werden die oberen und mittleren Punkte des »Sechsers« variiert, vom Buchstaben »k« bis »t« kommt der linke untere, der fünfte Punkt, hinzu und für »u« bis »z« schließlich auch der sechste. Wenn es um Zahlen geht, wird eine Punktkombination in Form eines verkehrten »L« vorangestellt, die anzeigt, dass die folgenden Zeichen als Zahlen zu interpretieren sind – dabei entspricht das »a« der Eins, das »b« der Zwei und das »j« der Null.* Und vor allem: Man schreibt von rechts nach links, da nach der Niederschrift mit einer speziellen Schreibmaschine das Papier umgedreht wird und man dann die erhabenen Punkte tasten kann. Damit ist aber die Blindenschrift oder die »Braille'sche Punktschrift« nur teilweise entschlüsselt, tatsächlich gibt es wesentlich mehr Zeichen, wie das »ch«, das »sch«, das »ß« oder »st« oder die Satzzeichen. Ein Sehen-

---

* Wie seltsam, denke ich, ein Würfel, der Inbegriff des Zufalls, der Grundstein der Aleatorik … daraus entwickelte sich eine logische Schrift.

Wien, Am Heumarkt 7

Rostflecken

Krähenschwarm

Café Heumarkt

Naturhistorisches Museum, Tintenfischsaal

Dozent Lödl im Schmetterlingsdepot

Kunsthistorisches Museum,
Die Kunst- und Wunderkammer der Habsburger, Elfenbeinfiguren

Mühlespiel

Uhrenmuseum, Herr Kerschbaum

Bilderuhr

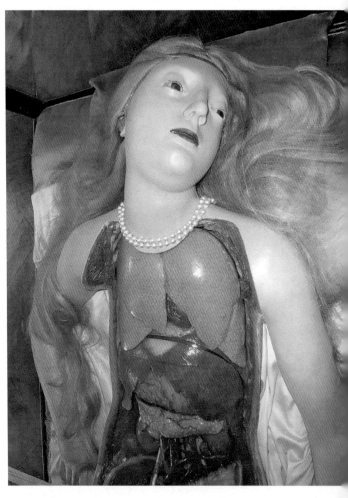

Josephinum, Mediceische Venus

Lymphgefäßmann

k. k. Hofkammer-Archiv

Der k. k.-Aktenknoten

Österreichische Nationalbibliothek, Glasdach

Notenblatt aus der Requien-Partitur von W. A. Mozart
mit herausgerissener Ecke

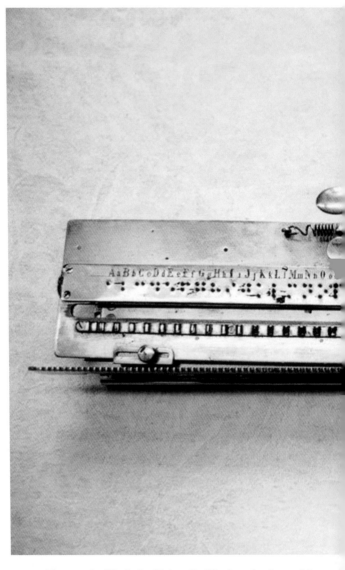

Museum des Blindeninstitutes, alte Blindenschreibmaschine

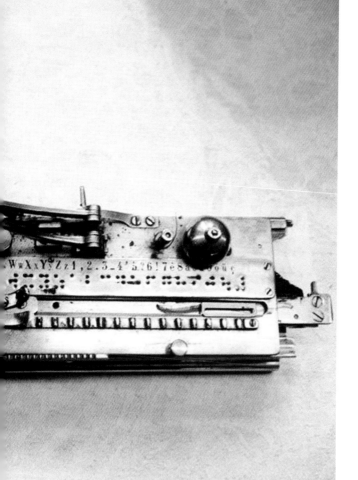

Blindeninstitut, lesendes Mädchen

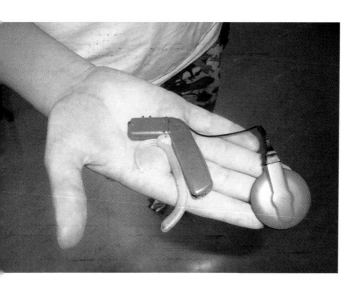

Gehörloseninstitut, Cochlea-Implantat

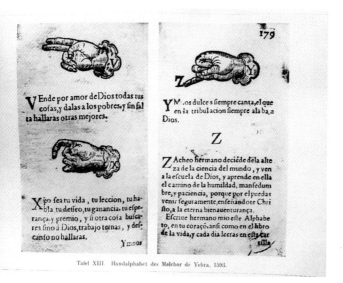

Tafel XIII. Handalphabet des Melchor de Yebra, 1593.

Alte Gebärdenzeichen

Flüchtlingslager Traiskirchen, Fingerprints

Kinderzeichnung

Neusiedler See, Jäger

Fischer

Zentralfriedhof, Herr Westermayer

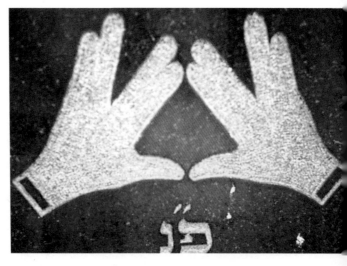

Grabstein eines jüdischen Priesters

der kann sich kaum vorstellen, allein mit den Fingerkuppen ganze Worte oder Sätze »lesen« zu können.

Louis Braille, der eigentliche Erfinder dieser Schrift,
war selbst blind. Er wurde 1809 in Coupvray bei Paris
als Sohn eines Sattlers geboren. Im Alter von drei Jahren
rutschte er beim Lederschneiden mit dem Messer ab
und stach sich in ein Auge. Eine Infektion, die auch auf
das andere Auge übergriff, ließ ihn vollständig erblinden. Der Pfarrer von Coupvray unterrichtete ihn bis
zum siebenten Lebensjahr. Hierauf ging Louis drei Jahre
in die Dorfschule und wurde anschließend im Pariser
Blindenheim Saint Victor, das der klarsichtige Erzieher
Valentin Haüy 1784 gegründet hatte, aufgenommen.
Dort kam Braille mit der »Nachtschrift« des Artillerie-
Hauptmanns Charles Barbier in Berührung. Aus dem
Umstand, dass es bei Nachtübungen schwierig war – es
gab noch keine Zündhölzer – geheime Befehle schriftlich zu übermitteln, erfand er seine »Ecriture nocturne«,
einen phonetischen Code aus zwölf Punkten für alle Silben beziehungsweise Laute. Um die Punkte erhaben zu
machen, drückte Barbier sie mit einem festen Stichel in
Karton und entwarf einen Schlüssel, mit dessen Hilfe
man die Zeichen entziffern konnte, wie zum Beispiel
»vorwärts« oder »Rückzug«. Auf diese Weise entstand
eine Tastschrift für die Dunkelheit. Die Soldaten lehnten
diese Form der Kommunikation allerdings als zu kompliziert ab. Barbier entwickelte daraufhin weitere Punkt-
schriften, die sich aber alle nicht durchsetzten. Es ist anzunehmen, dass ihm die Abhandlung »Prodromo« des
Jesuiten Francesco Lana di Terzi aus dem Jahr 1670 bekannt war. Unter dem Titel »Auf welche Weise ein Blind-
geborener nicht nur schreiben lernen, sondern auch

unter einer Chiffre seine Geheimnisse verbergen und die Antworten in denselben Chiffren verstehen kann« hatte Lana di Terzi nämlich einen Code aus Strichen und Buchstaben erfunden, der im Prinzip aus einem Quadrat und bis zu drei darin eingeschriebenen Punkten bestand. Vom Quadrat wurden entweder ein oder zwei oder alle vier Winkel verwendet, und in die dadurch entstandenen Felder dann jeweils ein, zwei oder drei Punkte eingeschrieben. Lana di Terzi empfahl, die erforderlichen Zeichen aus Holz oder Blei herzustellen und als Ersatz für die Schrift den Typendruck anzuwenden, eine Idee, die hundert Jahre später der österreichische Erfinder Kempelen, der den legendären und zu seiner Zeit weltberühmten schachspielenden Türken konstruierte, beim Unterricht der blinden Pianistin Maria Theresia von Paradis anwandte. Außerdem erfand Lana di Terzi ein Bindfadenalphabet mit Hilfe von Knoten, ein Kommunikationsmittel, das schon den Inkas unter der Bezeichnung »Quipuo« oder »Khipu« bekannt war und nach der Eroberung Perus durch die Spanier nach Europa kam. Dabei waren Schnüre verschiedener Farben, Dicke und Länge durch Knoten in unterschiedlicher Zahl, unterschiedlichen Abständen und Formen miteinander verbunden.

So komme ich in meinen Gedanken vom Hundertsten ins Tausendste und lande endlich wieder beim gerahmten Punktalphabet und bei Louis Braille, der im Blindenheim St. Victor im Alter von dreizehn Jahren mit der »Nachtschrift« Charles Barbiers in Berührung kam. Er begriff sofort, dass sie zu kompliziert war: »Von einem Sehenden für Sehende gemacht«, sagte er später, »und nicht für tastende Finger.« Überdies war es eine phonetische und keine Buchstabensprache, die sich auf das Alphabet stützte. 1825, im Alter von 16 Jahren, hatte Braille dann aus Barbiers Code die »Sechs-Punkt-Blindenschrift« entwickelt, wie sie heute noch in Verwendung ist. Er verfügte über einen hervorragenden Tastsinn und ein ebensolches Gehör. Er spielte Flöte und in verschiedenen Kirchen von Paris die Orgel und erfand auch die Punkt-Notenschrift. Sein Geruchssinn war so fein, dass er sich sogar über seine Nase orientieren konnte, heißt es.

Drei Jahre nach der Erfindung der »Sechs-Punkt-Schrift« wurde er Lehrer in der Anstalt. Für das Wort »schreiben« führte er jetzt den Begriff »punkten« oder »stichlen« oder »mit der Ahle stichlen« ein. Sein System setzte sich rasch durch, wurde jedoch von einem späteren Direktor des St. Victor bekämpft, der die Blinden mit verschiedenen Hilfsgeräten in Normalschrift unterrichten lassen wollte, um sie, was das Lesen und Schreiben betraf, im späteren Leben von den Sehenden nicht zu isolieren. Überdies gerieten Bücher, die in Braille-Schrift gedruckt wurden, über die Maßen umfangreich. Die Frage der Integration war es auch, die verhinderte, dass Brailles zugleich kunstvolle und einfache Schrift zu seinen Lebzeiten als offizielle Blindenschrift anerkannt wurde. Der an Tbc leidende Erfinder starb 1852 im Alter von 43 Jahren. Erst 1878 wurde das Punktealphabet zu einer internationalen Methode für den Unterricht in der Blindenschule erklärt und wird heute noch unverändert in der ganzen Welt praktiziert.

In meinem Notizbuch habe ich in »Schwarzschrift«, wie die Blinden die Schrift der Sehenden nennen, festgehalten, wo ich Frau Andre-Schellner treffen werde, und ich gehe durch das weiträumige Gebäude mit seinen zahlreichen Türen und Stiegen. Immer wieder bleibe ich vor den Bildern der Blinden stehen. Auf einen weißen Karton sind Muscheln geklebt, dazwischen sandfarbene Striche, die wie vom Meer angeschwemmte und an der Sonne getrocknete Pflanzen aussehen, eine Collage aus zusammengeklebten Schnipseln einer Illustrierten, ein U-Bahn-Plan von Wien, der rundherum mit blauen und roten Strichen bemalt ist, so dass er wie eine merkwürdige Blume aussieht, und ein großes, rotes Herz auf gelbem Grund – ein Pfeil fliegt aus einem Gewehrlauf auf es zu. Nicht wenige Bilder bestehen aus dunklen, willkürlichen Farbstrichen, aber selbst diese, oft ungelenk gemalten, gleichen nicht den üblichen Zeichnungen, die in Volksschulen zu sehen sind, sie machen einen weniger kindlichen Eindruck.

Als ich im vierten Stock neben mir an der Wand eine Bewegung wahrnehme, bin ich kurz irritiert, entdecke mich dann aber selbst in zwei gerahmten Konkavspiegeln: einmal als Embryowesen in Gestalt einer Schneiderpuppe, die nicht auf einem Gestell ruht, sondern über drei unter ihr schwebende kleine geometrische Körper fliegt, einmal als doppelköpfige Gestalt mit verzerrten Zügen auf einem Sockel, einmal mit riesigem Kopf und einer merkwürdigen Panoramabrille, die zerdehnte Digitalkamera vor dem Gesicht, dann wieder als siamesischen Zwilling mit riesigen Fingern und winzig kleinen Armen, das Gesicht wie aus Gummi und auseinandergezogen, aber auch als Zwerg mit zwei Kameras in den Händen, als Riesen und zuletzt als schwarzen unförmigen Fleck mit Nase, Bart und Mund, jedoch ohne Augen und Haare.

In meinen ironischen Selbstbetrachtungen versunken, bemerke ich zu spät, dass Frau Andre-Schellner, die mich durch das Museum führen will, schon darauf wartet, dass ich zu einem Ende komme.

Das Museum ist das reichhaltigste seiner Art. Es widmet sich der Geschichte der Blindenanstalt und der -schrift, aber auch den Lehrmitteln für Sehbehinderte. Die erste Blindenanstalt gründete der Franzose Valentin Haüy 1784 in Paris. Er hatte Sprachwissenschaft studiert und wurde Beamter im Ministerium für auswärtige Angelegenheiten. 1771 sah er im Alter von 26 Jahren auf dem Saint-Ovide-Markt vor einem Café eine Blindenkapelle, wie ich später der »Geschichte des Blindenwesens« von Reinhold Kretschmer entnahm, dabei habe der Wirt die Sehbehinderten als Clowns agieren lassen: »Der Kapellmeister schwebte als König Midas mit Eselsohren auf einem Pfau in der Luft und sang, die anderen Mitglieder begleiteten ihn auf der Geige in einer Symphonie von Dissonanzen. Alle waren possenhaft aufgeputzt, trugen rote Kleider, hohe Mützen, Holzschuhe und auf der Nase Brillen von Pappe. Die Notenblätter lagen verkehrt auf den Pulten. Der Zulauf des Publikums war so groß, dass man sich genötigt sah, Wachen vor die Eingänge des Gartenhauses zu stellen. Auf diesen Erfolg eifersüchtig, erfanden andere Wirte ähnliche Kapellen. Es wurden auch Bilder der blinden Musiker mit der Überschrift ›Die Troubadours des 18. Jahrhunderts‹ verkauft. Allerlei aufgedruckte Spottverse belebten die unwürdige Szene. Das Narrenspiel hatte seinen Grund in der Geringschätzung und Missachtung der Blinden. Dies war in früherer Zeit allgemein.«

Schon 1771 hatte der Abbé de l'Epée, dessen Unterricht Haüy aus persönlicher Anschauung kannte, in Paris eine Anstalt für Taubstumme errichtet. Haüy aber war sich noch nicht über die Mittel und Wege seines eigenen Vorhabens im Klaren. 1784 gastierte die erwähnte blinde Pianistin Maria Theresia Paradis aus Wien in Gegenwart des königlichen Hofes und der gesellschaftlichen Elite in Paris. Sie war 1759 als Tochter eines wohlhabenden und einflussreichen Staatsbeamten, des »Regierungsrathes« Joseph Anton von Paradis, geboren worden und erblindete im Alter von drei Jahren »in Folge plötzlichen Schreckens oder nach einer zweckwidrigen Behandlung eines Hautübels«, hält Alexander Mell im »Enzyklopädischen Handbuch des Blindenwesens« fest. Ihre Familie ließ ihr alle damals möglichen Förderungen zukommen und Lehrmittel entwerfen, wie plastische Landkarten für den Geographie-Unterricht. In Mathematik stand ihr eine spezielle tastbare Rechentafel, eine Erfindung des blinden englischen Mathematikers Nikolaus Saunderson, zur Verfügung. »Die Noten für den Musikunterricht stellte sie auf zweifache Art her. Sie schnitt sie entweder aus starkem Papier und leimte sie auf«, schreibt Kretschmer, »oder sie bediente sich einer Holztafel mit erhabenem Notenliniensystem und vielen Löchern, in die Pflöckchen gesteckt werden konnten, die auf ihren Köpfen tastbare Noten und Musikzeichen trugen.« Das Alphabet lernte sie durch Betasten erhabener Buchstaben kennen, und sie verwendete diese anfänglich auch zum Schreiben, »indem sie Papptäfelchen mit erhabenen Schriftzeichen unter Verwendung einer unserer heutigen Lesemaschine ähnlichen Vorrichtung zu Wörtern und Sätzen verband«. Später konstruierte ihr der geniale Wolfgang von Kempelen »einen

Handdruckapparat, womit sie gegossene Lettern nach dem Getast setzte, mit Druckerschwärze überzog und mit einer Presse auf Papier abdruckte«, mit einem Wort: eine Druckmaschine mit beweglichem, dreidimensional tastbarem Letternsatz. In einem Brief aus dem Jahr 1779 schreibt sie an Kempelen, »erlauben Sie mir, Sie als meinen zweiten Vater zu verehren«, und bezeichnete sich als »Ihre glücklichste, dankbarste Tochter M. T. Paradis«.*

---

* Kempelen, 1734 in Preßburg geboren, war ein österreichisch-ungarischer Erfinder, Architekt, Schriftsteller und Staatsbeamter. In Europa und Amerika sorgte sein Schachautomat für Aufsehen, in welchem ein in dem Gerät verborgener und für das Publikum nicht sichtbarer menschlicher Schachspieler mit Hilfe einer kunstreichen Mechanik die Schachzüge einer türkisch gekleideten Puppe steuerte. Als Kempelen den Automaten bei Hof vorführte, belohnte ihn Kaiserin Maria Theresia mit einer goldenen Dose und 1000 Dukaten. Der »Türke« löste mathematische Probleme und beantwortete Fragen, indem er auf Buchstabentafeln zeigte, und »was das Wundernswürdigste ist«, er spielte auch mit Personen aus dem Publikum Schach. Der Erfinder machte mit seinem Automaten in Preßburg, Wien, Paris und deutschen Städten Furore. Über den Schausteller Mälzel kam er sogar nach London und bis Amerika. Allerdings wurden immer wieder Zweifel an dem angeblichen Automaten laut, zunächst in Paris und später von M.I.F. Freyhre aus Dresden, der einen »gut geschulten Knaben, sehr dünn und von der seinem Alter entsprechenden Größe« in dem Automaten vermutete. – Keiner durchschaute jedoch das Geheimnis so exakt wie Edgar Allan Poe in seinem brillanten Essay »Mälzels Schachspieler«, indem er sowohl den Mechanismus des Automaten als auch den Menschen, der hinter seiner Maschinen-Intelligenz steckte, durch eine logische Analyse entschlüsselte. (Nebenbei, es war weder ein Kind noch ein

Eine nicht weniger geniale Person im Leben von Maria Theresia Paradis war der Arzt und Magnetiseur Franz Anton Mesmer, der sie von ihrer Blindheit zu erlösen versprach. Mesmer hatte den Ruf eines Wunderheilers und führte seine magnetischen Kräfte auf ein »Fluidum« zurück, das sich in seiner eigenen Person akkumulierte. Er bezeichnete es als »thierischen Magnetismus«. Als

Zwerg, wie andere annahmen, sondern es waren insgesamt drei ausgewachsene, etwas schmächtige Männer.) Der »Türke«, von dem man etymologisch die volkstümliche Bezeichnung »getürkt« für »gefälscht« ableitet, wurde schließlich 1854 nach dem Tod Mälzels bei einem Brand im Peale's Museum in Philadelphia zerstört, sein Erfinder und Erbauer Kempelen war bereits 1804 gestorben.

Kempelen hatte unter anderem auch eine »Sprechmaschine« entwickelt, das heißt eine Mechanik zur Hervorbringung menschlicher Sprachlaute. 1791 publizierte er dazu die Abhandlung »Mechanismus der menschlichen Sprache nebst der Beschreibung einer sprechenden Maschine«. Dafür baute er die Lunge mit Hilfe eines Blasebalgs nach, die Stimmbänder mit einem aufgeschlagenen Rohrblatt aus Elfenbein, die Nase mit zwei kleinen Rohren und den Mund mit einem Gummitrichter. Die originale »Sprechmaschine«, wenn es sie überhaupt jemals gegeben hat, existiert nicht mehr, dafür gibt es mehrere Nachbauten, die anhand Kempelens erhalten gebliebener Abhandlung vorgenommen wurden. Johann Wolfgang von Goethe berichtete beispielsweise von einem solchen Apparat. Daneben konstruierte Kempelen Wasserpumpen, ein mobiles Bett, in dem Kaiserin Maria Theresia während der Genesung von einer Pockenerkrankung liegen, sitzen und schreiben konnte, und eine Dampfturbine. Er war auch ein begabter Zeichner und verfasste Dramen und Singspiele, zu denen er selbst die Musik komponierte.

Mesmer 1775 Maria Theresia Paradis behandelte, war sie schon in Gesang, Klavierspiel und Komposition ausgebildet, und die angesehensten Ärzte Wiens hatten sie ohne Erfolg zu heilen versucht. Angeblich soll sie sogar mehr als dreitausend Mal elektrisiert worden sein. Die 18-Jährige stand unter dem Schutz von Kaiserin Maria Theresia, obwohl diese nicht, wie fälschlich angegeben, ihre Taufpatin gewesen ist.

»Maria Theresia von Paradis ging in dem von ihr bewohnten Haus wie eine Sehende umher, sie tanzte zierlich Menuett, sie schob gewandt Kegel, wirkte bei kleinen theatralischen Vorstellungen mit und wählte sorgfältig die Form und Farbe für ihre Kleidungsstücke«, heißt es in Alexander Mells »Enzyklopädischem Handbuch des Blindenwesens« weiter. Auch das »Fernfühlen« von Gegenständen sei ihr eigen gewesen: »Sie wich größeren Objekten, denen sie sich näherte, sorgfältig aus, sie erkannte, wenn ihr Personen entgegentraten, deren Gestalt, ohne dieselben zu betasten. Sie fühlte in fremdem Hause, ob der Raum des Zimmers, in dem sie sich befand, groß oder klein sei«, und sie liebte es, das kaiserliche »Antiken Cabinet« zu besuchen, »wo sie neugierig ihren frappant entwickelten Tastsinn an Büsten, an Gegenständen aller Art und an Münzen üben durfte, und dann ihr Urteil, selten irrend, im Kreise der Ihren abgab.« Sie sprach neben ihrer Muttersprache französisch und italienisch und war »in Geschichte und Geographie vollkommen heimisch«. Als sie auch öffentlich auftrat, erweckte sie das Interesse und die Zuneigung Wolfgang Amadeus Mozarts. »Allgemeines Staunen erregte jedoch, als sie, an einen Spieltisch geladen … durch ihr Kartenspiel … ihre Gegner besiegte. Die Karten waren durch Nadelstiche für sie kenntlich.« Aufgrund ihrer Intelligenz und ihrer Erscheinung hieß sie später »die blinde Zauberin«. Ich halte es für wahrscheinlich, dass Maria Theresia von Paradis nicht vollständig blind war, sondern noch zumindest einen kleinen Sehrest besaß. Ihre Begegnung mit Mesmer sollte für beide nicht ohne Folgen bleiben.

Henry F. Ellenberger bezeichnet den 1734 am Ufer des Bodensees geborenen Mesmer in seiner Geschichte der dynamischen Psychiatrie, »Die Entdeckung des Unbewussten«, als einen Mann, der »am schicksalhaften Wendepunkt vom Exorzismus zur dynamischen Psychotherapie stand« und vergleicht ihn mit Kolumbus. Beide hätten sie eine neue Welt entdeckt, beide seien sie bis zum Ende ihres Lebens im Irrtum über die wahre Natur ihrer Entdeckungen geblieben und beide als bitter enttäuschte Männer gestorben. Der deutsche Dichter Justinus Kerner verfasste über Mesmer einen biographischen Abriss aus Dokumenten und Aussagen von Personen, die ihn gekannt hatten. Zu Messmers Freunden zählten Christoph W. Gluck, Joseph Haydn und die Familie Mozart. Seine Methode war es, zunächst Krisen der Krankheit hervorzurufen, um seine Patienten anschließend zu heilen. Er behandelte sie nicht nur einzeln, wobei er Gesichtskontakt, »magnetische Striche« und andere Berührungen einsetzte, sondern auch in Gruppen. In diesem Fall standen ihm Assistenten zur Seite, auch Spiegel und Musik spielten eine Rolle. In der Mitte der Gruppe befand sich eine Wanne mit »magnetisiertem« Wasser, aus dem Eisenstäbe herausragten, mit denen die Patienten den Sitz ihrer Krankheiten berühren mussten. Die Wiener Ärzteschaft stand Mesmer allerdings feindselig gegenüber.

Die sensible Maria Theresia Paradis muss der Magie Mesmers, in dessen Haus sie mit anderen Patienten für die Zeit ihrer Behandlung wohnte, erlegen sein – manche sprachen von einer heftigen Liebesbeziehung, einem »Verhältnis«, wie man in Österreich sagt, denn sie behauptete nach einer Reihe magnetischer Sitzungen plötzlich, sie könne die Nase Mesmers sehen. Besorgt äußerte sie sich über die »erschreckende Form der menschlichen Nase«, ihr Anblick könne ihren Augen schaden. Darüber hinaus behauptete sie, ihr Sehvermögen kehre allmählich zurück, aber die Heilung war an die Anwesenheit Mesmers gebunden. Als eine Ärztekommission den Behandlungserfolg bezweifelte, kam es zu einer Auseinandersetzung der Familie Paradis mit Mesmer, und Maria Theresia kehrte nach Hause zurück und setzte ihre Karriere als blinde Komponistin, Pianistin und Sängerin fort. Mesmer hingegen bezweifelte sein Leben lang ihre fortwährende Blindheit und behauptete, sie hätte als Geheilte ihre Berühmtheit und die finanzielle Unterstützung der Kaiserin verloren, weshalb ihre Familie nicht an einem Erfolg der Sitzungen interessiert gewesen sei. 1777 verließ der verheiratete Mesmer Wien ohne seine Frau, die er auch nie mehr wiedersah. Er ließ es sich jedoch nicht nehmen, sieben Jahre später dem Cembalo-Konzert von Maria Theresia Paradis in Paris beizuwohnen, und löste dadurch eine Kampagne gegen sich aus, da die Geschichte seiner Behandlung der Blinden ruchbar wurde.

Die Musikerin blieb sechs Monate in Frankreich, wo sie Valentin Haüy mit ihren Unterrichts- und Hilfsmitteln bekannt machte, die schließlich die Grundlage für die erste Blindenanstalt St. Victor bildeten.

Nach diesen Ab- und Ausschweifungen kehre ich mit meinen Gedanken wieder in das Blindenmuseum in der Wittelsbachstraße zurück, wo Maria Theresia Paradis besonders gewürdigt wird. Durch ihre künstlerische Begabung, die vielseitige Ausbildung und das gewandte Auftreten, schreibt Reinhold Kretschmer, habe sie die Zweifel zerstreut, die in Bezug auf eine erfolgreiche Ausbildung von Blinden bestanden hätten. Auch für die Errichtung der ersten Blindenanstalt im deutschen Sprachraum in Wien sei ihr Beispiel von nachhaltigem Einfluss gewesen. Haüys Erfolge in Paris hätten sich nämlich in Europa herumgesprochen und waren Anlass, dass in verschiedenen anderen Ländern erste Versuche eines Blindenunterrichtes unternommen wurden.

In Wien war es der 1765 in Allerheim bei Nördlingen geborene Johann Wilhelm Klein, dem das Museum mehrere Vitrinen widmet. Klein studierte Rechtswissenschaften und erhielt als 23-Jähriger eine Stellung in der Verwaltung. 1792 gab er seine Druckschrift »Über Armut, Abstellung des Bettelns und Versorgung der Armen« heraus. 1799 begab er sich nach Wien, wo er von 1802 an das Amt des »Armenbezirksdirectors« bis zum Jahr 1826 unentgeltlich ausübte. Sein Einkommen bestritt er als Angestellter der »Hofcommission«. Dabei lernte er auch die Blinden kennen, »wobei ihm besonders das Schicksal der blinden Kinder, die ohne Unterricht und Erziehung aufwuchsen, gar sehr bedauernswürdig erschien«, schreibt Mell. Zur selben Zeit unterrichtete Maria Theresia von Paradis bei sich zu Hause blinde Kinder in Musik »und zeigte, was diese vermögen«. »1804 brachte Klein sein Amt mit einem blinden Knaben namens Jakob Braun aus Bruck an der Leitha in Berührung« und er überzeugte dessen Eltern, ihm ihren Sohn »zum Unterricht und zur Erziehung« zu überlassen. Klein kannte zu diesem Zeitpunkt nicht die Methoden, die Haüy inzwischen in Paris entwickelt hatte, und stellte »mit unendlicher Ausdauer und Mühe« die ersten Lehrmittel für Braun zusammen. »Diese primitiven Dinge«, so Mell, »bilden unschätzbare Reliquien des Museums.« Am 24. August 1805 schrieb die »Wiener Zeitung«: »Der Armen-Bezirksdirector Wilhelm Klein hat einen glücklichen, verdienstlichen Versuch gemacht, blinde Kinder zu Geschäften des bürgerlichen Lebens zu bilden. Er übernahm vor einem Jahre einen neunjährigen Knaben, welcher im dritten Jahre durch die Blattern beide Augen verloren hatte und bisher ganz ohne Beschäftigung und Bildung geblieben war, und brachte denselben in diesem kurzen Zeitraume so weit, dass er eine leserliche Handschrift schreibt und das, was mit besonders für ihn eingerichteten erhobenen Buchstaben geschrieben wird, liest; die vier Rechnungsarten mittelst einer sogenannten Rechenschnur und die Anfangsgründe der Erdbeschreibung mittelst Landkarten, auf welchen die Umrisse der Länder und die Hauptstädte erhaben gezeichnet sind, und auf eine ähnliche Art auch die musikalischen Zeichen und Noten zum Behufe des Harfenspielens und des Singens kennt. Als wirkliche Handarbeiten, die ihm in Zukunft wenigstens einen Theil seines Unterhaltes erwerben können, lernte er bisher die Verfertigung von Vogel- und Fischgarnen, das Schnürklöppeln und das Stricken; er macht mit Reinheit und Pünktlichkeit Brieftaschen, Nadelbüchsen, Schreibzeuge, Schachteln und Körbchen von Papier, Pappe und Leder und überzieht dieselben mit Papier von verschiedenen Farben, welche er durch ein ganz einfaches Mittel« – vermutlich durch die verschiedene Beschaffenheit der Papiersorten – »zu unterscheiden gelernt hat. Mit diesen Fertigkeiten verbindet der Knabe zugleich ein anständiges Betragen, unausgesetzte Thätigkeit, Zufriedenheit und Heiterkeit des Geistes.«

Der Knabe wurde von einer öffentlichen Kommission geprüft, worauf Klein eine »Dotation« gewährt wurde, um mehr blinde Schüler aufzunehmen, bis die Errichtung einer Blindenanstalt aus Staatsmitteln erfolgen sollte.

»Klein hat Jakob Braun in seiner kleinen Privatwohnung unterrichtet, nachdem er aber weitere Schüler aufnahm, erhielt er 1808 die Genehmigung zur Führung einer Privatanstalt für Blinde auf Kosten des Staates«, sagt Frau Andre-Schellner, als wir vor der Vitrine mit den Hilfsmitteln Kleins stehen und die auf Holz befestigten und aus Karton herausgeschnittenen Buchstaben betrachten, auch den Setzkasten, den er bei der Herstellung seiner ersten Lese- und Lehrbücher 1806 und 1807 verwendete. Die Buchstaben liegen sorgfältig geordnet in einer in Kästchen unterteilten Schachtel, neben weiteren tastbaren Schriftsystemen und unterschiedlichen Reliefschriften sehen wir auch das Ungetüm eines Schreibgerätes, das sich als »erste Füllfeder« herausstellt. Es wurde vom Wiener Mechaniker Carl Ludwig Müller zur Herstellung einer »Masseschrift« angefertigt, da den Blinden der Umgang mit Gänsekielfeder und Tintenfass schwerfiel. »Zunächst«, sagt Frau Andre-Schellner, »verband Müller die dünne Öffnung eines Glasröhrchens mit einer Gänsekielfeder. Am anderen Ende des Röhrchens, das mit einer dickflüssigen Tinte gefüllt war, befand sich ein Schraubverschluss. War dieser geöffnet, floss die Tinte in die Feder. Die geschriebenen Buchstaben waren wegen der dickflüssigen Tinte tastbar.«

Und während wir die Entwicklung der Brailleschrift anhand von Beispielen sehen und damit das Entstehen einer Schrift Schritt für Schritt nachvollziehen können, fährt Frau Andre-Schellner fort, die Entstehungsgeschichte des Blindeninstitutes zu erzählen. Natürlich sei Klein zunächst auf Spenden und Sammlungen angewiesen gewesen, da er jetzt bereits acht Zöglinge unterrichtete. »1816 erst wurde das Institut in den Rang einer Staatsanstalt erhoben und führte den Titel »k. k. Blindenerziehungsinstitut«. Wegen Raumnot wechselte es mehrmals seinen Standort, zuerst in die Kaiserstraße 152 in eine 11-Zimmer-Wohnung, dann in ein eigenes Gebäude in Gumpendorf. Das Aufnahmealter der Zöglinge legte Klein inzwischen auf acht bis zwölf Jahre fest, jüngere brauchten noch zu viel Pflege und Betreuung und ältere wären schon zu sehr an Untätigkeit gewöhnt. Aus der Brunngasse in der Josephstadt siedelte dann das Institut unter einem der Nachfolger Kleins, Alexander Mell, dem Verfasser des »Enzyklopädischen Handbuches des Blindenwesens«, 1808 schließlich in das heutige Gebäude in der Wittelsbachstraße 5. Klein habe damals schon mit sämtlichen Anstalten Österreichs, Deutschlands und auch verschiedener anderer Länder in Kontakt gestanden, fährt Frau Andre-Schellner fort, sogar mit Braille selbst. Klein habe sich jedoch der Sechs-Punkt-Schrift gegenüber ablehnend verhalten, da er dadurch eine weitere Trennung der Nichtsehenden von den Sehenden befürchtete, während sein Bestreben gerade die Integration der Blinden in die Gesellschaft gewesen sei. Schon 1837 habe er einige Exponate des Blindenunterrichtes beisammen gehabt, die er in einem Raum der damaligen Anstalt gezeigt habe. »Er sammelte«, sagte Frau Andre-Schellner, »alles, was den Blindenunterricht betraf, und er erhielt auch von vielen Anstalten Apparate und Vorrichtungen, die dort in Gebrauch waren, zugesandt. Außerdem verfasste er mehrere Lehrbücher der Blindenpädagogik und eine Geschichte des Blindenunterrichtes.«

Obwohl Klein mit der Ausbildung der Blinden erfolgreich gewesen sei, waren seine Bemühungen vielfach an der Realität gescheitert, da die ehemaligen Zöglinge mit dem Hinweis, sie hätten »keine ordentliche Lehre absolviert«, nur für »Handlangerdienste« eingesetzt worden seien. Außerdem lehnten die Zünfte jede Unterstützung von Behinderten ab. Die blinden Musiker wiederum hätten wegen der großen Zahl an Straßenmusikanten vom Magistrat kaum Lizenzen erhalten und seien wegen »unerlaubter Musikausübung« mit der Polizei in Konflikt geraten. Auch habe es »Anstände wegen übermäßiger Trunkenheit« gegeben, denn Heurigengäste spendeten den blinden Musikanten sehr oft »ein Viertel Wein nach dem anderen«. Dadurch machte sich Resignation breit, und »immer mehr Blinde gingen wieder betteln«. Klein habe daraufhin gegen großen Widerstand 1826 eine »Blinden-Beschäftigungs- und Versorgungsanstalt« gegründet, die zwar notwendig gewesen sei, aber gleichzeitig auch eine Entmündigung der Sehgeschädigten zur Folge hatte, die erst durch Selbsthilfegruppen habe rückgängig gemacht werden können.

Wie Klein starb, lese ich in Mells »Enzyklopädie«

nach. Im Revolutionsjahr 1848 kam es in nächster Nähe der damaligen Anstalt zu Kämpfen, »mörderische Geschosse trafen das Gebäude, zertrümmerten Fenster und zerstörten das Dach, das nur durch die Geistesgegenwart eines jüngeren Lehrers nicht in Brand geriet. Die Blinden waren in die besser gedeckte Versorgungsanstalt geflüchtet, und in den Räumen der Anstalt waren Verwundete untergebracht worden. Diesen Aufregungen war der Greis nicht gewachsen.« Er starb am 12. Mai desselben Jahres.

Der zitierte Alexander Mell konstruierte und entwarf als späterer Leiter der Anstalt mit anderen Lehrern eine große Anzahl von Behelfen und Lehrmitteln für den Unterricht, die ich mit Frau Andre-Schellner jetzt bewundere: Globen mit erhabenen Bergen und Kontinenten, Landkarten aus Holz (mit darauf befestigten kleinen Holzstückchen für die Städte, verschiedenen Drähten für die Straßen und eingeritzten Seen und Flüssen), Tiermodelle, Hilfsmittel für den Naturkundeunterricht, geometrische Körper für Mathematikstunden und verschiedene Formen der Notenschrift. Mit großer Leidenschaft setzte Mell die historische Sammlung Kleins fort und machte 1910 das »Museum für Blindenwesen« der Öffentlichkeit zugänglich. Außerdem begann er, Blinde als Lehrer einzustellen.

Wir betrachten in Hoch- und Prägedruck publizierte Bücher, verschiedene »Müller'sche Füllfedern«, ein Steckbrett mit Holzbuchstaben, eine Nachbildung der Saunderson'schen Rechentafel, einen Klein'schen Rechenkasten und den Stacheltypenapparat von Johann Wilhelm Klein aus dem Jahr 1820, der mehr als 130 Jahre in Verwendung war. Dabei waren Stifte aus Blei mit Stacheln in Form des jeweiligen Buchstabens versehen. Mit Hilfe einer Zeile aus Holz wurden die Buchstaben dann auf Papier gestochen und für Blinde und Sehende lesbar gemacht. Obwohl der Vorgang im Vergleich zur Braille-schrift wesentlich langwieriger war, wurde das System bis zum Beginn des 20. Jahrhunderts im Blindeninstitut als wichtiges Lehrmittel verwendet, da man davon überzeugt war, dass es der Integration von Blinden besser diente als die Brailleschrift, aber erst die Brailleschrift hat den Blinden den Zugang zu Literatur, Wissenschaft und Kunst ermöglicht.

Die Gebrauchsgegenstände sind einfach und originell. Es gibt gelbe Maßbänder mit Metallnoppen in der Braille'schen-Ziffernschrift, Spielkarten mit kaum wahrnehmbaren Braillezeichen, eine Taschenuhr mit Deckel, deren Ziffern aus Braillepunkten bestehen, und eine Armbanduhr mit aufklappbarem Glas und tastbarer Zeitangabe. Den größten Raum aber nehmen die verschiedenen mechanischen Schreibapparate für Braille-schrift ein, deren Entwicklung im Museum mit wertvollen Einzelstücken nahezu vollständig dokumentiert ist und die es den Blinden ermöglichten, rasch und mit Brailleausgabe zu schreiben.

Als ich dann bei den Schwarz-Weiß-Fotografien, die die Geschichte der Anstalt dokumentieren, stehen bleibe und das im Zweiten Weltkrieg zerbombte Gebäude betrachte, drückt mir Frau Andre-Schellner einen Packen Bücher in die Hand, darunter Mells »Enzyklopädie«, Kretschmers »Geschichte des Blindenwesens« und zwei Festbroschüren des Blindeninstituts. Ich fahre mit ihr im Lift hinunter in die Aula, und da mein nächster Termin – die Begleitung eines Lehrers und eines Schülers, der im

Fach »Orientierung« das Gehen mit dem Langstock lernt – erst in einer Stunde beginnt, setze ich mich in eine der leeren Stuhlreihen und beginne zu lesen. Dabei gehen mir Frau Andre-Schellners Worte durch den Kopf: Sie habe sich bei ihrer Ausbildung als Blindenlehrerin in Hamburg Situationen stellen müssen, denen Blinde täglich begegneten. Mehrmals sei sie mit einer Augenbinde auf einem Bahnhof »ausgesetzt« worden und gezwungen gewesen, sich mit Hilfe eines Langstocks zu orientieren. Es sei »grauenhaft« gewesen, denn sie habe ununterbrochen befürchtet, zu stürzen oder gegen eine Wand zu laufen.

Die Aula ist ein günstiger Beobachtungsplatz, denn immer wieder tauchen blinde Schüler auf, die es eilig haben, und hin und wieder auch Mitarbeiter des Institutes, so dass es mir nicht langweilig wird. Auf Schwarz-Weiß-Fotografien sehe ich in einer der Broschüren acht Mädchen in Anstaltskleidern, die im Turnsaal Aufstellung genommen haben, zwei davon halten die Ringe, die von der Decke hängen. Über die Mädchen lese ich später, dass sie, den damaligen Ansichten entsprechend, beruflich nur in Musik oder in »weiblichen Handarbeiten« ausgebildet wurden.

1902 kam Kaiser Franz Joseph persönlich in das Institut, schreibt Friedrich Benesch in einer kurzen Geschichte des Instituts, und fragte den Direktor, ob er Zöglinge aus allen Teilen der Monarchie hätte, was dieser bejahte. »Vertragen sich alle?«, habe der Kaiser weiter gefragt. Als der Direktor auch diese Frage bejahte, habe der Kaiser »Sie Glücklicher!« ausgerufen.

Mit dem Ausbruch des Ersten Weltkrieges wurde das Institut zum Spital für Augenverletzte. Es unterstand dem Roten Kreuz und wurde, wie Benesch schreibt, »von vielen Potentaten«, darunter 1917 von Kaiserin Zita besucht, die versuchte, »die Kriegsblinden, die hier Unterkunft und Umschulung fanden, zu trösten und ihnen zu helfen«. Der Verfasser ergänzte lakonisch, »die Chronik kann nicht vermelden, ob ihr Bemühen von Erfolg gekrönt war«. Die Schüler des Instituts waren inzwischen in andere Anstalten versetzt oder »nach Hause beurlaubt« worden.

»Nach dem Ende des Krieges wurde der bisherige Direktor Alexander Mell«, schreibt Benesch weiter, »von der neuen Staatsführung in Pension geschickt. Durch die großen wirtschaftlichen Schwierigkeiten wurde die niederösterreichische Landesblindenanstalt in Purkersdorf mit der Wiener zusammengelegt.« Das Gebäude, das für maximal sechzig Schüler vorgesehen gewesen war, musste jetzt hundert Schülern Platz bieten. »Ab 1929 wurden einige blinde Handwerker von der in bescheidener Blüte stehenden Elektro- und Radioindustrie als Mitarbeiter aufgenommen«, setzt Benesch fort, aber die Umstände seien nicht erfreulich gewesen, denn die Öffentlichkeit habe für die Bestrebungen nach Integration Behinderter kein Verständnis gehabt. So seien in den späten zwanziger Jahren blinde Schüler bei einem Spaziergang mit ihrem Lehrer im benachbarten Prater von einem Reiter »gerammt« worden. Es habe mehrere Verletzte gegeben. Bei der darauf folgenden Verhandlung habe der Richter zum Lehrer nur gemeint: »Was müssen Sie auch mit Blinden im Prater spazieren gehen?«

1934, nach der Niederschlagung des Arbeiteraufstands und Einführung »des Ständestaats faschistischer

Prägung«, erhielt die Anstalt einen neuen Direktor, »es musste weiter eisern gespart werden und die austretenden Schüler gingen einem schweren Schicksal entgegen«. 1936 besuchte der »Bundeskommissär für Heimatdienst« das Institut, und bald darauf verbot der Direktor alle »politischen Gespräche« und das »Abhören bestimmter politischer Sendungen im Rundfunk«. Dieses Verbot wurde vom Direktor auch im März 1938 wiederholt, nachdem er in den Stadtschulrat beordert und nun auf den »Führer« vereidigt worden war. Die blinden Schüler und Schülerinnen wurden außerdem in die »Hitlerjugend« und in den »Bund Deutscher Mädel« eingegliedert, und der Sport bekam höchste Priorität vor allen anderen Unterrichtsgegenständen. Natürlich gab es auch Blinde, die mit den Nazis sympathisierten.

Da bei Kriegsausbruch 1939 rasch ein Mangel an Arbeitskräften herrschte, ließ man auch die Blinden in »Büroberufe« wie »Stenotypist« oder »Telefonist« »einschulen«. Die Nationalsozialisten hatten jedoch nicht »ihr Ziel – die Euthanasie ›lebensunwerten Lebens‹ – aus den Augen verloren«. In Deutschland kam es zur Zwangssterilisation von Blinden, und in Oberösterreich wurde das Blindeninstitut Linz unter Druck gesetzt, behinderte Kinder in das berüchtigte Schloss Hartheim abzugeben, die dort, wie zahlreiche andere behinderte Erwachsene und Kinder, hätten ermordet werden sollen. Der zuständige Direktor, Pater Gruber, weigerte sich jedoch, dem Begehren nachzukommen, und wurde selbst im Konzentrationslager Mauthausen ermordet.

Noch dramatischer verhielt es sich bei der Israelitischen Blindenanstalt. Das Institut auf der Hohen Warte in Döbling nahm bis zu fünfzig Schülerinnen und Schüler auf und unterrichtete sie nach acht Jahren Grundschule in Musik, Zeichnen, Korbflechten, Bürsten- und Pinselmachen. Knaben war eine Ausbildung zum »Kantor« möglich. Die Betreuung war herausragend. Der bekannte Direktor Simon Heller hatte sich beispielsweise schon Ende des 19. Jahrhunderts als einziger Blindenlehrer gegen das Verdikt der Augenärzte gewandt, dass eine Sehbehinderung durch gezielte Übungen nicht behandelt werden dürfe, da sonst der »Sehrest« eines nahezu Blinden ebenfalls verloren ginge. Heller bewies das Gegenteil, dass nämlich durch Übungen deutlich bessere Sehleistungen erzielt wurden. Seine Erkenntnisse blieben allerdings lange unbeachtet. Ein anderer Lehrer, Friedrich Hitschmann, stellte fest, dass Blinde selbst Eindrücke sammeln und diese zusammensetzen können, wodurch ein eigener »Welteindruck« entstehe, der allerdings auch in die Irre führen könne. Er bezeichnete diese Erkenntnisse als »Surrogat-Vorstellungen« und widerlegte die bis dahin geltenden Anschauungen, die nur das über Tastsinn und Restsinne erworbene Wissen anerkannten.

Das Institut wurde 1938 von den Nationalsozialisten aufgelöst und musste in ein »Wohnheim« umgewandelt werden. Das pädagogische und humanistische Engagement der Israelitischen Kultusgemeinde für ihre Blinden war damit zerschlagen. Als Bewohner wurden 1941 erfasst: »117 Blinde, 27 Taubstumme, 5 Krüppel: fünf davon ein Jahr alt, einer unter zehn Jahre, zwei über zehn, sechs über zwanzig, drei über dreißig, fünfzehn über vierzig, 23 über fünfzig Jahre alt. Außerdem 58 Alte, sechs über sechzig, 35 über siebzig, 17 über achtzig Jahre alt, Gesamtstand 207.« Im selben Jahr wurden die Bewohner in das Ghetto Theresienstadt deportiert. Im Oktober 1944 wurden sie in Viehwaggons nach Auschwitz geschafft und dort ermordet. Es kam nie mehr zu einer Neugründung des Instituts.

In der Wittelsbachstraße verblieben nur die älteren und weiblichen Erzieher. Was die Schüler betraf, so wurden zwar die ersten organisatorischen Maßnahmen getroffen, eine Euthanasie durchzuführen, »aber der Krieg unterband dann zum Glück weitere reale Schritte … Stattdessen versuchte man Blinde als ›Lufthörer‹ bei der Ortung feindlicher Flugzeuge einzusetzen. Es endete natürlich in einem Fiasko«, stellt Benesch fest. Die einzigartige Fachbibliothek, die aus Sicherheitsgründen in die Liechtenstein-Villa verlagert worden war, ging bei einer der Bombardierungen gemeinsam mit dem Gebäude in Flammen auf. Am 23. März 1945 starteten die Russen den ersten Angriff auf Wien, am 2. April ließ der »Reichsstatthalter« Baldur von Schirach Plakate anschlagen, in denen er Frauen und Kinder aufforderte, die Stadt zu verlassen, und Wien zum »Verteidigungsbereich« erklärte. An diesem Tag errichtete die Waffen-SS im Blindeninstitut ihren Hauptverbandsplatz. Der Direktor versuchte sich mit seinen zwanzig blinden Schülern auf einem Donauschiff in Sicherheit zu bringen, sein Ansinnen wurde jedoch mit der Erklärung, es gebe wichtigere Personen zu evakuieren, abgelehnt. Dem zum »Volkssturm« einberufenen Direktor gelang es dennoch, seine Schüler in einem leeren Pavillon der berüchtigten Heil- und Pflegeanstalt »Am Spiegelgrund« unterzubringen, in der die Euthanasie an »lebensunwertem Leben«, wie es die Nationalsozialisten nannten, in den letzten Kriegsjahren bereits durchgeführt worden

311

war. (Die Anstalt trägt heute den Namen »Am Steinhof«.) Erst als Wien am 13. April 1945 von den Russen erobert wurde, waren die Zöglinge daher wirklich in Sicherheit. Das Gebäude des Blindeninstituts war inzwischen durch Brandbomben, Artilleriegeschosse und Panzergranaten zum Großteil zerstört worden. Plünderer schleppten sodann alles Brauchbare weg, und eine blinde Kindergärtnerin, die im Heim verblieben und vergessen worden war, verhungerte in ihrem Zimmer. Sie wurde im Garten begraben.

Die Ruine fand nach Kriegsende trotz der Zerstörung durch die russische Armee als Militärfahrschule Verwendung.

Für die überlebenden Schüler wurde ein »Provisorium« im 19. Bezirk gefunden, das dreizehn Jahre bestehen blieb. Erst 1958 wurde wieder die Wittelsbachstraße 5 bezogen. Ein Um- und Ausbau fand von 1975 bis 1986 statt.

Als ich mit dem Lesen zu Ende gekommen bin, befinde ich mich allein in der Aula mit den leeren Stuhlreihen, dem stummen Klavier und dem gerahmten Sechs-Punkte-Alphabet. Zu meinem Unbehagen stelle ich fest, dass ich mich verspätet habe, und will nach draußen eilen, aber unterwegs treffe ich schon Herrn Harnischfeger und den 15-jährigen Nicu, die in der Halle auf mich warten. Nicu ist ein großer Jugendlicher mit dunklem, struppigem Haar, er trägt eine Hose im Military-Look und Strickweste. Seine Augenlider sind geschlossen. Er hält den weißen Langstock, an dessen Spitze sich ein kleines Rad befindet, zuerst wie ein Bergsteiger in der Hand, sobald wir uns aber in Bewegung setzen, streckt er ihn tastend aus, gibt sich einen Ruck und hebt

312

dabei kurz den Kopf, den er immer gerade hält. Harnischfeger, ein junger Familienvater, hält Abstand. Erst wenn er den Eindruck hat, dass Nicu wirklich nicht mehr weiter weiß, mischt er sich ein. Man könne das freie Gehen mit dem Langstock nur durch »entdeckendes Lernen« üben, sagt er. Er müsse auch Fehler zulassen und abwarten, was sein Schüler daraus mache. Nicu orientiert sich an den Kennzeichnungen auf der Straße, wenn er zu einer Kreuzung kommt. Der Druckknopf der Fußgängerampel ist in Blindenschrift markiert, aufmerksam lauscht er dem tickenden Geräusch, das ihm anzeigt, wenn das Signal auf Grün springt. Besonders gefährlich seien Gegenstände, die in Körperhöhe von Hauswänden frei wegstünden, wie Brief- oder Schaukästen, aber auch Straßenschilder, die zu tief angebracht seien, sagt Herr Harnischfeger, als wir an einem Abfallkorb vorbeikommen, der vor einem Fahrradgeschäft an der Mauer befestigt ist. Aber Nicu hat Glück, er weicht dem Hindernis aus, ohne es zu bemerken, vielleicht kennt er es ja auch schon und hat schmerzhafte Erfahrungen mit ihm gemacht. Ich denke daran, was Frau Andre-Schellner mir über ihre Eindrücke beim Gehen mit dem Langstock gesagt hat, und versuche, mich in die Lage Nicus zu versetzen: Plötzlich ist fast alles ein Hindernis, und fast überall entdecke ich eine Möglichkeit zu stürzen oder mich zu verletzen. Vom Gehsteig aus führt eine Kellertreppe seitlich steil bergab, ein Fahrrad lehnt an einer Hauswand, in einer kleinen Querstraße fehlt eine Ampel.

Nicus Mutter kam mit ihrem Sohn aus Rumänien. Er ist fünf Tage in der Woche im Internat, spricht gut Deutsch und gibt sein Bestes. Herr Harnischfeger meint, dass er wie viele andere zu Hause nicht genügend gefördert würde. Das Zusammenwirken von Elternhaus und Schule sei aber am wichtigsten für die Entwicklung eines blinden Kindes.

Es stellt sich heraus, dass das Ziel ein »Billa«-Lebensmittelgeschäft ist, in dem Nicu lernen soll, sich zurechtzufinden. Man müsse ungefähr 25 bis dreißig Mal den Ablauf mit einem Schüler wiederholen, bis er sich wirklich orientieren könne, sagt Herr Harnischfeger. Nicu ist jetzt zum zehnten Mal mit seinem Lehrer im Billa-Geschäft unterwegs. Sogleich als wir es betreten, verwandelt es sich in ein heimtückisches Labyrinth. Nicu tastet vorsichtig die Verpackungen in den Regalen ab, weicht den im Weg stehenden Getränkekisten, Einkaufswagen und Kunden aus, den Schachteln und Sonderangeboten auf dem Boden. Aber die zahlreichen Richtungswechsel zwischen den Regalen verwirren ihn. Nicu benutzt das Abtasten der Verpackungen, um sich zu orientieren, er weiß, wo sich Erdnüsse und Kartoffelchips befinden, die Getränkedosen, die Konserven, die Milchprodukte und das Obst. Aber von einem zum anderen Mal steht ein neues Sonderangebot dort, wo früher keines war – und vergisst Nicu auch nur für kurz den Plan, den er im Kopf hat, muss er von vorne beginnen, sich die Orientierung in den Warenstraßen einzuprägen. Er geht wieder vorsichtig zurück zur Kasse und tastet noch einmal nach den Erdnüssen und den Chips, den Getränkedosen, den Milchprodukten und dem Obst.

Heute ist die Tür zu einem Büro geöffnet, die sonst immer verschlossen ist. Vorsichtig betritt Nicu den Raum, stößt an Stühle, einen Tisch, dreht sich um und geht dann durch die Tür in die falsche Richtung hinaus.

Am Ende des Gangs gelangt er an eine Wand, er zögert, macht kehrt und denkt nach. Ein Feuerlöscher, der an einer Mauer hängt, ist das nächste unerwartete Hindernis, das schmerzhafte Folgen haben kann. Aber Nicu ist stehen geblieben. Herr Harnischfeger tritt an ihn heran und bespricht sich ruhig mit ihm. Abermals geht Nicu mit dem Stock gegen Hindernisse klopfend und die Waren abtastend zurück zur Kasse. Kunden eilen an ihm vorbei, zumeist wirft man ihm nur einen kurzen Blick zu. Herr Harnischfeger hält sich jetzt wieder im Hintergrund, so dass Nicu den Eindruck erweckt, allein zu sein. Inzwischen steht ein großer Warentransporter im Weg, und wieder muss Herr Harnischfeger eingreifen. Er bleibt jetzt näher an Nicu dran, stellt ihm Fragen und versucht, ihn selbst herausfinden zu lassen, was er »falsch« macht. Vor zwei Jahren sei die Aufstellung der Waren neu geordnet worden, erzählt er mir in einer kurzen Pause, das hätte für zahlreiche Irritationen gesorgt, denn plötzlich hätten sich alle Orientierungspunkte für die Blinden in nichts aufgelöst.

Nicu aber hat endlich das Regal mit Schokolade gefunden, nimmt eine Tafel heraus, legt sie zurück und tastet als nächstes beim Obst nach einem Granatapfel. Er geht mit ihm zu der kleinen Waage, erhält am Automaten den Preiszettel und legt auch den Granatapfel wieder zurück.

Nach 35 Minuten ist er sichtlich müde. Erleichtert verlässt er das Geschäft und eilt uns voraus in das Institut.

Es ist schon dunkel, als ich nach Hause komme. Zuerst lege ich mich auf die Couch, ohne das Licht aufzudrehen, aber der Schlaf stellt sich nicht ein. Daher stehe ich wieder auf und lese in Reinhold Kretschmers »Geschichte des Blindenwesens«, bis mir die Augen zufallen. Im Hof vor meinem Fenster herrscht Dunkelheit, nur einige Zimmer des gegenüberliegenden Wohntraktes sind beleuchtet.

Kretschmer schreibt, dass die Blindheit überall als das größte Unglück betrachtet wurde, nur bei den Israeliten standen Blinde unter dem Schutz des Gesetzes. Die häufigsten und ältesten Berichte stammen aus Ägypten, das Hesiod das »Vaterland der Blinden« nannte, vielleicht leitet sich auch davon die Redewendung von der »ägyptischen Finsternis« ab. Bei den Naturvölkern des Altertums wurden Alte, Kranke und Gebrechliche entweder zurückgelassen, lebendig begraben oder sogar aufgegessen. Hingegen waren Blinde in China schon vor Jahrtausenden geachtet, man schrieb ihnen überlegene Kenntnisse, scharfe Urteilskraft, starkes Gedächtnis und gute Kombinationsgabe zu, und in Indien gehörten sie zu den Hauptträgern der historischen und religiösen Überlieferungen. Für blind geborene Kinder gab es im europäischen Raum hingegen lange keine Gnade. Plato und Aristoteles sprachen sich sogar dafür aus, gebrechliche Kinder zu beseitigen, in Sparta wurden sie im Gebirge ausgesetzt, in Athen in Tongefäße gelegt und am Weg stehen gelassen, in Rom mit einem Weidenkörbchen dem Tiber übergeben. Bei den Germanen entschied die Mutter über ihr Schicksal. Fütterte sie das Kind mit Honig oder stillte sie es, war es angenommen. Die Griechen machten bei Späterblindeten einen Unterschied: »Geistig hoch stehende wurden geachtet, wenn nicht gar abergläubisch verehrt. Man bemerkte an ihnen eine außergewöhnliche Vervollkommnung der verbliebenen Sinne … Die verminderte Ablenkbarkeit der Blinden durch die Außenwelt, die vermehrte Richtung des Geistes auf das Innenleben, die den Blinden eigene Feinfühligkeit erweckten in ihnen den Glauben, dass der Blinde mit überirdischen Mächten in Verbindung treten könne und zur Verkündigung künftiger Geheimnisse ausersehen sei. Zum tieferen Schauen der Geheimnisse wähnte man ihn von Natur aus mit besonderer Geistesschärfe begabt, die man als besonderen Ausgleich für das fehlende Augenlicht betrachtete.« Einer dieser außergewöhnlichen Blinden war der Thebaner Prophet und Seher Teiresias, der in der Ilias von Homer bekanntlich eine bedeutende Rolle spielt. Er soll Pallas Athene beim Bade überrascht haben, worauf sie seine Augen mit ihren Händen bedeckte und er erblindete. Der Philosoph Demokrit wiederum soll sich sogar selbst geblendet haben, um seinen Geist nicht durch das Augenlicht abzulenken. Die Mehrzahl der Blinden führte in der Antike jedoch ein elendes Bettlerdasein. Bei den Römern erging es Späterblindeten nicht anders. Plautus war beispielsweise der Ansicht: »Um die Bettler macht sich übel verdient, wer ihnen zu essen und zu trinken gibt; denn, was er gibt, ist verloren, und dem Armen verlängert er nur sein Leben und sein Elend.«

Für die Christen galt anfangs, was bei Johannes 9, 2-3 über die Heilung des blind geborenen Bartimäus steht, als die Apostel Jesus fragen: »Wer hat gesündigt, dieser oder seine Eltern, dass er blind geboren wurde?« Christus antwortet ihnen: »Weder dieser hat gesündigt, noch seine Eltern, sondern Gottes Werk sollte an ihnen offenbar werden.« In christlichen Gemeinden der ersten Jahrhunderte standen Blinde unter dem Schutz des Diakonats. Als sich die Kirche aber zur Volkskirche entwickelte, schränkte sie zwangsläufig ihre Armenpflege ein, und der größte Teil der Blinden wurde zum Betteln gezwungen. Blinde genossen in den Kirchen und an geweihten Orten allerdings Privilegien, waren bei Feierlichkeiten und Festlichkeiten zugegen und wanderten später scharenweise zu Ablassstätten und Wallfahrtsorten, um das Mitleid der Pilger zu erwecken. Ein neues Element der christlichen Armenpflege waren die Xenododien oder Hospitäler und die Klöster, in denen auch Blinde Zuflucht fanden, doch war die Anzahl derer, die aufgenommen werden konnten, begrenzt: Und natürlich gab es für Blinde keine Ausbildung. Es entstanden Blindenbruderschaften, die sich entweder in Hospitalbruderschaften organisierten oder ähnlich wie Kaufmannsgilden oder Handwerkerzünfte. Sie waren jeweils an bestimmte Kirchen angeschlossen und nahmen auch »Krüppel und Lahme« auf.

»Der Niedergang der kirchlichen Armenpflege hatte eine erschreckende Ausdehnung des Bettlerunwesens zur Folge«, schreibt Kretschmer. »Die aufblühenden Städte errichteten zwar Behörden für die Verwaltung von Armenstiftungen … doch alle Verordnungen des 14. und 15. Jahrhunderts waren mehr Bettel- als Armenordnungen.« Martin Luther verlangte beispielsweise, dass alle Bettelei abgeschafft würde, und forderte eine umfassende Armenpflege für alle wirklich Bedürftigen. Da die Kirchen Blinden ohnedies erlaubten, an den Eingängen zur Kirche »sittlich« zu betteln, lehnten Spitäler und Klöster ihre Aufnahme vermehrt ab. Selbst blinde Asylinsassen waren genötigt, einen Teil ihres Unterhalts durch Betteln zu erwerben. Zu den Blinden kamen jetzt auch die strafweise Geblendeten, denen man »in den

Häusern christlicher Barmherzigkeit in der Regel die Aufnahme verweigerte« und die nach Vollziehung der Strafe vielfach zum Betteln verurteilt waren oder sogar das Heimatrecht verloren. »Der Bettelstab war seit ältesten Zeiten das Zeichen der Blinden«, hält Kretschmer fest. Im Laufe der Zeit wurden so aus den »Almosenempfängern« »gewerbsmäßige Fechtbrüder«, aus den sporadisch auftretenden und bescheiden bittenden »Platzbettlern« ein »umherziehender und aufdringlich fordernder Schwarm«. Durch die »Anführer und sich einschleichende ›Zickische‹«, die Blindheit nur simulierten, wurde ein herumstreunender Haufen immer größer. Anstatt Mitleid zu erregen, galten Blinde jetzt als Landplage. Sie zogen sich den Hass des Volkes zu und gerieten mit der öffentlichen Ordnung in Widerstreit. Aus dem 16. Jahrhundert sind in Venedig, Augsburg und Paris »Narrenspiele« belegt, bei denen die »Blinden mit rostigen Harnischen ausgerüstet und mit Knüppeln bewaffnet« wurden. Hierauf wurde ein Schwein freigelassen, »das demjenigen von ihnen versprochen wurde, der es tötete. Jeder versuchte natürlich, das Tier durch seinen Streich zu erlegen. Da sie sich nicht sehen konnten, versetzten sie sich zum Ergötzen des Publikums die derbsten Hiebe und hätten sich sicher gegenseitig umgebracht, wenn sie nicht durch ihre Harnische geschützt gewesen wären.«

Nur als Sänger, Spielleute und später als Komponisten konnten sie sich Respekt erwerben, sofern sie als Musiker wirklich etwas Besonderes waren.

Angesichts des jahrhundertelangen »unglücklichen, freudlosen, elenden und zuweilen tierischen Daseins der Blinden«, schreibt Kretschmer, in dem sie nichts sahen als »ewige Nacht, nichts hörten als Seufzer über ihr Dasein und nichts taten, als das Gnadenbrot zu essen«, stellt er sich die Frage nach den Ursachen und kommt zu dem Ergebnis, dass die Blinden »durch ihr dumpfes Dahinleben langsam verblödeten«. Dadurch habe man angenommen, dass sie von Natur aus dumm seien. Ferner sei man schon in alter Zeit der Meinung gewesen, dass körperliche und geistige Anomalität von Dämonen verursacht würden. Die Kirche, die Blinde betreut habe, habe keinen Grund gesehen, sie auf irgendeine Weise auszubilden, da ihr allein deren religiöses Verhalten wichtig gewesen sei. »Ihre Fürsorge erschöpfte sich in Almosen, statt sie davor zu bewahren«, fügt Kretschmer hinzu. Die Unkenntnis des Lesens und Schreibens sei aber nicht als allzu großer Mangel empfunden worden, da bis zum Ende des 18. Jahrhunderts ohnedies ein großer Teil des Volkes Analphabeten gewesen sei. Bis dahin habe das Betteln, schreibt Kretschmer weiter, ein derartiges Ausmaß angenommen, »dass das 18. Jahrhundert in seinen ersten beiden Dritteln geradezu ein Bettlerjahrhundert genannt werden muss«. Erst in der zweiten Hälfte des 18. Jahrhunderts habe jeder einen Anspruch auf Unterstützung gehabt, der in der Gemeinde das Bürgerrecht erworben oder sich zehn Jahre dort aufgehalten habe. Armeninstitute seien ins Leben gerufen worden, an deren Spitze die Ortsgeistlichen standen. Vorsichtig schließe ich das Buch. Es muss wieder und wieder gelesen worden sein und wird bald endgültig auseinanderfallen. Die wenigen erleuchteten Fenster im Hof sind inzwischen erloschen, und das Gebäude liegt im Dunklen.

Als ich am darauffolgenden Montag wieder das Institut in der Wittelsbachstraße besuche, habe ich nicht mehr das Gefühl, in eine mir ganz und gar fremde Welt einzudringen. Frau Hannemann unterrichtet in der zweiten und dritten Klasse Volksschule acht Kinder, zwei Buben und sechs Mädchen. Im Raum stehen drei PCs mit Brailleschrift-Ausgabe, mehrere Perkins-Schreibmaschinen und ein Lesepult mit Lampe, und auf einer Fensterbank sitzen große und kleine Stofftiere, darunter ein Teddybär und eine Giraffe. Außerdem gibt es ein Regal mit »Büchern« wie *Pippi Langstrumpf*, die in Brailleschrift gedruckt und deren Seiten in Ordner geheftet sind, und an der Tür sind sechs Zeichnungen angebracht, auf denen sich die meisten Kinder anhand vorgedruckter Körperumrisse mit Buntstiften selbst dargestellt haben. Angelika und Daniela sind Zwillinge, und tatsächlich haben sie sich mit ähnlichen Kleidern und Frisuren gemalt. Auch heute sind sie gleich angezogen, und um sie unterscheiden zu können, hat Frau Hannemann einer von ihnen einen gelben Punkt auf die Stirn getupft. Victoria hat sich mit einem Hündchen gezeichnet, Sila hingegen die Figur, die sie darstellt, mit roten Strichen bedeckt und David hat sich ein rotes Gesicht gemalt, aber keinen Namen auf das Blatt geschrieben. Kevin ist erst seit kurzem in der Klasse, deshalb fehlt sein Bild.

Frau Hannemann liest, sagt sie, die Blindenschrift mit den Augen, sie könne sie nicht ertasten. Jeden Montag bringen die Kinder einen schriftlichen Bericht mit, den sie zu Hause auf einer Perkins-Schreibmaschine selbst abgefasst haben. Es geht um das vergangene Wochenende, die Aufzeichnungen sind in Tagebuchform geschrieben.

Zuerst lerne ich den Alltag der beiden Zwillinge kennen. Ihre Eltern sind übrigens sehend und haben vier Kinder. Das älteste, Florian, ist blind geboren. Daraufhin konsultierten die Eltern Spezialisten im Krankenhaus, die ihnen versicherten, dass es sich um einen Einzelfall handle und weitere Kinder sehend sein würden, was bei der folgenden Tochter Bettina auch zutraf. Die Zwillinge aber, die als drittes und viertes Kind zur Welt kamen, waren wieder blind. Nachträglich stellte sich heraus, dass das Ehepaar aufgrund der genetischen Disposition abwechselnd blinde und nicht blinde Kinder bekommen würde. Angelika und Daniela sind auffallend hübsche Kinder und, wie man früher gesagt hätte, besonders »aufgeweckt«. Dieses Wort passt zu dem Eindruck, den ich von ihnen gewinne. Überdies sind sie gut erzogen und haben einen außergewöhnlichen Wortschatz. »Apropos Regenwürmer«, sagt Angelika, als von diesen die Rede ist, vielleicht auch Daniela, denn ich habe vergessen, welche von ihnen den gelben Punkt auf der Stirn hat. Den Blick zur Seite gerichtet, den Finger über das Blatt führend, berichtet jede von beiden etwas Eigenes: vom Besuch der Freundin Pia, die mit ihrer älteren Schwester ein Referat vorbereiten musste, und zwar über Hexen. Frau Hannemann lässt jeden Begriff, jedes neue Wort von den Schülern selbst erklären: Was ist ein Referat? Was ist eine Reihenfolge? Was ist ein Stromgenerator? – Immer gibt es ein oder mehrere Kinder, die eine Antwort wissen, und wenn nicht, springt Frau Hannemann ein. Angelika und Daniela lassen ihre Mitschüler nebeneinander Aufstellung nehmen und erklären anhand dieses Beispiels den Begriff »Reihenfolge«. Daniela, erinnere ich mich inzwischen wieder, hat den gelben Punkt auf der Stirn. Sie berichtet von ihrem Klavierspiel zu Hause, vom Spaghetti-Essen, von der Freundin ihrer Mama, die ein Baby hat mit Namen Matthias. Und wie sie im Spiel aus Schaumgummiteilen ein Bett auf dem Boden machte. Angelika wiederum beschreibt ein Korbballspiel im Turnsaal. Falle der Ball in den Korb, so erfahre ich, sei ein Musikstück zu hören. Wenn die ältere Schwester Bettina aber »stopp« rief, dann hätten alle »wie angewurzelt« stehen bleiben müssen.

Victoria mit dem langen, schönen Haar liest Braille- und Schwarzschrift. Am Ende der Stunde setzt Frau Hannemann sie vor das Lesepult und schaltet die Lampe ein. Victoria beugt ihr Gesicht ganz nahe zum Schriftstück hin, so dass sie es beinahe mit der Nase berührt, und liest dann den Text vom Eichhörnchen, das für den Winter Nüsse sammelt. Victoria versinkt dabei in die Welt der Buchstaben, der Schrift. Sie liest langsam und aufmerksam, das Gesicht stets ganz nahe am Pult, das sie manchmal mit ihren kleinen Händen festhält. Dieses Bild des die Buchstaben verschlingenden Kindes hat etwas von der edlen Stille in Vermeer van Delfts Gemälden. Beide Eltern von Victoria seien »praktisch« blind und bereits Schüler im Blindeninstitut gewesen, sagt Frau Hannemann. Victoria leide an einer progressiven Augenerkrankung, ihr Zustand verschlechtere sich, daher lerne sie schon jetzt die Brailleschrift. Ihr Vater sei an einem Glaukom erkrankt, die Mutter stark kurzsichtig. Bei Victoria wurde die Sehschädigung schon im Alter von drei Monaten festgestellt, und die Eltern zogen das Blindeninstitut zu Rate. Eine viel größere Gruppe im Institut umfasse aber die Kinder, die als Frühgeburten zur Welt kamen. Sehr oft hätten sie Mehrfachschädigungen – wie ich dann selbst sehe –, und die Anzahl der Fälle nehme weiter zu.

Angelika und Daniela haben über das Wochenende ein Buch gelesen. Die Lesefreudigkeit ist anhand sorgsam geführter Listen, die an der Wand des Klassenzimmers hängen, dokumentiert. Die Mutter der Zwillinge scannt die Bücher zu Hause ein, und der Computer druckt sie dann in Brailleschrift aus. Insgesamt, sagt Angelika, sind es schon mehr als hundert.

Kevin hört aufmerksam zu, ist aber nicht sehr gesprächig, und Sila sagt, als Frau Hannemann sie nach ihrem Befinden fragt, sie habe Kopfschmerzen. Sie hat kein Tagebuch über das Wochenende geführt, denn es sei ihr nicht gut gewesen, sagt sie, als die Reihe an sie kommt. Sie ist ein verträumtes Kind und liegt fast die ganze Zeit über mit ihrem Oberkörper, den Armen und dem Kopf auf dem Pult. Aber sie spricht dann doch. Mit ihren großen Augen blickt sie ruhig in das Klassenzimmer und ist von jener Ernsthaftigkeit, wie ich sie bei den Kindern im Institut immer wieder beobachten kann.

Sila schildert eine Fernsehsendung, in der Drillinge vorgekommen seien, die miteinander gestritten und dabei einer Puppe den Kopf abgerissen hätten. Dann zählt sie ihre Lieblingssendungen auf, die von den Kindern heftig diskutiert werden.

Zuletzt berichtet David von zwei ereignisreichen Tagen auf dem Spielplatz, in der »Hüpfburg« und vom Besuch seines Freundes Christoph, der bei ihm schlafen durfte. Er sei bis ein Uhr mit ihm wach geblieben. Das ruft wieder eine heftige Debatte hervor, wer bisher am längsten aufgeblieben ist, und Kevin, der behauptet, schon bis vier Uhr morgens nicht geschlafen zu haben, muss im Laufe der Debatte Stunde um Stunde zurücknehmen, bis er nur noch auf Mitternacht beharrt.

Auch David hat einen Film gesehen: »Abenteuer bei den Dinos«. Und am Sonntag bei Oma wurde ein Lamm gegrillt. David stammt aus einer serbisch-orthodoxen Familie und ist ein Zeichentrickfilmfan. Er hat von Frau Hannemann als Aufgabe bekommen, ein Märchen zu schreiben, in dem möglichst viele »ies« vorkommen sollen. Und in der folgenden Stunde soll er mit mir zusammen den Text bearbeiten. Ich habe aber nicht viele Vorschläge zu machen, denn David ist ein lebhafter Erzähler. Und während die Kinder – unterstützt von einem Zivildiener – an den PCs arbeiten und dabei ihre außerordentliche Fertigkeit beweisen, sitze ich mit David vor dem Bildschirm, lese, was er geschrieben hat, und beobachte ihn, wie er mit dem Finger über die Zeile unterhalb des Tastenfeldes fährt, auf der kleine mechanische Stifte die Buchstaben, Wörter und Sätze in Form von Punkten bilden. David hat zahlreiche Operationen und Untersuchungen hinter sich, er leidet an einem zu hohen Augendruck und einem Glaukom. Da er besonders lichtempfindlich ist, hat er seine rote Baseballmütze tief in die Stirn gezogen. Die Hexe »Wieselliesi«, lese ich, hat eine Biene und eine Ziege in Pullover verzaubert, aber eine gute Feenhexe gibt ihnen wieder ihre ursprüngliche Gestalt zurück. Als wir unsere Zusammenarbeit beendet haben, signiert David seine Geschichte mit seinem Namen.

Sila klagt über Ohrenschmerzen und wird am nächsten Tag nicht in die Schule kommen. Und Victoria sitzt vor dem Bildschirm wie eine Stunde zuvor vor dem Lesepult und liest dabei so aufmerksam, als hänge davon ihr weiteres Schicksal ab.

Im Gymnastiksaal, in dem »Musik- und Bewegungsstunden« abgehalten werden, spielt Frau Gitti Klauser »Das Lied von den Keksen«. Fünf Kinder, neun und zehn Jahre alt, tanzen und springen im Rhythmus mit und klatschen dazu in die Hände. Es ist weniger lebhaft als in einer üblichen Schule, aber die Kinder gehen mit Begeisterung mit. Drei von ihnen sind Brillenträger. Rabia ist neben ihrer Sehschwäche auch gehörgeschädigt und spricht nur türkisch. Sie trägt ein gelbes Puma-Shirt, lilafarbene knielange Turnhosen und ist bestrebt, alles richtig zu machen. Die anderen vier Kinder, zwei Buben und zwei Mädchen, tun sich leichter. Alle verfügen über ein »Restsehen«, können Hell-Dunkel unterscheiden und arbeiten mit Schwarz- und Großschrift am mobilen Schrägpult und am PC mit ebenfalls stark vergrößerter Schrift. »Sie sehen das Resultat von Jahren«, sagt Frau Klauser auf die Kinder deutend, die sie mit ihrer Energie auf Trab hält, indem sie mit ihnen tanzt, singt und in die Hände klatscht, ihnen dabei zuruft, was sie noch besser machen können. Fabian hat Tics, er tippt jeden, mit dem er spricht, dreimal an und steht, wie ich von der Lehrerin in einer kurzen Pause erfahre, unter »Ordnungszwang«. Auch leidet er an Depressionen. »Mir geht es heute nicht gut«, sagt er, wenn er sich niedergeschlagen fühlt. Der Boden im Saal ist rasengrün, die Wände sind hellbraun und haben in Augenhöhe einen breiten roten Strich, damit diejenigen, die noch etwas sehen, nicht dagegen laufen. Zwei tiefer befestigte Basketballkörbe, eine große gelbe Matratze, eine Sprossenwand, eine grüne Kunststoffstiege und ein Dutzend bunter Gymnastikbälle stehen zur Verfügung.

Als Nächstes ertönt ein Lied von »Bluatschink«, zu dem die Kinder den Text mitsingen:

> Im tiefen Wald
> Da ist es kalt
> Da steht ein Haus
> Da gehn die Rehe ein und aus.
> Im tiefen Wald
> Da liegt der Schnee
> Da singen alle, jung und alt,
> Ganz laut Juchhe!

Die Kinder lernen Rückwärtsgehen, Tanzen und Laufen und spüren dabei, was ihr Körper alles kann – aber es braucht die Aktion »Licht ins Dunkel« und freiwillige Spenden, damit die Stunden bezahlt werden können. Zu »Jamaika Mama« von den »Geschwister Pfister« verlassen die Kinder dann mit ihrer Lehrerin, Frau Kropp, den Raum, und zwei fünfzehnjährige Burschen und ein gleichaltriges Mädchen, alle blind, haben eine »Tanzstunde«. Anfangs geht es nur darum, den Partner richtig zu halten. Aber dann dreht sich das Mädchen beim Klang eines Walzers unter dem Arm des Burschen vorsichtig durch, und beide wechseln zur Musik rhythmisch Stand- und Spielbein.

Einige Schritte weiter, im Turnsaal, begegne ich wieder Victoria, Kevin, Sila und den Zwillingen zusammen mit Kindern der 2a-Klasse. David darf wegen seiner Operation am Turnunterricht nicht teilnehmen. Von den Kindern der 2a-Klasse sind drei blind, drei haben einen Sehrest und zwei leiden an Cerebralparese, einer unvollständigen Hirnlähmung. Der Saal ist mit einem Parkett-

boden ausgelegt, die Wände sind bis zu den roten Streifen mit Holz getäfelt, und der Turnlehrer und die beiden
Assistenten, eine junge Frau und ein Zivildiener, haben
eine Hindernisbahn aus langen Bänken, einem Barren
und einer Stange aufgebaut. Zuerst sitzen die Kinder
auf einer der langen Bänke, klettern auf einer weiteren
hinauf zum Barren, überqueren die Stangen auf allen
Vieren, rutschen von dort über eine blaue Matte wieder
hinunter und kommen schließlich zur letzten Bank, die
mit der Stange eine Wippe bildet. Vorsichtig krabbeln
sie auf die Bank, bis sie nach vorne kippt, und rutschen
dann irgendwie hinunter. Diese Strecke bewältigen die
Schüler mehrmals, laufen am Ende zur Bank zurück und
setzen sich wieder als Letzte in die Reihe. Der Turnlehrer und seine Assistenten überwachen jede Bewegung
der Kinder, eilen herbei, leisten Hilfe, sprechen Mut zu
und behalten zugleich ihr Umfeld im Auge. Bei Kindern,
die ungeübt sind oder sich fürchten, schiebt der Turnlehrer einen hohen gelben »Kasten« aus Schaumstoff
unter den Barren, um zu verhindern, dass sie abstürzen.
Manche Kinder bleiben verloren im Saal stehen und
scheinen zu träumen oder verirren sich kurz im Geräte-
raum, bis einer der Assistenten sich ihrer annimmt. Einmal bleibt eines der kleinen Mädchen, nachdem es die
Wippe gemeistert hat, vor der Sprossenwand stehen,
setzt sich auf den Parkettboden und tastet sich mit den
Händen bis zur höchsten Sprosse, die es erreichen kann.
Ich erwarte, dass sie sich wieder aufrichtet, doch sie
bleibt unbeweglich so sitzen, bis die Assistentin ihr unter die Arme greift und sie aufrichtet.

An diesem Tag lerne ich den blinden Lehrer Erich
Schmid kennen. Die Direktorin, Frau Alteneder, bringt

mich in das Besprechungszimmer, in dem er bereits auf mich wartet. Herr Schmid stellt einen kleinen Apparat auf den Tisch und tippt während unseres Gespräches in geradezu rasender Geschwindigkeit und mit dem Zehnfingersystem seine Notizen ein, als sei er eine erfundene Figur aus Lewis Carrolls »Alice im Wunderland«. Und wirklich öffnet er mir, ins Erzählen kommend, den Zugang in ein Reich, das mir sonst verschlossen geblieben wäre. Er ist mittelgroß, hat ein graumeliertes Lockenhaupt, und seine Augen wandern, zur Decke gerichtet, ruhelos umher, als läsen sie dort eine für mich unsichtbare Schrift. Er ist ein Experte für Datenverarbeitung, erfahre ich, Literaturkenner, Chorleiter und Komponist, und da auch ich mich bemühe, mir möglichst vollständige Notizen zu machen, beginne ich in meiner Eile, ihm zu ähneln. Verspricht er, mir einen Vortrag in gedruckter Form oder eine Radiosendung auf CD zu übermitteln, klappern und rattern schon die Tasten seines tragbaren Gerätes, deren Geräusch mir vorkommt, als hörte ich den rasend schnellen Ablauf seines Denkens, während ich selbst in großer Hast beinahe unleserliche Notizen mache, die ich zu Hause erst mühsam entziffern muss. Das Gespräch hält sich übrigens an keine Chronologie und verläuft – wie ein richtiges Gespräch verlaufen muss – im Stil von Laurence Sternes »Tristram Shandy«. Ähnlich einem Buchhalter muss ich später in meinem Arbeitszimmer trotzdem ein wenig Ordnung in die Dialogbilanzen bringen.

Beim Sprechen hält Herr Schmid das Gesicht, bemerke ich aus den Augenwinkeln, leicht abgewandt, weshalb ich nur zwischendurch seine ruhelosen Augen sehe. Er wurde, sagt er, 1955 im Weinviertel in Wolkersdorf als Kind sehender Eltern geboren. Als Folge seiner Frühgeburt sei er blind zur Welt gekommen. »Irgendetwas« sei mit der Netzhaut passiert, und der Graue Star sei dann dazugekommen. Er habe drei Brüder, die alle gestorben seien, und eine sehende Schwester, die wiederum drei sehende Kinder habe. Er wisse nicht, antwortet er auf meine Frage, wie eine optische Vorstellung bei ihm zustande kommen könne. Er nehme nicht einmal dunkel oder hell wahr, und was er sehe, sei nicht die Farbe Schwarz, sondern nichts. Er könne sich die Welt der Sehenden genauso wenig vorstellen, wie Sehende sich die Welt von Blindgeborenen vorstellen könnten. Doch besuche er immer wieder Kinovorstellungen. Allein aus der Musik könne er oft schließen, was sich ereignet: eine Liebesszene beispielsweise. Aber des Öfteren stimmten seine Vorstellungen mit den Filmszenen nicht überein. Wenn er etwa den Schrei einer Frau höre und annehme, dass sie soeben ermordet worden sei, könne sich für ihn erst im Nachhinein herausstellen, dass es nur der Entsetzenslaut bei einer schrecklichen Entdeckung gewesen sei. Er schätze zum Beispiel Hitchcocks »Psycho« sehr, denn es sei für ihn reizvoll, sich in die Position des Unsicheren zu begeben und die Unsicherheit spielerisch zu erfahren. Im »wirklichen« Leben sei das natürlich nur unangenehm. Er habe beispielsweise als Kind beim Wahlkampf um das Amt des Bundespräsidenten mit seinem Vater auf dem Sportplatz das Eintreffen eines der beiden Kandidaten erwartet. Sein Vater sei kurz weggegangen und habe ihn angewiesen, da zu bleiben. Kurz darauf habe der Hubschrauber zur Landung angesetzt. Obwohl er gewusst habe, wie ein Hubschrauber funktioniert und außerdem mehrmals gehört gehabt habe, wie einer über das Dorf geflogen sei, habe ihn der Lärm so verunsichert, dass er sich aus Angst auf den Boden gesetzt habe. Damals sei er sechs oder sieben Jahre alt gewesen.

Seine Eltern hätten seine Blindheit nicht gleich nach seiner Geburt bemerkt, fährt er nach einer kurzen Pause fort, erst einige Wochen später sei ihnen aufgefallen, dass »ich den Blättern nicht nachschaue«. Darauf hätten sie ihn – und später immer wieder – in das Krankenhaus zur Untersuchung gebracht, doch habe es für ihn keine Behandlung gegeben. Sein Vater, der Finanzbeamter in Mistelbach gewesen sei, habe sich daher um eine Stellung in Wolkersdorf bemüht, um ihn so besser fördern zu können. Er sei schließlich Direktor der Weinbaugenossenschaft geworden. »Mein Vorteil war«, sagt Herr Schmid, »dass ich auf dem Land herangewachsen bin und von den Nachbarskindern angenommen wurde. Schon als Dreijähriger habe ich ein kleines Kindersesselchen vor mir hergeschoben und die Räume erforscht. Und allmählich habe ich gelernt, die Gegenstände zu hören. Ich höre es, wenn ich mich einer Mauer nähere oder einem Hindernis.« Das funktioniere aber nicht immer, wie ich sehen könne, schränkt er ein, und zeigt lächelnd auf eine Schürfwunde an der Stirn.

»Mein Vater hat mir als Kind viel vorgelesen«, und er habe eine »ganz normale« Kindheit erlebt, betont er mehrmals. »Ich bin auf dem Traktor mitgefahren, auf dem Pferd geritten und im Winter mit den anderen Kindern Schlitten gefahren.« Seine Behinderung sei ihm nicht »tragisch« vorgekommen, alle hätten ihn als gleichwertig behandelt. Sein Vater habe ihn sogar das Radfahren gelehrt, indem er neben ihm hergefahren sei und seine Schulter festgehalten habe. In der Hofeinfahrt sei ein Anhänger abgestellt gewesen. Wie unter Zwang sei er immer wieder durch die schmale Lücke zwischen dem Anhänger und der Wand des Wohnhauses gefahren, dann weiter bis zum Stall und von dort wieder zur Hofeinfahrt. Dabei habe er jedes Mal das Echo der Wand und des Anhängers gehört. Heute bewege er sich frei und ohne Stock nach seinem Gehör, und er führe das auf seine Experimente in der Kindheit zurück. »Ich glaube«, fügt er hinzu, »dass meine Lebensspirale aufwärts geht und nicht abwärts.« Viele ließen es zu, dass sie sich abwärts bewege, aber er spüre, dass sein Weg aufwärts führe.

Wir kommen wieder auf seine Kindheit und Jugend zurück, und er sagt, er sei im Alter von vier, fünf Jahren in Wolkersdorf in den Kindergarten gegangen, »wie alle anderen«, das sei für ihn sehr wichtig gewesen. »Mit sechs Jahren bin ich dann in das Blindeninstitut in der Wittelsbachstraße gekommen«, fährt er fort, »und habe dort die Volks- und Hauptschule absolviert. Ich habe im Internat vor allem viel gelesen und neben meinem Klavierspiel, mit dem ich schon als 6-Jähriger begonnen habe, auch Flöte und Orgel gelernt.«

Herr Schmid schaut auf seine Armbanduhr, indem er das Uhrglas aufklappt und nach den Ziffern tastet, und wieder denke ich an Lewis Carrol und an sein zauberhaft vertracktes Personal. Aber Herr Schmid ist nicht wegen seiner Blindheit außergewöhnlich, sondern wegen seiner Persönlichkeit, und man irrt sich kaum, wenn man annimmt, dass es gerade die Blindheit war, die ihn dazu herausforderte, seinen Impulsen und Gedanken konsequenter zu folgen und immer einige Schritte voraus zu denken.

Das Lesen sei, wie gesagt, seine große Leidenschaft gewesen, beginnt er wieder. »Zuerst habe ich die Karl-May-Bücher verschlungen, natürlich alles in Blindenschrift, dann Kriminalromane und schließlich literarische Werke. Einmal hat mich ein anderer Schüler gefragt, ob ich nicht mit ihm in den Garten spielen gehen wolle, und ich habe ihm geantwortet: ›Wieso, es schneit doch!‹ – Ich war so in mein Buch, eine Wintergeschichte, vertieft, dass ich geglaubt habe, es schneie wirklich.«

Mit den neuen Technologien sei es jetzt einfach, Literatur in Blindenschrift zu lesen, fährt er fort, er leihe sich die entsprechenden Bücher aus und scanne sie in der Nationalbibliothek selbst ein. Der Scanner könne dreihundert A-4-Seiten in einer Stunde erfassen und ausdrucken und sechshundert A-5-Seiten. »Das Lesen mit den Fingern«, sagt er, »ist ähnlich schwer oder leicht zu erlernen wie das Lesen mit den Augen.« Ein Blinder lerne die Brailleschrift etwa im gleichen Zeitraum wie ein Sehender die Schwarzschrift, also im Laufe von drei, vier Jahren. Allerdings sei die Lesegeschwindigkeit mit dem Finger wesentlich geringer als mit den Augen.

Ob ich die Bücher Johann Georg Knies kenne? Nein? Knie habe seine Wanderungen durch Europa als Blinder beschrieben, Anfang des 19. Jahrhunderts. Natürlich reise auch er gerne. Anfang der siebziger Jahre sei er als Jugendlicher mit den Eltern nach Italien gefahren, und außerdem habe er mit seinem Vater immer ausgedehntere Radtouren unternommen. Mit 17 Jahren sei er mit ihm auf dem Tandem in acht Tagen von Wien nach Paris geradelt, zuerst die Donau entlang bis zum Schwarzwald und dann weiter über Straßburg. Zurück hätten sie die Eisenbahn genommen. Das Jahr darauf seien sie mit ihrem Tandem bis Istanbul gekommen, diesmal hätten sie für ihre Reise 17 Tage benötigt. Zuerst seien sie bis Budapest gefahren, von dort wieder die Donau entlang über das damalige Jugoslawien bis nach Rumänien und Bulgarien und schließlich in die Türkei. Als Jugendlicher habe er mit Sehenden Wanderungen unternommen, mit Schlaf- und Rucksack. Jetzt bevorzuge er Bus- und Flugreisen. Seine letzte habe ihn nach Syrien, Jordanien und in die Türkei geführt, nach wie vor sei der Orient sein bevorzugtes Ziel. Er habe zwei sehende Kinder, die meisten Reisen habe er aber trotzdem allein unternommen, denn er habe die Erfahrung gemacht, dass man als Blinder, wenn man in Begleitung einer Partnerin oder eines Freundes reise, mit den übrigen Reisenden kaum in Kontakt käme. Mit seiner sehenden Frau führe er aber eine gute Ehe, man habe sich allerdings erst aufeinander einstellen müssen, denn er benötige beispielsweise ein großes Maß an Ordnung, damit er die Dinge, die er brauche, auch immer finde.

Ich frage ihn, um die Chronologie seines Lebens nicht ganz aus den Augen zu verlieren, wo er in das Gymnasium gegangen sei, und er antwortet mir, dass er, nachdem er die Hauptschule im Blindeninstitut absolviert hatte, in Baden bei Wien das Gymnasium des Konvikts Heiligenkreuz besucht habe. Er sei auch dort im Internat untergebracht gewesen. »Pater Ludwig borgte mir jeden Tag eine Stunde seine Augen, damit ich die Schulbücher, besonders, was die Sprachen betrifft, in Brailleschrift übertragen konnte.« Die Biologie-, Geographie- und die anderen Lehrbücher habe sein Vater für ihn auf Tonband gesprochen. In Heiligenkreuz habe er Latein, Englisch und Französisch gelernt, sagt Herr Schmid, und mit

Auszeichnung maturiert. Dort habe er bereits den Wunsch empfunden, Lehrer zu werden. Er habe deshalb die Pädagogische Akademie in Strebersdorf besucht und sich zum Hauptschullehrer in Deutsch, Musik und Religion ausbilden lassen. Dann sei er an das Blindeninstitut zurückgekehrt, um sogenannte »blindenspezifische Fächer« zu unterrichten, wie Informatik und Blindenstenographie.

»Im Nachhinein«, sagt er plötzlich, »gibt es mir Sicherheit, dass ich weiß, dass es für mich keine Hoffnung gibt, jemals zu sehen.« Das mache alles leichter. Vor die Wahl gestellt, sehen zu können oder blind zu bleiben, könne er nur den Wunsch äußern, nicht sehend zu werden. Er sei davon überzeugt, dass er verwirrt werden würde, wenn alle visuellen Eindrücke zugleich auf ihn einstürmten. »Ich glaube, ich müsste dann schon nach einer Stunde vor Erschöpfung schlafen«, fügt er nach kurzem Nachdenken hinzu. Dabei liebe er es, sich mit dem Sehen, beispielsweise mit Bildender Kunst, auseinanderzusetzen. Bei Skulpturen tue er sich im Allgemeinen leichter als mit Gemälden. Man könne Zeichnungen zum Teil durch Halbreliefs darstellen und vielleicht über das Tasten die Komposition erkennen. Der Rest aber müsse erklärt werden. Er habe bei seinem Germanistik- und Geschichtsstudium auch Kunstgeschichtevorlesungen gehört und sei sogar zu einer Prüfung angetreten. Der Professor sei darüber erstaunt und verlegen gewesen und habe ihn gefragt, was er mit ihm anfangen solle, »aber ich habe ihm gesagt, dass er doch sehr viele Dias gezeigt und diese sehr gut beschrieben habe, daher könne er mit mir auch ein Prüfungsgespräch führen«. Schließlich habe er den Professor überzeugt, und dieser sei mit ihm sogar eine Zeit lang in Museen gegangen und habe ihm Bilder beschrieben. »Die Bilder sind auch heute noch in meinem Kopf«, sagt Herr Schmid, »obwohl das schon zwanzig Jahre her ist, und die Erinnerungen verblasst sind.«

Der britische Neurologe Oliver Sacks veröffentlichte 2003 im »New Yorker« einen Essay unter dem Titel »Was Blinde sehen«, in dem er die visuellen Wahrnehmungen von Späterblindeten analysierte und dabei auf verschiedene Tatsachenberichte zurückgriff. Er berichtet darin über den Professor für Theologie John Hull und sein Buch »Touching the Rock: An Experience of Blindness«. Hull erkrankte im Alter von dreizehn Jahren an Grauem Star, »vier Jahre später wurde er auf dem linken Auge blind«. Auch die Sehkraft des rechten Auges ließ allmählich nach, so dass er mit 48 Jahren vollständig erblindet war. In drei Jahren diktierte Hull ein Tagebuch, in dem er das Nachlassen seiner visuellen Vorstellungen und Erinnerungen bis hin zum völligen Erlöschen beschreibt, einen Zustand, den er »tiefe Blindheit« nennt. Oliver Sacks berichtet weiter, dass Hull »nicht nur den Verlust visualisierter Bilder und Erinnerungen, sondern den Verlust von der Vorstellung des Sehens an sich« erlebte. Selbst die Vorstellung, dass Objekte ein Aussehen haben, sei allmählich verblasst. Hull habe sich beispielsweise nicht einmal mehr vorstellen können, wie die Zahl drei aussah, »wenn er sie nicht mit der Hand in die Luft zeichnete«. Obwohl er anfangs sehr darunter litt, dass er sich weder die Gesichter seiner Frau und seiner Kinder noch das Aussehen von Landschaften und Orten, die ihm etwas bedeuteten, mehr vorstellen konnte, ließ Hull sich auf den Zustand ein und gab sich zwei Jahre nach seinem völligen Erblinden seinem Schicksal sogar »bereitwillig und freudig«, wie Sacks schreibt, hin. Hull bezeichnete sich als »Ganz-Körper-Seher« und seine »tiefe Blindheit« als »eine authentische und autonome Welt, als einen eigenständigen Ort ... Ein ›Ganz-Körper-Seher‹ zu sein, heißt Menschlichkeit in einer ihrer konzentriertesten Formen zu erleben.« Hull verstand unter einem »Ganz-Körper-Seher« einen Blinden, der alle übrigen Sinne so geschärft habe, dass daraus ein neuer Erfahrungsreichtum entstehe. Am Beispiel der verschiedenen akustischen Erfahrungen bei Regen beschreibt Hull eine »Intensität des In-der-Welt-Seins«, die alles übertreffe, was er gekannt habe, solange er habe sehen können, so dass er seine Blindheit schließlich als eine »dunkle, paradoxe Gabe« begriff, die eine »neue Weise des Menschseins« in ihm hervorgerufen habe.

Oliver Sacks führt auch Experimente an, die 2003 in Boston gemacht wurden, bei denen erwachsenen Freiwilligen fünf Tage lang die Augen verbunden wurden. Die Folgen seien »eine deutliche Verlagerung in Richtung nichtvisuellen Verhaltens und Wahrnehmens gewesen und damit einhergehende physiologische Veränderungen im Gehirn«. Italienische Forscher hätten sogar festgestellt, dass bei einem nur neunzig Minuten dauernden Aufenthalt in Dunkelheit eine »verblüffende Steigerung der taktilen und räumlichen Wahrnehmungsfähigkeit« zu beobachten gewesen sei.

Hulls Aufzeichnungen blieben jedoch nicht unwidersprochen. Andere Späterblindete widersprachen seinen Erfahrungen und betonten, dass sie nach wie vor visuelle Menschen seien und die »Dinge vor sich« sähen. Der australische Psychologe Zoltan Torey – nach einem

Unfall in einer chemischen Fabrik im Alter von 21 Jahren erblindet – setzte, anders als Hull, alles daran, sein »inneres Auge« zu schärfen, und entwickelte die Fähigkeit, in Gedanken neue Bilder zu schaffen und sie zu verändern. »Er konstruierte für sich eine eigene auf Imagination beruhende visuelle Welt, die ihm«, wie Oliver Sacks schreibt, »beinahe ebenso real und konkret erschien wie die verlorene Welt der Wahrnehmung – vielleicht sogar noch realer und konkreter, eine Art gesteuerter Traum, eine kontrollierte Halluzination.« Torey gelang es, unglaubliche Fähigkeiten zu entwickeln, so deckte er »mitten in der Nacht bei völliger Finsternis das Dach seines mehrgiebeligen Hauses« neu.

Und Sacks zählt noch eine Reihe ähnlicher Fälle Späterblindeter auf, wie Sabriye Tenberken, die allein durch ganz Tibet reiste, »wo Blinde jahrhundertelang wie Untermenschen behandelt wurden«. Sie habe innerhalb von sechs Jahren deren Situation völlig verändert, eine tibetische Brailleschrift entwickelt und Blindenschulen gegründet. »Solange ich mich erinnern kann«, schrieb die bis zum zwölften Lebensjahr langsam Erblindete, »riefen Zahlen und Worte augenblicklich Farben in mir hervor ... So ist die Zahl 4 zum Beispiel golden, 5 ist hellgrün, 9 zinnoberrot.« Das erinnert stark an Arthur Rimbauds Gedicht »Vokale« und die ersten Zeilen: A: schwarz, E: weiß, I: rot, U: grün, O: blau – : »Vokale, ich bin schon eurer dunklen Herkunft auf der Spur ...« Zwanzig Jahre nach ihrer Erblindung hatte Sabriye Tenberken ihre Wahrnehmungen derart verstärkt, dass sie mit der Schilderung ihrer Eindrücke die Menschen, denen sie begegnete, in Erstaunen versetzte. Jacques Lusseyran wiederum, ein französischer Widerstandskämpfer, wurde mit acht Jahren, nach einem Unfall, blind. Auch er vergaß, wie Hull, die Gesichter seiner Familie und nahestehender Menschen und versuchte »nicht einmal mehr, sich vorzustellen, wie sie aussahen, stattdessen entwarf er für sich eine imaginäre visuelle Welt, indem er sich in Gedanken ›einen Bildschirm‹ aufbaute. ›Namen, Gestalten und Objekte erschienen auf meinem Bildschirm gewöhnlich mit einer bestimmten Form, aber nicht bloß in Schwarz-Weiß, sondern in allen Regenbogenfarben. Nichts kam mir in den Sinn, ohne in ein gewisses Licht getaucht zu werden … In nur wenigen Monaten hatte sich meine Welt in ein Maleratelier verwandelt!‹« Ein Blinder habe ein besseres Gespür für Empfindungen, einen besseren Geschmacks- und Tastsinn, fährt Lusseyran fort, er nennt dies »die Gaben der Blinden«, die zu einem einzigen fundamentalen Sinn verschmelzen würden und eine Art von sinnlichem, vertrautem Einssein mit der Welt hervorriefen. Daraus ergibt sich für Oliver Sacks eine gewisse Ähnlichkeit mit der »tiefen Blindheit« von Hull, die er nicht als Kompensation betrachtet, sondern als eine »einzigartige Form der Wahrnehmung«, als »eine einmalige und unvergleichliche Form von Existenz«. Das passt sehr gut zu den Aussagen der berühmten Blinden Melanie de Signac, die das Augenlicht in früher Kindheit verlor und 1763 im Alter von 22 Jahren starb. »Grüben Sie«, sagte sie dem deutschen Baron Grimm, »mit irgendeinem Instrument mir eine Nase, einen Mund, die Gestalt eines Mannes oder einer Frau in die Hand, gewiss würde ich nicht fehlraten, und wäre die Zeichnung genau, so könnte ich wohl hoffen, das Bild der von Ihnen gezeichneten Person wiederzuerkennen; meine Hand würde bei mir die Stelle eines empfindlichen Spiegels vertreten; allein groß ist die Verschiedenheit der Empfindlichkeit zwischen dieser Leinwand und dem Organ des Gesichts. Ich stelle mir vor, das Auge sei eine lebendige Leinwand von unendlicher Zartheit, die Luft treffe den Gegenstand, von diesem werde sie dem Auge zurückgeworfen, welches davon eine Fülle verschiedener Eindrücke empfängt, je nachdem der Gegenstand und die Luft, deren Eigenschaften Sie ebenso wenig kennen wie ich, beschaffen sind, und durch die Mannigfaltigkeit dieser Eindrücke entstehe das Bild in Ihren Augen. Käme die Haut meiner Hand der Zartheit Ihrer Augen gleich, so würde ich vermittelst meiner Hand wie Sie vermittels Ihrer Augen sehen, und ich denke mir zuweilen, dass es blinde Tiere geben möge, die da nicht weniger hellsehend sind.«

Erich Schmid hat auf Oliver Sacks Essay eine Replik unter dem Titel »Was Sehende sehen« verfasst, in der er vor allem kritisiert, dass Sacks nur Späterblindete, jedoch keinen Geburtsblinden erwähnt. Er hält darin ferner fest, dass, »wer von Geburt an vollständig nicht gehört oder vollständig nicht gesehen hat, nicht umfassend ermessen kann, was der Besitz eines weiteren Sinnes bedeutet«, und erwähnt den Philosophen William Molyneux, der mit einer blinden Frau verheiratet war und vor mehr als 300 Jahren bezweifelt habe, dass ein sehend gewordener Blinder eine Kugel von einem Würfel unterscheiden könne. Außerdem bezieht er sich auf einen Artikel im »Spiegel« aus dem Jahr 2002, in dem das Schicksal des 1954 geborenen Mike May beschrieben wird, der »nach einer Hornhautoperation am rechten Auge aus medizinischer Sicht zwar wieder vollständig« sehen, seinen

Sehsinn jedoch noch immer nicht einsetzen könne und weiterhin mit seinem Blindenhund durch die Stadt gehe.

Am nächsten Tag begleite ich Herrn Harnischfeger und den 13-jährigen Gerhard vom Blindeninstitut zum Naschmarkt. Gerhard hat die Möglichkeit, dort bei der Eisenbahner- und Bergbauversicherung als Beamter am Computer ein Praktikum abzulegen. Er hat als kleines Kind noch gesehen, aber seit der Volksschule ist er im Internat des Instituts. Herr Harnischfeger hat mit ihm erst viermal den Weg zurückgelegt, doch Gerhard läuft uns, mit dem Langstock tastend, vom ersten Schritt an voraus und auch davon. Wir haben Mühe, ihm zu folgen, und erst als wir im Bus sitzen, kann ich mich mit seinem Lehrer unterhalten, der darauf achtet, dass Gerhard uns nicht hört. Am Anfang, sagt Herr Harnischfeger, müsse der Lehrer sich nahe beim Schüler aufhalten, im Laufe der Zeit aber einen immer größeren Abstand einhalten. »In der Regel fragen Blinde nicht, wenn sie sich irgendwo nicht auskennen.« Ihr Problem sei, dass sie sozusagen ins Nichts hineinsprechen müssten. »Viele wollen nicht auffallen und tragen deshalb auch nicht die Blindenschleife. Sie achten darauf, nicht aufzufallen, also auch den Kopf nicht gesenkt zu tragen.« Nach einigen Stationen, die Gerhard mitgezählt hat, steigt er aus dem Bus und eilt uns voraus bis zur U-Bahn-Station. Dabei orientiert er sich an der Bodenmarkierung. Bewegungslos wartet er dann am Bahnsteig auf die U4, und als sie einfährt, steigt er rasch ein und sucht die gegenüberliegenden Presslufttüren. Ein Blindenhund, erklärt mir inzwischen Herr Harnischfeger, koste 22 000 Euro und habe acht Jahre »Dienstzeit«. Aus diesem Grund würde nur wenig davon Gebrauch gemacht. Während er mit mir spricht, verliert er seinen Schüler nicht aus den Augen. An der nächsten Haltestelle verlässt dieser die U-Bahn, tastet sich am Geländer die Stiegen hinauf und läuft über den Platz bis zum Gebäude der Versicherung, vor dem er uns strahlend erwartet.

Im Institut wird mir an diesem Tag auch der Kindergarten gezeigt, mit blinden und mehrfach behinderten Kindern. Ich sitze eine Weile stumm da und sehe ihnen bei ihren traumverlorenen Spielen zu. Khali, fünf Jahre, das Kind nordafrikanischer Eltern, das an Grauem und Grünem Star leidet, und Luka, zwei Jahre, tumorblind und nach einer Operation noch schwach auf den Beinen, sowie der sechsjährige Arber, der aus Albanien kommt: Sie spielen Memory oder mit Plastilin, oder sie werden von einer der Kindergärtnerinnen zu einer Tätigkeit animiert. Es ist alles vorhanden, um den langen und schwierigen Weg zur Selbstfindung und vielleicht sogar Selbständigkeit zu beschreiten, aber es ist unendlich viel Geduld notwendig, um auch nur erste kleine Schritte zu machen. Im Snoezelen-Raum mit Lichtbox, Fasernebel, Vibrationsbett, Blubbersäule, Lichtmustern an der Decke und Musik kann die notwendige Entspannung gefunden werden, und der anschließende kleine Turnsaal bietet Auslauf. Eines der Kinder sitzt dort in einer großen Schachtel, nur sein Kopf mit der großen Brille sieht heraus, und als ich eintrete, verschwindet es vollends darin.

Auch das geräumige Internat kann ich besichtigen, mit Ein- und Zweibettzimmern und großen Aufenthaltsräumen, und die geschickten Korb- und Möbelflechter kennenlernen, die mir ihre verschiedenen Werkzeuge zeigen – mehr als ich mir merken kann. Viele haben das

Fach »Lebenspraktische Fertigkeiten« belegt, in dem Fleischschneiden, Getränkeeinschenken, die Handhabung von Besteck und Küchengeräten, der Umgang mit einem Elektroherd gelehrt wird, das Bettenbeziehen, Geschirrspülen, Nähen, Wäschewaschen, Bügeln, Schuheputzen, die Zahn- und Nagelpflege, Hygiene und Kosmetik. Aber auch viele andere Dinge des Alltags müssen geübt werden, das Telefonieren, das Erkennen von Münzen und Banknoten, das Ausfüllen von Zahlscheinen, das Verhalten im Gasthaus, bei der Post und Behörden – kurz, es müssen viele Lebenssituationen durchgespielt werden, um eine möglichst große Unabhängigkeit zu erreichen.

Der 16-jährige Philipp versucht gerade zum zweiten Mal, sich eine Eierspeise zu machen. Schon beim Händewaschen muss er vieles in sich überwinden, bis er zum Eigentlichen kommt – irgendetwas zwingt ihn, sich mehrmals dabei hinzuknien und den Ablauf mit allen Zwischenfällen inklusive des mehrmaligen Hinkniens zu wiederholen, so dass er zuletzt selbst darüber lacht und den Kopf schüttelt. Der Zwang veranlasst ihn auch, sich die Hände zweimal zu waschen und abzutrocknen. Am Tisch konzentriert er sich als Erstes auf die Ölflasche, die er ertastet, dann auf das Ei, das Stück Brot, das Messer, die beiden Bratwender, die Teller und das Wasserglas neben dem Ei. Jede Phase des Vorgangs wird einstudiert, und beim Zusehen wird mir klar, wie kompliziert und schwierig schon das Allerselbstverständlichste ist, wenn man sich noch nie damit befasst hat. Frau Daniel betreut ihn, indem sie mit ihm spricht und ihn zugleich loslässt. Auch diese Prozedur, sagt sie, müsse man zehnmal und öfter wiederholen, Handstellung für Handstellung, bis sie automatisch durchgeführt würde. Als Philipp, endlich erlöst von Anstrengung und Anspannung, sein selbst gekochtes Ei mit dem Stück Brot isst, sagt er spaßhaft und zugleich stolz: »Durchtrieben gschickt bin i.« Aber gleich darauf fragt er Frau Daniel: »Wos is durchtrieben?« – »Dem geht so viel im Kopf herum«, sagt sie. Und als sie ihm das Salz reicht und dabei vergisst, den Verschluss zu verschrauben, und deshalb etwas Salz verschüttet, fragt sie sich verdattert: »Bin ich blind?«

Erich Schmid ist bester Laune, er freut sich schon auf die Schachstunde, an der ich gemeinsam mit vier seiner Schüler teilnehmen und gegen ihn spielen werde, auch wenn ich beteuere, dass ich kein guter Spieler bin. Mir fällt der geniale amerikanische Schachspieler Paul Morphy ein, der in der zweiten Hälfte des 19. Jahrhunderts die Schachwelt durch seine Blindsimultanvorstellungen zum Erstaunen brachte. Von acht Partien gewann Morphy 1858 im Café de la Régence in Paris gegen namhafte Gegner nicht weniger als sechs. Als er an Paranoia erkrankte und im Alter von 47 Jahren starb, schrieben es manche Kritiker seinem exzessiven simultanen Blindspiel zu.

Herr Schmid hat andere Vorstellungen vom Sehen als wir. Er stelle es sich als eine Art Schachspiel vor, sagt er mir, bei dem er ja auch nicht die Figuren auf dem Brett wahrnähme, sondern sich deren Beziehung zueinander merke. Wir spielen auf Steckschachbrettern, jede Figur hat unten einen Zapfen und jedes Feld ein Loch. Die weißen und schwarzen Steine unterscheiden sich durch eine kleine, fühlbare Metallniete und die Felder durch ihre relative Höhe. Herr Schmid benötigt keine mündlichen Auskünfte, er tastet mit den beiden geöffneten

Händen aufmerksam das Feld ab und zieht jedes Mal innerhalb weniger Sekunden, bevor er bei dieser Simultanpartie zum nächsten Gegner eilt. Wie am Fließband fertigt er zuerst mich und dann seine gelehrigen, blinden Schüler ab, noch bevor die Unterrichtsstunde ganz zu Ende ist. Zum Abschied schenkt er mir ein dickes Buch: »Der kleine Prinz« von Saint-Exupéry in Braille- und Schwarzschrift, mit einem tastbaren Flugzeug als Lesezeichen und einer Rose, die, wenn man sie rubbelt, duftet, einer beigelegten CD, auf der seine blinden Schüler den Text als Hörspiel inszeniert haben, und einer am Umschlag befestigten »Prinzenrolle« – kurz, ein Buch, das alle Sinne beansprucht. Auf meine Frage nach der Religion bekennt er sich zu seinem Glauben, den er seiner Mutter verdanke. Er sei nie, betonte er, auch nicht in der Pubertät, ins Zweifeln gekommen, »trotz oder vielleicht gerade wegen meiner Behinderung«. Er glaube, sagt er, dass er aus dem Leid jedes Mal gestärkt hervorgehe und dass ihn seine Blindheit stark gemacht habe. Auch frage er sich nie nach dem Warum. Heiße es nicht in einem Psalm: »Meine Gedanken sind nicht Eure Gedanken und meine Wege sind nicht Eure Wege«?

Mit dem Lift gelange ich zuletzt unter das Dach. Zwei hellbraune Pianos stehen an der Wand, und Frau Pia Ulz, die seit 26 Jahren im Blindeninstitut arbeitet, unterrichtet im Musikzimmer Klavier. Corinna aus Wels in Oberösterreich sieht hell und dunkel und grelle Farben, aber sie liest nur in Brailleschrift. Sie schlägt die Noten auf, und ich kann von meinem Platz aus die Überschrift: »On The Levee« lesen, einen alten nordamerikanischen Song, den die schüchterne Corinna mit Zurückhaltung intoniert. Nach ihr spielt die 18-jährige Amela aus Bosnien mit ihrer Lehrerin gemeinsam die Sonate in C-Dur »Facile« von Wolfgang Amadeus Mozart. Ich schaue aus dem Fenster auf die roten Ziegeldächer mit Schornsteinen und ein grauweißes Stück Regenwolke, und meine Gedanken werden jetzt leicht und hell, als gebe es keine Dunkelheit ringsum.

Anhang

Erich Schmid
Schreiben ist Denken –
Erfahrungen aus meiner Schreibbiographie

Vor wenigen Jahren hat mir mein inzwischen pensionierter Deutschlehrer aus der Hauptschule die folgende Geschichte erzählt. – Da wir eine »gute Klasse« waren, hatte er sich dazu entschlossen, als Schularbeitsthema im damals noch so genannten »Polytechnischen Lehrgang« ein Zitat von Goethe zu geben: »Was du ererbt von deinen Vätern, erwirb es, um es zu besitzen«. Als ich 30 Minuten still saß und nichts schrieb, kam er beunruhigt zu mir und fragte, warum ich nicht schriebe. Ich antwortete: »Ich denke.« Und begann kurz danach mit der Niederschrift, die fristgerecht zum Abgabezeitpunkt abgeschlossen war.

Jetzt, im Augenblick dieser Niederschrift, muss ich nicht lange über die Gliederung zur vorgegebenen Themenstellung nachdenken. Eine »Biographie« legt für mich nahe, dass die Anordnung des Materials großteils chronologisch erfolgt. Viele Elemente des zu Sagenden / Schreibenden sind im Kopf fertig, denn ich habe schon öfter über das Schreiben nachgedacht. Allerdings habe ich diese Gedanken noch nie in einen größeren Zusammenhang zu bringen versucht, was jetzt geschehen soll und wird.

Beim Nachdenken über den Beginn des Schreibens fällt mir das Besondere meiner Situation ein: Sehende Menschen wechseln im Laufe ihrer Schulzeit zwar die Schreibgeräte (Bleistift, Füllfeder, Kugelschreiber), aber die meisten halten die Schreibgeräte wahrscheinlich immer wieder in der gleichen Hand und führen beim Schreiben eine Links-Rechts-Bewegung aus. Blinde Schülerinnen und Schüler haben zu meiner Schulzeit einige Stadien der Anbahnung des Schreibens durchlaufen. Zunächst wurde die Grundform des Braillezeichens als Sechspunkte-Matrix dadurch verdeutlich, dass die zu setzenden Punkte in Form von Holzklötzchen in das »Steckbrett« gesetzt wurden. Das Braillett hatte die Sechspunkt-Raster nebeneinander und in vier Zeilen angeordnet, so dass Wörter und Sätze geschrieben werden konnten, indem Nieten mit großen Köpfen von links nach rechts in die Löcher der Rasterzellen gesteckt wurden. Eine riesengroße Umstellung war damals jedoch das erste Schreiben auf Papier mit der so genannten Brailletafel. Die Punkte wurden mit einem Griffel spiegelverkehrt – also von rechts nach links – durch das Papier in einen Metallraster gestochen. Drehte man das Blatt um, konnte man von links nach rechts lesen. Erst mit meinem heutigen Wissen ist mir klar, wie schwierig dieser Prozess etwa für Legastheniker gewesen sein muss. Seit Beginn der siebziger Jahre wurden in Österreich Brailleschreibmaschinen eingeführt. Bei dieser Art des Schreibens drückt man alle Tasten für sämtliche Punkte eines Zeichens – also maximal sechs – gemeinsam. Das Geschriebene ist unmittelbar nach dem Loslassen der Tasten zu lesen. Einen Großteil meiner Hauptschulzeit habe ich noch mit der Brailletafel geschrieben, und es ist unschwer vorstellbar, dass damals das Erlernen der Blindenkurzschrift nicht lästig, sondern entlastend war, weil weniger Zeichen mühsam gestochen werden mussten.

Schreiben ist jedoch nicht nur ein für blinde Menschen sehr hart scheinender äußerer Prozess, sondern für alle Menschen auch ein innerer Vorgang. Schon seit den Anfängen meiner »Schreibkarriere« bin ich ein Vielschreiber gewesen. Als mir mit den wenigen erlernten Buchstaben ein besonders langes Wort eingefallen war, teilte ich es dort ab, wo die Zeile des Brailletts zu Ende war, und nicht, wo die Regeln der deutschen Sprache es erforderten, was mir mein Lehrer bewusst machte und dadurch das erhoffte Lob mit einem bitteren Beigeschmack versah. Zu dieser Zeit war bei mir der »innere Schreibprozess« wesentlich rascher als der äußere. Aus diesem Grund schrieben meine Eltern mein in der zweiten Volksschulklasse erstes selbst verfasstes Gedicht über das Christkind in »ihrer« Schrift auf und übergaben es meinem Klassenvorstand, dessen Person inzwischen gewechselt hatte.

Die »Schrift der Sehenden«, das war faszinierendes Neuland, das ich in der vierten Klasse Volksschule betrat. Meine Schwester kam in die Schule und plagte sich mit dem Schreiben, während ich in den Ferien Inhaltsverzeichnisse zu den voluminösen Schulmappen in Braille anlegte. Das Schreiben meiner Schwester war aber für mich nicht von der Mühsal des Erzeugens der Zeichen geprägt, sondern eher von der Frage der Zuordnung von Farben zu bestimmten Bereichen des Blattes. Welche Formen die Großbuchstaben haben, das erfuhr ich durch die Benutzung des Stacheltypenapparates, wie wir sagten. Johann Wilhelm Klein, der erste Blindenpädagoge in Wien, hatte am Beginn des 19. Jahrhunderts die »durchstochene Schrift« erfunden. Metallklötzchen, an deren Unterseite Nadeln die Form des Buchstabens bilden, werden nebeneinander von rechts nach links durch festes Papier gedrückt. Nach dem Wenden des Blattes kann man die Zeichen von links nach rechts mit dem Finger ertasten. Dies geht allerdings langsamer als das Lesen der Brailleschrift. Für mich war die Kenntnis dieser Schrift sehr wichtig, weil ich einerseits meinen Eltern – welche die Brailleschrift nie wirklich erlernt hatten – Briefe aus dem Internat schreiben konnte und weil ich andererseits ab diesem Zeitpunkt die Nummerntafeln der Autos und manche anderen tastbaren Beschriftungen lesen konnte. Später habe ich zwei Formen des Schreibens der »Schwarzschrift« kennengelernt. Die »Blockschrift« kann relativ leicht geschrieben werden, indem man mit einem dünnen Stift die Formen der Buchstaben entlang der Kanten der Ausnehmungen für die Braillezellen auf der Brailletafel nachfährt. Dabei schreibt man natürlich von links nach rechts. Im Zeitalter des Computers ist diese Form des Schreibens weitgehend überflüssig geworden. Was ich aber heute noch brauche, ist die Unterschrift, wobei ich nur meinen Namenszug und keine weiteren Buchstaben und Zeichen schreiben kann.

Wie gesagt, war die Einführung der Brailleschreibmaschine ein großer Fortschritt bezüglich der Geschwindigkeit des Schreibens. Gegen Ende der Hauptschulzeit war mir das Abschreiben von Englischvokabeln besonders lästig. Ich hätte eine dritte Hand benötigt, welche die Vokabel liest, während die anderen beiden Hände die Braillemaschine bedienten. Weil eine Brailleschreibmaschine nur sechs Tasten zum Anschlag der Braillepunkte hat und weil sich bei bestimmten Maschinentypen alle sechs Punkte durch Anschlag mit der Handfläche gemeinsam drücken lassen, ist es mir gelungen, etwa seit meinem 14. Lebensjahr die Brailleschreibmaschine ausschließlich mit der rechten Hand zu bedienen. So war die linke Hand frei für das Lesen der Vokabel und der Übertragungsprozess wesentlich rationeller. Ich nutzte die erworbene Technik jedoch auch anderswo. Seit Jahren war ich zur Leseratte geworden. Mit dem Besitz von Braillebüchern ist es jedoch so eine Sache, da der Umfang derartiger Bücher enorm ist. Der Rechtschreibduden mit seinen 18 Braillebänden hat lange Zeit die Oberseite unseres Pianinos durchgehend bedeckt. Ich wollte jedoch unbedingt die »schönen Stellen« mancher Bücher behalten. Auf Anregung eines älteren Mitschülers begann ich abzuschreiben und fühle mich dabei in bester Gesellschaft, seit ich weiß, dass auch andere Menschen dies getan und z.B. Florilegien angefertigt haben.

Zum Vielschreiber bin ich ab der Zeit des Gymnasiums geworden. Die Schulbuchaktion griff zwar für meine Mitschülerinnen und Mitschüler, aber nicht für mich. Aus diesem Grund verwendete ich täglich eine Stunde Zeit, um die von mir benötigten Schulbücher abzuschreiben. Auch das Exzerpieren von Büchern und Texten, die auf Tonband oder Kassette aufgesprochen waren, wurde für mich zur wichtigen Tätigkeit. Bei Schularbeiten habe ich immer alles zunächst vollständig in Braille geschrieben, dann in die mechanische Schreibmaschine getippt. – Durch die Fertigkeit des schnellen Schreibens konnte sich auch das »innere Schreiben« entwickeln. Ich erinnere mich noch an eine Hausübung in Deutsch aus der fünften Klasse Gymnasium, wo in Anlehnung an eine Kurzgeschichte von Heinrich Böll eine eigene Kurzgeschichte zu erfinden war. Ich weiß noch, dass ich versuchte, die formalen Kriterien der Kurzgeschichte exakt zu erfüllen und dass dabei der Inhalt und die Spannung viel zu kurz gekommen sind. Der Bezug zur Form war auch in meinen lyrischen Versuchen dieser Zeit bemerkbar. Schillers Gedichte waren für mich damals das »Maß aller Dinge«! – Eine weitere Anregung des Deutschunterrichtes habe ich damals gerne aufgegriffen, nämlich die Führung eines »literarischen Tagebuches« mit Inhalts-angaben und Bemerkungen zu den gelesenen Büchern. Ich habe diese gute Gewohnheit bis heute nicht aufgegeben, ob-wohl ich nun die Zusammenfassungen meistens am Com-puter erstelle. Warum ich diese Tätigkeit der Zusammenfas-sung als »inneres Schreiben« bezeichne, liegt darin, dass der Stil der Zusammenfassung immer eine gewisse Verwandt-schaft zum Stil des gelesenen Werkes hat, zumindest aus meiner Sicht.

Texte konnte ich ab der Zeit des Gymnasiums rasch zu Papier bringen, aber es gab und gibt noch immer Bereiche, in denen das Schreiben Mühe macht, nämlich das Festhal-ten von Musik. Durch einen hervorragenden Lehrer, wel-cher die Betreuung der Internatsband aufgeben musste, hatte ich gelernt, wie man Stücke der Pop- und Rockmusik arrangiert. Nun musste ich meine musikalischen Vorstel-lungen meinen Mitspielern bekannt machen. Ich schrieb die Noten und Akkorde zunächst in Braille auf und diktierte sie anschließend den entsprechenden Instrumentalisten, wel-che sie geduldig in ihre Notenschrift übertragen haben. Noch heute würde ich gerne mehr Musik »schreiben«, wenn die Kommunikation nicht so mühsam ware! Meine musi-kalischen Ergüsse der damaligen Zeit wurden in mein Tage-buch aufgenommen, das ein Sammelsurium von Gedanken, Reiseberichten usw. ist.

Aus der Zeit der Ausbildung an der Pädagogischen Aka-demie ist mir ein Auftrag aus dem Deutschunterricht im Gedächtnis geblieben: Wir sollten eine Erinnerung aus der frühen Kindheit aufschreiben. Ähnlich wie bei dem jetzt ab-laufenden Prozess musste ich nicht viel nachdenken. Es ist alles da und muss nur gehoben werden! Mir scheint, als bräuchte ich in solchen Situationen gar nicht mehr viel zu ordnen, außer vielleicht, um eine spezielle Wirkung zu er-

zielen. Ich habe gelernt, dass die Überbetonung des Genie-
gedankens falsch ist, ich weiß aber auch, dass es gute und
weniger gute Voraussetzungen für kreative Prozesse gibt.
Bei mir ist Stress eine gute Voraussetzung für Kreativität,
die sich dann auf einem unerwarteten Gebiet zeigt und als
Ventil zum Spannungsabbau dient.

Wie meine besondere Art zu schreiben – damals noch auf
der Brailleschreibmaschine – verunsichern kann, beweist
das unsichere Verhalten eines meiner Musiklehrer an der
Pädagogischen Akademie. Dieser Herr gab sehr viele Bonmots von sich, die ich sorgfältig notierte, aber nicht, um sie
gegen ihn zu verwenden, sondern aus Sammlertrieb. Der
Musiklehrer deutete immer wieder an, er würde gerne wissen, was ich schriebe, aber er fragte nicht genauer und so
bekam er auch keine Antwort. So blieb für ihn die Brailleschrift eine »Geheimschrift«. Im Gegensatz zu meinen
Eltern hat meine etwa gleichaltrige Cousine die Brailleschrift erlernt und sie eine Zeit lang als Geheimschrift eingesetzt. Was sie notiert hat, weiß ich allerdings nicht. In meiner Hauptschulzeit hatte ich mich auch mit einer aus der
Brailleschrift entspringenden Geheimschrift beschäftigt, bei
welcher die zu setzenden Punkte eines Zeichens nicht gesetzt werden sollten und die restlichen nicht gesetzten
Punkte gesetzt werden mussten. Heute weiß ich, wie leicht
man diese Schrift hätte enträtseln können.

Das Schreiben der Brailleschrift hat manchmal auch an-
genehme Seiten. Die Konzeption und den Text meiner
Hausarbeit in Deutsch habe ich während der Sommerferien
auf der Brailleschreibmaschine fast ausschließlich geschrieben, während ich im Garten meines Elternhauses auf einer
Bankschaukel saß. Wer könnte das mit Füllfeder oder Kugelschreiber? – Alle Arbeiten dieser Zeit tippte ich dann in
die Schreibmaschine. Ich benötigte immer Korrektorinnen

bzw. Korrektoren, denn ich konnte nicht kontrollieren, was ich geschrieben hatte.

Kurz nach dem Beginn meiner Tätigkeit als Lehrer am Blindeninstitut kamen die ersten elektronischen Medien auf den Markt, welche die Texterfassung und das Vervielfältigen erleichterten. Ich habe diese Medien sobald wie möglich genutzt, weil sie mir und meinen Schülerinnen und Schülern Vorteile gebracht haben. Der Computer und die angeschlossene Braillezeile zur Ausgabe des Bildschirminhaltes haben erstmals ermöglicht, dass ich die volle Verantwortung für das, was ich geschrieben habe, übernehmen kann. Das »Literaturbraille« besteht aus sechs Punkten, wobei Groß-/Kleinschreibung im Normalfall nicht gekennzeichnet wird. Beim Computerbraille werden großgeschriebene Zeichen durch den unten angefügten Punkt 7 gekennzeichnet, aber diesen Punkt überliest der Finger relativ leicht. So schleichen sich leider manchmal Groß-/Kleinschreibfehler ein. Einen gewaltigen Nachteil hat die Braillezeile jedoch für mich: Da immer nur eine Zeile des Bildschirms abgebildet wird, entsteht das Layout eines Textes im Kopf viel weniger deutlich, als dies bei einem Ausdruck auf Papier der Fall ist. Seit ich mit papierlosen Textspeichergeräten arbeite, habe ich meine Methode des Lernens stark umstellen müssen, denn ich bin ein ausgeprägt optischer Typ.

Ein Hobby, das auch Teil meines Berufes geworden ist, muss ich noch erwähnen, nämlich die Beschäftigung mit den verschiedenen Spezialschriften innerhalb der Brailleschrift. Während in der Schrift der Sehenden einige zusätzliche Spezialzeichen genügen, um bestimmte Sachverhalte mehr oder weniger intuitiv verständlich zu machen, stößt die Brailleschrift mit den 64 Kombinationsmöglichkeiten für sechs und 256 Kombinationsmöglichkeiten für acht Punkte rasch an Grenzen. Die Zweidimensionalität der

Mathematik-, Chemie-, Musik- und Lautschrift muss für Brailleanwendung linearisiert werden. Es macht mir große Freude, als Vertreter Österreichs in Standardisierungsgremien arbeiten zu können.

Der PC hat meine Schreibgewohnheiten nicht wesentlich geändert. Das Abschreiben ist weniger geworden. Meine Zitatensammlung führe ich nun am PC, die Papierversion ist nicht eingearbeitet. In der Regel plane ich mein Schreiben sorgfältig, sogar die Antworten auf E-Mails! Da ich die Braillekurzschrift und Braillestenographie beherrsche, kann ich mit der Brailletastatur – sei es auf der Braillemaschine oder auf dem papierlosen Textspeichergerät – wesentlich schneller schreiben als auf der PC-Tastatur. Thomas Bernhard lässt in seiner Erzählung »Gehen« eine Person sagen: »Gehen ist Denken.« Das trifft auch auf mich zu. Während ich mich bewege, glaube ich besonders gut denken zu können. Ich weite die Gleichung aus und sage »Sprechen ist Denken«, genau wissend, dass gedankliche Prozesse vor dem Sprechen da sein müssen, sonst gäbe es das Sprechen nicht. Ich meine damit, dass Sprechen für mich manchmal eine besonders geeignete Form ist, Gedankenprozesse anzuregen, es ist die »allmähliche Verfertigung der Gedanken beim Reden«. Ich weite die Gleichung nochmals aus und sage: »Schreiben ist für mich Denken«. Dies ist deshalb möglich, weil ich besonders rasch schreiben kann und auf diese Weise vorbeiziehende Gedanken präzise festhalten kann, es ist das »Festhalten der verfertigten Gedanken beim Schreiben«. Bei Sitzungen, bei Vorträgen und im Universitätsbetrieb hält mich das relativ mühelose Mitschreiben in Konzentration. Häufig habe ich so viel Zeit, dass ich zusätzlich eigene Gedanken, manchmal auch Antithesen, notiere. Diese kleinen Ergänzungen sind dann eine willkommene Abwechslung bei der Durchsicht und beim Lernen.

Meine Biographie, also Lebensbeschreibung der Schreib-erfahrungen, war wohl über lange Strecken eine »Grapho-graphie«, eine Beschreibung des Aktes des äußeren Schrei-bens, aber dieses ist bei mir sehr stark mit dem »inneren Schreiben« und mit Denkprozessen verbunden. Etwas er-schöpft bin ich jetzt, aber voll Freude darüber, dass ich diese Erfahrungen zusammenhängend darstellen konnte!

Die fliegenden Hände
Das Bundes-Gehörloseninstitut

Ein Vorfall

Am 27. Januar des Jahres 1857 wurde ein unbekannter Knabe mit einem kleinen Handschlitten in einem Dorf in Niederösterreich aufgegriffen, der spät abends noch umherirrte, bis »eine mildtätige Seele«, so der Bericht der Behörde, ihn mit sich in ihr Haus nahm, »wo es sich zeigte, dass er ein unglücklicher Taubstummer sei«. Aus dem Schreiben geht weiter hervor, dass der »ausweislose« Knabe an das nächste k. k. Bezirksamt abgeliefert wurde, »wo er durch 13 Monate in Gewahrsam gehalten wurde«. Als die Ermittlungen über seine Herkunft ergebnislos verliefen, nahm ihn »ein Seelsorger, welcher sich eben mit dem Unterrichte der Taubstummen bekannt gemacht hatte«, auf, und bereits nach vier Monaten konnte der Knabe »artikulirt sprechen und schön schreiben«. Er vernahm weder den »fein durchdringenden Ton noch den Knall eines in seiner Nähe abgeschossenen Feuergewehres«. Und weiter heißt es: »Obwohl er sehr talentirt erschien und man in ihm ungemeine Geisteskräfte verborgen liegen sah, so wußte er doch von seiner Vergangenheit gar nichts anzugeben.« Die ärztliche Untersuchung beschied ihm ein Alter von zwölf bis vierzehn Jahren und bezeichnete ihn als »klein, schmächtig, kränklich aussehend mit angenehmen, freundlichen und auf Guthmütigkeit hinweisenden Gesichtszügen«. Er las von den Lippen und sprach mit »lauter, klangvoller, doch mit hauchender, tonloser, artikulirter Stimme«. Nach vierzehn Monaten Unterricht erschien es den Behörden angebracht, ihn in das k. k. Taubstummeninstitut nach Wien zu bringen, wo er zu »irgendeinem Handwerke« ausgebildet werden sollte. Dem damaligen Direktor des Institutes, Alexander Venus, war zuvor die Akte der Behörde zugegangen, und er erwartete, wie er festhielt, »diese nach allem bis jetzt Erfahrenen merkwürdige Erscheinung« mit Spannung. Tatsächlich bestätigte sich sein Argwohn noch am Tag der Ankunft des Knaben, als er ihn »eine Stunde unter die Zöglinge ließ und ihn beobachtete, ohne von ihm gesehen zu werden … Sein ganzes Wesen«, hielt Venus fest, »war nicht im Entferntesten das eines unterrichteten Taubstummen unter seinen Schicksalsgenossen.« Ausführlich schildert Venus dann in seinem Bericht, wie er dem Knaben gut zuredete und ihn mit der Begründung zu einem Geständnis bewegen wollte, »daß er aufgrund seiner Art zu sprechen erst im Alter von acht bis zehn Jahren, und zwar nach einem zeitweilig schon genossenen Schulunterrichte, das Gehör durch irgendeine Krankheit oder einen sonstigen Zufall verloren habe, in welchem Falle er aber über sein Vorleben Auskunft zu ertheilen im Stande sein müsse«. Als seine Bemühungen auch nach acht Stunden noch ohne Ergebnis blieben, setzte er ihn unter Druck und drohte ihm, dass er »eine empfindliche körperliche Züchtigung zu erwarten habe, womit unter Zuziehung eines Arztes in Zwischenpausen solange fortgefahren werden müsste, bis er auf diese traurige, eines Menschen unwürdige Weise zur Beantwortung der an ihn gestellten Fragen werde gezwungen werden«. Daraufhin gestand der Knabe unter Tränen, mehr als zwei Jahre die Behörden und den Pfarrer getäuscht zu haben. Abgesehen davon, dass die Prügelstrafe damals als ein selbstverständliches Erziehungsmittel galt und der Knabe offenbar vor unerträglichen Umständen in Galizien, woher er stammte, geflüchtet war, ohne dass er beim Betteln auf seinem langen Weg auch nur die geringste Aufmerksamkeit erregt hatte, sind die weiteren Aufzeichnungen des Direktors deshalb von Interesse, weil sie Einblick in die verborgene Welt der Gehörlosen geben: »Jeder Taubstumme vernimmt den Knall eines in seiner Nähe abgeschossenen Feuergewehres«, legt Venus die Gründe für seinen Verdacht dar, »das Vernehmen desselben liegt nicht so sehr im Gehör als im Gefühle, dieses ist beim Taubstummen, so wie das Auge, viel feiner und schärfer als bei Vollsinnigen … Taubstumme bleiben in der Regel vor einer Gasse oder einem Thore, woraus ein Wagen kommt, eher stehen als sie ihn sehen. Wenn auf dem eine Viertelstunde vom Institutsgebäude entfernten Glacis bei Gelegenheit eines feierlichen militärischen Leichenbegräbnisses Kanonen abgefeuert werden, so sind immer einige Zöglinge, welche am Tisch sitzen, die gleich den ersten Schuss ihren Kameraden anmelden, worauf die Mehrzahl dann durch Halten der flachen Hände an die Scheiben der geschlossenen Fenster jeden Schuss zählt … Was endlich im weiteren Verlaufe bei den Unterrichtsversuchen auffallen musste, waren die überraschenden Fortschritte. Wenn auch im Wege des Privatunterrichtes mit Taubstummen ein rascheres Fortschreiten, besonders in der artikulirten Sprache und im Absehen von den Lippen erzielt werden kann, so liegen doch solche Resultate wie die geschilderten selbst bei einem mehrjährig fortgesetzten Unterrichte eines Taubstummen ganz außer dem Bereiche der Möglichkeit ... Ein Besuch in einem Taubstummen-Institut würde darüber wohl die beste und praktischste Information geben ... Ein weiteres Verdachtsmoment wäre daraus zu schöpfen gewesen, dass der Knabe, ein Taubstummer mit ungemeinen Geisteskräften, keinen Begriff von der Zeichensprache hatte. Geberdensprache ist keine Mittheilungsart, welche Taubstumme von Hörenden, sondern umgekehrt Hörende von Taubstummen lernen müssen, und je geweckter und talentirter der Taubstumme ist, desto früher, bestimmter und ausdrucksvoller wird sie sich bei ihm entwickeln. Das taubstumme Kind hat so gut wie das hörende Wünsche und Abneigungen schon auf der Mutter Arm, welche es seiner Umgebung bekannt geben möchte. Da es aber infolge seines organischen Gebrechens dieselben durch Worte nicht ausdrücken kann, so nimmt es in derselben Lebensperiode, wo das hörende Kind zu sprechen anfängt, zu einer Ausdrucksweise durch Bewegungen des ganzen Leibes, vorzugsweise der Hände und des Gesichtes, seine Zuflucht, und es entwickelt sich auf diese Art bei ihm ganz naturgemäß die Mittheilung durch Geberden, welche daher auch als die Muttersprache des Taubstummen betrachtet werden muß. Der stärkste Verdachtsgrund müßte aber aus einer genauen Beobachtung seines theilnahmslosen Benehmens mit den ihm vorgestellten Unglücksgefährten hervorgegangen sein. Sowie wir Vollsinnige fern dem Heimathslande unter fremden Zungen uns freudig berührt fühlen, wenn wir wieder die Klänge unserer Muttersprache vernehmen, ebenso geht es selbst dem Taubstummen, wenn er lange unter Vollsinnigen lebt, die sich mit ihm durch Geberden nicht verstendigen können oder wollen. Die artikulirte Sprache bleibt für ihn immer eine fremde, darum welche Freude, wenn er wieder unter seines Gleichen, sozusagen unter seine Landsleute kommt. Die gänzliche Theilnahmslosigkeit des oft genannten Knaben bei der Begegnung mit den herbeigezogenen zwei Taubstummen wäre demnach als eines der untrüglichsten Zeichen seiner Verstellung anzunehmen gewesen; denn eben weil er nicht taubstumm war ... blieb er ganz theilnahmslos, wußte er nicht, wie er sich benehmen sollte und mußte er sich in der peinlichsten Lage befinden.«

Der Knabe gelangte übrigens in eine Buchbinderwerkstätte, lief auch von dort davon und wurde schließlich »nach seinem Geburtsorte Galizien geschickt«.

Schon Michel de Montaigne schrieb im 2. Buch der »Essais«, und zwar in der »Apologie des Raimund Sebundus«, dass auch Stumme mit Zeichen untereinander zankten und sich Geschichten erzählten, »mit einem Reichtum und einer Mannigfaltigkeit, die der Zunge in nichts nachsteht«. Und Wilhelm von Humboldt wusste: »Der Laut ist eine Gebärde der Stimmorgane. Der Taubstumme spricht in Gebärden, weil er in Gebärden denkt. Die Gebärde steht wie die Sprache in unmittelbarer Beziehung zum Gedanken. Gedanke und Gebärde entstehen zugleich miteinander, es liegt nichts zwischen ihnen.«

Der Breslauer Gehörlosenlehrer Johann Heidsiek hielt um 1889 fest, dass die Gebärdensprache die einzige naturgemäße Äußerung des Geistes der gehörlosen Menschen sei. Die Gebärdensprache habe alle Merkmale einer Vollsprache. Dagegen habe die Lautsprache keine sensorielle Grundlage, nicht nur, weil der Gehörlose sie nicht höre, sondern weil sie nur beschränkt von den Lippen absehbar und von Kehlkopf und Brustkorb abfühlbar sei. Für den Gehörlosen existiere die Lautsprache daher nicht.

Kindheitserfahrungen, Begegnung auf dem Land

Mein Vater, der nach dem Zweiten Weltkrieg praktischer Arzt in Graz war, beschrieb mir schon als Kind mehrmals das Ohr anhand seines Anatomischen Atlas', da er eine taubstumme Patientin behandelte, die mich bei ihrem ersten Auftauchen erschreckt hatte. Er war gerade auf Visite unterwegs gewesen, als sie in unserem Garten auf mich zugekommen war und mir in einem nasalen, lauten Tonfall eine unverständliche Frage gestellt hatte. Aus Furcht hatte ich ihr keine Antwort gegeben, und sie hatte die Frage ebenso monoton und zornig, wie mir damals erschienen war, wiederholt, aber ich hatte noch immer nicht begriffen, was sie mir hatte sagen wollen. Schließlich war meine Mutter herbeigeeilt und hatte die Unbekannte in das Haus gebeten.

Am Abend klärte mich mein Vater auf, dass man nicht sprechen könne, wenn man nicht auch höre. Er beschrieb mir dabei mit Hilfe der Abbildungen das menschliche Ohr: das Außenohr mit Ohrmuschel und Gehörgang, das Mittelohr mit Trommelfell und den drei winzigen Gehörknöchelchen Hammer, Amboss und Steigbügel sowie das Innenohr, in dem Röhren und Hohlräume ein knöchernes Labyrinth bildeten, wie mein Vater sagte, das ein ähnlich geformtes häutiges Labyrinth mit der Schnecke umschließe. Später, als ich selbst Medizin studierte, sah ich das Labyrinth mit eigenen Augen und lernte auch das Membranensystem in der Schnecke kennen, das nach dem italienischen Anatomen Corti benannt ist und in dem 15000 »haarbesetzte« Zellen liegen, wie ich in der Vorlesung hörte. Diese brächten Nervensignale hervor, erfuhr ich weiter, wenn die Flüssigkeit, die sie umgebe, in Bewegung gerate. Der Hörvorgang sei ein kompliziertes Ineinanderspielen aller winzigen Bausteine des Ohres, schärfte mir mein Vater ein. Die aus der Luft ankommenden Schallwellen liefen durch den Gehörgang zum Trommelfell – mein Vater zeigte mir mit dem Finger ihren Weg auf der Abbildung – und versetzten es in Schwingungen, welche sich wiederum auf die drei Gehörknöchelchen übertrügen. Der Steigbügel leitete die Schwingungen in die flüssigkeitsgefüllte Schnecke weiter, woraufhin die Membranen im spiralförmigen Corti-Organ zu schwingen begännen. Die Bewegung erfasste schließlich auch die winzigen Haare auf den Membranzellen und diese wiederum erzeugten Nervensignale, die über den Gehörnerv das Gehirn erreichten. Bei der armen Frau, erklärte mir mein Vater weiter – seine Ausführungen, wie es seine Art war, so lange wiederholend, bis er selbst ermüdete –, fehlte die Schnecke. Er bezeichnete sie mit dem lateinischen Namen als Cochlea. Schließlich war er davon überzeugt, dass ich jetzt die Ursache der für mich seltsamen Sprache seiner Patientin kannte und mich künftig nicht mehr vor ihr fürchten würde. Aber ich hatte damals nichts davon begriffen. Ich hielt die Frau für verrückt und fand es im Gegenteil unheimlich, was in ihrem Ohr mit Trommelfell, Hammer, Amboss und Steigbügel vor sich ging, ohne dass sie darauf Einfluss nehmen konnte. An einem Sommertag, als mir Renate, die um vier Jahre ältere Tochter einer Mitbewohnerin des Hauses, Wilhelm Buschs »Fipps, der Affe« vorlas und ich aufmerksam zuhörte, tauchten aus dem Nichts ein Arm, eine Hand und ein Zeigefinger vor dem Buch auf, und eine Stimme, die ich sofort an dem nasalen, hohen Tonfall erkannte, rief hinter uns laut: »Affe!« Bevor ich noch davonlaufen konnte, hatte die Taubstumme vor uns Platz genommen und das Wort wiederholt. Renate stimmte ihr höflich nickend zu, wobei sie mich am Arm festhielt. Während sie jetzt der »Verrückten« erklärte, dass der Affe »Fipps« hieße, war ich gezwungen, die ungewöhnliche Frau näher zu betrachten. Sie war groß, knöchern und ungelenk, und aus dem abgezehrten Gesicht sprang eine lange Nase hervor. Ihre Augen waren unruhig, das Haar zerzaust, und ihren Körper bedeckte ein staubiges schwarz und grau gemustertes Kleid. Die nackten Zehen in den Sandalen waren groß und verbogen, aber ihre Hände schienen unsichtbare Flügel zu haben, denn alles, was sie sprach, begleitete sie mit Gesten, die noch geheimnisvoller für mich waren als das Innenohr. Ängstlich und zugleich neugierig verfolgte ich jede ihrer Bewegungen. Ich begriff, dass es sich um eine Sprache handelte, um Zeichen, aber ich dachte, es sei die Sprache der Verrückten, und sie sei eben erst dabei, sie zu erfinden. Plötzlich wandte sie sich mir zu, zeigte nochmals auf das Buch und wiederholte: »Affe!«, dabei machte sie ganz deutlich mehrere Handzeichen, wie mein Vater sonst beim Schattenspiel. Da ich glaubte, es seien die Fingerhaltungen, die vor der Lampe den Schatten eines Affen hervorzauberten, betrachtete ich jetzt neugierig die Gesten, die die Frau wiederholte, wobei sie mühsam die dazugehörigen Buchstaben hervorstieß. Schließlich versuchte auch ich, wie ich es bei Renate sah, die Handfiguren nachzumachen. »Affe! Affe!«, rief die Frau aufgeregt und ermunterte mich dabei. Als sie gegangen war, erklärte mir Renate, dass die Sprache der Hände die »Stummensprache« und die Frau eine »Stumme« sei, ich wusste es aber besser, nämlich, dass die Frau nichts hörte und deshalb nicht sprechen konnte. Beim nächsten Mal, als die Taubstumme den Garten betrat und ich sie anstarrte, warf sie mir lachend die drei Buchstaben des Handalphabetes A-F-E zu, und ich begann selbst damit, mir die Fingerhaltungen einzuprägen. AFE wurde auch unser Gruß, bis die Patientin meines Vaters eines Tages verschwand. In der Volksschule, erinnere ich mich, gab es dann einige Mitschüler, die, auf der Suche nach einer Geheimsprache, vorgaben, den einen oder anderen Buchstaben des Handalphabetes zu kennen oder ihn vielleicht wirklich kannten. Ich weiß auch noch, dass wir hinter dem Rücken des Schuldirektors die Buchstaben A-F-E gebärdeten, was jedes Mal in der Klasse das größte Gelächter hervorrief.

Acht Jahre später, wir waren in das Grazer Universitätsviertel gezogen, lief ich aus Verzweiflung über die Mittelschule Tag für Tag von unserer Wohnung am Geidorfgürtel 16 hinauf in den Rosenhain und von dort wieder zurück nach Hause. Mein Weg führte mich immer am Gebäude der IV. Chirurgie, in dem sich auch das »Taubstummen-Institut« befand, vorbei, und manchmal, wenn die Kinder sich im Garten aufhielten, schaute ich zwischen den Stäben des Zaunes hindurch und beobachtete sie, wie sie sich in Gebärdensprache unterhielten und dabei seltsame Laute ausstießen. Mir fiel auf, wie jähzornig sie sein konnten, wenn sie rauften, und wie unerbittlich sie dann aufeinander einschlugen. Ich begriff bald, dass sie ein anderes Leben führten als ich, und dass ich die Sprache der fliegenden Hände lernen musste, wenn ich mit ihnen Kontakt aufnehmen wollte. Die ganze Schönheit ihrer Gebärden aber erkannte ich erst, wenn ich die Kinder von weitem beobachtete, dann schienen ihre Hände an einem Geheimnis zu weben, das ich, wie ich mir vornahm, eines Tages enträtseln würde. Ich versuchte es auch anhand eines gedruckten Finger-alphabetes, aber ohne Anleitung verirrte ich mich beim Zusammenfügen von Buchstaben, denn ich wusste nicht, dass es eine räumliche Grammatik der Gebärden-sprache gibt, mit Tausenden ineinander verschachtelten und ineinander übergehenden Gesten, die die schwie-rigsten und abstraktesten Gedanken ausdrücken kön-nen. Ich hielt die Gebärdensprache außerdem für eine Universalsprache, die überall auf der Welt von Gehör-losen verstanden würde – ein weiterer Irrtum. Heute weiß ich, dass es keine einheitliche Gebärdensprache gibt, sondern ebenso viele wie Lautsprachen und Dia-lekte, und dass Gebärdendolmetscher die verschiedenen Gebärdensprachen übersetzen müssen. Aber ich las in Oliver Sacks' »Stumme Stimmen« auch, dass die Zeit, bis sich Gehörlose verschiedener Nationen verstehen, ver-hältnismäßig kurz ist und die nötigen gestischen Voraus-setzungen schon nach drei Wochen vorhanden sind.

Anfang der achtziger Jahre des vergangenen Jahrhun-derts lernte ich auf dem Land eine taubstumme Frau mit zwei Kindern kennen, deren Mann im Gefängnis eine Strafe absaß. Sie konnte sich mit niemandem in der Gebärdensprache unterhalten und war gezwungen, von den Lippen abzulesen und mühevoll in Lautsprache zu reden. Beides beherrschte sie nur mangelhaft. Wenn sie einkaufen ging, deutete sie auf die Waren im Geschäft, und wenn sie unglücklich war, fing sie an, laut zu klagen und zu weinen. Ich hatte ihren Mann in der Strafanstalt besucht und ihm versprochen, dass ich mich um sie kümmern würde. Eines Tages stand sie weinend vor meiner Tür, und aus einem Brief, den sie mir zeigte, ging hervor, dass sie sich von einem Vertreter eine Zusatz-Krankenversicherung hatte aufschwatzen lassen, die sie sich aber nicht leisten konnte. Natürlich musste der Vertreter bemerkt haben, dass sie gehörlos war und ihr überdies die Mittel für die hohen Beiträge fehlten. Ich rief die Versicherung an, die mir versprach, den Fall zu prüfen. Kurze Zeit darauf wurde von ihr der erste Monatsbeitrag eingefordert. Nachdem sie mir laut klagend das Poststück übergeben hatte, rief ich nochmals die Versicherung an. Der Vertreter, der den Vertrag abgeschlossen hatte, erklärte mir aber, er habe auf meine Intervention hin die Frau angerufen, diese habe jedoch weiter auf der Kranken-Zusatzversicherung bestanden. Erst als ich ihm sagte, dass die Frau gehörlos sei und mit ihm deshalb gar nicht telefonieren könne, entschuldigte er sich mit einer Ausrede.

Das Handalphabet

Damals hing in meinem Arbeitszimmer schon ein alter, gerahmter Originaldruck mit dem Wiener »Handalphabeth der Taubstummen«, den mir meine Frau geschenkt

366

hatte und auf dem nicht nur die Fingerstellungen, sondern auch die Groß- und Kleinbuchstaben in Kurrent- und Lateinschrift und das damalige Institutsgebäude in Wieden zu sehen waren. Das Hand- oder Fingeralphabet geht vermutlich auf die ägyptischen Anachoreten des dritten und vierten Jahrhunderts zurück, die für sich das Gesetz aufstellten, dass der wahre Mönch in seinem Geist einem Tauben und Stummen gleich sein müsse. Eine ganze Reihe dieser Eremiten brachte es in vermauerten Zellen fertig, gänzlich zu schweigen, wie Johannes Silentiarius, der 47 Jahre keinen Laut von sich gab. Der heilige Benedikt führte das Schweigegebot in seinem Orden ein, es wurde aber auch bei den Zisterziensern und später den Trappisten eingehalten. Die Wurzeln des mönchischen Schweigegebotes lagen in der Angst, vor der Gottheit etwas Falsches zu sagen oder sich durch Worte auf schlechte Gedanken bringen zu lassen, und dem »christlichen Gehorsam«, der keine Widerrede duldete. Da die gesprochenen Worte immer mehr durch gedeutete Zeichen ersetzt wurden, entwickelte sich allmählich eine Gebärdensprache in den Klöstern, die später auch Einfluss auf die Gebärdensprache der Taubstummen hatte. Allerdings gab es von alters her eine sogenannte natürliche Zeichensprache, mit der »primitive Völker« Gegenstände und Handlungen, aber auch Gefühlsäußerungen und sogar Erzählungen darstellen konnten. Vor allem bei den nordamerikanischen Indianern fand man einen hohen Standard dieser Art der Verständigung.

»Für das eigentliche Handalphabet bildet die Schriftsprache mit dem gesamten Apparat der Laut- und Formenlehre und der Syntax die notwendige Grundlage«,

schreibt Hans Werner in seiner »Geschichte des Taub-
stummenproblems bis ins 17. Jahrhundert«. »Infolgedessen unterscheidet sich der Denkmechanismus beim
Handalphabet in nichts von dem Vorgang beim Schreiben oder Sprechen. Insofern ist das Handalphabet etwas
durchaus Künstliches, während die natürliche Gebärdensprache einen freien und selbständigen Organismus
darstellt.« Werner verweist als Ursprung der Gebärdensprache auf »die Bezeichnung der Zahlen durch verschiedene Fingerstellungen und auf das Rechnen mit
den Fingern ... das schon im klassischen Altertum ...
und im Orient verbreitet war ... Das erste Buch, in welchem uns ein eigentliches Handalphabet auch zu dem
ausdrücklichen Zweck der Verwendung für Taubstumme begegnet«, schreibt Werner, sei vom spanischen
Mönch Melchor de Yebra verfasst worden, der es wieder
dem heiligen Bonaventura zuschrieb. Yebra zeichnete es
als Hilfe für das Abnehmen der Beichte von Sterbenden
und Tauben und zum Trösten von Gehörlosen auf. »Am
wahrscheinlichsten war dieses auf dem Alphabet beruhende Zeichensystem aber damals schon im Volk allgemein gebräuchlich«, setzt Werner fort, »und Yebra hat
seine Kunde dort hergenommen.« Außerdem fügt Werner die Beschreibung, die Yebra in seinem Buch gibt,
hinzu: »A.a ist die geballte Faust. B.b ist die offene Hand,
mit eingezogenem Daumen. C.c sind die eingezogenen
Finger, ohne sie zu schließen. D.d, indem man mit den
Fingern schnalzt. E.e ist die offene Hand und die Finger
gekrümmt. F. beim f ist der Daumen über den Zeigefinger gelegt. G. beim g liegt der Daumen über dem Mittelfinger. H. beim h liegt der Daumen über dem vierten
Finger. I.i, Ausstrecken des kleinen Fingers. L.l, Aus-

strecken des Zeigefingers. M. beim m streckt man drei Finger nach unten. N. beim n streckt man zwei Finger nach unten. O.o, indem man Daumen und Zeigefinger zu einem Kreis vereinigt. P.p, indem man Daumen und Kleinfinger zu einem Kreis vereinigt. Q.q, indem man den Daumen mit den beiden mittleren Fingern zum Kreis vereinigt. R. beim r legt man den Mittelfinger unter die Handfläche. S. beim s vereinigt man Daumen und Zeigefinger zum Kreis über dem Gelenk des Zeigefingers. T.t, indem man den Daumen unter den Zeigefinger gekreuzt legt. V.v, indem man die beiden Finger, Zeige- und Mittelfinger, geöffnet aufstreckt. X. beim x drei Finger über dem Daumen schließen und den Zeigefinger aufstrecken. Y.y, die Figur mit der Hand machen. Z.z, die Figur mit dem kleinen Finger nachzeichnen.« Werner stieß noch auf ein weiteres Alphabet, jenes des Benediktinermönches Trithemius, das später auch Johann Lavater zum Zweck der Unterrichtung Taubstummer vorschlug. »Dieses System beruht auf dem Prinzip, die einzelnen Buchstaben durch die Anfangsbuchstaben einzelner Körperteile zu bilden, wobei man zur Bezeichnung des betreffenden Lautes den zugehörigen Körperteil anzufassen hatte. Die Testworte waren: Auris, Barba, Caput, Dentes, Epar, Frons, Guttur, Humeri, Ilia, Lingua, Manus, Nasus, Oculi, Palatum, Quinque digiti, Renes, Supercilia, Tempora, Venter.« Mit diesem System verwandt sind die Geheimschriften und Geheimsprachen des 17. Jahrhunderts, die in Kriegen oder in der Diplomatie verwendet wurden. Sie zeigen die Bestrebung, Sprachen zu erfinden, welche nur von bestimmten Menschengruppen entziffert werden können, sind aber mit der Gebärdensprache deshalb nicht vergleichbar, weil dort die gestische Artikulation gerade dem Wunsch entspringt, sich verständlich zu machen. Von Daniel Defoe stammt die Lebensbeschreibung des taubstummen Wahrsagers »Mr. Duncan Campbell«. Campbell war in Wirklichkeit ein Hochstapler, der im London des 18. Jahrhunderts auf Beute ausging und nur vorgab, taubstumm zu sein und wahrsagen zu können. Im dritten Kapitel der Biographie beschreibt Defoe »die Methode, Taubstumme zu lehren, eine Sprache zu lesen, zu schreiben und zu verstehen«. Sein Schwiegersohn, ein Taubstummenlehrer, wird ihn dabei auf das Werk des berühmten Dr. Wallis aufmerksam gemacht haben, das Defoe reichlich zitiert. »Wir lehrt man Kinder, die des Hörens mächtig sind, eine Sprache?«, fragt sich Defoe zuvor. »Geschieht das nicht durch Töne? Und was sind die Töne anders als Symbole und Signale für das Ohr, die dieses oder jenes Ding besagen und zu verstehen geben? Wenn man nun dem Auge des Kindes Zeichen vermitteln kann, von denen derjenige, der es unterrichtet, vereinbart hat, dass sie dieses oder jenes Ding bedeuten, wird dann nicht das Auge des Kindes sie seinem Verstand ebenso mitteilen, wie es das Ohr täte? Es sind zwar andere Signale an andere Sinne, beide aber, die einen wie die anderen, bezeichnen gleichermaßen nach dem Willen des Lehrers dieselben Gegenstände oder Begriffe und müssen infolge dessen die gleiche Wirkung auf die lernende Person haben, obwohl die Art und Weise der Bedeutungsvermittlung sich unterscheidet, sind doch die bedeuteten Dinge dieselben.«

Damals, auf dem Land, als ich die gehörlose Frau kennenlernte, versuchte ich mir die Gebärdensprache im Selbststudium beizubringen. Ich nahm mehrere Anläufe, bis ich schließlich begriffen hatte, wie schwer es ist, ohne Hilfe eine vollständig *andere* Sprache zu lernen, die nicht auf der gewohnten Grammatik, der Schrift und dem Buchstabensystem beruht. Ich beschrieb dann in meinem Roman »Landläufiger Tod« den Sohn eines Bienenzüchters, der aus psychischen Gründen stumm ist, weil ich nicht auf die Ebene des Hörens verzichten wollte.

An meine mühsamen und vergeblichen Versuche, mir selbst die Gebärdensprache beizubringen, erinnerte ich mich wieder, als meine Mutter im Alter von achtzig Jahren einen Schlaganfall erlitt und dabei ihre Sprache verlor. Ich konnte die dramatische Hilflosigkeit, die damit verbunden war, nur erahnen, denn für sie stürzte ihre ganze Welt ein, in deren Trümmern sie verständnislos herumirrte. Bis zu ihrem Tod vergingen sechs Monate, in denen ihre Verzweiflung wuchs und sie sich mehr und mehr den Tod wünschte, wie ich aus ihrer Mimik und ihren Gesten ersehen konnte. Sie brachte nur ein klagendes »Wewewe« über die Lippen, mit dem sie alles auszudrücken versuchte, was sie sagen wollte. Ich bemühte mich, aus der Tonlage und ihren Gesten herauszufinden, was sie mir mitteilen wollte, aber zumeist missverstand ich sie, und sie begann daraufhin zu weinen oder wütend zu werden. Anfangs wollte ich nicht glauben, dass sie vieles auch nicht mehr begriff. Ich überredete sie beispielsweise, die Glocke über dem Bett zu betätigen, wenn sie Hilfe brauchte oder einen dringenden Wunsch verspürte. Ich gab einem der Pfleger etwas Geld und bat ihn, in seinem Aufenthaltsraum zu warten, bis meine Mutter geläutet hatte, und dann zu kommen und sie anzusprechen. Ich machte es ihr mehrmals Schritt für Schritt vor, mit wenigen Worten und umso mehr mimischen und gestischen Erklärungen. Sie nickte zwar immer eifrig dazu, aber sie blickte mich jedes Mal nur verständnislos an, wenn ich dann darauf wartete, dass sie es selbst machte. Ich las auch ihre Hefte, in die sie beim logopädischen Unterricht versuchte, Worte oder Buchstaben zu schreiben. Es sind verlorene, beschädigte Zeichen in einem Raum ohne Orientierung. Sie wusste, dass sie nicht sprechen konnte, und wartete immer drängender auf Hilfe. In meinen vergeblichen Bemühungen sang ich für sie Kinderlieder, die sie mit »Wewewe«-Texten begleitete, und las Geschichten aus der Kinderbibel vor: Jonas und der Wal, Noah und seine Arche und den Turmbau zu Babel. Sie war dabei still und nickte, als würde sie alles verstehen, aber zuletzt wurde sie doch unruhig und schien verzweifelt. Es war offenbar aussichtslos, ihr die Sprache ins Gedächtnis zu rufen. Ich kaufte in einer Buchhandlung ein buntes Plakat, auf dem das ABC abgebildet war, und versuchte, ihre Erinnerung anzuregen, indem ich es mit einem Klebestreifen an der Schranktür befestigte. Sie schaute mich nur skeptisch an und blickte zur Decke. Ich ahnte, dass sie sich erniedrigt fühlte, wie ein Kind die Buchstaben lernen zu müssen, und dass sie dachte, ich behandle sie, als sei sie schwachsinnig. Am nächsten Tag lag das Plakat wirklich zerfetzt auf dem Boden, und ich versuchte von da an nicht mehr, ihr etwas aufzudrängen. Dabei

372

verstand sie Nachrichten über ihre Familie und die anderen Verwandten und bemühte sich, es auch zu zeigen. Aber mehr und mehr verfiel sie. Ihre Ohnmacht übertrug sich auch auf mich, und ich konnte es nicht verhindern, dass sie über den Umweg eines Privatheimes schließlich in die Geronto-Psychiatrie in Graz eingeliefert wurde. Sie war jetzt abwechselnd aggressiv und von Trauer erfüllt und versuchte trotzdem immer wieder zu *sprechen*. Zuletzt wurde sie mit starken Beruhigungsmitteln behandelt und mit einem Lederriemen an das Krankenbett gefesselt, weil sie immer wieder davonlief und dabei zu Fall kam. Aber die ganze Zeit über drängte sie darauf, erriet ich aus ihren Gesten und ihrem Weinen, dass sie nach Hause gebracht würde, als ob sie dort endlich aus ihrem schrecklichen Traum erwachen würde. Sie starb nach sechs Monaten Krankenhausaufenthalt in einem Zustand tiefer Hoffnungslosigkeit.

Die Geschichte der Taubstummen

Hoffnungslosigkeit begleitete auch die düstere Geschichte der Taubstummen. »Schon bei manchen Naturvölkern galten Gehörlose als verzaubert und wurden der Sitte entsprechend entweder getötet oder bei Verlust aller sozialen Rechte gerade noch im Stammesverband geduldet«, schreibt Walter Schott in seinem Buch »Das k. k. Taubstummeninstitut in Wien 1779–1918«. »In China und Japan setzte man gehörlose Kinder normalerweise aus oder verstieß sie, weil man sie von Dämonen und bösen Geistern besessen glaubte. Manchmal wurden sie ertränkt.« Islamische Gemeinschaften hätten ihre Leiden hingegen als von Allah herrührend akzeptiert. Bei den Ägyptern und Persern seien gehörlose Menschen sogar als Bevorzugte der Götter angesehen worden. Und der jüdische Talmud weise auf die Bildungsfähigkeit der Gehörlosen hin, weswegen ihnen die Möglichkeit eingeräumt worden sei, alle Rechte der Mitbürgerschaft zu erwerben. Auch von einem Indianerstamm Boliviens ist die Rede, dessen Mitglieder sich mit Gehörlosen freundlich über Handzeichen verständigten. »Wenn auch in einigen Fällen Taubstumme in dieser Zeit toleriert wurden, war es doch in der überwiegenden Mehrzahl der Völker eher schlecht um sie bestellt«, fährt Walter Schott fort. »Als Person hatten sie in der Regel nur geringen Wert, oft keine Rechte innerhalb ihrer sozialen Gemeinschaft, und dazu kam die ständige Bedrohung eines gewaltsamen Todes.« Wenn Gehörlose weder getötet noch verstoßen worden seien, hätten sie mitunter – gerade weil sie nicht hörten – spezielle Aufgaben erfüllt: als Haus- und Badediener oder Bordelltürsteher. »Im türkischen Sultanspalast und bei den Großwesiren waren gehörlose Diener keine Seltenheit«, ergänzt Schott.

Obwohl die Beherrschung der Lautsprache in der Antike als Wesensmerkmal des Menschseins gegolten hat, ist es nicht erwiesen, dass Taubstumme bei den Griechen eingesperrt wurden oder isoliert von der Gesellschaft lebten. Plato analysierte in seinem sprachphilosophischen Werk »Kratylos« als Erster die Gebärdensprache der Gehörlosen und akzeptierte sie als vollwertiges Kommunikationsmittel der Tauben und Stummen. Hans-Uwe Feige ist in »Denn taubstumme Personen folgen ihren thierischen Trieben« – einem Zitat des deutschen Taubstum-

374

menlehrers Samuel Heinicke – sogar der Ansicht, dass Gehörlosengemeinschaften existierten, »die ihre Gebärdensprache über längere Zeiträume entwickeln und weitergeben konnten«. Sie hätten ihre eigenen Sagen, Märchen und Legenden gehabt, die das Lebensgefühl der Antike widergespiegelt hätten. Der griechische Arzt Hippokrates führte aber die Stummheit der Gehörlosen auf eine Funktionsstörung der Zunge zurück und bestimmte durch diesen verhängnisvollen Irrtum mehr als zweitausend Jahre die Lehre der Medizin im Orient und in Europa. Als Behandlungsmethode hielten er und unzählige Nachfolger das Durchschneiden des Zungenbändchens für angebracht, ein sinnloser, schmerzhafter und blutiger Eingriff, den im Lauf der Zeit unzählige Gehörlose über sich ergehen lassen mussten. Noch drastischer war das Durchstechen des Trommelfells, das man bei Tauben anwandte und das ebenso ohne Erfolg blieb und nicht selten tödlich endete. In seiner »Historia animalium« schrieb Aristoteles: »Alle taub Geborenen sind auch stumm, daher haben sie zwar eine Stimme, aber keine Sprache.« Er beschrieb das Ohr als »Pforte des Geistes«, als »porta mentis«, und seine Funktion als Voraussetzung für die Lernfähigkeit von Menschen. Unbeabsichtigt bestimmte er durch seinen Irrtum für zweitausend Jahre, dass Gehörlosen auch keine Schulbildung zuteil wurde. Das bedeutete jedoch nicht, hält Hans-Uwe Feige fest, dass Taubstumme aus der Gesellschaft ausgeschlossen gewesen wären. Sie konnten sich wie in Rom als Handwerker, Gewerbetreibende oder Bauern ein gewisses Ansehen erwerben. Da Taubheit »bei Neugeborenen ja nicht festgestellt werden konnte, waren sie nämlich schon in den Familienverband aufgenommen worden und damit auch Bürger«. In Rom bediente man sich ihrer vor allem gerne als Soldaten. Während aber im griechischen Recht Gehörlose als »nicht einsichtsfähig«, das heißt als schwachsinnig, vom Rechtsverkehr ausgeschlossen waren und ihnen deshalb auch die Ehe verboten war, sahen römische Rechtsgelehrte nur das Problem der sprachlichen Verständigung, da die Gebärdensprache vor Gericht nicht zugelassen war. Die Erkenntnis der Lernfähigkeit von Taubstummen ist möglicherweise auf Plinius d. Ä. zurückzuführen, der in seiner »Historia naturalis« den gehörlosen Kunstmaler Quintus Pedius, einen Zeitgenossen Cäsars, beschrieb und hervorgehoben hatte, dass er eine umfassende Schulbildung erhalten habe. Plinius d. Ä. schloss daraus, dass taub Geborene nicht notwendigerweise auch ungebildet bleiben müssten, wie Aristoteles es behauptet hatte. Aber da alle Verträge damals mündlich abgeschlossen wurden und es keine Bildungsmöglichkeit für Taubstumme gab, änderte das nichts an der rechtlichen Lage der Gehörlosen. Das nachhaltigste Verdikt sprach jedoch der römische Kaiser Justinian im 6. Jahrhundert n. Chr. aus. Er bestimmte, dass Stumme und Taube weder ein Testament abfassen noch eine Erbschaft antreten dürften, weil sie ja nicht sprechen beziehungsweise hören könnten. Auch blieb ihnen aus diesen Gründen wie schon früher in Griechenland die Ehe verwehrt. Justinian machte in der Testamentsfrage aber insofern eine Ausnahme, als all jene, die nach einer Prüfung ihre »Einsichtsfähigkeit« beweisen konnten, als »testierfähig« gelten sollten. Das sollte aber erst ein Jahrtausend später Folgen haben. Nachdem Philosophie, Medizin und Justiz Gehörlose als nicht vollwertige Menschen von der Gemeinschaft ausgeschlossen hatten, besiegelte das Christentum bis ins 17. Jahrhundert endgültig ihr Schicksal. Bereits das Johannesevangelium unterstreicht: »Am Anfang war das Wort.« Zwar überliefert das Evangelium, dass Jesus Taube hörend und Stumme sprechend gemacht habe, aber der Apostel Paulus stellte das Dogma auf, dass der Glaube nur durch Hören vermittelt werde: »fides ex auditu!« In den Römerbriefen schreibt er die verhängnisvollen Worte: »Denn wer den Namen des Herrn wird anrufen, wird selig werden. Wie sollen sie aber den anrufen, an den sie nicht glauben? Wie sollen sie aber an den glauben, von dem sie nichts gehört haben, wie aber sollen sie hören, ohne Prediger? ... So kommt der Glaube aus der Predigt, das Predigen aber durch das Wort Gottes.« Allerdings traf er seine Festlegung für die damals analphabetische Welt. Da die christliche Religion aber das Alltagsleben der Menschen bis in jede Einzelheit bestimmte, wie Hans-Uwe Feige festhält, war dieses Urteil Paulus' für die Gehörlosen vernichtend, denn sie konnten ja Gottes Wort durch das Ohr nicht aufnehmen. Die Kirche schloss sich damit aber auch den Worten Moses an, dass derjenige, den Gott taub und stumm gemacht hat, in diesem Zustand zu verbleiben hätte. In den Augen von Christen waren die Taubstummen also Heiden. Als einziger Ausweg stand ihnen eine »Heilung«, vermutlich durch ein Wunder, offen. Der Kirchenvater Augustinus von Hippo zog dann den endgültigen Schlussstrich in seiner Schrift »Contra Iulianum Pelagianum«, in dem er bestimmte, dass weder Taube noch Stumme des christlichen Seelenheils teilhaftig werden könnten, »weil der Mangel (des Gehörs) auch den Glauben hindert, wie der Apostel

Paulus bezeugt«. Der damalige Patriarch von Konstanti-
nopel, setzt Hans-Uwe Feige fort, habe sich mit seiner
gegenteiligen Ansicht nicht durchsetzen können, ebenso
wenig Hieronymus, der Schöpfer der lateinischen Über-
setzung der Bibel, der Vulgata. »Zur ohnedies alltäglichen sozialen, kulturellen und sprachlichen Unterdrückung kam ihre religiöse Diskriminierung. Erst die
christkatholische Kirche machte sie zu Parias«, schließt
Feige. »In der kirchlichen Praxis waren Taube und
Stumme von der Verabreichung der meisten Sakramente
wie auch der Ehe und der Letzten Ölung ausgeschlossen, da ihnen angeblich die Einsicht in deren Bedeutung
fehlte. Immerhin konnte ihnen die Kindstaufe nicht verwehrt werden«, Neugeborenen war ja, wie gesagt, das
fehlende Gehör nicht anzusehen. Von den Tauben und
Stummen sei darüber hinaus – wie auch von Epilepti-
kern und Lahmen, aber nicht von Blinden – zumindest
bis zum Ende des 12. Jahrhunderts sexuelle Enthaltsam-
keit verlangt worden, um eine behinderte Nachkom-
menschaft zu vermeiden. Die meisten Berufe blieben
Gehörlosen unzugänglich, und im Mittelalter bürgerte
sich für sie sogar die Bezeichnung »wahnsinnige Stumme« ein. Es gab keinen Lichtblick für die »störrischen
Tauben«, höchstens, wenn sie dem Adel angehörten.
Auch wenn Papst Innozenz III. ihnen im 13. Jahrhundert
die Eheschließung durch Zeichengebung erlaubte und
das Konzil von Besançon im 16. Jahrhundert die Beichte
und die Firmung zuließ, so galt noch immer das Dogma
»fides ex auditu«, und die Kommunion blieb ihnen deshalb weiterhin verwehrt. Die vorherrschende Meinung
war lange, dass die Sprache von Gott gegeben und die
erste aller Sprachen – von Adam und Eva im Paradies

gesprochen – die hebräische gewesen sei. Das Problem der »Ursprache« der Menschheit hatte schon die Ägypter beschäftigt. Herodot berichtet vom legendären Versuch des Königs Psammetichos, eine Antwort auf die Frage zu finden, welches das älteste Volk der Welt sei. Er übergab zwei »neugeborenen Knäblein von den ersten besten Leuten einem Hirten und befahl ihm, sie zur Herde zu bringen und dort auf folgende Weise aufzuziehen: Sie sollten in einer einsamen Hütte ganz für sich allein liegen. Kein Mensch dürfe in ihrer Gegenwart das geringste Wort sprechen. Zu bestimmten Zeiten müsse er Ziegen zu ihnen führen, und wenn sie sich satt getrunken, sie wieder allein lassen. Das befahl Psammetichos, weil er bei diesen Knaben hören wollte, was für ein Wort, wenn das undeutliche Lallen vorüber wäre, sie zuerst von sich geben würden. Und das geschah denn auch. Denn als der Hirt dies zwei Jahre hindurch getan hatte und er einmal die Tür aufmachte und hineinging, liefen beide Knaben auf ihn zu, schrien ›Beck, Beck‹ und streckten dabei die Hände aus.« Diese Laute wurden aber nicht als Nachahmung der Ziegenlaute erkannt. »Psammetichos zog vielmehr Erkundigungen ein, welche Menschen etwas ›Beck‹ nannten, und bei seinen Erkundigungen stieß er auf die Phryger, die das Brot so nennen.« Also schloss er, die Phryger seien das älteste Volk und Phrygisch die älteste Sprache. Das Experiment des Psammetichos wurde auch im 15. und 16. Jahrhundert diskutiert und unverändert falsch interpretiert. Erst der Spanier Juan Pablo Bonet, der Verfasser des ersten Lehrbuches für den Taubstummenunterricht, erklärte darin 1620, die Kinder seien in Nachahmung des Ziegenmeckerns zu ihren Lauten gelangt. Seine Ansicht blieb aber ohne unmittelbare Auswirkung auf die Philosophie. Der einflussreiche französische Philosoph Abbé Etienne de Condillac, der an John Lockes Empirismus anknüpfte, wonach alle Erkenntnis sich aus der Erfahrung ableitet, kam zu dem Ergebnis, dass durch die natürlichen, von einem Verlangen ausgelösten Schreie der Kinder und durch das wiederholte »Auftreten dieses Verlangens ihr Gedächtnis in Gang gesetzt« werde und es dadurch allmählich zum Gebrauch von ersten bewussten sprachlichen Äußerungen komme, bis schließlich die Sprache die weniger wirksame – von Gesten und Lauten bestimmte – Kommunikation abgelöst hätte. Er stellte sich in der Folge eine Statue vor, die sich allmählich verwandele und schrittweise ein Sinnesorgan nach dem anderen erhalte. Dieses Modell wandte er auf das geistige Erwachen eines Menschen an, gelangte dabei jedoch zur Ansicht, Gehörlose hätten keine abstrakten Vorstellungen und kein Gedächtnis, da dafür Symbole – also Sprache – erforderlich seien. Jean-Jacques Rousseau wies 1766 in seinem »Versuch eines Beweises, dass die erste Sprache ihren Ursprung nicht vom Mensch, sondern allein vom Schöpfer erhalten habe« darauf hin, dass die Lautsprache der gestischen überlegen sei, da sie auch in der Dunkelheit und über größere Entfernung gebraucht werden könne. Darüber hinaus warf er die Frage auf, ob die Sprache das Denken dominiere oder umgekehrt. Johann Gottfried Herder hingegen lehnte 1772 in einer »Abhandlung über den Ursprung der Sprache« als einer der Ersten kategorisch die Vorstellung ihres göttlichen Ursprungs ab. Heute ist man der Ansicht, dass menschliche Sprachen bereits seit 40 000 Jahren, vielleicht aber schon länger existieren. Der frühestmögliche Zeitpunkt liege zwei Millionen Jahre zurück, als die Menschen begonnen hätten, Steinwerkzeuge herzustellen. Anatomen sind der Ansicht, dass sich der Homo sapiens seit 150000 Jahren nicht mehr grundlegend verändert habe, das heißt, dass er damals schon mit der gleichen Art Gehirn und Sprechapparat ausgestattet gewesen sei, mit beweglicher Zunge und Stimmbändern, weshalb ihm auch der Gebrauch von Sprache möglich gewesen sein müsse.

Der christlichen Auffassung, die Taubstumme vom Glauben ausschloss, stellte sich als Erster Martin Luther entgegen. Er widersprach im 16. Jahrhundert dem Diktat des Augustinus und forderte, man müsse die Tauben auch zum Abendmahl zulassen. Diese Ansicht wurde heftig diskutiert, der Gebrauch von Zeichen und Bildern gehörte jedoch von da an zur Seelsorge der evangelischen Kirche für gehörgeschädigte Getaufte – wenn auch nicht in allen Gemeinden. Erst einige Zeit später wurde das Lesen als Möglichkeit, den wahren Glauben zu erlangen, miteinbezogen. Man berief sich dabei auf die Worte des Johannes: »Diese aber sind *geschrieben*, dass ihr glaubet, Jesus sei Christus, der Sohn Gottes.« Die Gehörlosen konnten demnach auch durch das geschriebene Wort zum wahren Glauben gelangen. »Trotz dieser Fortschritte«, schreibt Hans-Uwe Feige, »blieb die Lebenswirklichkeit der Gehörlosen in der Frühen Neuzeit schwierig. Traditionelle Vorurteile in der Bevölkerung hinsichtlich ihrer Bildungsfähigkeit und überhaupt ihres Menschentums ließen sich nicht von heute auf morgen überwinden.« Die entscheidende Wendung nahm das Schicksal der Taubstummen erst durch eine adelige Familie in Spanien, die de Velascos. Sie wies einerseits in verschiedenen Generationen taubstumme Nachkommen auf, kam aber andererseits auch mit Menschen in Verbindung, die mit ihnen nach einem Ausweg suchten. In Spanien galt nach wie vor das justinianische Gesetz, dass ein Stummer keine Rechtsperson sei. Wenn also das Vermögen und der Adelstitel der de Velascos nach der Regel der Erstgeburt auf einen taubstummen Sohn überging, würde die Familie alles verlieren. War er hingegen nur taub und konnte sprechen, so würde er, so besagte es das Gesetz, weiter als rechts- und bildungsfähige Person anerkannt. Dies erschien aussichtslos, daher steckte man taubstumme Söhne in Klöster und hoffte auf weitere hörende, männliche Nachkommen. Die spanische Familie de Velasco, in der die Würde des Condestable de Castilla erblich war, entledigte sich auf diese Weise zweier Kinder. Die Knaben hatten aber das Glück, auf einen geduldigen Benediktinermönch, Pedro Ponce de León, zu treffen. Ponce unterrichtete sie mit Hilfe des Handalphabets von Yebra und brachte einem von ihnen – der andere war inzwischen gestorben –, Don Pedro, vermutlich angeregt durch dessen Lautäußerungen wenige Worte der Lautsprache bei, die aber genügten, um die gesetzlichen Bestimmungen zu erfüllen und die Erbschaft antreten zu können. Ponce hatte offenbar kein System bei seinem Unterricht angewendet, sondern war intuitiv vorgegangen. Ein Zeitgenosse berichtet über den jungen Condestable und weitere Schüler Ponces: »So redet man mit ihnen durch Zeichen, oder man schreibt ihnen, und sie antworten sogleich mit Worten und schreiben ebenso entsprechend auf ein Papier oder sonst etwas.« Ein anderer Gelehrter äußerte sich über Don Pedro, dass er im Alter von über dreißig Jahren

durch den Unterricht seines Lehrers bereits derart gefördert gewesen sei, »dass er, ohne mehr als ein Stein zu
hören, dennoch sprach, allerdings wie ein starker Stotte-
rer. Er schrieb einen sehr guten Stil, las und verstand italienische und lateinische Bücher und redete über jedes
beliebige Thema mit ebenso viel Geschmack und Urteil
wie irgendeine andere gebildete Person. Und wenn auch
seine Aussprache etwas lästig war, so wurde dieser
Mangel aufgehoben durch die Feinheit seiner Argu-
mente. Und seine Neffen redeten nach Anweisung des
Mönchs mit bestimmten Bewegungen, die sie mit der
Hand machten, mit ihm, indem sie auf diese Weise ein
Alphabet bildeten.« Don Pedro selbst hielt fest: »Als ich
noch ganz klein und unwissend wie ein Stein war, da
begann ich schreiben zu lernen, und zwar zuerst die Namen der Gegenstände, welche mein Lehrer mir zeigte.
Dann schrieb ich alle kastilischen Wörter in ein Buch,
das man mir zu diesem Zweck hergestellt hatte. Dann
begann ich mit Hilfe Gottes zu buchstabieren und aus-
zusprechen, mit aller mir zur Verfügung stehenden
Kraft, obgleich mir eine Unmasse Speichel aus dem
Mund floss. Nachher fing ich an, Geschichte zu lesen, so
dass ich in zehn Jahren die Geschichte der ganzen Welt
gelesen hatte. Später lernte ich noch Latein.« Zu diesem
Fortschritt trug möglicherweise bei, dass Don Pedro
Hörreste hatte. Ponce selbst hielt seine Erfolge für ein
Wunder, das er mit Hilfe Gottes zustande gebracht hatte.
Cervantes erzählt in seinen »Exemplarischen Novellen«
in der Geschichte »Der Lizenziat Vidriera« die Geschichte eines wahnsinnig und stumm gewordenen Li-
zenziaten, der durch einen Priester vom Orden des heiligen Hieronymus, »der die Gnade und die Kenntnisse

besaß, Gehörlose zum Hören und Sprechen zu bringen und Wahnsinnige zu heilen«, wieder gesund gemacht wurde. Es ist anzunehmen, dass er damit Ponce de León meinte. Ponce hinterließ weder schriftliche Aufzeichnungen über seine intuitive Unterrichtsmethode noch bildete er Taubstummenlehrer aus. Warum auch? Er verbrachte den Großteil seines Lebens im Benediktinerkloster San Salvador in Oña mit Beten und Schweigen und widmete sich daher sonst wohl kaum der Sprache und der Gesellschaft; vermutlich wird es ihm bei den beiden Velasco-Söhnen um persönliche Hilfe gegangen sein. Ganz Spanien kannte damals Juan Fernández de Navarrete, den tauben Maler des Königs, den man »El Mudo«, den Stummen, nannte. Er war bei Tizian in die Lehre gegangen, konnte lesen und schreiben und drückte sich fließend mit Gebärden aus – er sprach jedoch kein einziges Wort. Hätte sich Ponce also darauf beschränkt, seinen Schülern nur Gebärdensprache, Schrift und die Kunst des Lesens beizubringen, wäre sein Ruhm wohl begrenzt gewesen. Ponce hatte aber mit seinem Erfolg – wohl ohne es zu wissen – Aristoteles, Hippokrates und Paulus widerlegt, ebenso wie alle Philosophen, Mediziner, Theologen und Juristen, die deren Gedanken zum Grundsatz ihrer Überlegungen genommen hatten. Allerdings verhinderte möglicherweise der frühe Tod des jungen Pedro de Velasco, dass er für alle erkennbar die Lautsprache allmählich wieder vergaß, denn sobald Schüler aus der Kontrolle des Lautspracheunterrichts entlassen werden, kehren sie zur Zeichen- oder Schriftsprache zurück oder vertrauen sich der Vermittlung eines Interpreten an, da ja die Gebärdensprache, wie gesagt, ihre eigentliche Muttersprache ist.

Dreißig Jahre nach Ponces Tod, im Jahr 1584, stand die Familie Velasco mit dem gehörlosen Don Luis de Velasco und dessen Bruder wieder vor dem gleichen Problem. Es betraf auch viele andere Familien des spanischen Adels, der infolge von Inzucht zahlreiche gehörlose Nachkommen hatte. Wieder fand sich aber in dem Elementarlehrer Manuel Ramírez de Carrión ein Retter. Es ist anzunehmen, dass er von der Lehrtätigkeit Ponces Kenntnis hatte, denn immerhin lebten ja noch einige von dessen Schülern, und auch die Familie Velasco dürfte Genaueres über dessen Unterrichtsmethoden gewusst haben. Schon zuvor hatte sich Ramírez mit der Ausbildung von Gehörlosen beschäftigt. Er bezog jedoch gegenüber Ponce auch die Mundbilder, also das Lippenablesen, mit ein. Sein Ruf als Taubstummenlehrer drang nach den erstaunlichen Erfolgen, die er bei Don Luis de Velasco erzielte, bis an den Hof des spanischen Königs vor, wo er dessen Neffen Prinz Emanuel Philibert Amadée von Savoyen zum Sprechen bringen sollte. Der französische Offizier, Diplomat und Schriftsteller Saint-Simon gibt in seinen Memoiren einen ausführlichen Bericht über die Methode von Ramírez: »Nachdem man alles andere versucht hatte, griff man schließlich zu einem letzten Entschluss: Man überließ Amadée einem Mann, der versprochen hatte, er würde ihn zum Sprechen und Verstehen bringen, nur müsste man ihm alle Vollmacht geben und ihm den Knaben für mehrere Jahre überlassen, ohne danach zu forschen, was er mit ihm machen würde. Die Wahrheit ist die, dass er mit ihm umging, wie die Hundedresseure es tun und Leute, die von Zeit zu Zeit allerlei dressierte Tiere für Geld zeigen. Tiere, deren Kunststücke und deren Gehorsam in

Erstaunen setzen und die scheinbar verstehen und durch Zeichen wiedergeben, was ihr Meister ihnen sagt: Die Mittel dazu sind Hunger, Stockschläge auf die Fußsohlen, Dunkelarrest und Belohnungen, je nach der Leistung.« Bis heute heißt der Unterricht, Gehörlose zum Sprechen zu bringen, »Entstummung«. Wenngleich die Anwendung von Gewalt jetzt verpönt ist, so deutet dieser Präzedenzfall doch die Gewaltsamkeit an, die mit dem Eingriff in die sprachliche Andersartigkeit der Gehörlosen verbunden ist. »Der Erfolg war derart«, fährt Saint-Simon fort, »dass Ramírez seinen Zögling dazu brachte, mit Hilfe der Lippenbewegungen und einigen Gebärden alles vollkommen zu verstehen, außerdem zu lesen und zu schreiben und selbst zu sprechen, wenn auch mit erheblicher Mühe. Der Knabe setzte sich mit soviel Entschlossenheit, Intelligenz und Einsicht ein, wobei er von all den grausamen Lektionen profitierte, die er empfangen hatte, dass er mehrere Sprachen beherrschte und Kenntnisse in Naturwissenschaften und Geschichte hatte.« Weiters hält Saint-Simon fest, dass der Prinz ein guter Politiker geworden und sogar bei Staatsangelegenheiten zu Rate gezogen worden sei, so dass er schließlich »mehr seiner Fähigkeiten als seiner Geburt wegen eine allgemein bekannte Persönlichkeit wurde«. Ein weiteres Zeugnis über Ramírez' Vorgehensweise stammt von Pietro di Castro, einem jüdischen Arzt aus Avignon, der in Italien lebte. Ramírez, geht daraus hervor, wandte nebenbei auch Mittel an, die von der damals aktuellen medizinischen Anschauung der Säftelehre herrührten. Demnach tritt »durch Obstruktion des Kopfes Schmerz und zugleich Spannungsgefühl mit Gehörsverminderung ein«. Die falsche Mischung der Säfte müsse daher durch Laxantien und das Abrasieren des Kopfhaares beseitigt werden, eine Methode, die schon Galen empfahl. Ramírez hütete dies aber als sein eigenes Geheimnis. Er verabreichte seinen Schülern zuerst schwere Abführmittel, sodann rasierte er ihnen die Haare am Kopf über der Coronarnaht in der Größe einer Handfläche und rieb die rasierte Stelle zweimal täglich mit einer Salbe aus Spiritus, Bittermandelöl, Salpeter oder gereinigtem Nitrat und Naphta ein. Am Morgen mussten seine Schüler ein Stückchen Süßholz oder ein Klümpchen Mastix kauen, dann kämmte Ramírez ihr Haar mit einem elfenbeinernen Kamm nach hinten und wusch ihnen das Gesicht. Hierauf begann er mit dem Sprechen über der geschorenen Partie des Kopfes. Ramírez selbst wusste, dass seine Schüler, »die man künstlich sprechen lehrte«, ihre Zungen richtig bewegten und daher ohne Hindernisse artikulieren konnten. »Wenn mir jemand entgegenhalten sollte, dass sie es doch nicht mit jener Vollkommenheit tun, würde ich antworten, dass das von geringer Bedeutung ist, weil sie nicht durch das Ohr … vorher gehört haben, was sie sagen.«

Castro schreibt weiter, dass man einem Taubstummen, wenn er nicht lesen könne, zuerst das Alphabet beibringen müsse. Jeder Buchstabe solle mehrmals wiederholt werden, bis der Schüler ihn aussprechen könne. »So muss man mit allem Fleiß vorwärtsgehen, dass er selbst den Trieb zum Sprechen bekommt. Und dabei muss man viele Tage lang beharren, bis man von den Buchstaben zu den ganzen Wörtern gelangt. Man muss dem Schüler die verschiedenen Gegenstände des Alltags zeigen, damit er ihre Namen lerne. Dann soll man in zusammenhängender Rede mit ihm sprechen, damit er selbst das Wesen des Gespräches erfasse. Schon in den ersten vierzehn Tagen lernt der Schüler auf ganz wunderbare Weise Wörter, die er sich niemals merken könnte, wenn er nicht ein ganz leistungsfähiges Gedächtnis hätte ... Es ist ganz wunderbar, mit welch ängstlicher Aufmerksamkeit der Taubstumme fortwährend darauf bedacht ist, artikulierte Laute hervorzubringen.« Aus den Worten Castros geht auch hervor, dass die Kenntnis der Schrift im Taubstummenunterricht selbstverständlich war. Über seine Methoden bewahrte Ramírez aber Stillschweigen und hütete sie als sein Geheimnis, wie später seine Nachfolger Jacob Rodriguez Pereira in Frankreich oder Samuel Heinicke in Deutschland. Das ist nicht nur damit zu erklären, dass dieses Geheimnis, das »Arcanum«, wie sie es nannten, die Voraussetzung für ihren Lebensunterhalt und oft auch für den ihrer Nachkommen war (da sie es nur an Familienmitglieder, die häufig ebenfalls lautsprachliche Taubstummenlehrer wurden, weitergaben), sondern dass sie ihren Beruf vor allem als Magie verstanden. Wie Magier ihre Tricks, die sie selbst erfunden haben, nicht weitergeben, ging es auch ihnen offenbar darum, die Welt mit ihrer Kunst in Staunen zu versetzen und so den eigenen Ruhm zu mehren. Es war die Zeit der Haarmenschen, der Riesen und Zwerge, die Zeit der Kunst- und Wunderkammern und der Jahrmärkte, auf denen »Abnormitäten« zur Schau gestellt und in Anatomischen Theatern öffentliche Sektionen durchgeführt wurden. Charakteristisch für die Geheimnistuerei ist eine Anekdote, die Ramírez selbst erzählte. Er habe, berichtet er, vor Beginn des Unterrichts mit dem sechsjährigen de Velasco, der von seinem um zwei Jahre älteren sprechenden Bruder begleitet worden sei, beiden das Wort abgenommen, niemandem das Geheimnis seiner Methode zu verraten. Als der König den älteren Bruder eines Tages gefragt habe, ob der jüngere schon reden könne, habe der Condestable die Frage bejaht, aber als der König habe wissen wollen, auf welche Weise der Unterricht vor sich gehe, habe der Knabe geantwortet: »Ihre königliche Hoheit möge mir verzeihen, dass ich das nicht sagen kann, da ich dem Lehrer mein Wort gegeben habe, sein Geheimnis zu wahren.« Als Ramírez es 1619 aufgeben musste, Don Luis de Velasco zu unterrichten, und er die Anweisung erhielt, in seine Heimat Montilla zurückzukehren, da ihn sein Herr, der Marquis de Priego, wieder benötigte, soll der Offizier Juan Pablo Bonet den vergeblichen Versuch unternommen haben, seine Arbeit fortzusetzen. Bonet hatte die drei Jahre, in denen Ramírez Luis unterrichtet hatte, am Hof der Velascos seinen Dienst versehen, und schon ein knappes Jahr nach der Abreise des Taubstummenlehrers veröffentlichte er »Die Reduktion der Buchstaben und die Kunst, die Stummen sprechen zu lehren«. Es ist das erste Lehrbuch der Welt für Taubstumme, und Bonet verschwieg darin den Urheber für sein Wissen, Ramírez, zur Gänze, so dass es den Anschein hat, als habe er, Bonet selbst, die geschilderten Methoden erfunden. Es ist anzunehmen, dass er bereits während der Anwesenheit von Ramírez daran arbeitete, dessen Geheimnissen auf die Spur zu kommen, denn das Titelblatt für das Lehrbuch wurde schon im Jahr 1619 gestochen. Merkwürdig ist allerdings, dass Ramírez nie auf diese Veröffentlichung reagierte, vielleicht wollte er jedes weitere Aufsehen vermeiden, denn das Werk fand zunächst keine große Verbreitung. Es ist ferner anzunehmen, dass Bonet auch von der Familie Velasco einiges an Wissen erfahren hat, jedenfalls kümmerte er sich von da an nicht mehr weiter um das Taubstummenproblem, sondern setzte seine Offizierskarriere fort, wurde in den Cortes gewählt und schließlich sogar ein Vertrauter des Königs, der ihn mit dem Orden von Santiago auszeichnete. Bonets Werk, das für die adeligen Familien Spaniens mit taubstummen Nachkommen von unschätzbarem Wert gewesen sein muss, enthält 21 Zeichnungen, von denen jede einen Buchstaben des kastilischen Alphabets zeigt, begleitet von einem Handzeichen, das in seiner Form dem Buchstaben ähnlich sein soll – es ist zur Gänze von Yebra übernommen. Für einen Sprechunterricht, schreibt Bonet sodann, müsse sich der Lehrer in eine gut beleuchtete Stellung begeben, damit der Schüler scharf in seine Mundhöhle hineinschauen könne. Hierauf solle er mit den fünf Vokalen beginnen, weil diese leichter zu artikulieren seien als die Konsonanten. Von einem Verfahren, den Schülern mit den Fingern mechanisch die Zunge in die richtige Lage zu bringen, hält er nichts. Stattdessen »verfertige man eine … Zunge aus Papier«. Am Beispiel des Buchstaben R erklärt er: »man krümme die Spitze der Papierzunge derart, dass sie nach oben zeigt. In der gleichen Form berührt sie ja auch den Gaumen. Alsdann muss der Lehrer gegen die gekrümmte Spitze der Papierzunge blasen, und weil das Papier sehr nachgiebig ist, wird die Spitze vibrieren. Man muss darauf dem Taubstummen zu verstehen geben, dass auch seine Zungenspitze vibrieren müsse, wenn der Luftstrom auf sie einwirkt.« Vor allem dürfe man nicht versäumen, den Laut immer wieder mit der Schrift- und Fingersprache

zu verbinden. Weitere Buchstaben beschreibt Bonet so:
»A. Um diesen Laut hervorzubringen, muss der Taubstumme seinen Mund offen halten und die Atmung frei-
lassen, ohne die Zunge oder die Lippen zu bewegen.
Der Lehrer soll die Hand des Schülers erfassen und sie
vor den eigenen Mund halten, um ihm den Hauch der
ausgeatmeten Luft deutlich zu machen. Diese Vorsichts-
maßnahme hat den Zweck, dem Zögling zu zeigen, dass
es für die Aussprache eines Buchstabens nicht genügt,
den Mund zu öffnen, sondern dass man gleichzeitig
einen Hauch ausstoßen muss. Wenn der Taubstumme
den verlangten Ton produziert, wird man ihm durch
Zeichen Zufriedenheit ausdrücken. Ist das nicht der
Fall, wird man ihm den Fehler begreiflich machen durch
eine Kopfbewegung und mit dem Zeigefinger der rechten Hand, indem man ihm bedeutet, dass dies nicht der
Laut ist, den man von ihm verlangte ... C. Bei der Aussprache dieses Buchstabens ist der Mund etwas weniger
geöffnet als beim A. Die Zunge ist an ihrer Basis leicht
gekrümmt und berührt mit ihrem oberen Teil den Gaumen und löst sich dann plötzlich von ihm, um dem Atem
Durchlass zu gewähren. Der Lehrer muss seinen Mund
gut offen halten, damit der Taubstumme die Stellung
der Zunge genau sehen und nachahmen kann. Wenn er
nicht zum Ziele kommt, muss man ihm mit der Hand
helfen oder besser noch mit einer Zunge aus Leder ...
ihm die Stellung zeigen.«

Auf diese Weise werden der Reihe nach sämtliche
Buchstaben durchgenommen. Im Unterschied zu Ramírez lehnte Bonet das Lippenlesen ab. Das hängt vermutlich damit zusammen, dass Don Luis de Velasco es nach
dem Unterricht von Ramírez zu einer hohen Fertigkeit

im Lippenlesen brachte und Bonet wusste, dass man diesen Erfolg Ramírez' Methode zuschrieb. Er wusste auch, dass beim Ablesen nicht bloß die Lippen eine Rolle spielen, sondern dass, wie er selbst bemerkte, »die Taubstummen sich über den Gegenstand eines Gesprächs orientieren, indem sie die Gebärden und Bewegungen der sprechenden Person beobachten, den Gesichtsausdruck, die Umstände und den Zeitpunkt, zu dem die Unterredung stattfindet«. Er dürfte hingegen nicht durchschaut haben, dass die Kunst des Lippen-Ablesens nur unzureichend in Regeln gefasst werden kann, da ihr Erlernen vom unermüdlichen Üben an verschiedenen Persönlichkeiten abhängt, will man vermeiden, dass der Schüler es nur bei seinem Lehrer beherrscht. Unterweisungen im Unterricht können daher nur die Grundregeln vermitteln.

Nach unseren Begriffen war Bonet ein Plagiator, gleichzeitig aber brachte er die Methoden, Taubstumme zum Reden zu bringen, an die Öffentlichkeit. Der englische Schriftsteller Kenelm Digby sah 1623 im Gefolge des Prinzen von Wales, Charles, als dieser um die Tochter des spanischen Königs warb, den taubstummen Don Luis de Velasco und beschrieb 21 Jahre später dessen wundersame Fähigkeiten. Erst dieser Bericht machte den Taubstummenunterricht, der in Spanien erfunden worden war, in Europa bekannt. In Holland veröffentlichten der Schweizer Arzt Johann Conrad Ammann und in Großbritannien der englische Mathematiker John Wallis fast zur selben Zeit Lehrbücher, die beide auf Bonets Kenntnissen beruhten. Im darauffolgenden Jahrhundert übernahmen Samuel Heinicke in Deutschland und der Schotte Thomas Braidwood nochmals in Großbritannien die Methode. Die spektakulärsten Erfolge mit dem sogenannten Lautspracheunterricht aber erzielte Jacob Rodriguez Pereira. Harlan Lane nennt ihn in »Mit der Seele hören« spöttisch den »größten Entstummer von allen, den von Wissenschaftlern und dem König gefeierten Pereira«. Pereira war ein Marane, ein unter dem Zwang der spanischen Inquisition getaufter Jude. Bei seinen Eltern bestand Blutsverwandtschaft, und seine Schwester war taub. Aus Angst vor der Inquisition flohen er und seine Familie nach Frankreich, wo Pereira mit Hilfe der Schriften von Bonet, Wallis und Ammann den dreizehn Jahre alten Aaron Beaumarien das Sprechen lehrte. Nach Art eines Magiers und wohl zur Reklame veranstaltete er mit dem Knaben eine öffentliche Prüfung und erhielt daraufhin weitere gehörlose Schüler für den Unterricht. Walter Schott schreibt über ihn: »Wie schon bei Bonet waren das Sprechen und das Erlernen der Sprache Pereiras zentrale Aufgaben seiner Bildungsarbeit. Für ihn teilte sich der Laut in zwei Elemente: Klang und Vibration. Da der Gehörlose zum Fühlen der Vibration geeignet ist – wie Pereira vermutlich aus den Schriften Ammanns wusste –, ließ er die Sprechtöne mit der Hand am Kehlkopf, an der Brust und so weiter abfühlen und verknüpfte damit den Laut – denn jedem Laut entspricht eine bestimmte Vibration. So leitete er über akustovibratorische Übungen, als eine Art Fühl-Hör-Training seine Schüler an, möglicherweise vorhandene Hörreste besser auszunützen. Gebärden, die meist individuell geformt waren, verwendete er nur am Anfang, solange die Schüler nicht reden konnten. Sein Handalphabet diente ihm als sichtbares Zusprachemittel für die grammatisch richtige Sprache.« Auch

Pereira gab seine Methode nicht preis und bildete keine Nachfolger aus. Harlan Lane beschreibt Pereiras legendäre Demonstrationen mit dessen dadurch zur Berühmtheit gelangten Schülern bis in alle Einzelheiten: »Seine Erscheinung war düster und bedrohlich. Er trug schwarze Reithosen mit gestreiften Gamaschen und eine Weste unter einem langen, vorn schräg geschnittenen Mantel, hinten mit Schößen, einen hohen Kragen und eine Perücke. Er sah aus wie vierzig, mit dunklem pockennarbigem Gesicht, Adlernase, breiter hoher Stirn, die große Augen voller Feuer und Ausdruck überwölbte, und hervortretenden Backen- und Kieferknochen.« Seine 1749 geborene Schülerin Marie Marois verfügte über Hörreste und konnte an die dreißig Wörter mit Hilfe eines Hörrohres unterscheiden. Mit sieben Jahren kam sie, die aus armem Haus stammte, über den Grafen Saint-Florentin, auf dessen Land sie geboren war, in Pereiras Obhut, wo sie die nächsten 22 Jahre verbringen sollte. Sie war zu diesem Zeitpunkt stumm und verwendete nur die Gebärdensprache. Schon mit neuneinhalb Jahren sagte sie dann beim Grafen Saint-Florentin den folgenden Neujahrsgruß auf: »Meine Zunge, die Euch den Gebrauch der Sprache verdankt, wird niemals aufhören, meine Wünsche für Euer Wohlgeboren zu äußern. Möge der Himmel geruhen, diese Gebete zu erhören, und Euer Leben mit Gnade in reichem Maße zu füllen, wie Ihr das meine mit Eurem Edelmut gefüllt habt.« Von nun an unterzeichnete sie ihre Briefe mit: »Marie Marois, ehemalige Taubstumme.« Sie wurde noch als Kind dem Thronfolger Ludwig XVI. vorgestellt und als Zwanzigjährige dem König von Schweden, der fand, dass von allen Sehenswürdigkeiten in Paris und Versailles die Begegnungen mit ihr und weiteren Schülern Pereiras am eindrucksvollsten gewesen seien. Maria war eine Meisterin im Lippenablesen, das sie sich vor dem Spiegel selbst beigebracht hatte. Sie begrüßte den inkognito als Grafen von Falkenstein in Paris weilenden Kaiser Joseph II., dessen Schwester Marie Antoinette die Ehefrau des französischen Königs Ludwig XVI. war, folgendermaßen: »Monsieur le Comte, die Fülle meiner heutigen Freude hat anscheinend die Bande wieder angezogen, die einst meine Zunge unbeweglich hielten, bis Kunstfertigkeit sie löste. Je mehr mein Herz durch dieses Glück anschwillt, Eure Majestät, desto weniger kann mein Mund sie zum Ausdruck bringen.« Hierauf schenkte der Kaiser Pereira eine Vase und ein Rhinozeroshorn. Marie vermochte jedoch nicht, der Rede des Kaisers zu folgen, auch nicht, als Pereira ihr durch schnelles Buchstabieren mit dem Fingeralphabet zu Hilfe kam, denn Joseph II. sprach mit starkem Akzent. »Selbst der beste Lippenableser«, erklärt Harlan Lane, »braucht einen Muttersprachler, der wenige Meter entfernt steht und gut beleuchtet ist und der seine Lippen deutlich, langsam und mit Ausdruck bewegt. Wenn der Sprecher den Kopf dreht, zu jemand anderem spricht, laut liest oder einen Akzent hat, ist die Sache gewöhnlich hoffnungslos.« Als Pereira starb, hatte Marie Marois immer weniger Verwendung für die Lautsprache. Sie besserte zuletzt feine Spitzen aus und starb in Armut.

Pereiras zweiter Vorzeigeschüler war Azy d'Etavigny, Sohn eines wohlhabenden Geschäftsmannes. Zuvor hatte er Unterricht bei einem exzellenten, selbst taubstummen Lehrer genossen, der ihm Lesen, Schreiben und Gebärden beibrachte. Mit achtzehn Jahren wechselte Azy d'Etavigny zu Pereira, der ihn in einem Monat fünfzig Worte sprechen lehrte, so dass er vor der Königlichen Akademie Rede und Antwort stehen konnte. Sogar die Zeitungen berichteten über die glanzvolle Demonstration. Weitere zehn Monate später sprach der Gehörlose bereits 1300 Wörter. »Seine Sprache war jedoch von der Grammatik seiner Gebärdensprache beeinflusst«, schreibt Harlan Lane, »er gebrauchte Verben im Infinitiv und stellte die Wortfolge um.« Auch er musste fortlaufend üben, und als er einmal gezwungen war, sechs Monate ohne Pereira auszukommen, ging seine Sprechfähigkeit stark zurück. »Das ist unglücklicherweise eines der Merkmale der lautsprachlichen Erziehung bei Taubgeborenen«, fährt Harlan Lane fort, »sie muss auf unbegrenzte Zeit fortgeführt werden, sonst verschlechtert sich die Sprache wieder.« Pereira führte Azy d'Etavigny der Akademie der Wissenschaften vor, die zwar fand, dass die Aussprache des Taubstummen langsam und kehlig sei und er die Silben nicht genügend miteinander verbände, aber die Kunst Pereiras, Stumme lesen und sprechen zu lehren, als genial bezeichnete. Daraufhin wurden beide dem König vorgestellt. D'Etavigny begrüßte den Monarchen mit: »Majestät, ich weiß zutiefst die Ehre zu würdigen, vor Ihnen erscheinen zu dürfen.« Er war in diesem Augenblick wohl der Vertreter aller enterbten und gedemütigten Taubstummen. Er las von Pereiras Hand, was dieser aus einem Buch las, beantwortete schriftliche oder in Gebärdensprache gestellte Fragen und sagte das »Vaterunser« auf. Ein paar Tage später sandte der König Pereira eine Belohnung von 800 Livres als Ausdruck seines Vergnügens.

Der dritte berühmte Schüler Pereiras war der brillanteste. Er hieß Saboureux de Fontenay. Fünf Jahre wurde er von Pereira unterrichtet, dann studierte er selbständig weiter. Seinen Kenntnissen in Französisch und Latein fügte er Hebräisch, Syrisch und Arabisch hinzu. Er verbesserte seinen Stil durch »gewissenhafte Lektüre von Büchern«, veröffentlichte seine Autobiographie sowie eine Abhandlung über Meteorologie und erteilte selbst einer Taubstummen Unterricht: »Ich kann mich kaum daran erinnern, ein Taubstummer zu sein«, hielt er fest. Auch er hatte zuvor bei einem Lehrer das Handalphabet, Lesen, Schreiben und Rechnen gelernt, bevor er im Alter von zwölf Jahren zu Azy d'Etavigny in Pereiras Haus kam. In nur zweieinhalb Monaten war Pereira mit ihm vor der Großen Königlichen Akademie erschienen. »Die Gutachter fanden«, führt Harlan Lane aus, »dass Saboureux alle Laute des Französischen deutlich ausspräche, viele geläufige Ausdrücke und schriftliche Instruktionen verstünde sowie über die Vermittlung des Handalphabets seines Lehrers laut lesen und das ›Vaterunser‹ aufsagen könnte... Wenige Monate später gewährte der König Pereira auf Lebenszeit ein jährliches Stipendium von 800 Livres.« Doch Pereira sagte selbst, dass Marie Marois und Saboureux nur schwerhörig waren. Seine Erfolge jedoch waren so spektakulär, dass die Methode des Lautsprache-Unterrichts von zahlreichen anderen Gehörlosenlehrern aufgenommen und fortgesetzt wurde. Die entscheidende Entwicklung kam jedoch von einem Mann, der eine andere Art und Weise entwickelte, Taubstumme heranzubilden, einem Priester, der sich geweigert hatte, eine Schrift zur Verdammung des Jansenismus zu unterschreiben, und deshalb von der kirchlichen Laufbahn zuerst ausgeschlossen worden war. Er studierte hierauf Rechtswissenschaften und arbeitete als Advokat in Paris, bis ihm ein wohlgesinnter Prälat dann doch noch die Priesterweihe ermöglichte. Abbé de l'Epée, von dem die Rede ist, traf 1760 auf seinen Rundgängen durch das Armenviertel in Paris auf zwei verzweifelte gehörlose Mädchen, ein Zwillingspaar, und beschloss, sie zu unterrichten.

De l'Epée hatte anfangs keine Ahnung, worauf er sich einließ. »Aufs Geratewohl, ohne Ruder und Segel trieben wir dahin«, so beschrieb er seine ersten Versuche. Ihm ging es weniger um Magie, sondern um die Bildung und geistige Fortentwicklung möglichst vieler gehörloser Schüler. Das unterschied ihn grundsätzlich von den in Lautsprache unterrichtenden Spaniern und deren Adepten. Der Verdacht liegt nahe, dass der Prozess der »Entstummung«, gewissermaßen also der »Erweckung« eines Gehörlosen, für den Lehrer selbst die größte Befriedigung darstellte. Sie verlieh ihm ja die Aura, über besondere Kräfte und besondere Fähigkeiten zu verfügen, und die Resultate, die er erzielte, brachten ihm Ansehen und in besonderen Fällen Prestige und Geld.

De l'Epée ging pragmatisch vor. Für ihn war es nicht notwendig, in erster Linie Kinder adeliger oder wohlhabender Familien zum Sprechen zu bringen, damit sie vor der Justiz rechtsfähig wurden, und auch nicht mit großem Aufwand verblüffende Auftritte seiner Schüler vor dem Hochadel zu inszenieren, sondern möglichst alle Gehörlosen, die zu ihm kamen, Lesen und Schreiben zu lehren und sie in einem Handwerk auszubilden. Zwar war auch für ihn die Lautsprache die vollkommenste Form der Kommunikation, und er schrieb sogar eine Anleitung zum Sprechunterricht und artikulierte selbst Schüler seines Instituts – trotzdem maß er ihr für die Heranbildung der Gehörlosen eine untergeordnete Bedeutung bei, denn es benötigte im allgemeinen zu viel Zeit, die auf der anderen Seite dann für die Ausbildung fehlte. »Es widerspricht der Vernunft, mit einer vernünftigen Seele begabte Menschen 12 oder 15 Monate als Papageien zu behandeln«, sagte er. Abbé de l'Epée geht in seiner Methode von der Ansicht aus, dass das Gehör durch den Gesichtssinn ersetzt werden müsse, denn er war der Meinung, dass man mit den Augen hören könne wie mit den Ohren. »Zwei Türen sind der Gedankenvermittlung geöffnet, die eine durch die Töne, die andere durch Zeichen und Buchstaben.«

»Begründet durch die herrschende Sprachpsychologie des Rationalismus«, schreibt Walter Schott, »trennte de l'Epée Denken und Sprechen und sah im Zeichencharakter der Sprache den Ansatzpunkt seines Unterrichtsverfahrens. Er zeigte auch auf, dass jeder Schüler zum Zeitpunkt seines Eintrittes in seine Schule schon eine ihm geläufige Sprache hatte, die umso ausdrucksvoller war, als sie die Sprache der Natur und aller Menschen ist.« Damit meinte er die natürlich entstehende Zeichensprache als Ausdrucksmittel eigener Empfindungen und Gedanken. Seinen methodischen Weg sah er deshalb in der Vermittlung der Bildungsinhalte über den Weg optisch wahrnehmbarer »vernunftmäßiger Zeichen«. De l'Epée war davon überzeugt, dass Gehörlose sich in erster Linie in Gebärden ausdrückten. »Unsere Sprache ist nicht ihre Sprache«, schrieb er und nahm an, dass die Sprache der Hörenden für sie wie eine Fremdsprache sei, die die Gehörlosen in die ihre übersetzen mussten. »Unsere Zeichen sind Begriffs- und nicht Wortzeichen«, stellte er fest. Und auch er glaubte damals schon, dass eine vereinheitlichte Gebärdensprache eine Universalsprache für Gehörlose aller Nationen und ihrer Sprachen sei – wie gesagt ein Irrtum. De l'Epée begann im Unterricht zunächst mit der Schriftsprache, mit Schreiben und Lesen, wobei das Fingeralphabet als Hilfsmittel herangezogen wurde. Sobald die Schrift geschrieben und gelesen werden konnte, wurde sie zur Grundlage des weiteren Unterrichts.

Mit seiner Methode gelang ihm in seiner 1771 gegründeten ersten Schule für Taube – durch Hunderte Schüler und ein veröffentlichtes Lehrkonzept – die endgültige Beweisführung, dass Gehörlose »bildungsfähig« sind. Sie waren nicht mehr nur die viel bestaunten Ausnahmen, die in Lautsprache Sätze sprechen konnten, sondern Menschen mit einer eigenen Sprache, der Gebärdensprache, und damit einer eigenen Kultur.

Überdies brachten es von Geburt an Taubstumme mit seiner Methode zu beachtlichen Sprechleistungen, die auch Abbé de l'Epée bald darauf in der Öffentlichkeit demonstrierte, allerdings um Geld für sein Institut zu erlangen. Manche seiner Schüler hielten Reden in lateinischer Sprache, konnten vorlesen und auf Fragen lautsprachlich antworten oder einen Merkstoff wiedergeben. So berichtet Abbé Janet in seinen Memoiren von der Anwesenheit des berühmten Pereira im Institut de l'Epées: »Pereira gab endlich den Bitten de l'Epées, sich bei ihm selbst von der Zweckmäßigkeit seiner Methode zu überzeugen, nach. Bei einem Besuch der Anstalt legte er den Zöglingen mehrere Fragen vor und geriet über die Schnelligkeit, Genauigkeit und Bestimmtheit ihrer

Antworten in Erstaunen, das aber bald noch gesteigert wurde: de l'Epée ließ sich nämlich einen Brief geben, den Pereira bei sich führte und welcher von abstrakten Dingen handelte. Dann setzte er fünf von seinen Zöglingen so, dass der eine dem anderen nicht auf die Hand sehen konnte, und diktierte ihnen hierauf einzelnes aus den Briefen mittels Zeichen. Alle fünf schrieben das durch ein und dasselbe Zeichen Empfangene in fünf verschiedenen Sprachen, Französisch, Lateinisch, Spanisch, Italienisch und Englisch. ›Nein‹, rief Pereira aus, ›das würde ich nie geglaubt haben, wenn ich es nicht selbst gesehen hätte!‹« – De l'Epées Anstalt brachte eine Reihe berühmter Schüler hervor wie den gehörlosen Laurent Clerc, dessen fingierte Autobiographie Harlan Lane in seinem Standardwerk »Mit der Seele hören« schreibt, ein leidenschaftliches Bekenntnis zur Gebärdensprache und eine ebenso leidenschaftliche Attacke gegen die »Oralisten« oder »Lautsprachler«, wie er sie nennt. Oder den ersten Hörenden, der perfekt gebärden konnte, Roch-Ambroise Bébian, der de l'Epées System der methodischen Gebärde kritisierte und Lehrer am Institut wurde und dort selbst ein »vorzügliches Lehrbuch« verfasste. Der österreichische Kaiser Joseph II. besuchte 1777, wie erwähnt, seine Schwester Marie Antoinette in Versailles und erfuhr dort von der Taubstummenschule und de l'Epée. Als Graf Falkenstein verbrachte er zwei Stunden unerkannt in der Anstalt, folgte eine Zeit lang dem Unterricht und ließ sich schließlich von de l'Epée die Lehrmethode erklären. Der Abbé schrieb darüber in einem Brief: »Es war dem höchsten Fürsten vorbehalten, dass er Frankreich in diesem Belange nicht allein sehen wollte, und so entschloss er sich, auch in seinem Land diesen notwendigen Unterricht festzulegen. Er sah auch in diesen Unglücklichen seine Brüder.« Der Abbé erklärte sich bereit, einen Lehrer für ihn auszubilden, und der Kaiser wählte dafür den Wiener Abbé Stork und schickte ihn mit einer diamantenbesetzten Schnupftabakdose und einem Brief zu l'Epée, der mit den Worten begann: »Ehrwürdiger Vater – aber nein, ich will sagen, mein lieber Abbé, denn ich liebe jeden, der seinem Nächsten dient und ihn mit so viel Selbstlosigkeit liebt.«

Zu dieser Zeit verfocht bereits der 1727 geborene Samuel Heinicke, Sohn eines wohlhabenden Bauern, seine oralistische Methode, die im gesamten deutschen Sprachraum zu größtem Einfluss gelangen sollte. 1768 hatte er die Stellung eines Kantors und Schullehrers in Eppendorf bei Hamburg erhalten, zu der ihm der Dichter Friedrich Gottlieb Klopstock verholfen hatte. Er unterrichtete dort auch taubstumme Kinder, denen er seine besondere Aufmerksamkeit zuwandte: »Das brachte ihm eine ständige Anfeindung des Pastors ein, … der … stets seiner Ansicht Ausdruck verlieh, man dürfe den unerforschlichen Ratschluss Gottes, nach dem die Gehörlosen eben taub und stumm geworden seien, nicht korrigieren«, so Walter Schott. Allerdings erschienen in den Zeitungen wohlwollende Artikel über die Erfolge Heinickes, und er selbst veröffentlichte Aufsätze über seinen Gehörlosenunterricht. 1778, etwa zur selben Zeit, als Joseph II. in Wien das k. k. Taubstummen-Institut errichtete, eröffnete Heinicke mit neun von Eppendorf mitgebrachten Schülern das »Kursächsische Institut für Stumme und andere mit Sprachgebrechen behaftete Personen« in Leipzig, wo er 12 Jahre blieb. Heinickes

Ziel war: der in der Lautsprache denkende Gehörlose. Er hatte damit aber nicht den Erfolg, den er sich gewünscht hatte. Man griff ihn sogar wegen angeblicher Misshandlungen seiner Schüler an, eine Beschuldigung, die vermutlich nicht ganz von der Hand zu weisen ist, war doch die Prügelstrafe damals in den Schulen ein probates Mittel. Der aus einer pietistischen Familie stammende Heinicke sah, wie Walter Schott weiter schreibt, »in den Menschen den ›Siegelabdruck des Göttlichen‹, also war auch für ihn die Sprache göttlichen Ursprungs«. Als Geschöpfe Gottes aber sollten die Menschen auch sprechen können. Er glaubte im Gegensatz zu Herder, der den Erwerb der Sprache an das Gehör geknüpft sah, dass die Töne eine natürliche Verbindung zu den wirkenden Seelenkräften des Menschen haben. Heinicke war also zugleich Sprachlehrer und Missionar und wie alle »Entstummer« auch ein »Erwecker«. Und wie viele Oralisten besaß auch er ein »Arcanum«, ein »Geheimnis«, das wie das der anderen Oralisten äußerst trivial war: Er verwendete verschiedene Geschmacksmittel als Anreiz für die »artikulatorische Anbindung der Vokale«: für a – reines Wasser = neutral, für e – Wermut-Extrakt = bitter, für i – starken Essig = sauer, für o – Zuckerwasser = süß, für u – Olivenöl = fett. Die Aufgabe dieser Essenzen sei es, erklärte Heinicke, die Vokale zu »fixieren« und dem Schüler eine Anleitung zu vermitteln, welche eindringlicher und daher dauerhafter wäre als der Gesichtssinn. Aber dieses Rezept hatte schon Pereiras berühmter taubstummer Schüler Saboureux veröffentlicht, bevor Heinicke noch seine erste Unterrichtsstunde abgehalten hatte. »Leicht unterscheidbare Geschmacksrichtungen«, schrieb Saboureux, »können die Lautungen zu Buchstaben repräsentieren, und wir können sie in den Mund nehmen, um dadurch Vorstellungen in den Geist zu befördern.«

Heinicke beharrte starrköpfig auf seiner These: Das Auge kann das Ohr nicht ersetzen. Er gründete seine Methode auf den Tastsinn als einen der verbleibenden Sinne des Gehörlosen, das heißt, auf den fühlbaren Mechanismus des Sprachorgans, der bei ihm zu einem wesentlichen Bestandteil der Begriffsvermittlung wurde. Damit stand er aber im Widerspruch zu de l'Epée, mit dem er sich, wie es seine Art war, heftig und polternd auf schriftlichem Weg auseinandersetzte. »Heinickes Methode des Gehörlosenunterrichts ist letztlich nur dadurch begründet«, schreibt Schott, »dass er ... das Abfühlen zu Hilfe nahm. Das hatten vor ihm aber schon andere getan ... Sprechen und Denken schienen ihm ineinander verwoben.« Heinicke selbst hielt dazu fest: »Der Taubgeborene wird durch die Artikulation entstummt und lernt damit seine Gedanken zu verbinden.« Dabei stützte er sich auf Schlegels Ansicht, dass Reden ein äußerliches und sichtbar gewordenes Denken und das Denken als ein innerliches Reden zu betrachten sei. Daraus ergab sich, dass die Schrift nur ein Hilfsmittel ist, da sie Übersetzungscharakter hat. In der natürlichen Gebärde sah Heinicke »eine Stufe des Sprachwerdens« und lehnte sie daher nicht gänzlich ab. Als Mitteilungs- und Ausdrucksmittel wies er sie aber apodiktisch zurück, desgleichen das Fingeralphabet. Dafür nahm er das Absehen von den Lippen in seinen Lehrplan auf. Auf Kritik antwortete er mit seinem Buch »Graue Vorurteile und Schändlichkeit«.

Der Streit mit Abbé de l'Epée artete zum sogenannten

»Methodenstreit« aus und hält nun seit 230 Jahren in der Taubstummenpädagogik an. Obwohl kein sichtbarer Anlass dazu bestand, versammelten sich 1880 vorzugsweise französische und italienische Oralisten in Mailand und erklärten die lautsprachliche Erziehung zur einzig gültigen und zeitgemäßen. Harlan Lane schildert minutiös den Ablauf der Tagung. Von 164 Delegierten waren neunzig Italiener und 56 Franzosen, die alle vehement das oralistische System vertraten. Der Vorsitzende Balestra ließ die Delegierten die »Provinzialschule für die Armen« und die »Königliche Anstalt« besichtigen, wo das Sprechen und Lippenlesen der Schüler auf die Kongressteilnehmer einen großen Eindruck machte. Ein amerikanischer Beobachter berichtete jedoch: »Es gab Hinweise auf lange Vorbereitung, auf strengen Drill und persönliche Manipulation, um äußerst überzeugende Effekte zu erzielen. Es war offensichtlich, dass eindeutige und entscheidende Zusatzinformationen bei der Vorstellung jedes einzelnen Falles weggelassen worden waren ... Meine Nachbarn, die selbst Italiener und Artikulationslehrer waren, teilten mir mit, dass die besten Schüler nicht taub geboren waren und wahrscheinlich sprechen gelernt hatten, bevor sie in die Anstalt kamen.« Ein weiterer Taubstummenlehrer, Thomas Hopkins Gallaudet, gab an: »Mir war klar, dass viele der Schüler, die zur Demonstration dessen vorgeführt wurden, was die ›orale Methode‹ bei Taubstummen erreichen konnte, tatsächlich sprechen gelernt hatten, bevor sie ihr Gehör verloren.« Auch der britische Schulleiter Richard Elliott, obwohl selbst Befürworter des Oralismus, schloss sich dem an. Schüler hätten schon mit der Beantwortung von Fragen begonnen, sagte er, bevor diese überhaupt beendet gewesen seien. Außerdem war es nur den italienischen Lehrern gestattet gewesen, Fragen an die gehörlosen Schüler zu stellen. Nachforschungen ergaben, dass mehr als 60 beziehungsweise 70 Prozent der Schüler in den beiden Anstalten halb stumm waren, woraus man schließen kann, dass die Anstalten Aufnahmebeschränkungen vorgenommen hatten. Zudem hatten die Schüler das Lippenlesen nur bei den ihnen bekannten Personen zuwege gebracht – als Elliott vorschlug, selbst etwas vorzulesen, um die Kenntnisse zu überprüfen, wurde ihm das abgeschlagen. Während der Vorführungen beobachtete der Direktor der Columbian Institution die Schüler vor der Tür, die auf ihren Auftritt warteten, und stellte fest, dass sie gebärdeten. Der wahre Grund für den Kongress war darin zu suchen, dass die französischen und italienischen Ministerien reinen Oralismus verfügt und gebärdensprachliche Lehrer aus den Taubstummen-Instituten bereits entlassen hatten. Als Grund wurde vor allem die angestrebte Integration in eine hörende Gesellschaft angegeben. Außerdem, wurde weiter argumentiert, seien manuell unterrichtete Kinder trotzig und verführbar. Es sei ferner zweifelhaft, ob die Gebärdensprache Denken hervorbringe. Sie sei bloß ein Dialekt, den man lernen müsse, und nicht universell. Auch stehe ihre Syntax im Widerspruch zu der abendländischen Sprache. Der italienische Veranstalter Balestra bestritt überdies, dass »lautsprachlicher Unterricht« nur bei Halbstummen Erfolg habe, dass sein Produkt unnatürlich klingende Sprache sei, dass er die geistige Bildung verlangsame und dass die Gehörlosen nur bei Menschen, mit denen sie vertraut seien, gut von den Lippen ablesen könnten. Er beschwor die Teilnehmer, dass sie

406

alle Kinder des einen Christus seien, der ihnen ein Beispiel gegeben habe: »Ich will hinzufügen, dass für einen katholischen Priester die Stummen sprechen müssen, denn wir haben die Beichte, und auf dem Lande würde der Priester alles falsch verstehen, was ihm der Taubstumme in Gebärdensprache erzählt … Ich bitte Sie, stimmen Sie für Lautsprache, immer Lautsprache.« Die Kongressteilnehmer, wie gesagt, von 164 Teilnehmern 146 italienische und französische Oralisten, taten ihm mit überwältigender Mehrheit den Gefallen. Bei einem weiteren Kongress wurde die Gebärdensprache dann wenigstens als Hilfsmittel für den Unterricht zugelassen.

Medizin und Gehörlose

Die medizinische Betreuung der Gehörlosen war bis zum Ende des 19. Jahrhunderts ein Desaster gewesen, obwohl schon seit dem 17. Jahrhundert bekannt war, dass der Hörnerv, der Nervus acusticus, und der Gesichtsnerv, der Nervus facialis, der für die Zunge zuständig ist, sowohl einen getrennten Verlauf als auch einen getrennten Ursprung haben. Harlan Lane widmet dem Wüten der Medizin einen langen Abschnitt in seinem Werk, und Walter Schott ergänzt die Fakten um weitere Details. Die Behandlungen umfassten: Abführmittel, Spanische Fliege (eine Käferart, die getrocknet und pulverisiert eingenommen wurde), das Einreiben der Zunge mit dem schärfsten Senf, »bis der ganze Mund entzündet und die Nase und Augen völlig aufgeschwollen waren, und das Blut aus allen diesen Teilen strömte«, Pflaster, die den Verlust der Beweglichkeit der Gesichtsmuskel zur Folge hatten, Aderlass, das Anlegen von Blutegeln, galvanische Stromstöße, unterstützt durch eine Magnet- oder Lärmtherapie, die als »akustische Erschütterungen« bezeichnet wurde, Tropfbäder, Betupfung mit Eiterbrennnesseln, das Tragen von Metallglocken vor den Ohren sowie operativ-chirurgische Eingriffe. Neben der bekannten Durchtrennung des Zungenbändchens und der Durchbohrung des Trommelfells wurden Einspritzungen in die Eustachische Röhre vorgenommen – natürlich alles vergebens. Der französische Arzt Jean Itard, der als Begründer der Otologie gilt, wütete am unerbittlichsten. Er führte ebenfalls Sonden in die Eustachischen Röhren seiner Zöglinge des Pariser Taubstummen-Instituts ein und stülpte ihnen zugleich Metallbänder über den Kopf, die mit Klammern versehen waren. Die Folgen waren Ohrenentzündungen, Schmerzen, Schwindel, Fieber und Eiterungen. Hierauf versuchte er es mit Einträufelungen obskurer Extrakte und dem Zubinden der Ohren mit Verband, der zuvor in eine Flüssigkeit getaucht worden war. Jedes Mal, wenn die daraufhin eiternde Wunde wieder verheilt war, wiederholte Itard seine Behandlung und brach sie erst nach 29 erfolglosen Versuchen ab. Beim nächsten Mal bearbeitete er seine Patienten mit einem Hammer hinter dem Ohr oder legte einen weißglühenden Metallknopf auf die Stelle, was schwere Brandwunden mit Eiterungen hervorrief. Als weitere Maßnahme probierte er es mit der »chinesischen Moxe«, die aus zusammengedrehten, getrockneten Beifußblättern bestand, welche den Kindern vom Kinn bis zum Nacken auf die bloße Haut gelegt und angezündet wurde. Dutzende der Opfer behielten davon zeitlebens entstellende Brandnarben. Einer Schülerin öffnete Itard sogar den Schädel, »um den Tönen durch das Loch einen direkten Zugriff zu verschaffen«. Nach seinen Versuchen, die, wie zu erwarten, allesamt fehlgeschlagen waren, stellte Itard die Diagnose, dass das Ohr der Gehörlosen tot sein müsse »und Medizin nicht auf Totes wirkt«. Daneben gab es noch Dutzende von Scharlatanen, die von angeblichen Heilerfolgen zu berichten wussten.

Auch dem Hörverlust bei Spätertaubten stand die Medizin machtlos gegenüber. Die davon Betroffenen hatten mitunter ein noch schwereres Leid zu ertragen als die von Geburt an Tauben. Francisco de Goya erkrankte 1793 »an heftigen Kopfschmerzen, Gleichgewichtsstörungen, dröhnenden Ohrengeräuschen, vorübergehender Blindheit, Lähmungserscheinungen im Bereich des rechten Armes, Sprechschwierigkeiten, Verwirrtheit, komaartigen Dämmerzuständen, heftigen Leibkoliken, Zittern und krampfartigen Zuckungen sowie am Verlust des Hörvermögens«, wie Anton Neumayr schreibt. Bis zu seinem Lebensende im Jahr 1828 blieb er völlig taub und war darauf angewiesen, Gespräche von den Lippen abzulesen, auch konnte er sich selbst nur mehr schriftlich oder durch Zeichen mitteilen. »Durch die gleichzeitig vorhandenen Ohrgeräusche erlebte Goya so nicht nur die Einsamkeit in einer schweigenden Welt, sondern auch quälende akustische Phänomene, die eine schreckliche Scheidewand zwischen der äußeren Wirklichkeit und seiner überreizten aufrichtete«, so Neumayr. Von da an trat das Phantastische und die Darstellung des Bösen und Schrecklichen auf seinen Bildern noch mehr in den Vordergrund und gipfelte in den »Schwarzen Bildern der

Quinta del Sordo«, die er nach einer neuerlichen schweren Krise 1819 an die Wände der Räume malte. Die »Pinturas negras« sind nachtdunkle Visionen und Halluzinationen eines gequälten Geistes.

Jonathan Swift, der 1745 in Dublin starb und in der Schärfe seiner Satiren und seinem Hang zum Phantastischen Goya ähnlich war, litt, so Terence Cawthorne, an wiederholten Anfällen vorübergehender Taubheit und starken Schwindelgefühlen, die durch eine Menière'sche Krankheit in beiden Ohren hervorgerufen wurden. Er verlor darüber beinahe seinen Verstand und wurde als Menschenhasser beschrieben.

Ludwig van Beethovens Ertaubung war noch dramatischer, betraf sie doch das Organ, das in der Musik als unersetzlich gilt. Im Alter von vierzig Jahren schrieb er an seinen Freund Dr. Wegeler: »Ich wäre glücklich ... wenn nicht der Dämon in meinen Ohren seinen Aufenthalt aufgeschlagen ... hätte er nicht irgendwo gelesen, der Mensch dürfe nicht freiwillig scheiden von seinem Leben, so lange er noch eine gute Tat verrichten kann, längst wär' ich nicht mehr und zwar durch mich selbst.« Schon 1802 hatte er mit dem »Heiligenstädter Testament« Abschied von der Welt genommen. Doch »nach seiner Krise komponierte er die dritte Symphonie, die Eroica«, über die die »Allgemeine Musikalische Zeitung« sehr zum Missfallen Beethovens schrieb: »... die ganze neue Synfonie ... ist in einem ganz anderen Stil geschrieben. Diese lange, für die Ausführung äußerst schwierige Komposition ist eigentlich eine sehr weit ausgeführte kühne und wilde Phantasie.« Beethoven unterzog sich zahlreichen Kuren und ärztlichen Behandlungen – ohne Erfolg. Auf seinem linken Ohr verblieb ihm anfangs noch ein Hörrest. Johann Nepomuk Mälzel, der angebliche Erfinder des Metronoms, baute 1812 vier verschiedene Hörrohre für den Komponisten, von denen Beethoven jedoch nur eines verwendete.* Um sein Hammerklavier besser zu hören, steckte er das Ende eines langen Holzstabes zwischen seine Zähne und legte das andere auf den Resonanzboden. Überdies ließ er sich von seinem Klavierbauer eine Art Souffleurkasten an seinem Flügel anbringen, unter den er sich beim Spielen setzte, um durch den schallverstärkenden Aufsatz die Töne besser wahrzunehmen. 1814 gab er sein letztes öffentliches Konzert. Für die Medizin war Beethoven, der sich mit seinen Besuchern seit 1819 über erhalten gebliebene »Konversationshefte« verständigen musste, ein überaus beliebtes Untersuchungsobjekt. Man beschrieb ihn als Choleriker und Psychopathen,

---

* Der 1772 in Regensburg als Sohn eines Orgelbauers geborene Mälzel war selbst eine schillernde Figur. Er studierte in Paris und London Ingenieurwesen und Mechanik und baute nach seiner Übersiedlung in Wien Musikautomaten wie das Panharmonicon. Die Maschine enthielt ein mechanisches Orchester mit Trompeten, Klarinetten, Violinen, Celli und Schlagzeug, so Tom Standage in »Der Türke«, »das ähnlich einer riesigen Spieluhr von einer rotierenden, mit Stiften versehenen Walze gesteuert wurde«. Mälzel war ein zwielichtiger Charakter. Zunächst kam es zum Streit mit Beethoven, dessen Komposition »Wellingtons Sieg« er als seine eigene ausgab und mit seinem »Panharmonicon« zweimal in München aufführte, hatte er doch dem Komponisten die Rechte für 50 Dukaten abgekauft. Als Beethoven ihn verklagte, fuhr Mälzel nach Amsterdam und besuchte dort den Erfinder Diedrich Nikolaus Winkel. Winkel zeigte ihm seinen Entwurf für ein Metronom, und Mälzel erkannte sofort, dass dieser wesentlich besser war als sein

der in 36 Jahren dreißig Mal die Wohnung gewechselt hatte, und diagnostizierte an ihm eine »Verkalkung der Labyrinthkapsel mit Ankylose des Steigbügels« und infolgedessen einen veränderten Charakter von krankhaftem Argwohn, Reizbarkeit und Menschenhass. In Lange-Eichbaums »Genie, Irrsinn und Ruhm« füllen die Befunde über ihn zwei kleingedruckte Seiten.

In der Literatur beschrieb Carson McCullers in ihrem Roman »Das Herz ist ein einsamer Jäger« den taubstummen John Singer, der sich in rührender Weise um eine Gruppe von Außenseitern kümmert und zuletzt aus Erschöpfung Selbstmord begeht, und T. C. Boyle in »Talk Talk« die kämpferische junge Gehörlose Dana Halter, die in einer chaotischen, verbrecherischen Welt gegen

»musikalischer Chronometer«. Nachdem er vergeblich versucht hatte, das Patent zu kaufen, meldete er Winkels Erfindung mit geringfügigen Verbesserungen unter seinem eigenen Namen an. Außerdem gründete er eine Firma und erzielte mit »Mälzels Metronom«, wie er das Gerät nannte, einen Verkaufsschlager. (Er war jedoch wegen seines aufwendigen Lebenswandels zumeist verschuldet.) In Amsterdam wurde er daraufhin von Winkel wegen geistigen Diebstahls verklagt und schuldig gesprochen. Mälzel entzog sich den Folgen durch die Abreise. Seine größte Begabung lag auf schaustellerischem Gebiet. Nicht nur präsentierte er seine mechanischen Konstruktionen gegen Eintrittsgeld, er machte sich vor allem auch mit Wolfgang von Kempelens »Schachautomaten« einen Namen, der als »der Türke« Aufsehen erregte, weil eine mechanische Figur mit Turban und orientalischem Gewand gegen seine Gegner zu spielen schien, während jedoch ein Mensch, der im Schachtisch verborgen war, die Züge ausführte. Mälzel reiste mit dem Automaten bis nach Amerika, wo Edgar Allan Poe in einem Essay das Rätsel mit Scharfsinn endgültig löste.

alle Widerstände an ihr Ziel kommt. Nicht zu vergessen der Roman »Caspar Hauser« von Jakob Wassermann, an den ich denke, bevor ich mich in Wien in die Maygasse 25 begebe, wo sich das Bundesgehörloseninstitut befindet. Als Kaspar Hauser am 26. Mai 1828, einem Pfingstmontag, in Nürnberg aufgegriffen wurde, war er etwa sechzehn Jahre alt und das, was man ein unbeschriebenes Blatt nennt. Er litt unter den Folgen einer längeren Gefangenschaft, konnte kaum sprechen und nur mit ungelenken Buchstaben den Namen Kaspar Hauser schreiben. Zuerst landete er im Gefängnis und wurde wie ein Jahrmarktsmonster von Neugierigen belagert. Da er anfangs nur Wasser und Brot zu sich nahm, zwang man ihn schließlich so lange zum Fleischessen, bis er selbst danach verlangte. Seine Vergangenheit blieb trotz polizeilicher Ermittlungen im Dunklen. Schließlich kam er unter die Obhut des Gymnasiallehrers und Lyrikers Georg Friedrich Daumer, der in seinem von 1828 bis 1830 geführten Tagebuch nicht nur die schrittweise Entwicklung des »Findlings« schilderte, sondern auch dessen grausame Abrichtung zum »Normalmenschen«. Schnell entwuchs Hauser der Sprachlosigkeit, doch blieb seine hellsichtige Wahrnehmung der Welt die eines »Wilden«. Er nahm Träume für Realität und entdeckte auch in toten Dingen Leben. So glaubte er, als er zum ersten Mal Schnee in die Hand nahm und dessen Kälte spürte, die weiße Farbe würde ihn beißen. Hauser, der 1833 schließlich von einem Unbekannten ermordet wurde, scheiterte zuvor an der selbstgerechten und egoistischen Umwelt, der er ausgeliefert war. Anselm Feuerbach schrieb darüber 1832 die Abhandlung »Kaspar Hauser. Beispiel eines Verbrechens am Seelenleben des

Menschen«. Für die bürgerliche Gesellschaft war Hauser ein willkommenes Objekt, an dem sie ihr Sensationsbedürfnis befriedigen konnte, und für seine nächste Umwelt, die ihm persönliche Zuneigung und Wärme vorenthielt, bloß die Bestätigung eigener Vorstellungen. Harlan Lane berichtet von einem nicht weniger aufsehenerregenden Geschehen aus dem Jahr 1799, als drei Jäger einen nackten, sprachlosen Jungen von einem Baum in den Wäldern von Lacaune herunterholten und sodann der Obhut einer Witwe übergaben. Der französische Regisseur François Truffaut drehte 1969 nach diesem Fall den Film »Der Wolfsjunge«. Auch dieser »Wilde« weigerte sich anfangs, Fleisch zu essen, da er bisher nur von Wurzeln, Eicheln und rohem Gemüse gelebt hatte. Nach seiner Flucht näherte er sich am 8. Januar 1800 der Werkstatt eines Färbers in Aveyron, von dem er aufgenommen wurde. »Die Leute drängten sich in Massen, um das Kind zu sehen, das ein wildes Tier sein sollte«, hält der Bericht fest. Rasch wurde »das wilde Kind von Aveyron« zum Objekt der Wissenschaft. Vom Sprachphilosophen Condillac bis zum Ohrenarzt Dr. Itard kümmerten sich führende Köpfe aus Eigeninteresse um »Victor«, wie er genannt wurde. Als sich die gewünschten Erfolge, die man hätte demonstrieren können, nicht einstellten, erlosch das Interesse der Wissenschaftler und der Öffentlichkeit, und Victor vegetierte nur noch sprachlos, vergessen und vereinsamt bis zu seinem Tod im Alter von etwa vierzig Jahren in einem abgelegenen Haus.

Beide Schicksale lassen an die Geschichte der Taubstummen denken und an die Experimente, die an ihnen vorgenommen wurden.

Das Gehörloseninstitut ist ein weitläufiges, zeitgenössisches Gebäude in einem Villenviertel am Rande von Wien. Unmittelbar vor der Direktion hängen auf dem hellen Gang drei gerahmte Bilder von ehemaligen Direktoren, darunter das Ölporträt des 1852 verstorbenen Direktors Michael Venus, der mit kahlem Haupt und schwarzem Gehrock auf einem Stuhl vor einer Büste des Abbé Stork, des ersten Direktors des Institutes, sitzt, ein Buch in der einen Hand, die andere auf die Lehne gestützt. Im Hintergrund sind Fingerstellungen des Gebärdenalphabets dargestellt, die wie ein Schwarm fliegender Hände über dem Kopf des Direktors zu schweben scheinen, als handle es sich um Geistererscheinungen. Auch sein Sohn, Alexander Venus, der ihm als Direktor folgte, und ein weiterer Nachfolger, Anton Druschba, sind in der kleinen Bildergalerie ausgestellt. Daneben befindet sich eine alte, bemalte Standuhr, eine Sitzecke mit weißen IKEA-Fauteuils und ein antikes Musikinstrument: »Orgeltisch und Orgelpfeifen«, lese ich auf der Beschriftung, »von der seit 1912 gemeinsam mit dem Waisenhaus der Stadt Wien benützten Kirche auf dem Gelände des Orthopädischen Spitals«. Eine Treppe höher kleine Statuen, zwei bemalte Schränke mit Schnitzereien, eine antike Sitzbank aus Holz und ein verglaster Bücherschrank.

Im Zimmer der Direktorin, Frau Strohmayr, hängt ein Plakat mit dem Fingeralphabet. Gleich zu Beginn erfahre ich, dass seit 2001 »freie Methodenwahl« zugelassen sei. Die Eltern könnten für ihre Kinder entscheiden, sagt Frau Strohmayr, welchen Unterricht sie bevorzugten. Die überwiegende Mehrheit wolle jedoch, dass ihre Kinder hörten, und zwar mit Hilfe eines Implantates.* Vor einer Cochlea-Implantation besuchten Eltern in der Regel Kindergärten oder führen zu Kongressen, um selbst zu entscheiden, ob sie ihre Kinder »bilingual«, also in Gebärden- und Schriftsprache – das heißt in ihrer Muttersprache und Deutsch –, unterrichten lassen wollten oder »hörgerichtet«. Die Gehörlosen, die in Verbänden organisiert seien, sähen in der Regel ihre Gehörlosigkeit als spezifische Lebensweise und seien gegen das Implantat. Darin könne sie, betont Frau Strohmayr, jedoch kein objektives Kriterium erkennen, vielmehr vermute sie dahinter Ängste, dass die Gruppe der Gehörlosen eines Tages zu klein werden könne.

* Cochlea-Implantate gibt es seit den achtziger Jahren des vergangenen Jahrhunderts. Bei einem Großteil der gehörlos geborenen Kinder wird diese medizinische Maßnahme jetzt angewendet, »wenn die Hörstörung so ausgeprägt ist, dass ein Spracherwerb mit konventionellen Hörgeräten nicht mehr möglich ist«. Zuvor würden jedoch eingehende Hörtests durchgeführt. In den ersten Lebenswochen wird im Rahmen eines Hörscreenings unter anderem die »Reflexaudiometrie« vorgenommen, bei der ein lauter Schallreflex im Normalfall Reflexe auslöst. Wenn keine Reflexe vorhanden sind, wird anschließend zumeist unter Narkose die Hirnstamm-Audiometrie BERA gemacht. Bestätigt sich dabei die Diagnose, wird an ein Implantat oder Implantate gedacht. Ein Eingriff kommt jedoch nur dann in Frage, wenn ein Gehörausfall auf beiden Ohren gegeben ist. Dann aber soll die Implantation so bald wie möglich erfolgen, weil sich sonst die für das Hören notwendigen Gehirnareale nicht mehr entwickeln. Ist nur ein Ohr von Gehörlosigkeit betroffen, wird nicht operiert. Wenn der Hörnerv nicht ausgebildet ist oder die Gehörlosigkeit ihre Ursache

Die Gebärdensprache sei modern geworden, aber es gebe erst seit relativ kurzer Zeit eine einheitliche in Österreich. Die Unterschiede in der Gebärdensprache zwischen Deutschen und Österreichern beispielsweise seien so groß, dass sie einen eigenen Gebärdendolmetscher brauchen würden, um sich zu verständigen. Die orale Methode würde nun zur Gänze abgelehnt. Leider herrsche unter den Gehörlosen ein Schwarz-Weiß-Denken, das so weit gehe, dass sich einzelne sogar untereinander befehdeten. Besonders würden gehörlose Eltern, die ihre Kinder implantieren ließen, von anderen attackiert und deren Kinder von den Nichtimplantierten gemobbt. Es gäbe auch eine gehörlose Lehrerin, die ein Implantat trage. Anfangs habe sie es nur stundenweise eingeschal-

in zentralen Bereichen des Gehirns hat, ist ein Cochlea-Implantat zwecklos. Zumeist ist aber ein defektes Cortisches Organ in der sogenannten Schnecke der Cochlea die Ursache für eine angeborene Gehörlosigkeit. Bei der Operation am offenen Mittelohr schiebt man einen Elektrodenstrang in die Scala Tympani bis an die Spitze der Schnecke. Die Implantation wird nur an bestimmten Kliniken in Österreich, in Wien und Salzburg, durchgeführt, sie verlangt großes Geschick, und es kann zu Komplikationen wie postoperativen Infektionen oder sogar Meningitis kommen. Nach dem Eingriff bleibt ein Patient zunächst gehörlos, bis die Wunde verheilt ist – erst nach einigen Wochen wird dann das Gerät in Anwesenheit eines Technikers angepasst. Walter Schott beschreibt das Implantat folgendermaßen: »Das gesamte Gerät besteht aus den äußeren Teilen: das Mikrophon (am Ohr getragen) nimmt die Schallwellen auf, wandelt sie in elektrische Impulse um, die zum Sprachprozessor weitergeleitet werden. Dort werden die Impulse umgeformt, dosiert und zu einem Überträger, einem kleinen Sender, weitergegeben. Er sendet die empfangenen Signale an die intet, später aber immer länger. Sie trage das Implantat versteckt unter den langen Haaren, weil sie von Gehörlosen deswegen angegriffen würde. Früher habe es mehr gehörlose Lehrer gegeben, wegen der Implantate würden es aber immer weniger. Ganz allgemein, beantwortet sie meine Frage, wiesen Gehörlose eine größere Empfindlichkeit auf, und es komme häufiger zu Missverständnissen untereinander, zum Beispiel, weil jemand Gebärden auf sich beziehe, die aber an einen anderen gerichtet seien. Gehörlose seien vor allem stark visuell geprägte Menschen, die auch Gesichtsausdrücke anders interpretierten, als es Hörende tun. Dadurch komme es vielleicht häufiger zu Aggressionen, vor allem in der Sonderschule. Im Jahr 2005 hätten 48 gehörlose Eltern

neren Teile (die implantierten Teile). Der Empfänger schickt dort die Signale durch die Elektroden an verschiedene Stellen der Gehörschnecke, von wo aus der Gehörnerv durch eine elektrische Stimulation die Weiterleitung zur Hirnrinde übernimmt, wo der eintreffende Reiz als Sprache oder als anderer Schalleindruck verstanden wird.« Das Implantat ist teuer und kostet pro Stück rund 22 000 Euro, seine Lebensdauer ist mit 10 bis maximal 20 Jahren begrenzt, hierauf muss es durch ein neues ersetzt werden. In den meisten Städten fehlt allerdings die für das Erlernen des Hörens absolut notwendige Hörfrühförderung nach der Implantation. Spätertaubte, bei denen diese Operation ebenfalls innerhalb von zwei Jahren nach dem Gehörverlust durchgeführt werden muss, bemängeln, dass die akustische Wahrnehmung nicht genügend vielschichtig und ausdifferenziert sei, und beschweren sich über krächzende Geräusche. Es gibt auch Patienten, die das ungewohnte Hören nicht ertragen, über Kopfschmerzen klagen und eine Entfernung des Implantates verlangen. (Der Vorsitzende des Österreichischen Gehörlosenverbandes, wird berichtet, habe sich nach der Implantation sogar ihre gehörlosen Kinder implantieren lassen und in die »Hörfrühförderung« gegeben. Die Frühförderung des Gehörlosenverbandes sei hingegen ideologisch in Richtung Gebärdensprache ausgerichtet. Da sie selbst als Befürworterin des Implantates gelte, gebe es auch Konflikte mit dem Gehörlosenverband. Jeder Hörende, begründet sie ihr Engagement, könne die Gebärdensprache lernen, aber jeder, der von Geburt an gehörlos sei und beispielsweise erst mit siebzehn Jahren implantiert werde, habe keine Chance mehr, die andere Sprache zu erwerben. Kinder, setzt sie fort, die gehörlose Eltern hätten, aber selbst hörten, würden oft Dolmetscher zwischen Hörenden und Gehörlosen. Die Gebärdensprache zu erlernen dauere nämlich drei bis vier Jahre und ver-

das Leben genommen.) Andere hingegen sind beglückt, dass sie wieder das Zwitschern der Vögel hören. Allgemein haben Spätertaubte größere Schwierigkeiten mit dem Implantat als Kinder und benötigen eine längere Gewöhnungsphase, da sie ein »vorgeprägtes Hörerleben« haben. Gehörlos geborene Kinder hingegen haben keine Vergleichsmöglichkeiten und tun sich daher leichter. Meist sind die Eltern, die ein Implantat bei ihren Kindern wünschen, selbst hörend. Gehörlose Eltern, die nicht implantiert sind, äußern sich aber immer wieder negativ über die Möglichkeit und verweigern nicht selten ihre Zustimmung. Derzeit werden von fünfzehn gehörlosen Neugeborenen zehn bis zwölf implantiert. »Blindheit schließt Menschen von Dingen aus«, schrieb die taubblinde Helen Keller, »Taubheit schließt Menschen von Menschen aus.« Vor allem stehen Gehörlose sozial oft schlechter da als Blinde. Die Entscheidung ist nicht leicht, sie muss jedoch rasch erfolgen, denn nach dem vierten Lebensjahr ohne Implantat sinken die Chancen eines Kindes kontinuierlich, sich in die Welt der Hörenden zu integrieren. Andererseits gibt es aber die Gesellschaft der Gehörlosen.

lange viel Übung. In Österreich gebe es 7000 bis 10 000 Gehörlose, die Hälfte davon sei schon als Kind ertaubt – und außerdem 350 000 Gehörbeeinträchtigte.

Im Bundesgehörloseninstitut, fährt sie fort, würden hundert hörende und 236 hörbeeinträchtigte Kinder betreut, 38 Prozent hätten noch andere Handicaps, vier von ihnen seien sogar psychisch krank. Anfangs müssten viele erst die Spielregeln in der Gesellschaft lernen: grüßen, höflich sein, nicht aufstehen und weggehen, wenn es ihnen gerade einfalle ... 172 Schüler, davon auch viele Hörende, besuchten den angeschlossenen Hort, 34 hielten sich im Internat auf. In einer Klasse würden zwischen vier und acht Schüler unterrichtet. Dass so viele Eltern ihre hörenden Kinder in der Maygasse zur Schule gehen lassen würden, begründet Frau Strohmayr damit, dass die Sprache in ihrem Institut ein so wichtiges Thema sei.

Für den Betrieb, erfahre ich, während wir schon auf den Gang treten, stehen 135 Festangestellte und mehrere Zivildiener zur Verfügung.

Ich spüre die ganze Zeit über die Vorsicht der Direktorin, alles, was sie sagt, berührt heikle Themen, und ich komme im Laufe meiner Besuche mit keinem Schüler in ein Gespräch. Wir schauen in ihrer Begleitung jeweils kurz in einzelne Klassenzimmer, manchmal auch in Räume, in denen kein Unterricht stattfindet, oder wir stehen vor einer verschlossenen Tür. Kaum wechseln wir ein paar Worte mit einer Kindergärtnerin und haben Platz genommen, brechen wir schon wieder auf, schütteln Hände, sehen Kinder, aber keine Jugendlichen.

Die Gänge sind beeindruckend schön bemalt. Ein blauer, langer Drache fliegt auf einer weißen Wand über drei Koalabären, rote Pagoden und zwei Chinesen mit spitzen Tellerhüten, ein roter Drache über den auf einem Pferd reitenden Konfuzius, ein Fahrradtaxi und chinesische Schriftzeichen, die wie ein Gedicht angeordnet sind. Hinter der nächsten Ecke fliegt ein Schwarm bunter, großer Schmetterlinge auf einen Baum zu. Sie entspringen – sehen wir ein paar Schritte weiter – einem orangefarbenen Op-Art-Kunstwerk à la Vasarely. Schon im nächsten Gang stoßen wir auf lebensgroße Affen, Robben, eine Löwin, eine Giraffe, einen Papagei, ein blaues Krokodil und einen Elefanten, weiter hinten auf Bäume, Blumen und Sonne, einen gelben Tourenwagen mit Wiener Kennzeichen, der an einer Straßenkreuzung hält, abstrakte Bilder in Blau, die an Licht- und Schattenspiele im Wasser erinnern, und aus verschiedenfarbigen Handabdrücken gebildete Bäume, Blumen, Wiesen, Schmetterlinge und eine Sonne mit bunt bemalten Kindern, die sich in der phantastischen Welt aus fliegenden Händen, in der alles zu gebärden scheint, wie in einem Gebärdenparadies vorkommen. Im ersten Kindergarten, den wir kurz besuchen, strahlt uns ein entzückendes afrikanisches Mädchen an. Ich erfahre in aller Eile, dass es aus einer Familie mit sechs Kindern stammt, die alle taub oder gehörgeschädigt sind. Es trägt einen Hörapparat und »hört ein bisschen«, wie eine Kindergärtnerin erläutert. An der Wand des freundlichen Raumes hängen zwei Gebärden-Alphabete, eines trägt die Überschrift »Das Alphabetische Fingerspiel«. Die Kinder jausnen gerade, vier von ihnen unterhalten sich mit schnellen, wie nebensächlichen Gesten in Gebärdensprache, lassen sich dann auf alle viere nieder und krabbeln um die Wette. Insgesamt sind es fünfzehn Kinder, sechs davon sind gehörlos oder gehörbehindert, und alle werden bilingual unterrichtet. Am runden Tisch sitzt ein verträumter langhaariger Bub mit Brille und isst ein Butterbrot. Er ist taub, erfahre ich, während sein Zwillingsbruder, von dem er getrennt ist, normal hört. Jedes einzelne der Kinder hat seine Leidensgeschichte, die ich nur erahnen kann. Wir seien spät dran, bedauert Frau Strohmayr, während sie weitergeht, wegen des vorangegangenen Gespräches hätten wir schon viel vom Unterricht in der Schule versäumt. Im zweiten Kindergarten, in dem »hörgerichtet« unterrichtet wird, geht es lebhaft zu. Die Kindergärtnerin, Frau Ilse Denk, hat ihre zwölf Schützlinge um sich versammelt, die auf ihren kleinen Stühlen sitzen. Fünf von ihnen sind »hörbeeinträchtigt«, drei davon tragen ein Cochlea-Implantat, zwei Hörgeräte und sieben können hören. Die Kinder, sagt die Kindergärtnerin, seien »visuell fokussiert«, das heiße, dass ihr Sehen besonders stark ausgebildet sei: Augen und Hände, der Sehsinn und der Tastsinn. Durch die Implantate seien sie, fährt sie fort, wesentlich besser integriert. Frau Denk ist angenehm offen. Als ich mich auf eines der Sesselchen hocke, kommt ein mehrfach behinderter Bub mit Hörgerät auf mich zu und weist mich vorwurfsvoll darauf hin, dass ich auf dem Stuhl säße, der schon besetzt sei. Er nimmt wieder neben der Kindergärtnerin Platz und mustert mich ohne Scheu. Die Kinder sind von schneller Auffassung, ich kann in der kurzen Zeit meiner Anwesenheit nicht einmal unterscheiden, welche nun ein Implantat tragen und welche nicht. Manche, erfahre ich, würden zu sehr von ihren Müttern verwöhnt, das wirke sich auf deren Selbständigkeit nicht gut aus. Mir wird ein Fotoalbum gezeigt, das die Kindergärtnerin angelegt hat, und sofort bin ich von allen umringt. Es sind Bilder von Geburtstagsfeiern mit Gugelhupf und brennenden Kerzen, und die kleinen Jubilare tragen eine Krone aus einem goldenen Stoff auf ihren Köpfen und lachen wie lustige Zwergenkönige und -königinnen. Auch der Nikolaus darf nicht fehlen, mit langem weißem Bart und roter Bischofsmütze, aber am schönsten sind die Fotografien vom Faschingsfest. Die Märchenprinzessinnen sind im Vordergrund eines Gruppenbildes zu sehen, ein Ritter mit Helm und heruntergelassenem Visier, ein Cowboy und ein Superman im Hintergrund. Und ich sehe kindliche Kunstwerke an den Wänden, bunte Felder auf rotem Papier, eine Phantasielandkarte, Strichfiguren; die Kindergärtnerin geht mit ihren Schützlingen sogar in die Albertina malen, »um«, wie sie sagt, »die Kreativität zu fördern«. Nicht selten seien gehörlose Kinder aggressiv, fährt sie fort, das hänge oft mit der Einstellung der Eltern zusammen und deren Umgang mit den Kindern. Sie setze dann auf »Wohlfühlen und Zuhören«. Sie erinnert sich an den Fall eines Kindes mit »Facialisparese und Gehörlosigkeit«. Der Vater sei ein Mitglied der Wiener Philharmoniker gewesen und habe sich mit dem Schicksal seines Kindes nicht abfinden können. Er habe seine Familie schließlich verlassen. Scheidungen unter Partnern, die ein behindertes Kind haben, kämen häufig vor. Sie hätten auch Kinder in der Schule, deren Eltern aus der Türkei stammten. Sie sprächen oft nur Türkisch, und die Schwerhörigkeit würde erst in Österreich festgestellt, wenn »die Kleinen« schon drei oder vier Jahre alt seien. Der Anteil an hörbeeinträchtigten Zuwandererkindern entspreche übrigens dem von vollsinnigen in anderen Wiener Schulen, antwortet sie auf meine Frage. Inzwischen ist die Tür aufgegangen, und eine junge Frau mit einem Golden Retriever ist eingetreten, auf den die Kinder zulaufen, um ihn zu streicheln. Pythia, so heißt die Hündin, lässt alles gutmütig über sich ergehen. Als die Kinder sich beeilen, mit Pythia in den Turnsaal zu laufen, zeigt mir Frau Denk im Nebenraum eine Wand mit Fotografien von Embryos im Mutterbauch aus Lennart Nilssons »Ein Kind entsteht«. Sie habe die Kinder mit Einverständnis der Eltern, die zunächst Vorbehalte gehabt hätten, aufgeklärt, und es sei alles ohne große Aufregung angenommen worden.

Wir werfen noch einen Blick in den dritten Kindergartenraum und den Turnsaal, in dem Pythia jetzt auf dem Rücken liegend von den Kindern gekrault wird. Auch den Spielplatz im Freien mit einer langen Rutsche und Dreirädern sehen wir im Vorübergehen, ein paar Kinder tummeln sich dort in der Mittagspause. Im leeren Speisesaal hängt an der zentralen Wand ein großes, goldgerahmtes Gemälde des lautsprachlichen Lehrers und »Magiers« Jacob Rodriguez Pereira, unter dem ein maschinengeschriebener Zettel angebracht ist mit der Aufschrift: »Spanisch-französischer Gehörlosenlehrer. Er unterrichtete seine Schüler in Lautsprache und erzielte sensationelle Erfolge. Das Bild zeigt Pereira bei der Artikulation mit seiner Schülerin Marie Marois.« Pereira bietet darauf einen für den Außenstehenden seltsamen Anblick: Mit Perücke und Kniehose beugt er sich über das Mädchen, dessen Hand er an seinen Kehlkopf drückt.

Die Aula, die wir als Nächstes betreten, ist angenehm hell und groß. Sie weist eine Bühne mit Scheinwerfern und sechs stufenförmige Sitzreihen auf. Sessel stapeln sich an den Wänden, von denen eine mit der Cheopspyramide und der Akropolis bemalt ist.

In der Klasse des Zeichenlehrers, Herrn Mangs, sitzen sechs Kinder, drei Mädchen und drei Buben. Neben der Tür steht ein menschliches Skelett und scheint zur Tafel hin zu lachen, auf der in karikaturhaftem Stil mit Kreide ein Bauernhof gezeichnet ist. In der Mitte ein dickes Schwein vor einem Haus und im Hintergrund Berge. Die Tafel bevölkern weiters eine Ente, ein Hund, eine Schnecke, ein Pferd und ein kleines Ferkel. Ich darf die Zeichenblätter der Kinder sehen, die auf verblüffend genaue Weise die Tafelzeichnung wiedergeben, zumeist nur mit geringen Variationen: Entweder ist die Ente in den Vordergrund gerückt, oder es fehlt das Haus, oder die Schnauze des Schweines ist so groß, dass sie das gesamte Bild dominiert. Ich habe keine Gelegenheit, mit den Schülern zu sprechen, ich weiß nicht einmal, wie viele von ihnen gehörbehindert und wie alt sie sind, denn wir sind schon wieder auf dem Gang, eilen an einer erstaunlichen Variante von Klimts »Der Kuss« aus Gold- und Buntpapier vorbei, die von Botero sein könnte, dem kolumbianischen Künstler, der seine Prototypen mit aufgeblähten Körperformen darstellt, und schauen als Nächstes durch einen Türspalt in ein Klassenzimmer mit einem halben Dutzend Trommeln in einem Regal »für die rhythmische Erziehung«. Frau Strohmayr ist sehr höflich, aber ich komme mir vor, als besichtigte ich etwas, was man mich nicht sehen lassen will, weshalb mir nur in kurzen Blitzlichtern eine heile Welt gezeigt wird, eine Art Dia-Schau in vitu. Im letzten Klassenzimmer werden rund zwanzig Schülerinnen und Schüler von drei Lehrkräften betreut, auch hier entdecke ich ein Skelett in einer Ecke. Der Unterricht wird, wenn notwendig, mit einer drahtlosen Kommunikationsanlage durchgeführt, über die ein Lehrer mit einem Mikrophon direkt die Implantate der Schüler anspricht, was ein konzentriertes Hören ermöglicht. Einer der vielleicht Zwölfjährigen mit einer Igelfrisur, Brille und einem weißen Puma-T-Shirt zeigt mir auf Verlangen der Direktorin die kleinen Apparate, die zu einem Implantat gehören. Es sind L-förmige Geräte mit einer Klammer aus Kunststoff, die man hinter dem Ohr befestigt, und einem kreisrunden und blattgroßen Sprachprozessor, der am Hinterkopf angebracht ist. »Das Gehirn« lese ich dann auf einem Zeichenblatt an der Wand, das mit Tobis und Emse signiert ist und einen Querschnitt durch das Organ darstellt. Mit farbigem Filzstift sind darauf einzelne Gehirnteile benannt. »Das Gehirn ist ein rosa-graues Organ. Der Schädelknochen schützt das Gehirn. Alle Vorgänge werden vom Gehirn gesteuert. Das Gehirn hat mehrere Teile: Großhirn, Kleinhirn, Zwischenhirn, Hirnstamm, Balken.« In der Bibliothek wartet schon die achtjährige Laura. Beide Eltern, sagt Frau Strohmayr, seien gehörlos, und Laura sei erst im Alter von sechs Jahren auf Wunsch ihrer Oma operiert worden. Seit eineinhalb Jahren wird sie im Institut betreut. Anfangs habe sie das Gerät ausgeschaltet oder verstellt, jetzt höre sie mit seiner Hilfe zumindest stundenweise. Die Gebärdensprache bleibe wohl ihre Muttersprache, fährt Frau Strohmayr fort. Laura ist ein auffallend hübsches Kind, sie trägt eine Brille, und eine kleine Krone aus Glassteinchen schmückt ihre schwarze Samtjacke.

Ich warte in der Bibliothek, bis der Einzelunterricht in »Hörerziehung« beendet ist. In der Bibliothek befindet sich, in Pergament gebunden, ein spanisches Lehrbuch der Taubstummenerziehung aus dem 17. Jahrhundert, und ich betrachte das abgedruckte »Handalphabet des Melchor de Yebra« aus dem Jahr 1593 mit den sorgfältig gezeichneten Fingerstellungen. Vor Ende des Unterrichts in »Hörerziehung« werde ich wieder in das Direktionszimmer gerufen, in dem Laura jetzt vor einem großen Blatt Papier sitzt und serpentinenartige Kurven zeichnet, »Hörschlangen«, und darunter lange Querstriche, die durch Punkte getrennt sind. Sorgfältig stattet Laura jede »Hörschlange« mit Kopf und gespaltener Zunge aus und am Schwanz mit einem Pfeil. Anhand der Graphik übt Frau Strohmayr mit ihr »rhythmische Elemente« und kann – selbst sprechend – überprüfen, wann Laura Sprache hört und wann nicht. Bei fünf langen Lauten, die durch Pausen unterbrochen werden, macht Laura fünf Striche. Das Mädchen ist schon müde von der Anstrengung, und Frau Strohmayr führt mich zum Schluss unter das Dach des Gebäudes in das kleine Museum. Unterwegs, auf der Stiege, begegnen wir einigen Mädchen, die im Internat wohnen und mit geschlossenen Augen Blinde spielen. Am Gang hängen gerahmte Fotografien, die die Entwicklung des Taubstummeninstituts vom Ende des 19. Jahrhunderts bis zum Zweiten Weltkrieg zeigen: Gruppenaufnahmen, Gebäude … sie sind alle mit kleinen, weißen Leinentüchern wie von Servietten verhängt, damit sie durch das Sonnenlicht nicht ausgebleicht werden. Will man sie betrachten, muss man die Leinentücher aufheben und blickt dann in eine andere Zeit und eine vergangene Welt, von der man sich anfangs bedrängt fühlt, weil man zuerst nur an ihre Irrtümer denkt. Frau Strohmayr führt mich durch mehrere Räume mit zahlreichen Exponaten, zu denen sie mir keine Erklärung geben kann. Es ist daher ein stummes Museum, durch das ich gehe. Im ersten Zimmer stehen dicht gedrängt ein schmaler, weißer Schrank, ein Nachtkästchen, ein weiß lackiertes Stockbett aus Stahlrohr, die Matratzen mit einem Leintuch und einer durchsichtigen Kunststoffplane überzogen. Gelbe Stühle und braune Holztische – einer ist mit Suppentellern, Wasserkrügen aus Aluminium und einem Suppenschöpfer gedeckt –, ein brauner Kasten, ein Waschtisch mit Lavoir und ein Waschbecken, unter dem ein Blechkübel steht, ein weiterer niederer, offener Schrank, in dem vier Reihen alter Schuhe abgestellt sind, ein gerahmter Spiegel, ein Paar Schi, das an der Wand lehnt. In der dunklen Ecke entdecke ich eine Werkbank mit Gegenständen, die die Zöglinge hergestellt haben, und auf einem Werkzeugschrank ausgestopfte Tiere, darunter ein Auerhahn und ein Storch. Im nächsten Raum sehen wir eine alte Schultafel, auf die mit Kreide die Worte »Schöne Ferien« geschrieben und zwei Herzen gezeichnet sind, dicht davor im Halbkreis sechs alte Schulbänke für ebenso viele Schüler, einen großen Stehspiegel, einen Globus, weitere Schulbänke, auf denen Kabel und Kopfhörer liegen, und anderes mehr. Die Vorhänge sind geschlossen und die Räume schwach beleuchtet. Es ist mir, als würde ich durch ein Totenreich gehen. Wir eilen weiter an zahlreichen alten Fotografien und Vitrinen mit Ausstellungsstücken vorbei, an den unter Glassturz gestellten Kupferbüsten der beiden ersten Direktoren des Institutes, Abbé Stork und Joseph May, und einem

Farbdruck des Oralisten Samuel Heinicke. Das sei einer der bedeutendsten Gehörlosenlehrer gewesen, erläutert Frau Strohmayr knapp und freundlich. Daneben alte Drucke, die Stellungen der Zunge bei bestimmten Buchstaben zeigen, die »Abänderung der persönlichen Fürwörter« und sechzehn nummerierte »Gemüthsbewegungen« wie Heiterkeit, Zorn, Frömmigkeit oder Stolz. An der Wand hängt auch die große, gerahmte Darstellung einer Hand mit ausgestreckten Fingern, auf der mit punktierten Linien alle Buchstaben des Alphabets eingezeichnet sind, sowie Kopien aus einem alten Lehrbuch »Mechanismus der menschlichen Sprache«. Zuletzt eine kleine Werkstatt. Auf Schneiderpuppen und unter durchsichtigen Planen sind Kleider ausgestellt, die im Institut angefertigt wurden, davor Nähmaschinen, Hocker, Bügelbrett und Zuschneidetisch. Wir bringen die Vergangenheit Raum für Raum ans Licht und lassen sie Raum für Raum wieder in der Dunkelheit des Vergessens zurück. Frau Strohmayr verweist mich bei allen meinen Fragen zu den Ausstellungsstücken auf den Verfasser des Buches »Das k. k. Taubstummen-Institut in Wien 1779 bis 1918«, Walter Schott. Daher nehme ich mir zu Hause das Buch vor, um etwas über das soziale Leben im Institut zu erfahren.

Das Leben im Institut in der Zeit der Monarchie und danach

Was die Unterrichtsmethode betraf, so wurde zuerst nach dem Vorbild Abbé de l'Epées vorgegangen, lese ich. 1878 begannen jedoch in Amerika, Belgien, Dänemark, England, Holland, Italien, Norwegen, Russland,

Schweden, Österreich und der Schweiz Gehörlosenlehrer nach der neuen deutschen lautsprachlichen Methode Heinickes zu unterrichten. In Österreich zögerte der Sohn des legendären Direktors Venus, Alexander, mit der Einführung, er konnte jedoch, so Schott, die Wünsche der Behörde nicht ignorieren. Von da an beherrschte die lautsprachliche Methode den Taubstummenunterricht wie auch die Taubstummen selbst, die sich fügen mussten und die Gebärdensprache, ihre Muttersprache, nur noch in ihrem privaten Leben verwenden durften. »Die Gebärde trat mehr und mehr zugunsten des Sprechunterrichts zurück. Ganz verdrängt wurde sie am Wiener Institut nie«, stellt Schott jedoch fest.

Die »Wiener Schule« hatte hundert Jahre lang, bis 1878, Schriftsprache und Handalphabet als Grundlage des gesamten Unterrichts betrachtet. Die Begriffe waren über die Gebärde erarbeitet worden und der Sprachaufbau nach den grammatikalischen Regeln erfolgt. Die Lautsprachbildung schließlich hatte sich an einen vorhergehenden grundlegenden Sprechkurs angeschlossen. Der Zweck des Unterrichts war gewesen, die Zöglinge in Laut-, Gebärden- und Schriftsprache nach ihren individuellen Fähigkeiten auszubilden. Von 1918 an liegen mir kaum schriftliche Aufzeichnungen vor, aber aus allem, was ich in Erfahrung bringen konnte, hatte man den lautsprachlichen Unterricht im Wiener Institut nicht streng nach Vorschrift gehalten.

Als das k. k. Taubstummen-Institut im »Gänzer'schen Haus« in der Favoritenstraße untergebracht war, wohnten laut Schott im linken Flügel 55 Knaben und im rechten 36 Mädchen. Die Glocken im kupferbeschlagenen Türmchen läuteten mit Viertelstunden- und Stundenschlag. Durch den Institutsgarten in der Größe eines Fußballfeldes führte eine Kastanienallee.

Die Knaben wurden dreimal, die Mädchen zweimal unter Aufsicht hinausgeführt. Ein Bassin mit mehreren Metern Durchmesser wurde von einer klaren Quelle gespeist, die für Koch- und Waschzwecke benutzt wurde. »Ein Reinigungsbad war stets nach den obligatorischen Turnübungen im Garten angesetzt.«

Die Hausordnung war streng. Im Sommer wurde um fünf Uhr geweckt, im Winter um sechs Uhr. Nach der Morgentoilette und dem Ordnen der Betten wurde gebetet und hierauf das Frühstück eingenommen. Die tägliche Messe in der Hauskapelle begann um sechs Uhr fünfzehn, beziehungsweise sieben Uhr fünfzehn, um sieben beziehungsweise acht Uhr wurde im Klassenzimmer das Morgengebet verrichtet, »das von einem Zögling in Laut- und Gebärdensprache vorgebetet wurde«, worauf der Unterricht begann, der für die erste Klasse bis neun Uhr, für die zweite und dritte Klasse bis elf Uhr dauerte. Die männlichen Zöglinge gingen sodann in den Garten, die Mädchen zogen sich zurück. Das Essen wurde um zwölf Uhr eingenommen, zuvor wurde ein Gebet in Laut- und Gebärdensprache verrichtet, ebenso nach der Mahlzeit, sodann erholten sich Knaben und Mädchen getrennt je eine Stunde im Garten. Der Nachmittagsunterricht dauerte von zwei bis vier Uhr, daran schlossen sich die Jause und der Spaziergang der Mädchen im Garten bis fünf Uhr an, die Knaben zogen sich zurück. Ab fünf Uhr wurden die Aufgaben erledigt und im Garten geturnt oder kleinere Arbeiten geleistet. Das Abendessen war für sieben Uhr angesetzt, noch im Speisesaal fand das allgemeine Abendgebet statt, »das besondere mussten die Zöglinge vor dem Schlafengehen um neun Uhr kniend beim Bett verrichten«. Schott berichtet weiter, dass jeder Zögling sein eigenes Bett hatte, welches »aus einem hölzernen Gestell, einem Strohsack … und Strohpolster, aus mit Wolle gefüllten Matratzen (die auf dem Strohsack lagen), einem Rosshaarkopfpolster, einer Wolldecke und im Winter einem Kotzen (einer groben Decke) bestand. In einer kleinen Truhe unter dem Bett verwahrten die Zöglinge ihr kärgliches Hab und Gut. Im Winter wurden die Schlafsäle zwei Stunden vor dem Schlafengehen geheizt, nachts waren sie durch Hängeöllampen beleuchtet. Zu der vom Institutsschneider angefertigten einheitlichen Kleidung gehörten für die Knaben ein hellgrauer Frack mit Weste und Messingknöpfen sowie eine lange Hose. »Dazu kam im Winter ein Überrock.« Als Kopfbedeckung wurden Kappen mit lackiertem Schirm, wie das Militär sie hatte, ausgegeben. Allgemein wurden knöchelhohe Schuhe getragen. Die Sommerkleidung der Mädchen bestand aus himmelblauen leichten Wollkleidern. Für den Sonntag und Ausgang waren diese aus Tuch. »Im Winter trugen sie dunkelgrüne Stoffkleider und graue Umhängtücher aus Schafswolle, als Kopfbedeckung hatten sie Strohhüte, beziehungsweise Stoffhäubchen. Dazu knöchelhohe Schuhe.« Taubstumme Schüler und Schülerinnen waren damit schon äußerlich zu erkennen. Auch die Unterwäsche wurde im Institut hergestellt. »Außerdem mussten die Mädchen die Strümpfe für alle Zöglinge stricken und die Löcher stopfen. Zum Frühstück, das, wie auch alle anderen Speisen, von der Institutsköchin und zwei Dienstmägden zubereitet wurde, gab es eine Einbrennsuppe und eine Semmel, mittags an den ›Fasttagen‹ Einbrennsuppe und eine Mehl- oder Milchspeise, an den ›Fleischtagen‹ Suppe, Rindfleisch und Gemüse, zur Jause ein Stück Brot, und zur Obstzeit verschiedene Früchte. Das Abendessen bestand aus Gemüse, Suppe und Brot. An den Kirchenfesttagen, an den Geburts- und Namenstagen Ihrer Majestäten … erhielten die Zöglinge Kalbsbraten und Salat, fallweise Gugelhupf, dazu gewässerten Wein … Die Privatschüler saßen am Mittagstisch des Direktors.«

Für kranke Kinder waren zwei Zimmer, eines für Knaben und eines für Mädchen, eingerichtet; bei ansteckenden oder länger andauernden Krankheiten wurden die Patienten in ein Krankenhaus »überstellt«. Einer der ersten Institutsärzte war der Gehirn- und Schädelforscher Franz Joseph Gall, der unter Direktor May die Einführung der Lautsprache befürwortete, »weil das Sprechen die Entwicklung der Lunge beim Kind fördert und dessen Leistungsfähigkeit stärkt«.

Ohrfeigen als Erziehungsmittel dürften, wie erwähnt, nicht fremd gewesen sein. So verprügelte eine Köchin, über die ein Mädchen Tratsch verbreitet hatte, das betreffende Kind, als gerade das Mittagsgebet gebärdet wurde, so heftig, dass ihm das Gesicht verbunden werden musste. Und: »Am Abend musste es im Speisesaal kniend der Köchin Abbitte leisten.« Es gab auch Perioden, in denen das Essen so schlecht war, dass die Kinder es den Katzen zuwarfen. Andererseits wurden dem »gütigen Herrn Direktor«, wenn sich etwas Außerordentliches wie ein Ausflug ereignete, aus Dankbarkeit die Hände geküsst. Härtefälle waren bei der Aufnahme keine Seltenheit. »Eine Vielzahl von Bittstellern musste jedes Jahr wegen Platzmangels abgewiesen werden.«

Überschritten die Betreffenden dann das Aufnahmealter von sieben bis vierzehn Jahren, wurden sie nicht mehr berücksichtigt, von 1856 bis 1861 waren dies immerhin 31 Mädchen und Buben.

Die abgedruckten Schüleraufsätze in Walter Schotts Buch geben eindringlich Auskunft über Einsamkeit, Abhängigkeit und Abrichtung der Zöglinge zu Katholizismus und Obrigkeitsgläubigkeit. Ein fremdes Bewusstsein und eine fremde Sprache wurden stetig in die Köpfe der taubstummen Kinder hineinbeschworen, bis sie nachgaben und sich nur in Gedanken in ihr zweites Leben retteten, das aber oft nicht weniger traurig war. Nach der Renovierung der Hauskapelle hielt der taubstumme Zögling Anton Wendel am 16. Oktober 1864 vor Seiner Exzellenz dem Statthalter folgende Rede in Lautsprache: »Eure Exzellenz! Hohe Versammlung! Jedes taubstumme Kind ist ein armes Kind. Wer sich desselben annimmt, wer sich dessen erbarmt, über den wird sich auch Gott erbarmen. Durch milde Gaben edler Menschenfreunde ist dieses Haus erweitert und so schön eingerichtet worden. Durch die Allerhöchste Gnade unseres Kaisers und die wohlwollende Fürsorge seiner erleuchteten Regierung werden arme gehör- und sprachlose Kinder in dieses Haus aufgenommen, verpflegt, erzogen und unterrichtet. Sie können dann, so wie ich und andere Menschen fühlen, und sagen: ›Lieber Gott im Himmel, ich danke Dir dafür! Segne Alle, die uns Gutes erweisen und erwiesen haben. Nimm Dich der vielen armen verlassenen Taubstummen an und schicke ihnen noch ferner wohltätige Menschen! Schütze allmächtiger Gott, unser theures Vaterland und segne unseren besten Landesvater, der sich gewiss freuen wird, dass die sonst Stummen jetzt auch mit lauter Stimme rufen können: Franz Joseph, unser vielgeliebter Kaiser! Er lebe hoch! Hoch! Hoch!« – Die Chronik verzeichnet über das Weitere: »Und als sämtliche Zöglinge und Anwesende begeistert in dieses Hoch miteinstimmten, da ward der Eindruck, den diese tief ergreifenden, mit seltener Korrektheit von einem gehörlosen, jugendlichen Redner gesprochenen Worte auf alle anwesenden Zuhörer machten, ein so bewältigender, dass wohl kein Auge trocken blieb.« Hierauf begaben sich die Anwesenden in die geschmückte und renovierte Kapelle, wo »Seine Bischöfliche Gnaden unter entsprechender Assistenz die Weihe vornahm und darnach das erste heilige Messopfer verrichteten«. Die 16-jährige taubstumme Maria Beranek, »welche auf Kosten Sr. k. k. apostolischen Majestät Allerhöchster Privatkasse seit 17. Dezember 1849 in der Anstalt verpflegt und unterrichtet wird«, wie es heißt, schrieb über den »feierlichen Einzug Ihrer k. Hoheit der Herzogin Elisabeth von Baiern, als Braut unseres vielgeliebten Kaisers Franz Josef I. am 23. April 1854: ›Ich habe vor einiger Zeit erfahren, dass am künftigen Sonntage dem 22. April die Herzogin Elisabeth von Baiern die Braut unseres vielgeliebten, jetzt glorreich regierenden Kaisers Franz Josef I. hier ankommen wird … Ich und alle Mädchen waren hoch erfreut und haben schon mehrere Tage mit Sehnsucht auf diesen festlichen Tag gewartet … Wir haben vor Freude kaum lernen können … Wir freuten uns nun doppelt auf den Tag, weil uns der Direktor gesagt hat, dass Sr. Exzellenz der Herr Statthalter erlaubt hat, dass der Tischler eine Tribune unter der Einfahrt mache und wir den feierlichen Einzug sehen dürfen … Wir wären gerne hinunter gegangen, um auch jene Häuser, welche wir aus den Fenstern nicht sehen konnten, zu sehen, wir fürchteten uns aber, dass wir bestraft würden … Dann fuhren prachtvolle, sechsspännige Wägen, in welchen die höchsten Herrschaften fuhren, vorbei … Als wir unsere künftige Landesmutter gesehen hatten, sagten wir: Oh, wie schön und jung sie aussieht! – Wir waren sehr gerührt, und ich und viele hatten Freudenthränen in den Augen … Wir hatten Montag keine Schule gehabt und waren mit allen unseren lieben Vorgesetzten in die Pfarrkirche zur heil. Messe gegangen und haben den lieben Gott gebeten für unseren guten Landesvater und für unsere künftige Landesmutter. Gott möge Ihnen alles Gute verleihen und seinen Segen über Sie, über die ganze kaiserliche Familie und über das ganze Vaterland ausströmen lassen. Mein innigster Wunsch ist, dass alle Unterthanen ihren Kaiser ehren, Ihn lieben und für Ihn beten und sich seinem höchsten Willen unterwerfen mögen, weil Ihn Gott zum Herrscher dieses großen Reiches erwählet hat. Nachdem die heilige Messe aus war, gingen wir nach Hause … Wir dachten heute an nichts, als an den lieben Gott und unsere geliebten Landeseltern. Der liebe Gott hatte Beide miteinander verbunden und Ihnen seinen heiligen Segen gegeben … Unser Institut gefiel mir unter allen Häusern, welche wir sahen, am besten. Oben war die Aufschrift: ›Der Taubstummen heißes Flehen für Franz Josef und Elisabeth dringen zu Gottes Gnadenthron!‹ beleuchtet. Bei den drei mittleren Fenstern waren drei prächtige Transparente. Das rechte zeigte des Kaisers Bildniß in einem Lorbeer- und Eichenkranze, das Linke das Bildniß der Kaiserin in einem wunderschönen Blumenkranze, und auf dem Mittleren war das österreichische und baierische Wappen mit einem Sterne, in welchem die Buchstaben F. J. E. standen mit der Unterschrift: Heil Franz Josef! Heil Elisen! Segen Habsburgs ganzem Hause! ... Diese drei festlichen Tage waren vorbei. Wir wollten uns jährlich an dieselben erinnern und zu Gott täglich für das erhabene Kaiserpaar flehen!‹« In der Chronik berichtet der Direktor weiterhin vom Besuch zweier ehemaliger Zöglinge, der eine »ein geschickter Tischler«, die andere »eine gesuchte Näherin«, die in die Anstalt kamen, »als ihr eigentliches Vaterhaus, um sich Belehrung und Rath im Betreff ihrer Absicht, sich zu verehelichen, zu holen«. Und er berichtet auch über berufliche Erfolge seiner Schützlinge: »Der im Jahre 1849 aus der Anstalt getretene, durch Fleiß und Sittsamkeit jederzeit ausgezeichnete und seither bei dem k. k. Steueramte in Langenlois in Verwendung gestandene Taubstumme Ludwig Salzer wurde im vorigen Jahre zum k. k. Steueramts-Assistenten dritter Klasse ernannt und laut Dekretes der k. k. Finanz-Landes-Direktion vom 22. März 1855 Nr. 7318 zum Assistenten zweiter Klasse ... befördert.«

Die schweigenden Zöglinge setzten sich nur selten zur Wehr. Walter Schott veröffentlicht in seinem Buch über die Landes-Taubstummenanstalt in Wien-Döbling von 1881 bis 1921 das Protokoll zweier Lehrer über einen skandalösen Vorfall: »Montag, den 11. Mai abends, verweigerten sich die Knaben über Aufforderung des Lehrers Wittmann, sich in den Schlafsaal zu begeben. Als ihnen das strenge anbefohlen wurde, wurden bereits einige Drohungen laut, mit dem Lehrer zu raufen. Herr Schacherl, der die Abendinspection übernahm, führte die Knaben in den Schlafsaal. Dort weigerte sich der

Knabe Straka, sich zu entkleiden, und wurde derart renitent, dass er gegen den angeführten Lehrer eine aus einem Bettgestelle entnommene schwere, mit Spitzen versehene Eisenstange erhob und auf den Lehrer eindrang. Der Lehrer entrang dem Knaben die Eisenstange und gab ihm eine Ohrfeige. Darauf stürzten sämmtliche im Schlafsaal anwesenden Knaben herbei. Der Lehrer Schacherl, das Drohende dieser Situation einsehend, rief um Hilfe, worauf das Hausmädchen Leopoldine Zirbel den Lehrer Czerny herbeiholte. Darauf schienen die Knaben gewartet zu haben. Denn als Herr Czerny im Schlafsaal erschien, stürzten die Knaben auf die beiden Lehrer los. Nun begab sich folgende Handlung, welche man von Schülern den Lehrern gegenüber für unmöglich halten sollte. Der Schüler Pfonzelt, ein starker Knabe, würgte den Lehrer Schacherl am Hals, während ein Dutzend anderer schonungslos auf das Gesicht losschlugen. Er wurde auf ein Bett gedrängt und konnte sich trotz aller Anstrengung der Knaben nicht erwehren. Dem zu Hilfe herbeigeeilten Lehrer Czerny erging es ebenso, er war in gleicher Weise von einer anderen Abtheilung überfallen worden. Ein Knabe hatte einen Fensterflügel ausgehoben, um damit loszuschlagen. Herr Schacherl trug ein blutunterlaufenes Auge, eine blutende Nase und Hautabschürfungen an der Hand, Herr Czerny ein blutunterlaufenes Auge, eine Verletzung der Lippe und einige Hautabschürfungen an der Hand davon … Erst als nach längerer Zeit die beiden Hausdiener herbeieilten, gelang es, der Knaben Herr zu werden.« Als Ursache für die »Subordination« wurde festgestellt, dass die Knaben nicht so früh – fast noch bei hellem Tag – zu Bett gehen wollten. Die Zöglinge wurden, weil es vermutlich organisatorische Probleme gegeben hätte und eine Klasse hätte aufgelöst werden müssen, nicht entlassen. Die 14- bis 17-jährigen erhielten Hausarrest, Entziehung von einigen Mahlzeiten, keinen Urlaub zu Pfingsten und Nichtteilnahme an dem Frühlingsausfluge« als Strafen.

Aber auch die Lehrer des Institutes, das, wie Schott nachweist, europaweit anerkannt war und als besonders erfolgreich im Gehörlosenunterricht galt, führten oft ein schweres Leben. Schott berichtet beispielsweise von den demütigenden Amtshandlungen, die die Witwe des Lehrers Fischbach mit vier Kindern erdulden musste, als sie um eine Pension nach dem Tod ihres Mannes ansuchte. Spitzelakte der Polizeidirektion verleumdeten den Verstorbenen, dass er in der Zeit von 1848 bis 1852 »einer der eifrigsten Zuhörer bei allen von der ›Umsturzpartei‹ veranlassten Versammlungen gewesen sei, ›und daselbst gehaltene Reden im häuslichen Kreise sehr gerne wiedergab, wo selbst sie mit eben so vieler Liebe angehört wurden‹. Die falschen Angaben der Polizei, was die Vermögensverhältnisse der Witwe betraf, mussten ebenfalls amtlich überprüft werden, schließlich, nach eineinhalb Jahren, ergab eine nochmalige Untersuchung der Polizei: Jakob Bernhard Fischbach hat sich nicht, noch jemand seiner Familie, ›werkthätig‹ als Anhänger der ›Umsturzpartei‹ benommen. Die Erhebungen ... sind nur aus vertraulichen Mittheilungen geschöpft, und es können ... keine speziellen Zeugen für diese Mittheilungen mehr namhaft gemacht werden.« Schließlich erhielt die Witwe ihre Pension in der damals normalen Höhe. In der Zeit des Liberalismus um 1868 begann eine schleichende »Entstaatlichung« des Instituts, wie Schott schreibt: »Die Eltern gehörloser Kinder mussten fortan ein Verpflegungsgeld bezahlen, und das ›freie Vermögen des Instituts‹, das aus Spenden bestand, wurde zur Mitfinanzierung herangezogen, da der Staat seine Zahlungen reduzierte. Die Lehrergehälter, die man bislang großzügig denen der Gymnasiallehrer gleichgestellt hatte, wurden im Laufe der folgenden Jahrzehnte nicht mehr ›fallweise der steigenden Teuerung angepasst‹, weshalb sich ›ihre Gehälter im Jahr 1914 bereits unter der Höhe der Volksschullehrer befanden‹. Dafür stiegen die Anforderungen: die Lehrer mussten jetzt ›das Lehramt für Volks- und Bürgerschulen aufweisen sowie eine Fachausbildung für Taubstummenlehrer. Die Lehrverpflichtung setzte man auf 30 Wochenstunden fest‹. Durch die Teuerungen kamen überdies weniger Spenden herein, dadurch nahm die Sammeltätigkeit zwangsläufig zu.

Aber auch die Lehrer begehrten auf und setzten unter Druck. Als nach dem langjährigen Direktor Alexander Venus Karl Fink im Amt folgte«, der fünfzehn Jahre in einem Realgymnasium in Wien und danach zehn Jahre an der k. k. Lehrerbildungsanstalt in Bozen unterrichtet hatte und dort auch Bezirksschulinspektor gewesen war, stand das Lehrpersonal dem »Spartenfremden« ablehnend gegenüber, manche bezogen sogar offen gegen ihn Stellung. Es ging so weit, dass selbst die Dienstboten und ausgetretene Zöglinge gegen Fink agitierten. Die Frau des neuen Direktors wurde von den Dienstboten so lange beleidigt, bis sie »in einen Weinkrampf verfiel, der eine partielle Unterleibslähmung nach sich zog … Nach mehrjährigem Leiden verstarb die Frau …« Fink setzte sich trotzdem für die Erhöhung der Gehälter bei den Behörden ein und hatte jetzt auch diese gegen sich. Der Selbsthilfeverein der Taubstummenlehrer, der 1892 gegründet worden war, löste sich 1894 wieder auf, und der bisherige Vorsitzende Fink demissionierte.

Der Untertanengeist hingegen überdauerte. Die Schlussfeier im Jahr 1893 im »prächtig geschmückten Festsaale« liest sich in den Instituts-Nachrichten so: »An der Stirnseite desselben standen geschmackvoll umrahmt von leuchtendem Grün die Büsten unseres aller gnädigsten Kaisers und dessen allerhöchster Gemahlin.« Der Direktor wandte sich nach dem Jahresbericht zunächst an die Eltern der Zöglinge »mit der Mahnung, in den Ferien ihre Kinder wohl zu behüten, jedoch nicht zu verhätscheln, wie das leider so oft geschehe«, und dann an die Zöglinge, »um sie noch einmal daran zu erinnern, draußen ihrem Meister gegenüber folgsam zu sein, fleißig und brav zu bleiben … Hierauf schilderte er sehr beredt, in welch edler großherziger Weise das Haus Habsburg seit der Gründung des k. k. Taubstummen-Instituts diesem immer fort seinen Allergnädigsten Schutz und sein Allerhöchstes Wohlwollen erhalten und bewiesen habe und forderte alle Anwesenden auf, mit einzustimmen in ein dreifaches ›Hoch‹ auf Se. Majestät, unseren Allergnädigsten Kaiser und dessen allzeit grossmüthiges Herrscherhaus. Jubelnd folgten Schüler, Lehrer und Gäste dieser Aufforderung; die Schüler der V. Classe sprachen darauf unter Leitung ihres Classenlehrers im Chore das Kaiserlied.« Dies muss sich wohl sehr merkwürdig angehört haben.

Tatsächlich aber war die Situation am Institut »allmählich bedenklich geworden. Die Lehrer hatten ihre anfängliche Haltung gegen den Direktor wieder eingenommen, und die finanziellen Schwierigkeiten erreichten ein bedrohliches Ausmaß«, schreibt Schott. Der Direktor richtete eine 67 Seiten umfassende Denkschrift an den Unterrichtsminister, in der er »auf die katastrophalen Zustände« hinwies und festhielt, dass es »in spätestens zehn Jahren wegen des dahin schmelzenden ›freien Vermögens‹ zu einem Bankrott und Zusammenbruch der ersten Staatsanstalt dieser Art in der Welt« kommen würde und fügte hinzu, dass als letzter Schritt »der unterthänigen Direction wohl kein anderer Weg mehr offen bleibt, als sich an die Allerhöchste Weisheit und Güte flehentlich zu wenden, damit die Institution der großen Urahnen unseres Allerhöchsten Durchlauchtigsten Kaiserhauses gerettet werde«.

Die gesamte habsburgische Monarchie fußte seit ihrem Bestehen, also 600 Jahre lang, auf mächtigen Autoritätspyramiden, innerhalb derer es keinen Widerspruch gab. Die erste Autoritätspyramide war die der Adeligen, mit dem Kaiser von Gottes Gnaden an der Spitze, dem die Erzherzöge, Herzöge, Fürsten, Grafen und so fort bis zum Ritter, dann die Bürger und schließlich die Leibeigenen folgten. Die zweite war die der katholischen Kirche mit dem Papst an der Spitze, den Kardinälen und Bischöfen bis hinunter zu den einfachen Kaplänen und Gläubigen. Die dritte umfasste das Militär mit seinen Admirälen, Feldmarschällen, Generälen und Offizieren bis zu den einfachen Soldaten. Die vierte, die Beamtenpyramide, mit all ihren Sektionschefs, Hofräten, Amtsräten und den Sekretären verschiedener Klassen bis hinunter zu den Schreibern war eine besonders österreichische Spezialität ... Das Handwerk war auf eben diese Weise organisiert, wie auch die bäuerliche Welt und zuletzt die patriarchalische Familie mit dem Vater an der Spitze. Generationen von Bürgern und Bauern hatten in dieser Monarchie gelebt, die immer habsburgisch-katholisch gewesen war, und die Nachkommen konnten sich für ihre Zukunft etwas anderes gar nicht vorstellen. War es nicht logisch, dass ein Land, das keinen Wechsel der Macht erlebt hatte, kein anderes Herrscherhaus, keine andere Glaubensrichtung und nicht die Besetzung durch einen fremden Herrscher, nach dem plötzlichen Ende der Monarchie orientierungslos war und erst versuchen musste, sich selbst zu finden? Und dass auch die Gehorsamsbereitschaft seiner Bewohner diese in die Hitlerdiktatur führte, in der die Autoritätspyramiden zwar verändert, im Prinzip jedoch als solche bestehen geblieben waren?

Drei Jahre waren seit dem Schreiben des Direktors vergangen. »Im Institut war man weiterhin auf die Gnade der Obrigkeit angewiesen ... Die Zöglingszahl sank auf fünfzig, externe Schüler gab es selten«, schreibt Schott. 1904 beging das k. k. Taubstummen-Institut sein 125-jähriges Jubiläum mit einer Feier. »Aus diesem Anlass ließ die Direktion eine Gedenkmünze prägen.« Sie zeigte auf der Rückseite das Bild des deutschen Kaisers Wilhelm II., der vermutlich die Kosten übernommen hatte. Auch im Festsaal wurde eine Fotografie des deutschen Kaisers unter dem Bild Franz Josephs I. angebracht. Eine prophetische Geste. Als das Institut 1908 endgültig am Ende schien, beschloss die niederösterreichische Statthalterei in Übereinkunft mit der Gemeinde Wien, ein neues Haus für das Institut bauen zu lassen. Am 12. Oktober 1910, berichtet Schott, »fand in feierlicher Weise die Grundsteinlegung zunächst für die Kirche der Anlage statt«, bei der »Seine Majestät der Kaiser Franz Joseph I. die hohe Gnade« hatte, »dem feierlichen Akt beizuwohnen«. Gleichzeitig »geruhte Seine k. k. apostolische Majestät, die Allerhöchste Entschließung vom 22. Jänner 1910 allergnädigst zu genehmigen«, dass die Bezüge des Lehrpersonals neu bemessen wurden. »Die Neuregelung blieb weit hinter den Erwartungen zurück«, bemerkt Schott dazu. Mit dem Ausbruch des Ersten Weltkrieges 1914 stellte sich auch Knappheit bei den Lebensmitteln ein. »Nicht mindere Sorgen bereitete die Bekleidung der Zöglinge, die Spenden gingen dramatisch zurück … zur Einsparung wurde ab 7. April 1918 laut Erlass der Statthalterei ein Heizverbot im Haus verfügt.«

Und als am 18. November 1918 die Republik ausgerufen wurde, hörte auch das k. k. Taubstummen-Institut nach 139 Jahren dem Namen nach zu bestehen auf. Durch die Inflation wurden die Anleihen und Aktien, die im Besitz des Instituts waren, entwertet, und das gesamte Vermögen ging verloren. Über das weitere Schicksal des Instituts gibt es keine Abhandlung, aber in dem 2002 erschienenen Buch »Die niederösterreichische Taubstummenanstalt in Wien-Döbling 1891 bis 1921 und Wiener Neustadt 1903 bis 1932« beschreibt Walter Schott »die Not der Gehörlosen nach dem Ersten Weltkrieg«. Er berichtet zunächst vom VIII. österreichischen Taubstummentag in Salzburg, wo der Methodenstreit neu entflammte. Er stellt auch fest, dass gehörlose Kinder gehörloser Eltern, die schon im vorschulischen Alter die Gebärdensprache lernten, nur in wenigen Fällen »jenen Grad an schulischer Bildung und Qualifikation« erreichten, den »die lautsprachlich gebildeten Kinder von

444

hörenden Eltern erreichen, und nur selten gelangten sie zu einem höher qualifizierten Abschluss (Matura)«. Es sei festgestellt worden, dass die Lesefähigkeit von gehörlosen Schülern, die lautsprachlich kommunizierten, gegenüber denjenigen, die »gebärdlich« oder »gebärdlich und lautsprachlich« kommunizierten, überlegen sei. Bilingualer, also gleichzeitig laut- und gebärdensprachlicher Unterricht, habe wenig Anklang gefunden. Erfahrungen hätten gezeigt, dass im bilingualen Unterricht die Lautsprache wegen der größeren aufzuwendenden Mühe (Artikulation, Grammatik) von den Schülern nur ungern angenommen worden sei und schließlich die Gebärde dominiert habe. Der Sprachwechsel gelinge deshalb nur schwer, da es sich bei Laut- und Gebärdensprache um zwei unterschiedliche Sprachsysteme handle, die nicht analog übersetzbar seien. Es sei eine altbekannte Tatsache, dass sich bei der Häufung kommunikativer Schwierigkeiten Gehörlose von den hörenden Menschen zurückziehen würden. Integration schon in der Frühförderung versuche dieses Problem zu lösen. Zugleich spricht Schott sich gegen Versuche aus, gehörlose Kinder als »sprachliche Minderheitsgruppe« von der hörenden Umwelt und deren Sprache »weitgehend isoliert zu erziehen und zu bilden«. Solche Gehörlose würden von hörenden Mitmenschen in ein selbst errichtetes Ghetto geleitet. 1959 habe ein Schulversuch mit externen Schülern, die jahrelang mit den gebärdenden Schülern der Stammanstalt »nicht in Berührung kamen«, stattgefunden. Außer zu einem umfangreichen Wortschatz seien die Kinder zu einer erstaunlich sicheren aktiven Sprachanwendung gelangt. »Die meisten sprechen auch heute, nach vielen Jahren, noch gut verständlich und verfügen über eine hervorragende Absehfertig-keit.« Als diese Schüler in der Oberstufe mit den Schü-lern der Stammanstalt des Institutes in Berührung ge-kommen seien, hätten sie sich überraschend schnell die Gebärdensprache angeeignet und mit ihren Mitschülern in Laut- oder Gebärdensprache kommuniziert. Denn, so Salomon Loew, Zögling des Israelitischen Taubstum-men-Institutes in Wien, das 1928 geschlossen wurde: »Ich sage es offen heraus, der nur auf die Lautsprache angewiesene Taubstumme ist unter Taubstummen, wel-che die Gebärdensprache beherrschen, wie ein armer Verbannter. Er kommt zwischen zwei Stühle zu sitzen: Mit dem Vollsinnigen vermag er sich, da von einer gere-gelten, ›flüssigen Unterhaltung‹ wohl keine Rede sein kann – nur mühsam verständigen, und mit Seinesglei-chen verständigt er sich nicht minder mühsam und mangelhaft; kurz und gut: er ist isoliert ...«

Als im Jahr 1934 Dollfuß seinen Ständestaat diktato-risch regierte, veröffentlichte der Seelsorger des »Bun-destaubstummen-Institutes« einen Artikel in der Ge-hörlosenzeitung »Unser Schaffen«: »Das Christentum muss in den Herzen der Gehörlosen lebendig werden, sie müssen wieder beten lernen, müssen daran gewöhnt werden, die Gnadenmittel der Kirche zu benützen ...« Ab dem Jahr 1938 ist die Geschichte für die Taubstum-men noch nicht »entstummt«. Schott hat jedoch einige Dokumente ausfindig gemacht, aus denen die gesamte Tragödie erkennbar wird. 1933, als die NSDAP in Deutschland an die Macht gekommen war, wurde »die Sterilisierung Minderwertiger« zum Gesetz. Zu den »Minderwertigen« wurden auch die Gehörlosen ge-zählt. Dass dieses Gesetz durchgeführt worden sei, so

Schott, bewiesen die Prozesse nach dem Zweiten Weltkrieg gegen Verantwortliche aus der NS-Zeit. Und er
beklagt, dass politisch missliebige und mittellose Gehörlose keine Nachsicht oder gar Hilfe zu erwarten gehabt hätten. Abschließend schildert er zwei Fälle, die
des gehörlosen »Nichtariers« Josef Grünwald, seiner
Frau Anna und seiner Tochter Paula, deren Wohnung
zuerst beschlagnahmt und die 1941 in das Ghetto von
Litzmannstadt (Łódź) deportiert wurden, wo sie »ver-
schwanden«, und eines gehörlosen Schülers der Döb-
linger Anstalt, Siegfried Fendrid, der nach Besuch der
dortigen Volks- und Hauptschule und dem Abschluss
mit Vorzug das Schneiderhandwerk erlernte. 1941 wurde
auch er nach Litzmannstadt deportiert, 1942 in das Vernichtungslager Auschwitz überstellt, wo er in die Lager-
schneiderei versetzt wurde. Das rettete ihm sein Leben.
Im Mai 1945 wurde Fendrid befreit und kehrte nach
Wien zurück.

Das Geburtstagsfest

Am nächsten Tag finde ich mich wieder in der Direktion
bei Frau Strohmayr ein, die mich noch einmal mit lie-
benswürdiger Freundlichkeit, doch im Eilschritt durch
das Institut führt. Die Bilderflut an den Wänden überrascht mich nicht mehr. Mit breiten Pinselstrichen ge-
maltes Blau, einmal heller, dann wieder dunkler und
mit roten Inseln und blauen Handabdrücken versehen,
ein Mosaik aus bunten Papieren, Schnipseln, die mit
Blumenmotiven bemalt sind, schwarze und silberne
Flächen, und andere mit aufgeklebten geometrischen

Körpern aus Holz, die bemalt sind oder aus allen möglichen farbigen Materialien bestehen.

In einem Zimmer zu ebener Erde spielt ein Betreuer mit einem behinderten Buben, den er auf dem Schoß hält, eine junge Pädagogin versucht einen anderen, in sich gekehrten, aus seiner Passivität zu locken und dazu zu bewegen, einem kleinen Metallinstrument Töne zu entlocken. Meine ganze Aufmerksamkeit wendet sich jedoch dem dunkelhaarigen Buben zu, der mit großer Hast eine Bananenschachtel aus einem Regal herauszieht, den Inhalt abtastet, einen Holzbaustein prüfend zum Mund führt und ihn kurz ableckt. Er wirft ihn sodann zurück in die Schachtel und lässt diese vom Betreuer in den Turnsaal tragen. Dort beginnt er mit großer Geschwindigkeit, eine Mauer zu bauen, indem er Holzklötzchen neben Holzklötzchen auf den Boden schlichtet. Das Licht, das durch die Fenster fällt, spiegelt sich auf dem Parkett, und es ist nur das leise Klicken zu hören, wenn die Bausteine eilig nebeneinandergelegt werden. Der Bub hockt selbstvergessen neben der Bananenkiste. Er ist taubblind und hyperaktiv, erfahre ich, und ich betrachte ihn, wie er gleich aussehende Bausteine tastend aussortiert und flache neben flache, kleine neben kleine, spitze neben spitze legt. Ich habe selten einen so verlorenen und zugleich eifrigen Menschen gesehen, und der Anblick geht mir lange nicht aus dem Kopf. Sicher hätte ich ihm noch weiter zugeschaut, um zu sehen, was mit dieser winzigen chinesischen Mauer aus Holzklötzchen geschieht, aber mir wird der gut ausgestattete Gymnastikraum gezeigt. An den Wänden hängen hölzerne Tasttafeln mit allen möglichen Gegenständen, verschiedenen Schnüren, Kabeln, einer Flaschenbürste.

Im angrenzenden Raum spielen eine Kindergärtnerin und ein Bub ein Brettspiel mit verschiedenen Steinchen. Auf den zusammengestellten Tischen liegt eine gelbe Schachtel mit der Aufschrift »Hasch mich!«, ein kleiner Bub sitzt daneben und beschäftigt sich mit zwei Schnüren, die Schlangen mit kleinen Holzköpfchen sein könnten. In einer Ecke entdecke ich ein Mädchen mit einer Betreuerin am Computer: »Es ist April. Es ist April. Es ist Frühling. Es ist Frühling«, steht in Großbuchstaben auf dem Bildschirm. An einem anderen Tisch macht ein Bub vor einem Spiegel Lippenübungen, hält an und befühlt seine Zähne. Er wendet sich plötzlich mir zu und gibt Geräusche von sich, als ob er mit mir sprechen wolle. Hurtig hockt er sich auf den Fußboden und »redet« von dort aus weiter mit mir, dann läuft er einmal dahin und einmal dorthin, um schließlich wieder auf dem Sessel Platz zu nehmen. Er sei, erfahre ich, im Alter von zwei Jahren an Meningitis erkrankt und seither »zurückgeblieben« und taub. Inzwischen sitzt er schon vor einer Matte, auf die eine Stadt gezeichnet ist: Straßen, Gebäude, eine Kirche, ein Krankenhaus und ein Flugplatz mit einem roten Passagierjet, auf den er zeigt und mich dabei anschaut. Während wir weitergehen, fallen mir die Aquarelle auf weißem Papier auf, eigentlich bestehen sie nur aus heftigen Pinselstrichen und Tupfen, und ich wehre mich dagegen, Schlüsse daraus zu ziehen, was daran »normal« sei und was nicht. Überhaupt versuche ich, den ärztlichen Blick zu vergessen und jedes Kind so anzunehmen, wie es ist, in seiner eigenen Normalität. Ich kann gerade noch einen Blick auf ein schwarzes Papier mit Naturabdrücken von buntbemalten Blättern werfen, dann betreten wir bereits das nächste Zimmer, in dem es lebhaft zugeht. Während ein afrikanischer Bub vor einem Brettspiel mit bunten Steinen sitzt und eine Pyramide baut, wird ein sanftes Hündchen neben ihn auf eine Wolldecke gelegt. Schüchtern lächelt der Bub es an, dann weist er es lachend, mit ausgestreckten Armen und gespreizten Fingern, ab, um gleich darauf mit dem Bau seiner Pyramide fortzufahren, ohne sich aber von dem Tier stören zu lassen, das inzwischen neugierig das Brett beschnuppert. Mit vier Jahren, sagt Frau Strohmayr, habe der Bub einen Autounfall erlitten, man könne noch die Narben auf dem Kopf sehen. Er sei ein »ganz normales Kind gewesen«, aber nach dem Unfall habe sich niemand mehr um ihn gekümmert. Er wurde weder in einen Kindergarten noch in eine Schule gebracht. Unbetreut lebte er so bis zu seinem zwölften Lebensjahr. Man bemühe sich jetzt, ihm die Gebärdensprache beizubringen, da er nach dem Unfall ertaubt sei. Er sei jedoch ein schwieriger Schüler. Wenn ihm etwas nicht passe, laufe er einfach davon und müsse dann im ganzen Haus gesucht werden. Zuletzt habe man ihn erst nach Stunden unter der Bühne in der Aula gefunden, wohin er sich verkrochen habe.

An einem anderen Tisch sind zwei Buben mit Drahtmodellen beschäftigt, auf denen man bunte Steine verschieben kann. Einer der beiden wird von meinem Besuch so in Aufregung versetzt, dass er hinausgeführt werden muss. Es komme auch vor, sagt mir eine Betreuerin, dass er um sich schlage und man ihn fest in die Arme nehmen und ihm gut zureden müsse. Allerdings könne es auch länger dauern, bis er sich wieder beruhige, dann müsse er »in die Schranken gewiesen werden«. Als er wieder hereinkommt, nimmt er seinen Platz ein, als sei nichts geschehen. Er trägt einen Blouson mit Military-Muster und sieht mich fragend an. Gleich darauf wird er ein zweites Mal hinausgeführt und kommt nicht mehr zurück, solange ich mich noch im Zimmer aufhalte. Ein anderer Bub, ebenfalls Afrikaner, betrachtet die ganze Zeit über das Geschehen abgeklärt aus einem Rollstuhl. Zwei freundliche Mädchen machen inzwischen mit Herrn Gravogel, einem Sanitäter, zur Übung Wiederbelebungsversuche bei einem Buben mit Brille, der auf einer Decke am Boden liegt. Herr Gravogel ist selbst gehörlos und Lehrbeauftragter an der Schule, er trägt den Dienstpullover mit dem roten Kreuz und die rote Hose. Als der Bub, der das Opfer verkörpert, selbst Wiederbelebungsversuche machen will, wird der sanfte Hund vom Tisch auf den Fußboden gebettet und an ihm die Kunst der richtigen Griffe demonstriert. Die Kinder, die an der Übung teilnehmen, dürfen Gummihandschuhe tragen und gebärden lebhaft mit einer Betreuerin, untereinander und mit Herrn Gravogel. Es wird auch gelacht, als Herr Gravogel bei dem kleinen Hündchen die Mund-zu-Mund-Beatmung andeutet. Das Hündchen hält indessen ganz still und lässt alles geduldig über sich ergehen. Herr Gravogel ist über fünfzig Jahre alt und taub geboren. Die Eltern sind hörend und förderten deshalb sein Sprechen und das Ablesen von den Lippen. Angestrengt versuche ich, mich mit ihm lautsprachlich zu unterhalten. Er ist sichtlich bemüht, von meinen Lippen abzulesen, aber ich trage einen Bart, was die Sache, wie ich erfahre, erschwert, und außerdem artikuliere ich offenbar nicht deutlich genug, weshalb die Umstehenden uns zu Hilfe kommen und unsere Fragen und Antworten wiederholen müssen. Als ich

451

mich bemühe, deutlicher zu sprechen, »überartikuliere« ich, wodurch sich mein Mundbild verzerrt. Das Lippenablesen ist kompliziert und verlangt großes Geschick und tägliche Übung. Beim M, N und P beispielsweise ist der Mund geschlossen, und das R und das K sind nicht zu sehen, so dass der Lippenablesende fortlaufend kombinieren und Worte mit fehlenden Buchstaben im Kopf zusammensetzen muss. Auch ich muss mich erst einhören in den nasalen, hohen, eintönigen Tonfall, den ich schon aus meiner Kindheit kenne. Aber da ich selbst auf einem Ohr schlecht höre, verstehe ich Herrn Gravogel öfter nicht oder muss erraten, was er mir gesagt hat. Bis zum vierzehnten Lebensjahr, erfahre ich, besuchte er die »Gehörlosenschule«. Er war ein guter Schüler. Zu Hause, auf dem Land, sei er ohne Schwierigkeiten mit Gleichaltrigen aufgewachsen. Man habe ihn überall sehr gut aufgenommen. Von der Schule in Wien sei er dann jeden Tag nach Hause gefahren, auch als er eine Feinmechanikerlehre begann und erfolgreich abschloss. Jetzt sei er, wie gesagt, Lehrbeauftragter für Gehörlose und beim Roten Kreuz. Seine Frau, die am Institut im Kindergarten arbeite, sei ebenfalls gehörlos. Da ihm sein Vater als Kind verboten habe zu gebärden, und auch in der Schule das Gebärden nicht erlaubt gewesen sei, habe ihm erst seine Frau die Gebärdensprache beigebracht, die er jetzt seit 31 Jahren und ganz automatisch verwende. Er habe mit seiner Frau drei gehörlose Söhne, zwei von ihnen haben schon als Schwachstromelektriker ausgelernt, der jüngste gehe hier im Institut zur Schule. Erst später erfahre ich, dass der Bub ein Implantat hat, was zu Konflikten mit der gehörlosen Umwelt geführt habe. Herr Gravogel fährt täglich mit dem Auto zur Arbeit, er hat lange Reisen mit seiner Familie gemacht: nach Finnland, nach Schweden, Italien, Frankreich und Griechenland. Am besten, sagt er, habe ihm Finnland gefallen wegen der unberührten Natur. Auch in Ägypten sei er mit seiner Familie gewesen. In seiner Freizeit wandere und tauche er, er fahre gerne mit dem Rad, arbeite im Garten oder lese Zeitung. Nein, Romane lese er keine, beantwortet er meine Frage.

Gehörlose läsen wenig, erklärt mir Frau Strohmayr dann auf dem Gang, denn es sei nicht ihre Sprache, die sie lesen würden.

Herr Gravogel hat auch Wünsche an die Gesellschaft: Es gebe zu wenige Informationen für Gehörlose, im Fernsehen seien die Filme nicht untertitelt, und bei den öffentlichen Verkehrsmitteln gebe es nur akustische Durchsagen, wenn es zu Verzögerungen komme. Es sollte ferner einen Apparat mit Kurznachrichten in digitaler Form geben. Auch vermisst er einen Gebärdenkurs für Sanitäter, und vor allem wünscht er sich etwas mehr Geduld der Gesellschaft mit Menschen, die taub sind. Manche Menschen begegneten Gehörlosen von vorneherein unfreundlich.

Wir ziehen wieder durch das Gebäude, dürfen den Arbeitsraum der Logopädin, einer Französin, sehen und ihr die Hand schütteln, neuerlich Klassenzimmer betreten und wieder weitereilen.

Und abermals begegnen wir einem »aggressiven Kind«. Es wartet mit einer Betreuerin vor einem Aufenthaltsraum, in dem sich nur zwei Buben befinden. Man rät mir ab, mit dem kleinen Mädchen zu sprechen, da es nachher nicht zu bändigen sei, sie beiße und kratze, sobald wir fort seien. Wir kommen pünktlich auch zu einem Mathematiktest, mit einer Gehörlosenlehrerin in Jeans und kariertem Hemd und fünf gehörlosen Schülern. Die Tafel ist mit Bruchrechnungen vollgeschrieben, und die Lehrerin gebärdet. Auch hier dürfen wir nur kurz bleiben, da wir, wie Frau Strohmayr flüstert, den Unterricht störten. Trotzdem haben mir die Nachdenklichkeit, die sichtbare geistige Anstrengung und Konzentration der Schüler und die Leichtigkeit der fliegenden Gebärden einen angenehmen Eindruck hinterlassen.

Herr Mang in blauem Malerkittel zeichnet für seine Schüler diesmal mit bunter Kreide Gesichter an die Tafel und die Vierzehnjährigen eifern ihm auf ihren Blättern nach. In der Nebenklasse wird aquarelliert. Und eine Tür weiter sitzen zwei Buben mit einem Übungsprogramm am Computer. Der Sohn von Herrn Gravogel wiederum befindet sich in einer Klasse, deren eine Wand mit Hilfe von Farben und großen, reliefartig herausgehobenen Tieren, Schmetterling, Schlange, Giraffe, Elefant, Papagei, Affe, einen bunten Dschungel darstellt. Die Kinder, die an einem langen Tisch davor sitzen, wirken schüchtern, als habe es sie in einen fremden Traum verschlagen. In diesem Raum, denke ich, hätte ich mich als Schüler wohlgefühlt, allerdings wäre ich vermutlich aus dem Schauen nicht herausgekommen.

Wir verlassen auch dieses Klassenzimmer schnell, so dass ich auf den Sohn von Herrn Gravogel nur einen kurzen Blick werfen kann.

Die Bilder am Gang: der Aufbau eines Zahnes und »Das Gebiss«, ein großer, geöffneter Mund, in dem Unterkiefer, Oberkiefer und die Zunge beschriftet sind, lenken mich gleich darauf ab, und im Klassenzimmer, das wir jetzt betreten – es ist das mit dem lachenden Skelett –, wird Naturgeschichte unterrichtet. An einer Wand steht ein Aquarium mit Kaulquappen: »Aus 4000 Eiern kommt nur ein Frosch heraus«, sagt die Lehrerin, »die Kaulquappen fressen sich gegenseitig auf.«

An diesem Tag sehe ich noch viele Bilder, Bäume mit echten, angeklebten Blättern, prachtvoll bemalte große Ostereier und Tableaus mit erfundenen Mustern, und ich komme auch in eine Küche, in der die Mathematikklasse jetzt kocht. Es gibt Risipisi, Tsatsiki und grünen Salat. Manche Lehrer, sagt Frau Strohmayr auf dem Gang, als ich nach den technischen Möglichkeiten im Unterricht frage, würden mit einem Beamer und einem Laptop ihren Vortrag mitschreiben, das gehe relativ schnell. Schriftdolmetscher könnten beispielsweise jede Fernsehsendung live untertiteln, aber daran sei nicht gedacht, weil die Minderheit der Gehörlosen zu klein sei. Sie weist mich noch einmal auf die drahtlose Kommunikationsanlage hin, mit der ein Lehrer über ein Mikrophon direkt die Implantate der Schüler ansprechen könne. Es fehle jedoch ein pädagogischer Audiologe im Personal, ergänzt sie, der ständig die Hörgeräte überprüfe, denn oft seien diese verstellt, und die Schüler hörten dann nicht richtig. Derzeit müssten sie warten, bis wieder ein Audiologe in das Institut komme, was üblicherweise wöchentlich geschehe. In Gebärdensprache und über das Implantat würden vor allem Kinder von Hörenden unterrichtet, die anderen bilingual.

Wir kommen gerade noch rechtzeitig zu einer Geburtstagsfeier in einem Klassenzimmer. Drei Mädchen sitzen nebeneinander an einem quer gestellten Tisch, ein Dutzend anderer Kinder, drei Lehrerinnen und ein Zivildiener haben an den zusammengestellten Schulbänken, die weiß gedeckt sind, Platz genommen. Auf der Tafel lese ich in großen Kreidebuchstaben: Alles Gute zum Geburtstag. Die Worte sind mit gezeichneten Blumen geschmückt, und in einem gemalten Herzen wird dieser Wunsch wiederholt. Weitere Zeichnungen und Billetts sind über einigen Buchstaben befestigt, so dass man die Worte nicht vollständig sehen kann. Eine Schildkröte wandert – von großem Interesse aller begleitet – über das weiße Tischtuch, auf dem Teller mit Mehlspeisresten stehen. Ein asiatischer Bub hebt das Tier auf und stellt es wieder in die Mitte. Eines der drei Geburtstagskinder, das aus der Türkei kommt, eine kleine Schönheit, hat sich gerade geschminkt. Ein runder Spiegel steht vor ihr, daneben liegen verschiedene Tuben und eine Haarklammer. Die Stimmung ist fröhlich. Es wird Eistee aus Plastikbechern getrunken, und in gläsernen Schüsseln liegt Salzgebäck zum Knabbern. Aber die wahre Prinzessin an der Tafel habe ich anfangs übersehen, so winzig ist sie. Es ist die 14-jährige Violetta, die ich für wesentlich jünger gehalten habe, gleichzeitig aber erkenne ich den Alterungsprozess in ihrem Gesicht. Violetta ist ein »Schmetterlingskind«, genauer, sie leidet an einer vererbbaren Hautkrankheit mit dem Namen »Epidermolysis bullosa«. Ihre Haut und ihre Schleimhäute sind extrem sensibel. Die Beschwerden – Schmerzen und Juckreiz – treten am ganzen Körper auf: auf der Haut, in den Augen, aber auch im Mund und in der Speiseröhre. Schon bei geringer Belastung entstehen Blasen, die Haut reißt, und die Folge sind Wunden. Abgesehen davon können zusätzlich Haar-, Nagel- und Zahnausfall auftreten oder Finger und Zehen verwach-

456

sen. Bei Erwachsenen kommen oft noch Hauttumore dazu. Es gibt Schmetterlingskinder, die im Rollstuhl sitzen, weil die Haut auf ihren Füßen beim Gehen aufreißt. Heilung ist derzeit nicht möglich. Ich beobachte Violetta nur aus den Augenwinkeln.

Im Internet finde ich zu Hause unter »Schmetterlingskinder« eine ganze Seite, auf der Violetta sich vorstellt: Ihre Hobbys, schreibt sie, sind Therapiereiten mit dem Pferd Benny, Musik und tanzen. Sie mag: Monte essen, Volksmusik, Pop, Lauchcremesuppe, die ihr Papa selbst macht, und Cinderella. Und sie mag nicht: Unordnung und wenn ihr großer Hund Buffy ihr ein Bussi gibt. Ihr bester Freund ist ihr Hund Mimi, ein Mini-Yorky. Unter »Ein Tag in meinem Leben« schreibt sie: »Ich gehe sehr gerne in die Schule. Am Sonntag frage ich schon, ob morgen Schule ist. Das Aufstehen bereitet mir große Schwierigkeiten, aber ich bekomme es immer besser in den Griff. Meine Eltern bringen mich mit dem Auto in die Schule, in der mich mein derzeitiger Zivildiener Mori erwartet, der mir im Schulalltag hilft (die Türen zu öffnen oder das Federpenal aus der Schultasche zu holen). Ich habe zwei Lehrerinnen, die ich beide schon ins Herz geschlossen habe. Meine Schulkameraden sind alle sehr lieb und hilfsbereit, besonders Kathi, Sedo, Sylvia, Karim … Jede Woche fahre ich in die Musiktherapie ins Ambulatorium in die Märzstraße. Da ich hochgradig schwerhörig bin, habe ich wegen der Sprache Logopädieunterricht … und das Sprechen wird stetig besser. Am Wochenende spiele ich gerne ›Mensch-ärgere-dich-nicht‹. Auch ›Memory‹ spiele ich sehr gerne, und wenn es meine Füße zulassen, das heißt, wenn ich keine Blasen an den Füßen habe beziehungsweise keine

Wunden, gehe ich mit meinen Eltern und unseren Hunden viel spazieren, und nach so einem langen Tag bleibt der Verbandswechsel leider nicht aus. Deshalb habe ich oft mit meiner Mama Diskussionen, warum wir schon wieder verbinden müssen.« Violetta ist am ganzen Körper verbunden, ihre winzigen roten Händchen sind dick eingewickelt. Sie hat ein rosafarbenes Halstuch umgebunden und lächelt. Auch aggressive Kinder würden sie gut behandeln, sagt eine der Lehrerinnen.

Violetta sitzt ganz ruhig da. Nur ihre Augen wandern neugierig von einer Gruppe zur anderen, oder sie bewegt ein wenig den Kopf, ohne dass das Strahlen in ihrem Gesicht nachlässt.

Ins Ungewisse
Das Flüchtlingslager Traiskirchen

Oft bin ich in das venezianische Museum Ca' Rezzonico gegangen und habe vor dem Fresko *Il Mondo Novo* von Giandomenico Tiepolo im Geist versucht, in das Bild hineinzugehen. Tiepolo malte das rätselhafte Wandgemälde 1791, im Alter von 64 Jahren. Es zeigt eine Gruppe von Menschen, Männer, Frauen und Kinder, die bis auf wenige nur von hinten zu sehen sind. Sie haben daher kein Gesicht, sondern sind nur Figuren mit Hüten, Perücken, Kleidern, Wadenstrümpfen. Linker Hand ein mit Brettern vernagelter Steg und vorn das Meer, das sich bis zum Horizont hin erstreckt, am Strand eine Art Zelt, in das ein Kind durch ein Guckloch hineinspäht. »Mondo Novo« bezeichnete eine Jahrmarktsattraktion, einen Vorläufer der Laterna Magica, des Panoptikums, der Diaprojektion und schließlich des Fernsehens, des »Guckkastens«. Ein Mann mit Dreispitz und einem langen Stab steht auf einem Hocker und scheint auf etwas zu zeigen, vielleicht dirigiert er auch nur die Menge und bestimmt, wie lange jemand in die zeltförmige Wunderkiste schauen darf. Tiepolo zeigt uns nicht, was die Neugierigen zu sehen bekommen, aber es sind, wie wir wissen, Bilder von Entdeckungsreisen, von Eingeborenen, Kannibalen und Raubtieren, aber auch von Paradiesvögeln, Orchideen und schönen Wilden, wie es damals üblich war.

Die »Neue Welt« ist schrecklich und schön zugleich, jeder will sie sehen. Trotz der zahlreichen Menschen, die dargestellt sind, ist das Fresko ein Bild der Abgeschiedenheit. Es ist, als warteten die herumstehenden Gesichtslosen darauf, einen Blick in die lockende Ferne und damit in die Zukunft zu werfen. Weit draußen am Horizont sind die Umrisse eines Segelschiffs zu erkennen. Möglicherweise flunkert, übertreibt oder gaukelt der Schausteller mit dem Zeigestab den Umstehenden etwas vor, um Neugierige anzulocken und ein gutes Geschäft zu machen. Spricht er von der Hölle oder vom Paradies? Wartet das Segelschiff am Horizont auf Passagiere, auf Kunden, die ihr bisheriges Leben gegen die abenteuerliche Ungewissheit eintauschen wollen? Der gesichtslose Schausteller als personifiziertes Gerücht sieht nur die Menge und denkt an seine Einnahmen, es kümmert ihn nicht der Einzelne oder dessen Schicksal. Franz Kafka fügte dieser Ikone des Fernwehs die Irrealität des Alptraums hinzu. Seinen Namenlosen, die ohne Ausweg in ein schreckliches Dasein gezwungen sind als Hungerkünstler, als Gefolterter in der Strafkolonie, als in einen Käfer verwandelter Hilfloser, als sprechender Affe, der in einem Bericht für eine Akademie seinen Leidensweg beschreibt, all diesen Gesichtslosen gelingt keine Flucht, sie geraten vielmehr in Amerika in die heillose Fremde, schaffen es nicht, in das Schloss zu kommen, und werden zuletzt in einem Prozess zum Tode verurteilt, ohne dass sie etwas verbrochen haben.

Tiepolos stilles Bild der Neugier, der falschen Vorstellungen und großen Erwartungen und Kafkas imaginiertes Inferno sind in der Realität deutbar als Gleichnisse für

Elend, Todesgefahr, Folter, Unwissenheit, Hoffnung, Aufbruch und Scheitern auf der Flucht.

Die meisten Asylanten und Emigranten, die sich nach Europa durchschlagen, haben keine Papiere und sind darum auch für die Behörden gesichtslos. Schlepper, ohne die kaum jemandem die Flucht gelingt, haben zumeist die Pässe an sich genommen, um von der Polizei nicht überführt zu werden oder die Flüchtlinge im fremden Land ausbeuten zu können. Die meisten Migranten kommen jedoch freiwillig, ohne Papiere und mit einer erfundenen Lebensgeschichte, in der Hoffnung, dann nicht sofort wieder zurückgeschickt zu werden und leichter in der Illegalität untertauchen zu können. Es sind die vielen Kafka'schen K's., die Namen- und Gesichtslosen, mit denen die Behörden sich befassen, aber genauso häufig kommt es vor, dass Asylsuchende mehrere Namen und mehrere Lebensläufe besitzen, um von der Bürokratie nicht erkannt und verschlungen zu werden. Sie leben sich dann in ihre erfundenen Identitäten hinein, bis diese ihre eigentlichen geworden sind. Die wahre Geschichte, der wahre Name tauchen zumeist nie wieder auf. Flüchtlinge haben auf ihrer Odyssee oft alle Schrecken erlebt, die man sich nur ausdenken kann: Lebensgefahr, Betrug, Raub, Diebstahl, Trennung von geliebten Menschen, Armut, Hunger und Vergewaltigung. Unzählige finden, bevor sie noch die paradiesische Ferne erreichen, den Tod.

Dass das »Paradies« keines ist, sondern mit Tarnung, Verstecken, neuem Elend und Hass verbunden ist, erfahren sie bald, wenn sie ihr Ziel erreicht haben, aber kaum jemand wird sich das eingestehen. Fast alle sind aus ihrer Hölle in ein Fegefeuer geraten, denn im Kontinent des Wohlstandes will man nicht mit ihnen teilen. Man sieht in den Gestrandeten vielmehr Heuschrecken- schwärme, vor denen man sich schützen muss, weil sie das Sozialsystem gefährden. Kein Staat in Europa be- sitzt eine grundsätzlich andere Philosophie. 8,6 Millio- nen Menschen waren im vergangenen Jahr »unterwegs«, der Großteil junge Männer im ersten Drittel ihres Le- bens. Nur etwa fünf Prozent sind »Asylanten« im Sinne der Genfer Konvention aus dem Jahr 1951, also Men- schen, die aus rassischen, politischen oder religiösen Gründen verfolgt werden, mehr als 90 Prozent hinge- gen, so besagen die Statistiken, »Wirtschaftsflüchtlinge«, obwohl es dort, woher sie kommen, kaum Wirtschaft gibt, stattdessen bittere und erniedrigende Armut, wes- halb man auch richtigerweise von »Armutsflüchtlingen« spricht.

Am schwersten haben es die Schwarzafrikaner. Der deutsche Journalist Klaus Brinkbäumer berichtet in sei- nem Buch *Der Traum vom Leben* Details aus dem Alltag in Nigeria und über die Leiden des John Ampan, der vier Jahre brauchte, um nach Europa zu gelangen, und nun überall ein Fremder ist. In einem Glossar, *Afrika- nisch für Anfänger*, hält Ampan fest: »Korruption wird Afrika zugrunde richten. Alle nehmen, alle zahlen, jede Gefälligkeit kostet. Korruption ist Teil unserer Kultur und unseres Alltags. Sie frisst uns auf.« Aus der Fülle der Schicksale, die im Leser bei der Lektüre physischen Schmerz auslösen, ein Beispiel: Im Kapitel »Benin City, Nigeria, Kilometer 973« schreibt Brinkbäumer, die Stadt sei eine des Frauenhandels und der Arbeitslosigkeit. Es gäbe keine Industrie und keine Hoffnung für die Men- schen dort. Die Familien seien so arm, dass sie ihre

Töchter im Alter von dreizehn oder vierzehn Jahren als lebendes Fleisch an Schlepper verkauften, »darauf hoffend, dass irgendwann Geld aus dem Paradies kommt. Wenn die Schulden bei den Schleppern nicht bezahlt werden können, dann haben die Familien nicht nur ihre Töchter verloren, weil das Haus das Pfand ist ... 60000 Euro muss die Familie den Schleppern zahlen und die meisten Väter und Mütter lassen sich darauf ein, weil die wenigsten ... wissen, wie schwer 60000 Euro zu verdienen sein werden an Europas Straßenrändern« und »auf den Rücksitzen europäischer Autos«. Bevor die Mädchen ins gewisse Ungewisse geschickt werden, müssen sie eine Voodoo-Zeremonie hinter sich bringen, müssen ein Gebräu aus Blut, Wein und den eigenen Achsel- und Schamhaaren trinken, das sie schützen soll, aber auch zum Gehorsam gegenüber ihren neuen Herrn zwingt. »Falls das Mädchen«, schreibt Brinkbäumer, »sich in Europa verstecken und weigern sollte, die Schulden zurückzuzahlen, wird es nicht mehr lange leben«, denn dann verständigten die Gläubiger die Voodoo-Hexe, »die einen Fluch, einen Juju, über das Mittelmeer schickt«. John Ampan ist wie die Mehrheit der Schwarzafrikaner auch jetzt noch überzeugt, dass das Voodoo wirke, erst seit man sein wolle wie der weiße Mann, fehle dieser Schutz.

Der polnische Journalist Ryszard Kapuściński, ein leidenschaftlicher Afrika-Reisender und eingeweihter Wissender des Kontinents, berichtet in seinem Buch *Afrikanisches Fieber* von der Hörigkeit der Einwohner gegenüber dem Zauber: »Wenn ein nahestehender Mensch stirbt, ein Haus niederbrennt, eine Kuh eingeht, ich mich vor Schmerzen winde oder von einem Malariaanfall niedergeworfen werde, sodass ich mich nicht mehr rühren kann, dann weiß ich, was passiert ist: Jemand hat einen Zauber gegen mich ausgesprochen ... Dieser Zauberer muss ex definitione unter anderen Menschen leben und wirken, in einem anderen Clan oder Stamm. Unser modernes Misstrauen, unsere Ablehnung gegenüber dem anderen, dem Fremden, ist auf diese Angst unserer Stammesvorväter zurückzuführen, die im anderen, im Angehörigen eines fremden Stammes einen Träger des Übels, eine Ursache des Unglücks erblickten ... Leben ist nur unter guten Menschen möglich, und schließlich lebe ich ja. Die Schuldigen sind also die anderen, die Fremden.«

Kapuściński und Brinkbäumer berichten auch vom Größenwahn und der absoluten Macht der Clan-Bosse sowie der strengen hierarchischen Ordnung innerhalb der Clans, dem Irrsinn und der Gewalt, die diese zur Folge haben. Angehörige eines Clans würden andererseits das, was wir »Unbestechlichkeit« nennen, ergänzt Brinkbäumer, als »Egoismus oder Arroganz bezeichnen. Die ›Big Men‹ in Afrika müssen daher viele wichtige Posten an ihre Angehörigen vergeben ... Wir nennen es ›Klüngel‹ oder ›Filz‹, und es fällt wirklich schwer zu begreifen, dass beispielsweise eine eher kleine Behörde wie die Marketing-Agentur für Kakao in Ghana 105 000 Mitarbeiter benötigte.« – Das ist nur ein winziges Detail aus dem afrikanischen Elend, aus Städten, die im Müll versinken, in denen Hunger, Mord, Drogen herrschen und die Willkür der Mächtigen. Brinkbäumer listet auf: 910 Millionen Menschen leben in Afrika, das sind 14 Prozent der Weltbevölkerung, 71 Prozent sind jünger als 25 Jahre, 410 Millionen Afrikaner sind Christen,

360 Millionen Muslime, 46 Prozent der Schwarzafrikaner leben von weniger als einem Dollar pro Tag, und von tausend Kindern sterben in den Ländern südlich der Sahara 102 vor ihrem ersten Geburtstag, die durchschnittliche Lebenserwartung in diesen Ländern beträgt 46 Jahre. Dreißig Millionen Afrikaner sind an Aids erkrankt oder HIV-positiv, Polygamie ist Alltag, weibliche Geschlechtsverstümmelung verbreitet. Auf dem Kontinent werden über 2000 Sprachen gesprochen. Kolonialisierung durch Europäer. Ausbeutung der Bodenschätze und Sklavenhandel, weiß Brinkbäumer weiter zu berichten, haben den Kontinent nachhaltig zerstört. 1518 fuhr das erste Sklavenschiff von Guinea in die »Neue Welt«, nach der die Gefangenen keine Sehnsucht verspürten. Die Europäer waren die Täter, doch die Häuptlinge der sich gegenseitig bekämpfenden Stämme haben ihnen dabei geholfen, die Sieger verkauften die Krieger der Verlierer an die Weißen. Ungefähr 29 Millionen Afrikaner verschleppten die Sklavenjäger, und in den folgenden vier Jahren waren es noch einmal so viele, die bei der Gefangennahme, dem Transport, durch Mord und Selbstmord starben. Rebellen, Kranke, Schwangere, Unwillige, Vergewaltigte wurden über Bord in den Atlantik geworfen. »Kulturelle und spirituelle Vergewaltigung … haben darüber hinaus unauslöschliche Spuren in der kollektiven Psyche und dem Identitätsempfinden der Völker hinterlassen«, stellt der nigerianische Nobelpreisträger für Literatur und heutige Good-Will-Botschafter bei der Unesco, Wole Soyinka, fest. Die Kolonialstaaten haben die Bevölkerung weitgehend entmündigt, die Bodenschätze des Kontinents geplündert. Jetzt ist der Erdteil, was seine

wirtschaftliche Entwicklung betrifft, ein Niemandsland, das auch noch den von der westlichen Welt zumindest mitverursachten Klimawandel zu spüren bekommt. »Es gibt etwas«, stellt Kapuściński dazu fest, »was man mehr begehren und lieben kann als eine Frau. Das ist Wasser.«

Ist es ein Wunder, dass die Menschen, die jungen Männer, die Frauen ohne Zukunft die Weite suchen? Dass sie sich das, was sie von Europa im »Mondo Novo«, im Fernsehen, zu Gesicht bekommen oder von anderen an Gerüchten vernehmen, als irdisches Paradies vorstellen, in dem auch für sie ein Platz frei ist? Dass sie die Aussichtslosigkeit ihrer Existenz um jeden Preis einzutauschen bereit sind gegen die Hoffnung, in das Gelobte Land zu gelangen? Überall auf dem Kontinent machen Schlepperorganisationen diese Sehnsucht zu ihrem Geschäft, das zumeist ein schmutziges ist. Sie verlangen 5000 bis 10000 Dollar und mehr, für Einheimische riesige Summen, so viel, dass ganze Familien ihre Ersparnisse vorstrecken, ihren kleinen Besitz belehnen, Garantien abgeben, die sie kaum einhalten können, im Glauben daran, dass bald monatliche Beiträge ihrer Verwandten aus Europa auch sie zu wohlhabenden Menschen machen werden, wenn es diesen nur gelingt, sich durchzuschlagen. Die meisten scheitern. Sie verhungern und verdursten in der Wüste, wenn sie von oft kriminellen Schleppern unterwegs zurückgelassen werden, werden ausgenommen oder bleiben sonst wie auf der Strecke. Über 17 Millionen Afrikaner sind auf der Flucht, und nur wenige von ihnen erreichen nach Strapazen, endlosem Warten, Entbehrungen und Demütigungen, oft erst nach Jahren die mit Stacheldraht bewehrten vier

Meter hohen Grenzzäune vor der spanischen Enklave auf afrikanischem Boden, Ceuta.

Dort patrouilliert Tag und Nacht die bewaffnete spanische Guardia Civil. Trotzdem gelingt es Einzelnen, von der marokkanischen Seite aus die Hindernisse zu überwinden, andere verletzen sich schwer beim Versuch, die Zäune zu überklettern, wiederum andere stürmen gemeinsam mit ihren Leidensgefährten die Absperrung. Corinna Milborn berichtet in *Gestürmte Festung Europa* von diesen Verzweiflungsausbrüchen Ende September 2005. »Fünf Tage hindurch liefen Nacht für Nacht Hunderte afrikanische Flüchtlinge mit selbst gebastelten Leitern gegen den Doppel-Grenzzaun. Dutzende schnitten sich an den scharfen Klingen des Z-Drahtes die Hände und Arme auf, brachen sich die Knochen beim Fallen ... Sieben der Flüchtlinge wurden beim Überwinden des Zaunes vom marokkanischen Militär erschossen ... Etwa 1200, die es nicht schafften, die spanische Seite zu erreichen, wurden mit Handschellen aneinandergekettet und in Bussen an die algerische Grenze mitten in die Sahara gebracht ... ›Ärzte ohne Grenzen‹, die dem Konvoi nachgefahren waren, spürten über 200 umherirrende Flüchtlinge auf, doch viele verdursteten.« In Mauretanien warten nach Auskunft des dortigen Innenministeriums derzeit 500000 Flüchtlinge darauf, auf die Kanarischen Inseln überzusetzen. Noch mehr versuchen es mit Schlauchbooten auf anderen Routen. Auf sie warten Grenzposten mit Hubschraubern, Patrouillenbooten und Nachtsichtgeräten. Die Schlepper steuern auch Malta, die Insel Lampedusa oder die Küste Italiens an, Hunderte Flüchtlinge sind dabei ums Leben gekommen und

»Nahrung für die Fische« geworden, wie es sprichwört-
lich heißt. Europa, schläfst du gut?

Die wenigen, denen es gelingt durchzukommen, müssen stets damit rechnen, gefasst und zurückgeschickt zu
werden. Unter zumeist falschem Namen suchen sie um
Asyl an, die Fingerabdrücke werden ihnen abgenommen und in einer Zentraldatenbank in Luxemburg gespeichert, damit sie, wenn sie versuchen, in anderen
Ländern unterzutauchen – denn in Europa gibt es keine
Grenzen mehr – gefasst und in das »Erstaufnahmeland«
abgeschoben werden können, wie es das »Dublin-Ab-
kommen« der EU vorsieht. Vom »Erstaufnahmeland«
erfolgt dann in der Regel die Abschiebung in ihr »Heimatland«, so die im Grunde zynische Bezeichnung
für das Land, aus dem sie geflohen sind. Nur 0,1 Prozent aller Asylanträge von Schwarzafrikanern wird in
Deutschland positiv erledigt, denn die meisten gelten
nicht als Flüchtlinge nach der Genfer Konvention. Den
Illegalen bleibt nur die Möglichkeit zur Schwarzarbeit
wie beispielsweise in Ceuta. Dort leben sie als »Plastik-
menschen« auf Müllhalden, in Lagerhallen, in »notdürf-
tigen Verschlägen aus Kunststoffplanen oder sie arbeiten
an der spanischen Südküste im Plastikmeer von Alme-
ria«, wie Milborn schreibt. »Unter den Planen wächst das
Wintergemüse für Europa: Tomaten, Gurken, Paprika
und Zucchini.« Mittlerweile hat sich das Anbaugebiet
auf 320 Quadratkilometer ausgedehnt, man kann es
sogar vom Mond aus sehen. »Erde hat in einem solchen
Glashaus aus Plastik nichts verloren, die Wurzeln der
Pflanzen stecken in einer Nährlösung … Die Luft …
riecht scharf nach Dünger und Pestiziden, schon nach
ein paar Minuten schmerzt mein Hals, meine Augen

brennen… 80 000 bis 90 000 Menschen arbeiten hier unter den Plastikplanen und in den Verpackungshallen. Und keiner von ihnen ist Spanier, versichert man mir überall. Für die sei die Arbeit viel zu hart«, so Milborn.

Es gibt noch eine Vielzahl anderer gesundheitsschädigender, deprimierender, zermürbender Arbeiten, es gibt nicht zuletzt als rettenden Strohhalm die Prostitution oder das Dealen mit Drogen. Nur wenige der Illegalen, der Untergetauchten, der »clandestinos«, wie sie in Spanien genannt werden, der »Heimlichen« oder »sans-papiers«, »die ohne Ausweis«, wie sie in Frankreich heißen, haben ein Diplom, eine Ausbildung, und alle bekommen sie den versteckten oder offenen Rassismus in den Ländern, in denen sie sich aufhalten, zu spüren, den langen Arm der Polizei, und geraten sie einmal in die Papiermühlen der Bürokratie, sind sie verloren. Abgeschoben zu werden ist die größte Niederlage für einen Migranten, nach dem größten Sieg, dem Betreten von europäischem Boden. Was anderes bleibt ihm übrig, als weiter auf der Flucht zu sein? Nur durch einen Zufall sind wir nicht sie und sie nicht wir. Ohne dass wir einen Einfluss darauf hätten, könnten wir ihr Schicksal haben: als Namenlose, Gesichtslose, ohne Eigentum, ohne Dach über dem Kopf, ohne Mitleid der Bevölkerung und ohne Erlaubnis zu arbeiten, gehasst, verachtet und gemieden.

Doch das afrikanische Elend ist nur eines von vielen.

Ganze Familien kommen aus Tschetschenien, auch sie über hochbezahlte Schlepper, die sie über die Ukraine und die Slowakei nach Österreich schleusen. Die ermordete russische Schriftstellerin Anna Politkovskaja beschreibt in ihrem Buch *Tschetschenien – die Wahrheit über den Krieg* das Martyrium des Volkes am Kaukasus. Sie vergleicht die antitschetschenische Stimmung in Russland mit dem staatlichen Antisemitismus Ende des 19., Anfang des 20. Jahrhunderts, damals durften Juden nur mit polizeilicher Genehmigung den Wohnort wechseln und waren nur in wenigen Hochschulen zum Studium zugelassen. Deren Kinder seien dann bei der Oktoberrevolution, schreibt Politkovskaja weiter, als radikale Bolschewiki bereit gewesen zurückzuschlagen – für die Demütigungen ihrer Kindheit, »damit ihnen Erwachsenenleben und Alter nicht die gleichen Entwürdigungen bescherten wie ihren Eltern und Großeltern«. Politkovskajas Buch ist eine atemlose Beschreibung von Gräueln, Massakern und Folter der ersten drei Jahre des zweiten Tschetschenien-Krieges, in dem ein »fast 100 000 Mann starkes föderales Truppenkontingent« einer »600 000 Personen zählenden Bevölkerung Tschetscheniens und (nach offiziellen Angaben) 2000 Rebellen gegenüberstand«. Die Taktik der »Bombenteppiche« auf Dörfer aus der Anfangszeit des Krieges sei abgelöst worden durch »eine Vernichtung von Menschen wie am Fließband«. Die Siedlungen seien bis auf die Grundmauern zerstört worden. Die Hungersnot sei erschreckend gewesen. Monatelang eine einzige kärgliche Mahlzeit am Tag sei für die Bevölkerung die kaum zu ertragende Normalität gewesen, Mord an unschuldigen Zivilisten nichts Außergewöhnliches. Vor allem das »grassierende Marodeurs-Unwesen« unter den russischen Streitkräften habe Entsetzen und Angst verbreitet. Es gehörte zu den Alltagserscheinungen, schreibt Politkovskaja, dass aus einem willkürlich ausgewählten Haus vom Militär junge Männer entführt wurden und dann eine Lösegeldforderung von 5000 Dollar und mehr eintraf. Konnte die Familie das Geld nicht auftreiben, wurden die Verschleppten ermordet und für die Auslieferung des Leichnams die doppelte Summe verlangt.

Politkovskaja, die sich im Zuge ihrer Reportagen mehrfach in Lebensgefahr befand, nennt diese Verbrechen lakonisch »die wichtigsten Kampfmaßnahmen der Armeeangehörigen in Tschetschenien« und bezeichnet sie als »Menschenhandel mit lebender und toter Ware«. Tausende Familien, fährt sie fort, suchten nach verschleppten Angehörigen und könnten bestenfalls deren Leichen freikaufen. Detailliert notierte die ermordete Schriftstellerin das Leid und die Entbehrung der Tschetschenen, den Sadismus, die Gnadenlosigkeit und die Brutalität der russischen Armee und den »typischen Hass«, den ihre Offiziere »auf jede Form von Öffentlichkeit« hegen.

Arkadi Babtschenko schildert in *Die Farbe des Krieges* diese Gräuel aus der Sicht eines Angehörigen der russischen Armee. Als neunzehnjähriger Soldat während des ersten Tschetschenien-Krieges 1996 wurde Babtschenko wie viele andere ohne Grundausbildung, ohne einen Schuss abgegeben zu haben, ohne Kenntnis der Lebensweise der Tschetschenen in das blutige Chaos geworfen. Die fundamentalistischen, muslimischen Widerstandskämpfer kannten keine Gnade. Binnen einer Woche war die Einheit, in der Babtschenko kämpfte, auf die Hälfte dezimiert. Verkohlte Leichen, abgerissene Glieder, Gefallene, die in Alusäcken »in die Heimat zurückgeschickt wurden«, säumten Babtschenkos Weg. Er berichtet aber auch ausführlich vom Terror der Offiziere in den Kasernen, von Folterungen, Mord, exzessiver Prügelstrafe und zynischen Erniedrigungen. Da der

Nachschub versagte, verkauften Soldaten Munition und Militärmaterial, Lkw-Fahrer Motorteile und Getriebe und Offiziere Autos und sogar neue Panzerwagen an Tschetschenen und damit indirekt an die fundamentalistischen Widerstandskämpfer. Bestraft wurden bei Aufdeckung aber nur Soldaten und untere Chargen. In diesem Inferno, das der Autor, wie Erwin Riess in einer Rezension des Buches anmerkt, »als einen Weltuntergang« beschreibt, »versuchen Kinder und Alte bettelnd und stehlend zu überleben«, oder »sie ergeben sich apathisch den russischen Granaten und Bomben«. Und er weist auf die Zehntausenden Kranken und Traumatisierten hin, die der Krieg zur Folge hatte, »an Leib und Seele zuschanden gewordene, junge Männer«, die »in die Städte der organisierten Kriminalität oder auf das von Politik und Gesellschaft vergessene Land zurückkehrten«. Das Virus des Krieges vergiftete dort dann zusätzlich »einen ohnehin im Zerfall befindlichen Zivilisationstyp«.

Der Konflikt zwischen Tschetschenen und Russland ist alt. Seit dem 18. Jahrhundert schon widersetzten sich die Tschetschenen der Expansion des zaristischen Imperiums und überfielen die Gouvernements Stawropol und Krasnodar. Die Russen antworteten mit grausamen Strafexpeditionen. Leo Tolstoi hat eine lange, posthum 1912 erschienene Erzählung, *Hadschi Murat*, darüber verfasst. Er schildert darin das Leben und Sterben der russischen Soldaten, deren Darstellung auf eigene Jugenderinnerungen zurückgeht, und beschreibt bis ins Detail die Sitten und Bräuche der kaukasischen Völker, einschließlich der Riten des islamischen Glaubens. Vor allem aber deckt Tolstoi die »Psychologie des Despotismus« in der europäischen wie asiatischen Form auf und

472

stellt ihm seine eigene Auffassung von Macht entgegen. Er lässt in seiner Erzählung *Zar Nikolaus* die Anweisung erteilen, dass der Befehlshaber der russischen Truppen sich streng an sein System halten solle, die Wohnsiedlungen der Tschetschenen zu zerstören, ihre Nahrungsmittel zu vernichten und sie durch fortgesetzte Überfälle zu beunruhigen. An dieser Strategie änderte sich auch in den letzten beiden Tschetschenienkriegen nichts.

Olaf Kühl, der Übersetzer von Babtschenkos *Die Farbe des Krieges*, skizziert in seinem Nachwort die weiteren Konflikte, die ich, kurz zusammengefasst, wiedergebe: Die russische Besatzung löste bis Ende des 19. Jahrhunderts »eine Emigrationswelle in Tschetschenien aus«. In den eroberten Städten und Dörfern wurden Kosaken und Armenier angesiedelt. Die Tschetschenen widersetzten sich bis in die dreißiger Jahre des vergangenen Jahrhunderts auch der Kollektivierung der Landwirtschaft nach der Russischen Oktoberrevolution. 1922 wurde Tschetschenien-Inguschetien zwar autonomes Gebiet, im Februar 1944 ließ Stalins Geheimdienstchef Berija jedoch mehr als 400 000 Tschetschenen in Viehwaggons nach Kasachstan und Mittelasien transportieren – ihnen wurde vorgeworfen, mit dem deutschen Militär kollaboriert zu haben. Ein Viertel der Deportierten starb. Die sowjetische Republik Tschetschenien-Inguschetien wurde aufgelöst. Erst Nikita Chruschtschow erlaubte 1955 die Rückkehr der Deportierten.

Die Tschetschenen lernten in der Sowjetunion zwar Russisch, waren aber siebzig Jahre nicht bereit, sich zu integrieren. 1991 wurde Dschohar Dudajew zum Präsidenten Tschetscheniens gewählt. Er leistete seinen Amtseid auf den Koran. »Wenige Tage später proklamierte er einseitig den Austritt aus der UdSSR. Bis 1994 kam es zu einem Massenexitus von 200 000 Menschen der nicht-tschetschenischen Bevölkerung. Darauf gab der damalige russische Präsident Boris Jelzin den Befehl zur militärischen Intervention und der erste Tschetschenien-Krieg begann.« Die Tschetschenen nannten die Russen »gasski« – »Fremde, Ausgestoßene«, die Russen die Tschetschenen »Tschechen« und »Schwarzärsche«. Nachdem die russische Armee 1995 rund 80 Prozent des tschetschenischen Gebiets unter Kontrolle gebracht hatte, setzten Dudajews Anhänger die Kämpfe als Guerillakrieg fort. Sie schreckten dabei weder vor Geiselnahmen noch Terroranschlägen zurück. 1996 verfügte Jelzin den Rückzug der russischen Truppen. Menschenrechtsverletzungen und Grausamkeiten auf beiden Seiten kennzeichnen diese Phase des Krieges.

Das nun de facto »unabhängige« Tschetschenien nutzte aber von 1996 bis 1999 die Chance zur Stabilisierung nicht. »Das Land verkam zum kriminellen Eldorado.« Auch in Tschetschenien herrscht das Clan-Wesen wie in Afrika, auch in Tschetschenien bestimmt es neben der Familie das Leben des Einzelnen. Ohne den Clan gibt es kein Überleben, kein Geld für einen Freikauf von Familienmitgliedern, keine Zukunftsperspektive. Die »Clan-Tradition« verhinderte aber auch eine starke Zentralregierung und verdiente am korrupten System. »Tschetschenische Feldkommandeure gründeten in ihren Heimatgegenden kriminelle Fürstentümer. Das Geschäft«, schreibt Olaf Kühl, »mit den Geiseln blühte«, auch auf tschetschenischer Seite. Und weiter: »Gleichzeitig wuchs der Einfluss des Islamismus. Aus dem Ausland sickerten islamische Kämpfer ein. Ausbildungslager für Terroristen, zum Teil von saudi-arabischen Geldgebern finanziert, wurden gegründet … Im Januar 1999 verkündete der tschetschenische Präsident Maschadow, dass in Tschetschenien innerhalb von drei Jahren die Scharia, das islamische Recht, eingeführt werden solle.

Im August 1999 drangen islamische Freischärler unter Führung des tschetschenischen Rebellen Bassajew in der Nachbarrepublik Dagestan ein und proklamierten dort einen unabhängigen Gottesstaat. Der russische Ministerpräsident Putin kündigte ein hartes Vorgehen an.« Am 2. Oktober 1999 begann der zweite Tschetschenien-Krieg mit einer Bodenoffensive der russischen Armee. Bis Jahresende waren die größten Städte Tschetscheniens erobert. Am 1. Februar 2000 wurde die Hauptstadt Grosny genommen und fünf Tage später der Sieg der russischen Truppen verkündet. Tschetschenische Rebellen verübten jedoch weiter Terroranschläge, »besonders Bassajew tat sich durch rücksichtsloses Vorgehen gegen Geiseln und Zivilisten hervor«. Je länger der Krieg sich hinzog, desto unerbittlicher wurde er geführt. Am 2. Januar 2003 mussten internationale Beobachter Tschetschenien verlassen. Die Clans stellten neben den Verwandten tschetschenischen Migranten hohe Geldsummen zur Verfügung, um Schlepper für die Flucht in die »Neue Welt« bezahlen zu können, in das europäische Paradies, das in der Dunkelheit des Kriegsalltags als ein in der Ferne leuchtendes Bild lockte.

Tschetschenen gelten zum Großteil als Asylsuchende, für die die Genfer Konvention zutrifft, und deshalb sind ihre Chancen auf einen positiven Bescheid auch ungleich höher als die der Migranten aus Afrika.

Traiskirchen in Niederösterreich, zwanzig Kilometer von Wien entfernt, ist ein Symbol für das Flüchtlingswesen in Österreich. An den Südhängen des nahe gelegenen Anningers reifen hochwertige Reben. Der Weinbau hat hier schon eine lange Tradition. Auch ist der Ort mit jetzt 18 000 Einwohnern wegen seiner Semperit-Reifenfabrik ein Begriff. Schon 1900 begann die Produktion, und bis zu 4000 Einwohner waren in »ihrem Werk« beschäftigt. Nach dem Verkauf der Fabrik in den 1980er Jahren an den deutschen Continental-Konzern wurde ein Großteil der Produktion nach Osteuropa ausgelagert und immer mehr Mitarbeiter wurden gekündigt. Derzeit beschäftigt Continental nur noch 400 Mitarbeiter in Traiskirchen, aber die deutsche Firma konnte zwischen 1985 und 2002 aus dem Werk immerhin einen Reingewinn von rund 400 Millionen Euro erzielen.

Das sogenannte Flüchtlingslager ist frisch verputzt und besteht jetzt aus 24 Objekten auf einem Gelände von 15 000 Quadratmetern. Die Anlage wurde 1898 für eine k. u. k. Artillerie-Kadettenschule errichtet und bestand aus dem Hauptgebäude und weiteren 17 Versorgungsgebäuden. 1903 wurde es, wie die Chronik besagt, »seiner Bestimmung übergeben«. Nach Ende der Monarchie wurde der gesamte Komplex bis 1938 als »Staats- und Bundeserziehungsanstalt für Knaben«, dann in der Zeit des Nationalsozialismus als Internat der NPEA (National-Politische-Erziehungsanstalt für männliche Jugend) verwendet. Von 1945 bis 1955 diente er der Roten Armee als Kaserne und Lazarett und ist seit dem Ungarnaufstand 1956 Unterkunft für Asylanten.

Zu diesem Zeitpunkt war das Lager ein Provisorium, aber Provisorien haben es in Österreich an sich, dass sie eine lange Lebensdauer haben und zu einem »fixen Provisorium«, einer Dauereinrichtung, werden. Der Gebäudekomplex bietet maximal 1500 Personen Aufenthalt, aber schon 1956 wurde er von bis zu 4000 Flüchtlingen überrannt. Damals gab es keine Probleme wegen der Überfüllung, da die internationale Hilfe »reibungslos«, wie es heißt, funktionierte. Am 1. Jänner 1960 befanden sich dann 1516 Flüchtlinge im Lager, davon 1403 Jugoslawen. Am 24. Oktober 1988 besuchte Mutter Teresa das Flüchtlingslager, zu diesem Zeitpunkt befanden sich 1586 Asylwerber in der ehemaligen k. u. k. Artillerie-Kadettenschule und 15176 in ganz Österreich. 1990 setzte der Flüchtlingsstrom aus Rumänien ein. Das Lager Traiskirchen war mit 2800 Personen überfüllt, Gemeindefahrzeuge sperrten die Straßen ab, um die Ankunft weiterer 5000 Flüchtlinge aus Rumänien zu verhindern. Nach dem Zusammenbruch des Kommunismus gab es ein ständiges Auf und Ab an Flüchtlingen, die um Asyl ansuchten. Inzwischen wurde der Gebäudekomplex baufällig und war nur noch eine triste, graue Flüchtlingskaserne, die im anbrechenden dritten Jahrtausend permanent überbelegt war.

Es kam zu skandalösen Zuständen. In mehreren Räumen wurden 36, in zwei Sälen jeweils fünfzig Personen untergebracht, die unter indiskutablen hygienischen Bedingungen hausen mussten. Ganze Familien, Männer, Frauen, Kinder wurden unterschiedslos in die beengten Schlafräume gepfercht. Der sozialistische Bürgermeister der Gemeinde wehrte sich gegen eine Renovierung durch das Bundesimmobilienamt, da er fürchtete, dass in seinem kleinen Ort sich dann ständig um die 2000 Asylwerber aufhalten würden. 2002 waren es manchmal auch schon mehr als 2000 gewesen, obwohl das Lager inzwischen nur noch für 800 bis 1000 zugelassen war. Im Herbst und Winter 2003 und 2004 hielt der Flüchtlingsstrom – vorwiegend aus Tschetschenien und Nigeria – an, und in den Gebäuden hielten sich zumeist über 1800 Asylanten auf.

Mittlerweile waren zwar die Bundesländer von der Regierung verpflichtet worden, in Form einer Quotenregelung einen Teil der Flüchtlinge zu übernehmen, aber die wenigsten Länder erfüllten die vorgeschriebene Zahl, denn die Aufnahme wurde von der Zustimmung der jeweiligen Bürgermeister der betroffenen Gemeinden abhängig gemacht. Es kam damals vor, dass Flüchtlinge über den Zaun in das Lager Traiskirchen kletterten, um für die kalten Nächte eine Bleibe zu finden. Intern sprach man von bis zu 2400 Hilfesuchenden. Zudem wurde der Westflügel des Hauptgebäudes gesperrt, da die Gemeinde nach wie vor eine Baugenehmigung verweigerte. Inzwischen fasste sie auch einstimmig den Beschluss, dass hinkünftig kein Flüchtlingslager in ihrem Ort betrieben werden solle. Dieser Beschluss ist bis heute aufrecht, aber wirkungslos, da das Lager dem Bundesimmobilienamt des Innenministeriums untersteht und also Eigentum des Staates ist.

Ich spare mir eine Polemik gegen den Ort, denn über fünfzig Jahre hat Traiskirchen das schwerste Gewicht der Flüchtlingsbetreuung ohne große Widerstände getragen. Im Vergleich zur Einwohnerzahl entspräche das einem Lager von mehr als 200000 Asylanten in Wien oder 30000 in Graz. Die Reaktionen wären unschwer abzusehen. Die Langmut der Traiskirchner mit den übrigen Bundesländern, die sich mit Ausnahme von

Wien und dem Burgenland vor ihren Verpflichtungen drückten und es noch immer tun, ist vielleicht darauf zurückzuführen, dass sich viele Arbeiter mit böhmisch-mährischen Wurzeln zu Beginn des vergangenen Jahrhunderts wegen der Ziegelwerke in Vösendorf hier ansiedelten und auch 1956 zahlreiche Ungarn im Ort blieben. Aber das ist nur eine vage Hypothese, denn es gilt oft auch das Gegenteil, dass Menschen, denen es unter Mühen gelungen ist, sich zu integrieren, Angst vor weiterem Zuzug haben und Flüchtlinge ablehnen. Überhaupt ist Brüderlichkeit die kostbarste und seltenste Eigenschaft in der globalisierten Welt geworden, die Kapuściński als ein »gewalttätiges Paradies« bezeichnet. Auch Flüchtlinge müssen sich auf diese Tatsache einstellen: »Wir hören irgendwann auf zu lieben«, sagt John Ampan … »Wenn du deine Familie zurücklässt und jahrelang nicht siehst, wenn du erlebst, was wir erleben, dann schläfst du mit Frauen, um nicht allein zu sein. Du wirst pragmatisch, du wirst nüchtern, du kämpfst täglich um Essen und Kleidung und einen Platz zum Schlafen. Du vergisst die Liebe.« Und weiter: »Afrikaner behandeln Europäer mit Respekt, also anders, als ihr uns behandelt … Ihr behandelt uns, als wären wir automatisch dreckig, dumm und gefährlich. Wir behandeln euch, wie ihr es nicht verdient, als Überlegene, als Meister. Afrikaner vergessen niemals, dass sie schwarz sind. Wie könnten sie das vergessen in dieser Welt?«

Den meisten Menschen ist es offenbar unmöglich, sich auch nur kurz in die Lage »Mittel- und Obdachloser« zu versetzen, findet nicht nur Werner Kerschbaum, stellvertretender Geschäftsführer des Roten Kreuzes. Beamtenschaft und vor allem viele Politiker wollen, wie sie sagen, das Ganze im Auge behalten, das Sozialsystem, die Arbeitslosenzahlen, Steuergelder, das Bildungssystem, die innere Sicherheit … Der Bevölkerungskollaps, der Europa ohne Zuwanderung droht, liegt für sie (noch) in weiter Ferne. Drei oder fünf Jahrzehnte vorauszuplanen sind eine zu große Zeitspanne, wenn alle vier oder fünf Jahre Wahlen stattfinden. Man muss zumindest vorgeben, die Lage im Griff zu haben. Die NGOs, die Non-Governmental-Organisations wie Caritas, Diakonie, Rotes Kreuz, Volkshilfe, SOS Mitmensch, SOS Asyl, Ehe ohne Grenzen, ZEBRA und andere sehen hingegen den Einzelnen, den Bedrängten, den Verzweifelten. Zwischen der Regierung und ihren Beamten und den NGOs herrscht ein Klima des Misstrauens und der Aufgebrachtheit. Eine sachliche Diskussion scheint nicht möglich. Und selbst unter den NGOs gibt es Kritik und böses Blut, für einen Außenstehenden wirkt es nahezu so, als sei ein Glaubenskrieg um die Betreuung von Flüchtlingen entbrannt. Seit Jörg Haider und die FPÖ in der »Ausländerfrage« die Atmosphäre vergiftet haben, haben sich die Meinungen zu Schlagwörtern verändert, sind die Standpunkte polarisiert, und ist die Debatte emotionalisiert. Von der Politik kommen – mit Ausnahme der Grünen – kaum Impulse, denn mit dem Thema Migration lässt sich keine Wahl gewinnen.

Fünfzig Seiten über Traiskirchen, das Fremdengesetz und Vorfälle im Lager druckte der Computer des *Standard* für den Zeitraum von 2002 bis 2007 aus. Eine Auswahl: Für 2003 listet die Statistik beispielsweise 19000 Asylsuchende auf, die betreut wurden … Am 11. November 2005 wird berichtet, dass 1300 Menschen im

Lager seien. Im Umfeld des Speisesaals komme es zu gewalttätigen Szenen, zu Prügeleien. Der Saal könne »nur 150 Menschen aufnehmen«. Um die achtfache Zahl Menschen zu verköstigen, müsse daher in Schichten gegessen werden ... 2004 stand ein Wachmann unter dringendem Verdacht, eine Asylwerberin aus Kamerun vergewaltigt zu haben. Das Objekt 8 wurde daraufhin zum Frauenhaus umfunktioniert, zu dem Männer keinen Zutritt mehr haben, ein weiblicher Wachposten soll dafür sorgen ... Wegen Überfüllung werden im Winter Asylwerber auf die Straße gesetzt ... Ein 24-jähriger Tschetschene wird im selben Jahr bei einer Massenschlägerei mit Moldawiern im Lager erschlagen. Rund 150 Menschen prügelten aufeinander ein, Pflöcke und Stangen wurden dabei als Waffen benutzt (es soll zwar keinen Alkohol im Lager geben, aber es gelingt immer wieder, ihn einzuschmuggeln).

Die Chronik berichtet außerdem von unerträglichen Zuständen: »überquellende Müllkübel auf den Gängen, beißender Gestank zu vieler Körper auf zu engem Raum in den Stockbettzimmern.« Es wird ferner in einem Leitartikel festgehalten, dass bis 2004 bereits 120 000 Kinder und Frauen pro Jahr in die EU-Staaten verkauft wurden. Weiter heißt es: »Es gibt mittlerweile genug Studien, die nachweisen: das Nachwuchsproblem in Europa ist durch mehr Geburten allein nicht zu lösen. Eine gezielte und gut geplante Ausländerpolitik gehört gleichrangig mit der Pensionsfrage zum Zukunftspanorama jeder Regierung. Das heißt, sich auch der Flüchtlinge mit Wohlwollen anzunehmen und dort wie überall eine Art Begabtenförderung zu versuchen.« (...)

Die deutsche Privatfirma European Homecare, EHCR,

hat am 1. Juli 2003 vom Staat die Betreuung im Flüchtlingslager Traiskirchen übernommen. Das österreichische Offert eines Konsortiums aus Rotem Kreuz, Caritas, Diakonie und Volkshilfe war wesentlich teurer.
EHCR erhält vom Bund 12,89 Euro (dzt. 13,80) pro
Flüchtling und Tag. Die NGOs sprechen daraufhin von
einer »Privatisierung der Armut« und fragen, ob man
zentrale und sicherheitspolitische Aufgaben des Staates
gewinnorientierten Unternehmen übertragen dürfe. Die
eigenen Organisationen verfügten hingegen über einen
hohen Anteil freiwilliger Helfer, die für ihre Arbeit aus
Überzeugung heraus motiviert seien ... Das ist nur ein
kleiner Ausschnitt aus dem Konvolut, in dem seismo-
graphisch alle Vorfälle und Ereignisse, die das Lager
Traiskirchen betreffen, aufgezeichnet sind.

Unter dem Pseudonym Konrad Hofer veröffentlichte
ein Unbekannter 2006 einen Bericht *Gestrandet. Aus dem
Alltag von AsylwerberInnen.* »Der Autor arbeitete als
Nachtportier«, heißt es auf der Rückseite des Buches,
»in zwei Häusern, in denen Flüchtlinge untergebracht
und betreut werden. Zusätzlich besuchte er regelmäßig
Beratungszentren für AsylwerberInnen und stattete ...
dem berühmt-berüchtigten Flüchtlingslager in Traiskirchen mehrere und unangemeldete Besuche ab.« Hofer
weiß Trauriges zu berichten: von einem Bewohner, der
schon vier Monate das ihm zustehende Taschengeld von
vierzig Euro nicht bekommen habe. Über die »katastrophale Lage in den Sanitätsräumen«. Dass es für das
Duschen kein warmes Wasser gebe. Über die schlechte
Ausbildung der Betreuer von European Homecare. Dass
ein Wachmann seinen Hund auf ein Kind gehetzt habe.
Dass man für das Fernsehen dreißig Euro Strafe zahlen

müsse. Über das schlechte Essen. Es würden keine adäquaten Deutschkurse angeboten. »Die meisten Flüchtlinge merken nach der Ankunft in Österreich«, zieht Hofer ein Resümee, »dass sie gestrandet sind. Sie werden im Unklaren über ihre Zukunft gehalten. Sie fühlen sich auf einen schmalen ›Küstenstreifen‹ hingeworfen und haben Angst, dass sie von einer großen Welle ins offene Meer, aus dem sie sich eben retten konnten, zurückgespült werden.«

Dem ist ohne Vorbehalt zuzustimmen, die Asylverfahren, das hat sich mittlerweile auch bis zur Regierung herumgesprochen, dauern zu oft viel zu lange. Man hat den Eindruck, dass das Warten die Antragsteller zermürben und sie zur Aufgabe bewegen soll oder dass man darauf hofft, dass die Konflikte und Probleme der Asylanten in ihren »Heimatländern« sich zum Besseren wenden. Wie anders kann man erklären, dass mehr als 14 000 laufende Asylverfahren bereits länger als drei Jahre dauern, 375 sogar schon länger als zehn Jahre. In der ersten Instanz würde der Großteil der Verfahren, heißt es, mit einem negativen Bescheid innerhalb von Monaten enden, doch die zweite Instanz ließe sich dann Zeit. Die zuständige Behörde bestreitet dies, bemängelt zu viele fehlerhafte Verfahren in der ersten Instanz und weist auf Personalknappheit und eine zu große Anzahl von zu erledigenden Akten in der Vergangenheit hin. Inzwischen fordern SOS Mitmensch und andere NGOs den Abbau von bürokratischen Hürden beim Niederlassungs- und Aufenthaltsgesetz, ein Bleiberecht nach drei Jahren Aufenthalt im Land, die Entkriminalisierung von Flüchtlingen und die Korrektur von inakzeptablen Härtefällen.

Als ich am 30. März des Jahres in Traiskirchen eintreffe, befinden sich nur 475 Insassen aus 47 Nationen im Lager. Sie kommen unter anderem aus dem Kosovo, Serbien, Pakistan, Palästina, China, der Mongolei oder Nigeria. Die meisten melden sich selbst im Lager an. Der Gebäudekomplex und das parkförmige Areal sind von einem Zaun mit 48 Überwachungskameras umgeben, nicht weil jemand flüchten könnte – das Lager ist 24 Stunden geöffnet –, sondern damit weder Mensch noch Ware unkontrolliert hineingelangen. Die Polizeistation von Traiskirchen ist in den Gebäudekomplex am Rand integriert, mehr als vierzig Beamte arbeiten dort im Schichtbetrieb. Man führt regelmäßig, etwa alle drei Wochen, Razzien durch, »um Diebsgut oder Drogen und Waffen zu finden«. Aber die Statistik des Rechnungshofes über die Bezirkshauptmannschaft Baden besagt, dass es keine höhere Kriminalitätsrate gibt als im übrigen Österreich. Das führt die Polizei auf ihre Präsenz im Lager zurück, aber auch auf die private Sicherheitswache Siwach, die das Areal routinemäßig mit Schäferhunden kontrolliert. Die Menschen hier, sagt Wilhelm Brunner von European Homecare, seien durchwegs in einer Ausnahmesituation, da könne es blitzartig zu einem Ausbruch von Gewalt, zu Raufereien oder Handgemengen kommen. Es ließe sich nicht abstreiten, dass mit den Flüchtlingen auch, wie es heißt, »kriminelle Elemente« ins Lager kämen. Zwei- bis dreimal in der Woche müsse die Polizei deswegen eingreifen, aber das hänge eng mit der Belegung zusammen. Verletzte würden bei Schlägereien in das Krankenhaus Baden überstellt. Diebstähle würden etwa einmal in der Woche zur Anzeige gebracht. Eine Statistik der Fremdenpolizei zeigt ein jähes Ansteigen von »Tatverdächtigen Fremden« speziell bei Nigerianern und Georgiern in den Jahren 2000 bis 2004 und hierauf einen Rückgang. Dieser wird auf eine so genannte »Schlepperamtshandlung«, die den Zustrom verringert habe, zurückgeführt. Der Direktor der Diakonie, Michael Chalupka, widerspricht: Die Statistik gebe nur Auskunft über die Anzahl der Verhaftungen, von denen sich die meisten als grundlos erwiesen. Die Polizei nehme, wenn sie beispielsweise nach einem Drogendealer fahnde, zunächst alle Nigerianer, die gemeinsam in einem Raum nächtigten, fünf, sechs oder zehn fest, bis sie den Täter gefunden habe, was aber die Verurteilungen vor Gericht betreffe, gebe es kein Ansteigen der Kriminalität. Und der Rückgang an Verhaftungen sei auf die geringere Zahl an Migranten und Flüchtlingen zurückzuführen, die durch das strenge Fremdengesetz seit 2004 bedingt sei. Überhaupt sei die Kriminalisierung der Migranten und Asylanten eines der Hauptprobleme, und tatsächlich ist darauf ein guter Teil des Misstrauens der Bevölkerung zurückzuführen. Das beiderseitige Beharren auf Thesen, Theorien und fixen Standpunkten bewirke geradezu das Blühen von Vorurteilen. Immer wieder entsteht der wohl richtige Eindruck, dass die NGOs sich als Anwälte der Flüchtlinge, als Verteidiger der Menschenrechte begreifen, die Regierungsbeamten aber als selbst ernannte Staats-Anwälte, als Ankläger. Polizei und Justiz und die Beamtenschaft sehen naturgemäß nur das, was schiefläuft, ihre Sicht ist sozusagen auf den Fehler fixiert, auf den Mangel, auf die Probleme.

Vierzig Euro im Monat erhält ein Asylant, wie gesagt, vom Staat als Taschengeld, aber es ist ihm nicht erlaubt,

485

einer Arbeit nachzugehen, solange sein Verfahren läuft. Doch Arbeit ist gerade das, was Migranten und Flüchtlinge am dringendsten brauchen. Für Küchendienste oder Reinigungsarbeiten in der Anlage bezahlt European Homecare drei Euro pro Stunde, aber es gibt viel zu wenige Möglichkeiten, im Lager Geld zu verdienen, deshalb sehen sich die meisten anderswo um. Alle wollen arbeiten. Ein Viertel bis ein Drittel der Lagerbewohner ist ständig »unterwegs«. Viele fahren mit der Badener Bahn nach Wien, wo sie auf verschiedenen Plätzen hoffen, Schwarzarbeit zu bekommen. Ein Teil versucht es in Traiskirchen selbst, gleich hinter dem Lager, in der Pfaffstättener Straße. Von sieben Uhr bis neun Uhr an jedem Morgen trifft man dort Gruppen von arbeitssuchenden Lagerbewohnern, die für drei Euro in der Stunde »Häuselbauern« dienen oder als Erntehelfer und Landarbeiter zur Verfügung stehen. Schwarze haben weniger Chancen, weil sie schon von weitem als Flüchtlinge erkennbar sind. Die Polizei sieht weg, denn der »Arbeitsstrich« kommt beiden Seiten zugute, den Traiskirchnern und den Asylanten, doch ist die Doppelmoral unübersehbar. Diese Doppelmoral durchzieht wie ein roter Faden die Einstellung der Bevölkerung zu den »Ausländern« – am Bau, bei Wohnungsrenovierungen oder »privat«, bei Putzfrauen ist der Schwarzarbeiter natürlich willkommen. Das Fahren nach Wien mit der Badener Bahn und wieder zurück ins Lager kostet neun Euro und ist für viele Asylanten daher unerschwinglich. Allein drei Stunden Schwarzarbeit, die sie vielleicht finden, müssten sie dafür aufwenden, und das Taschengeld andererseits würde gerade für eine Fahrt pro Woche reichen, wenn sie auf sonst alles verzichten. Das Schwarzfahren ist daher »Notwehr«, Ausdruck eines unhaltbaren Zustandes, wenn man bedenkt, dass die Asylanten sich manchmal monatelang in Traiskirchen aufhalten. Gegen schwarzfahrende Asylwerber wird hingegen rigoros vorgegangen. Sie müssen die Plastikkarte, die ihnen im Lager ausgestellt wird und ihre Identität festschreibt, vorweisen, das Vergehen wird von der Polizei registriert und beim Asylverfahren sozusagen als schwarzer Punkt bewertet. Fast jeder Lagerinsasse besitzt auch hier ein Mobiltelefon, ein Handy. Ohne Handy könnte man sich in den Maulwurfsgängen der Illegalität nicht zurechtfinden. Es gebe keine Tipps für einen Arbeitsplatz, keine Verbindung zu Angehörigen (im Lager), keine Warnung vor der Polizei, keine Hinweise auf Kontrollen, aber auch weniger Gerüchte. Gerüchte haben in einem Lager einen Beschleunigungsfaktor wie kaum irgendwo sonst.

Auf meinem Gang durch den mittlerweile zum großen Teil renovierten Gebäudekomplex werde ich von Franz Schabhüttl und Wilhelm Brunner von European Homecare begleitet. Herr Schabhüttl, früher Polizist, jetzt Lagerleiter, der dem Innenministerium untersteht, kann trotz ausgesuchter Höflichkeit sein Misstrauen nur schwer verbergen. Herr Brunner wirkt hingegen etwas verunsichert, ist aber an einem Gespräch interessiert. Mein Besuch ist angemeldet und deshalb, wie jeder angemeldete Besuch, die Besichtigung eines Potemkinschen Dorfes. Oder ist das nur Misstrauen meinerseits? Ich suche jedenfalls die ganze Zeit über nach Mängeln, nach Fehlern, die vor mir vertuscht werden und mir verborgen bleiben sollen. Sicher, das Lager ist im Vergleich zu den mir bekannten katastrophalen Zuständen stark unterbelegt, aber selbst dieser Umstand macht argwöhnisch. Mein eigenes Misstrauen und das Misstrauen, das mir entgegengebracht wird, begleiten mich auf der gesamten Recherche und bleiben mir als Leitmotiv in Erinnerung. Sowohl meine Begleiter als auch ich überlegen uns jedes Wort, bevor wir es aussprechen. So bekommen wir einen Hauch von jenem Misstrauen zu spüren, das mit dem gesamten Migranten- und Asylantenwesen verbunden ist, und ich misstraue nicht nur den anderen, sondern auch mir selbst.

Es ist ein sonniger, kühler Frühlingsmorgen, alles macht einen friedlichen Eindruck. Im Areal und vor den Telefonzellen am Eingang einige wenige Fußgänger. Der Kinderspielplatz ist wegen eines tödlichen Unfalls, der sich auf einer ähnlichen Kletteranlage in Wiener Neustadt ereignete, gesperrt, der in einer Baracke untergebrachte Kindergarten verwaist. Nur ein schwarzafrikanisches Mädchen mit Zöpfen zeichnet einsam und ernst an einem Tisch und blickt lächelnd auf. Auch der Unterrichtsraum für die Deutschstunde präsentiert sich mit umgedrehten Stühlen auf den Bänken. Aus den Kreidespuren, die das Wasser und ein Reinigungstuch auf dem schwarzen Brett hinterlassen haben, lese ich: »1975/Congo, 1938? Friede? Krieg – war, peace, guerre, paix.« Und: »Ich gehe zum Supermarkt ... I go to the supermarket.« Draußen auf der Wiese spielen drei oder vier Buben, die Kindergärtnerin beobachtet sie beim Fahren auf bunten Plastikdreirädern. Wir kommen an diesem Tag zu allem zu spät. Herr Brunner betont, dass unsere Vorbesprechung zu lange gedauert habe, und außerdem sei heute ein besonders schönes Wetter, da würden viele nach Wien fahren ... Auf dem Sportplatz spielen zehn Jugendliche ohne besonderen Eifer Basketball. Wir besichtigen das Objekt 8, das Frauenhaus, einen »modernen« Bau. Es ist noch immer nach den Vergewaltigungen und Vergewaltigungsversuchen für alleinstehende Frauen oder Frauen mit Kindern reserviert. Eine füllige Wachebeamtin in Uniform und Krawatte sitzt unter der weißen Wanduhr mit schwarzen Ziffern, die auf 12.30 Uhr zeigt. Sie hat es sich auf ihrem Stuhl mit einer zusammengefalteten Decke gemütlich gemacht. Neben ihr ein Abfallkübel, eine Reisetasche und ein Handarbeitskoffer mit Strickzeug. SOS Menschenrechte finanziert ihren Job.

Vor dem Lager habe es bis 2003 einen Prostituiertenstrich gegeben, sagt Herr Schabhüttl. Aber noch immer gingen 80 Prozent der im Objekt 8 untergebrachten Frauen außerhalb des Lagers der Prostitution nach, oft um sechs Euro pro Freier. Sie würden am Nachmittag oder Abend nach Wien fahren. Die meisten müssten es tun, um den Schleppern das Geld für den Transfer zu bezahlen, viele seien diesen ausgeliefert. Ich bezweifle diese Aussage, aber Herr Brunner bestätigt sie ausdrücklich. Manche Frauen halten sich drei Wochen im Objekt 8 auf, manche monatelang. Ich besichtige zwei Zimmer. Alles ist sauber, Stockbetten, ein Tisch, gelbe Stühle, ein Kasten, orange Vorhänge und weiße Stores, Kunststoffboden. Ein Apfel liegt auf einem Tisch, ein gemustertes Geschirrtuch. Die Frauen sind ängstlich und misstrauisch, offenbar fragen sie sich, weshalb der Lagerleiter und ein Mitarbeiter von European Homecare sie aufsuchen. Unter den Betten Schuhe, Plastikkübel, eine Kaffeemaschine, auf einem Stuhl eine rote Stoffpuppe. Im zweiten Zimmer liest eine junge Frau in Jeans und mit Brille ein Buch, sie macht einen melancholischen

Eindruck, ihr gegenüber trinkt eine lebhafte junge Frau Kaffee. Ein Gespräch ist schwer möglich, denn was für einen Sinn hätte es, sie in Gegenwart meiner Begleiter nach ihrem Befinden zu befragen? Ich bin weiter misstrauisch, kann aber andererseits nicht übersehen, dass das Lager, vielleicht weil die Belegung so gering ist, nicht meinen Vorstellungen von Elend und Verzweiflung entspricht.

Die »Aufnahmestraße« für Flüchtlinge ist menschenleer. Die Verwunderung von Herrn Schabhüttl und Herrn Brunner darüber bestärkt meinen Verdacht, an der Nase herumgeführt zu werden. Bernhard Macalka vom Innenministerium, der die Vorgänge bei der Erstaufnahme verantwortet, ein junger, freundlicher Beamter, ist ebenso kooperativ und auskunftsbereit wie meine Begleiter. In den verwaisten Gängen, die den Anschein erwecken, dass das Flüchtlingsproblem bereits gelöst sei, entdecke ich endlich einen einsamen Schwarzafrikaner mit Baseballkappe, der mich in einer Mischung aus Angst und Misstrauen mustert, bevor er sich zur Seite dreht und in eine Ecke starrt. Vermutlich ist es mein Fotoapparat, der ihn irritiert. In einem Regal liegen die Aufnahmeformulare in verschiedensten Sprachen und Schriften auf, ich zähle rund dreißig Sorten. An zwei großen »Informatoren«, Automaten mit Bildschirm, Telefonhörern und einem Flaggenalphabet, erfährt der Flüchtling, welche Auskünfte benötigt werden und welche Angaben er machen muss.

Hat er sich mit Papier und Elektronik herumgeschlagen, beginnt die Verfertigung von amtlich beglaubigter Identität: Es besteht zunächst die Möglichkeit einer Rechtsberatung. Der Raum ist zurzeit geschlossen, die

Beamtin macht Mittagspause. Auch die Büros der Polizei sind bis auf die Beamten leer. 44 Mitarbeiter sind dort normalerweise im Schichtbetrieb tätig. Landkarten von Österreich und Wien und Umgebung an den Wänden, verschiedene Kalenderblätter, eines davon zeigt zwei »sprechende« Delphine am Rand eines Pools. Computer, eine Stereoanlage, ein Maikäferlampion hängt von der Decke. Man zeigt mir die »Wunderwaffe«, das elektronische Daktyloskop, mit dem die Fingerabdrücke abgenommen werden und die Identität leichter nachgewiesen werden kann. Auch fotografiert werden die Asylsucher für die Identitätskarte. Daneben gibt es noch das klassische Daktyloskop mit schwarzer Farbe, Farbroller und Formular, auf dem Arbeitsblech sind noch die Fingerabdrücke eines Menschen zu sehen. Und man zeigt mir die Maschine, in der die Ausweiskarte hergestellt wird, und erklärt mir, dass die Asylanten nun Anspruch auf die Grundsicherung (medizinische Betreuung und Taschengeld) hätten und von diesem Zeitpunkt an die Arbeit von European Homecare beginne.

Es gebe ein Depot mit neuen Kleidern, sagt Herr Brunner, und die Lagerbewohner und Neuankömmlinge könnten sich dort das Nötige kostenlos besorgen. Aber es käme immer wieder zu Reklamationen, entweder durch Stress, oder weil »manche bestimmte Vorstellungen« hätten. Die Flüchtlinge würden sodann in ihre Quartiere gebracht, am nächsten Tag würden sie zur ärztlichen Untersuchung geführt. Die Erste-Hilfe-Station in einem anderen Objekt gibt es in dieser Form seit 2004. Zuerst werden die Aufgenommenen von einem Lungenfacharzt röntgenisiert, um Tuberkulosefälle festzustellen, die an eine Lungenheilstätte überwiesen werden, dann wird eine Impfung gegen Masern, Röteln, Diphtherie, Kinderlähmung, Keuchhusten und Mumps vorgenommen, wohl auch, um den Ausbruch von Seuchen im Lager zu verhindern. Traumatisierte werden an den Psychiater weitergeleitet. Die anschließende Erstuntersuchung ist nicht ganz einfach, da die Patienten die verschiedensten Sprachen sprechen. Die Ärztin, groß, schlank, jung, ist sehr sachlich. Auch hier sehe ich nur eine Frau mit Kopftuch davonhuschen, dann ist der Gang vor der Ordination leer. An der Wand hängt eine farbige Kinderzeichnung, die eine großäugige, muslimische Frau darstellt, mit einem blauen Kleid, auf dem ein gelbes Nike-Markenzeichen prangt. Meine Fragen in Anwesenheit der beiden Begleiter werden nur knapp beantwortet. Ich erfahre inzwischen, dass bei Hungerstreiks mehrmals am Tag Blutproben aus der Fingerbeere abgenommen würden, die über den Gesundheitszustand und ein tatsächliches Fasten Auskunft geben. Selbstmordversuche würden zwar oft angekündigt, aber sehr selten ausgeführt. Gefährdete würden in das Landessonderkrankenhaus Gugging überwiesen und kämen erst wieder zurück, wenn sie psychisch stabil seien.

Natürlich ist die Ausspeisung längst zu Ende. Die gekachelte Großküche mit den wuchtigen, verchromten Kesseln ist schon gereinigt, und ich kann nur den leeren Saal besichtigen, einen hohen Raum, der zweifach durch dreiteilige Torbögen unterteilt ist. An der Rückwand ein buntes Gemälde im Plakatstil. Es zeigt Moscheenkuppeln und Minarette, eine Düne, ein Kamel, einen Elefanten, einen Schwarzafrikaner und eine Schwarzafrikanerin, schneebedeckte Berggipfel, Himmel und Schäfchenwolken. Die Säulen und der Boden sind weiß gefliest, jeweils drei Stühle vor den Tischen mit einer Holzlatte zu einer Reihe zusammengeschraubt, um, was schon vorgefallen sei, zu verhindern: dass bei einer Rauferei mit ihnen geworfen oder aufeinander losgegangen werde. Es würde jetzt auch Kunststoffbesteck ausgegeben, weil das metallene zumeist »verschwunden« sei.

Die Asylanten stellen sich, sagt man mir, hinter der Tür in einem Gang mit weißen Gittern an, die Identitätskarte wird von einem Automaten geprüft und dann das Essen ausgegeben. Nach heftigen Reklamationen würde kein Schweinefleisch mehr in den Speiseplan aufgenommen, das wird auch auf Anschlägen mit durchgestrichenen Schweinen sichtbar gemacht. Im Saal befänden sich zur Essensausgabe bis zu vier Polizisten, denn jede Essensschicht dürfe bei Überbelegung nicht länger als zehn bis 15 Minuten dauern, da es, wie gesagt, nur Platz für 150 Personen gebe. Bei 1500 Flüchtlingen dauere dann die Ausspeisung zwei Stunden. Dabei komme es immer wieder zu »Zwischenfällen«. Um elf Uhr seien zuerst die Frauen und Kinder an der Reihe. Das Abendessen werde von 17.00 Uhr bis 17.30 Uhr ausgegeben, kleine Kinder bis zu sechs Jahren und Kranke dürften das Essen in den Quartieren einnehmen. Wir verkosten gemeinsam im Personalraum das Mittagessen: Knoblauchsuppe, Kabeljau, gebratenen Gemüsereis, Salat, eine Kiwi-Frucht, dazu schwarzen Tee. Vor dem Eingang haben sich zwanzig junge Männer angestellt, die auf die Ausgabe der vierzig Euro Taschengeld warten. Sie sind gut gelaunt, die Freude über den erwarteten Geldbetrag ist ihnen anzusehen. Und sofort verspüre ich wieder Argwohn.

An diesem Tag besuchen wir noch die Rückkehrberatung, in der ein Rumäne und eine Ukrainerin Zaudernden eine Überbrückungshilfe bis zu 370 Euro, den Flug und – falls kein Pass vorhanden – Rückkehrzertifikate von den Botschaften für die Heimreise anbieten. Von 10 000 Fällen haben im vergangenen Jahr allerdings nur 250 davon Gebrauch gemacht. Ich wundere mich nicht mehr, dass ich auch hier keine Hilfesuchenden antreffe. Aber mein Wunsch, einzelne Objekte zu betreten und unangemeldet Quartiere zu besichtigen, wird ohne Einwand erfüllt. Wir klopfen an eine Zimmertür. Zwei Frauen einer Mongolenfamilie liegen im Bett und halten Mittagsrast, der Mann im weißen T-Shirt hebt das entzückende Kind auf und streckt es mir zum Fotografieren hin. Stockbetten im Raum, ein Kasten, Tisch, Stühle, Vorhänge. Und auf den Kasten und ein Stockbett sind Berge von Stofftieren hingeworfen, das Mädchen hält eine Barbie-Puppe am Schopf und lacht. In einem anderen Objekt ein Zimmer mit acht Stockbetten für sechzehn Männer. Die meisten kommen aus Pakistan. Ein Mann schläft tief, drei spielen Karten, wobei einer von ihnen im Schneidersitz auf der Tischplatte hockt, die anderen stehen beisammen und reden. Auch sie sind freundlich und betrachten unser Erscheinen als Abwechslung. In einem weiteren Zimmer, das wie alle sauber ist, ebenso wie die Gänge, zeigt sich ein ähnliches Bild.

Mehrmals bedauert Herr Brunner, dass wir zu spät mit der Führung begonnen hätten, weshalb wir zu wenig vom Alltag sehen würden. Am Gang begegnet uns gleich darauf ein Nigerianer, der fünf Monate in Schubhaft war und soeben ins Lager zurückgekommen ist. Es sei wie in einem schlechten Film gewesen, sagt er auf Englisch. Und: »Verrückt.« Das Ganze sei, erklärt mir

Franz Schabhüttl, nachdem der Schwarzafrikaner in sein Zimmer gegangen ist, ein ewiges Katz-und-Maus-Spiel zwischen Polizei und Schubhäftlingen. Wenn beispielsweise eine Familie abgeschoben werden solle, seien plötzlich die Kinder nicht mehr da. Über das Handy würde nämlich vorher organisiert, dass jemand mit ihnen außerhalb des Lagers spazieren gehe. Wenn alles vorüber und die Polizei abgezogen sei, tauchten die Kinder plötzlich wieder auf. – Aber natürlich ist es kein Spiel, sondern bitterer Ernst, geht es doch für die Familien um alles, während die Polizei nur ihren normalen Dienst versieht. Frauen, fährt Herr Schabhüttl fort, würden zumeist in Herzattacken ausweichen, man würde sie dann von der Rettung ins Krankenhaus bringen lassen.

Im Freizeitzentrum, einer Sporthalle mit fünf Hometrainern und Fitnessgerät, spielen Schwarzafrikaner auf zwei Tischtennistischen, und einige Russen und Mongolen sitzen auf den Trainingsfahrrädern, auch ein älterer Mann mit Kappe und getönter Brille. Die Menschen hier sind fröhlich und neugierig. Zuletzt besichtigen wir noch das Beratungszentrum und das Psychosoziale Zentrum von SOS Menschenrechte. Das Beratungszentrum mit Fernsehgerät und zwei auf den Tisch geklebten Schachbrettern dient den Lagerinsassen in allen Fragen, die mit dem Asyl zu tun haben. An den Wänden Fotografien von Fußballmannschaften aus dem Lager, die European Homecare zusammengestellt hat, und eine große, farbige Österreich-Landkarte hinter Glas, an der sich gerade zwei junge, schwarzafrikanische Männer orientieren. Ein Russe, ein Mann aus dem Senegal und eine Österreicherin tummeln sich hinter dem verglasten

Schalter. »Die Beratungsstelle ist 24 Stunden geöffnet«, betont Herr Brunner. Im Laufe der Besichtigung komme ich zur Überzeugung, dass ihm seine Arbeit am Herzen liegt. Er steht zwischen NGOs und Innenministerium und nimmt damit den sprichwörtlichen Platz zwischen den Stühlen ein.

Erst im Psychosozialen Zentrum von SOS Menschenrechte ist normaler Betrieb. Die ganz Armen aus Tschetschenien, Georgien, Moldawien, Afghanistan oder Nigeria, erklärt eine Betreuerin, schafften es nie, hierherzukommen. In der Regel gehörten die Asylanten der Mittelschicht an. Die Betreuerin ist vorsichtig und zurückhaltend, auch sie misstraut mir und meiner Begleitung. Es gebe Dolmetscher für alle Sprachen im Psychosozialen Zentrum, sagt sie, Schwerpunkt seien aber die Tschetschenen, die durch Folter, Vergewaltigung und Kriegshandlungen traumatisiert seien und an Schlaf- und Angststörungen litten. Die Hilfe laufe »anonymisiert« ab. Man könne sehr viel im Vorfeld abfragen. Ein Imam der Tschetschenen käme einmal in der Woche zur Beratung. Wir werfen einen Blick auf die angeschlossene kleine Bibliothek, und dann, auf dem Rückweg, befrage ich Herrn Brunner zu den Vorwürfen, die Konrad Hofer in seinem Buch *Gestrandet* der European Homecare macht.

Herr Brunner ist empört und legt mir aufgebracht dar, dass kein Bewohner um sein Taschengeld geprellt werde. Dass das warme Wasser nur einmal ausgefallen sei, die Reparatur aber vier Tage gedauert habe. Die Betreuer von European Homecare seien in der Regel gut ausgebildet und würden weitergeschult. Dass ein Wachmann seinen Hund auf ein Kind gehetzt habe, sei eine üble

Verleumdung. Für das Fernsehen im Zimmer mit privatem Fernsehapparat sei nur eine Kaution zu entrichten, die zurückerstattet werde, wenn das Gerät bei der Abreise mitgenommen werde. Deutschkurse fänden laufend statt und müssten nur wahrgenommen werden, und es sei unmöglich, mit dem Essen den Geschmack von Menschen aus 54 Nationen zu treffen. Er überreicht mir auf Verlangen den Speiseplan der vergangen Woche. Die menschenleere Anlage und die leeren Korridore lassen mir jedoch keine Ruhe, und ich vereinbare mit dem Lagerleiter, Herrn Schabhüttl, einen weiteren Besuchstermin, bei dem ich einen normalen Betrieb sehen will.

Das zweite Mal kann ich mich schon orientieren und weiß, worauf ich achten muss. Bevor ich aber aufbreche, höre ich mich um und erfahre »unter dem Siegel der Verschwiegenheit« von einem ehemaligen Mitarbeiter im Lager, dass ein Amtsdirektor im Auftrag des Traiskirchner Lagerleiters Franz Schabhüttl »Brandkontrollen« durchführe. Er besichtige jeden Tag zu verschiedenen Zeiten unter diesem Vorwand jedes Zimmer, jeden Raum. Er gelte als »Spion« und erfülle seinen Auftrag lückenlos. Schabhüttl sei ja Polizist gewesen, ein »Polizeifuchs«, und sein Zugang zu seiner Arbeit der eines Polizeibeamten geblieben. Er verfolge deshalb die Sozialarbeit mit Argwohn, mache sie lächerlich und verunglimpfe sie. Im Grunde sei er der Meinung, dass man »das alles« nicht brauche. Engagierte Sozialarbeiter stellten für ihn eine Gefahr dar, da sie sich immer auf die Seite der Flüchtlinge schlügen, deren Probleme vertreten und ihm nur Schwierigkeiten bereiten würden. Bei Streitigkeiten werfe er automatisch alle beteiligten Flüchtlinge aus dem Lager, diese müssten dann von Sozialarbeitern anderswo wieder untergebracht werden. Es sei sinnlos, sich bei Schwierigkeiten mit ihm zu besprechen, man müsse schon einen Umweg finden. Zwar toleriere er Soziales und verkaufe es auch stolz, in Wahrheit sei er aber nach wie vor skeptisch, was dessen Notwendigkeit betreffe.

Wilhelm Brunner wird hingegen »Bemühen« attestiert. An European Homecare aber lässt der Augenzeuge kein gutes Haar und bezeichnet die Organisation abwertend als »gewinnorientiert« und »verlängerten Arm der Regierung«. Sie sei auch den NGOs ein Dorn im Auge, diese würden ihr fehlendes Verständnis für die Betreuungsarbeit vorwerfen. Herr Brunner selbst ist von diesem Urteil, wie ich später feststelle, verletzt und versucht, über die anderen trotzdem kein schlechtes Wort zu sagen. Heftige Kritik wird von mehreren Seiten an der Bezirkshauptmannschaft Baden geübt, vor allem was die rigorose Ablehnung der Asylanträge betreffe. Ein Beamter, dessen Bescheide in der Regel nicht rechtskonform seien, steht im Mittelpunkt, er wird als »präpotent und frech« beschrieben und gebe rasch verbale Drohungen von sich. Er habe es auch zu verantworten, dass es häufig zu Fällen von Schubhaft komme, die nachträglich wieder aufgehoben werden müsse, da sie von ihm zu Unrecht verhängt worden sei. Die betroffenen Asylanten würden dadurch jedoch traumatisiert. Der Geist der Fremdenpolizei in der Bezirkshauptmannschaft Baden sei von »Gehässigkeit erfüllt«, sagt der Informant wörtlich. Er macht mich auch darauf aufmerksam, dass man das »wahre Gesicht des Lagers« erst erkennen könne, wenn mehr als tausend Migranten und Asylanten sich in ihm aufhielten. Dann sei die Luft in den Räumen »stickig«. Speziell bei der Essensausgabe herrsche »knisternde Spannung«, bestätigt er.

Als ich mich am 13. April dem Eingang des Lagers nähere, fallen mir in Pkws schlafende Asylanten am Straßenrand auf. Hinter dem Portiergebäude ein Hundezwinger für drei Schäferhunde. Einer von ihnen säuft gerade an der Leine eines Beamten der Siwach aus einem Napf. Franz Schabhüttl und Wilhelm Brunner erzählen mir gleich darauf, dass Fälle von Masern aufgetreten seien, und geben mir die Zahl der heutigen Belegung mit »nur 486« bekannt. Aber die Anlage wirkt viel lebendiger als das erste Mal. Vielleicht, weil ich früher gekommen bin. In der Kindergartenbaracke herrscht reger Betrieb, ein Mädchen mit Weihnachtsmann-Mütze träumt neben seiner Mutter vor sich hin, der Fernsehapparat läuft, und Chinesen- und Mongolenkinder strecken sich auf grünen Fauteuils aus, sehen fern oder setzen Puzzles zusammen. Im angrenzenden Klassenzimmer findet vor acht Männern und einer Frau Sprachunterricht statt, und auf dem Basketballplatz ist ein Spiel im Gange. Wieder befällt mich Misstrauen, dass alles nur inszeniert ist und diesmal »Normalbetrieb« vorgeführt wird. Auch die Aufnahmestraße ist bevölkert, ich zähle siebzehn Personen, Männer, Frauen und drei Kinder. Ein Schwarzafrikaner schläft auf einer Bank. Das daktyloskopische Gerät ist in Betrieb, ein Polizeibeamter mit Gummihandschuhen drückt routiniert den Finger eines kurzhaarigen Mannes in Jeans, Turnschuhen und einem Polohemd auf den Scanner. Die vergrößerte Fingerbeere taucht auf dem Bildschirm auf, die feine Struktur von Parallelen und filigranen Turbulenzen ineinander übergehender Linien.

Im Speisesaal kommen wir diesmal zum Essen rechtzeitig. Allmählich füllt sich der große Raum. Es wird wieder das Freitagsessen serviert: Fisch, Kartoffeln, als Vorspeise Leberknödelsuppe, als Nachspeise eine Orange oder ein Apfel. Dazu kann Brot nach Bedarf aus einem Kunststoffbehälter entnommen werden. Mir fällt auf, wie viele Jugendliche und Kinder an den Tischen sitzen. Auch eine Frau mit seltsamem Gehabe, die Haare im Gesicht, einen braunen Topfhut auf dem Kopf, ist darunter, die offensichtlich psychisch krank ist. Sie wird nicht weiter beachtet, jeder konzentriert sich auf sein Essen. Während ich die Suppe zu mir nehme, treten zwei Männer, Palästinenser, wie sich herausstellt, an den Tisch und beschweren sich bei Herrn Brunner, dass nur heute das Essen gut sei, sonst gebe es so etwas nie. Einer der beiden stellt sich als Journalist vor und erklärt, dass er schon vierzehn Tage im Lager sei, aber noch nie eine Orange zu Gesicht bekommen habe. Herr Brunner und ein Schwarzafrikaner, der für den reibungslosen Ablauf sorgen soll, verwickeln die beiden in eine Debatte, aber nun kritisieren auch zwei weitere Asylanten den Speiseplan. Ein Schwarzafrikaner, der am selben Tisch sitzt wie ich, lässt inzwischen alles bis auf den Salat stehen und kostet nur vom Fisch, der ihm nicht schmeckt – anstelle der Kartoffeln sei er Yams-Wurzeln gewöhnt, sagt er. Ich habe die Mahlzeit aber gut gefunden, und die meisten im Speisesaal machen – zumindest heute – einen zufriedenen Eindruck. Ich bleibe eine Dreiviertelstunde. Mir ist klar, dass ich auch bei weiteren Besuchen kein umfassendes Urteil über den Betrieb im Lager und den normalen Alltag würde abgeben können. Alle, mit denen ich spreche, kritisieren, dass sie nicht arbeiten dürfen. Das geschehe wohl, sagt Herr Brunner, um Österreich nicht als Asylland attraktiv zu machen.

Selbst die Psychologin kann ich an diesem Tag sprechen, sie ist allerdings durch die Anwesenheit meiner Begleiter auffallend vorsichtig. Ich frage sie nach den Traumatisierten. Die meisten kämen aus der Russischen Föderation, Afrikaner suchten sie weniger auf, antwortet sie. Wenn die Flüchtlinge im Lager wieder mehr Zeit hätten und zu sich kämen, kehrten auch die schrecklichen Erinnerungen verstärkt ins Bewusstsein zurück. Traumatisierte könnten untereinander nicht über ihre Probleme sprechen. Zudem hingen sie in der Luft: Der Ausgang ihres Verfahrens sei ungewiss, sie dürften nicht arbeiten, hätten wenig Geld und spürten, dass sie nicht willkommen seien, so wie sie es erwartet hätten. Arbeit sei für sie das Allerwichtigste. Keiner käme – darin sind sich auch Schabhüttl und Brunner einig –, um, wie sie sagen, »in der sozialen Hängematte zu liegen«. Vom Augenblick an, an dem sie arbeiten dürften, würden die Flüchtlinge auch nicht mehr die Beratungsstelle aufsuchen, ergänzt die Psychologin. Kaum hat sie den Satz beendet, wird die Tür aufgerissen, und ein Mann tritt ohne anzuklopfen ein, geht aber sofort, als er Herrn Schabhüttl registriert, wieder hinaus. Es ist tatsächlich, wird mir auf meine Frage bestätigt, der so genannte »Brandschutzbeauftragte« gewesen, von dem die Rede war. Ich benutze die Gelegenheit, um mich nach dem Beamten bei der Fremdenpolizei in Baden zu erkundigen, der angeblich die Flüchtlinge mit seinen Asylverfahren schikanieren soll. Herr Schabhüttl ist jedoch voll des Lobes für ihn und gerät in einem Atemzug über ihn und den »Brandschutzbeauftragten« ins Schwärmen.

Auf meine Frage nach den größten Problemen im Lager antwortet die Psychologin später: Gewalt jeglicher Art, Streit zwischen Ehepaaren oder Verzweiflung über die Trennung, Unruhe, Schlaflosigkeit, Depressionen, Mobbing, auch Frauen gingen aufeinander los. Im Objekt 8, erfahre ich weiter, im Frauenhaus, wohne jetzt die Asylantin mit dem braunen Topfhut, die ich im Speisesaal gesehen habe, in einem Einzelzimmer, sie bekäme einen Sachwalter. Es gebe Psychotiker, die durch die ganze Welt »tingelten«, erklärt die Psychologin.

Vor dem Lagerausgang weist mich Franz Schabhüttl auf das Biotop mit zwei Rotwangenschildkröten hin, die träge durch das braune Wasser paddeln, und die schönen Goldfische. Auch zwei oder drei Aale gebe es. Vor allem aber brütete eine Wildente hier, European Homecare müsse für den Entenlaufsteg sorgen, berichtet er stolz.

Ich sage zum Abschied, dass ich in zwei Tagen zur Schubhaft in die »Liesl« an der Rossauer Lände gehen würde. Der Kanton Bern in der Schweiz, antwortet Herr Brunner daraufhin, würde abgelehnte Asylwerber in einen Bergstollen am Jaunpass »verfrachten«, damit die Asylanten das Weite suchten. Zu Hause finde ich im Internet unter *www.tagesschau.de* den Artikel vom 9. Juni 2004, daraus geht hervor, dass es sich um einen kalten, fensterlosen Betonunterstand in 1500 Meter Höhe handelt, in dem hundert Menschen untergebracht werden können. Diese würden mit der Absicht in den Bunker geschickt, erklärt die Polizei- und Militärdirektorin Dora Andres, »dass sie wissen, wir sind wirklich nicht mehr willkommen, wir müssen den Entscheid, dass wir illegal sind, akzeptieren und die Schweiz verlassen«. In

Australien geht man noch brutaler vor, dort sperrt man illegale Immigranten in umzäunte Lager auf einer Insel weg, lese ich später in *Umgang mit Flüchtlingen* von Wolfgang Benz.

Bevor ich das Rathaus am Hauptplatz von Traiskirchen betrete, habe ich die barocke Pestsäule mit einer Figur des Heiligen Sebastian fotografiert, der von vier vergoldeten Pfeilen in den Beinen und der Brust getroffen ist. Der sozialdemokratische Bürgermeister Fritz Knotzer hat, nachdem ich den ersten Termin nicht einhalten konnte, keinen weiteren für mich frei. Irgendwann, sagt sein Sekretär Andreas Babler, der ihn vertritt, habe sein Chef einem Journalisten gegenüber eine unbedachte Äußerung über Lagerbewohner gemacht, und das sei dann in der Presse »breitgetreten« worden. Er will aber darauf nicht eingehen. Und als Herr Babler mir den Gemeinderatsbeschluss erläutert: sofortige Reduzierung der Migranten und Asylanten im Lager auf 300 und mittelfristig die Schließung des Lagers – »Wir wollen das Lager weghaben, aber wir haben keine Kompetenz!« –, fallen mir wieder die Pestsäule und der Heilige Sebastian vor dem Rathaus ein. Der Flüchtlingsstrom wird wie eine Krankheit, eine Seuche aufgefasst, und die Menschen werden wie Krankheitsüberträger behandelt, vor denen man sich schützen muss. Auch ich bin offensichtlich nicht ganz willkommen, ich sitze mit Herrn Babler im Vorzimmer in einer kleinen Warteecke, und der Gemeindesekretär hat sich für mich ein Programm zurechtgelegt, das er eilig herunterspult. Inzwischen kommt der bisher abwesende Bürgermeister herein, der, wie Herr Babler sagt, den Weg »der menschlichen Mitte« gehen wolle, und verdrückt sich in seinen Amtsraum.

Durch die kurz geöffnete Tür erkenne ich einen Wollteppich mit dem heimischen Kirchenmotiv. Auch hier Misstrauen und Klischeeantworten, man befindet sich eben in einer Zwangslage. Wir sind ein Land der Hochkultur in einer täglich praktizierten Zwangslage. Herr Babler hat es außerdem eilig – eine Sitzung ist anberaumt.

Michael Chalupka, Direktor der Diakonie, hat für ein Gespräch in Graz Zeit. Er berichtet von den Folgen der Verschärfungen des Fremdengesetzes, kritisiert die lange Dauer der Asylverfahren und kennt auch die Ursache: Die Beamtenschaft sei auf 10000 Anträge im Jahr eingerichtet. In den vergangenen zwei Jahren habe es aber 30000 gegeben, ohne dass personell darauf reagiert worden sei. Erst seit eineinhalb Jahren gebe es einige Beamten mehr. Durch die schlechte Personalausstattung fälle die erste Instanz fehlerhafte Urteile. 2005 seien 40 Prozent aller erstinstanzlichen Urteile wegen Verfahrensmängeln aufgehoben worden. Er verlangt, dass schon während des ersten Asylverfahrens eine Arbeitserlaubnis erteilt werde. Auch Deutschkurse müssten intensiver durchgeführt werden. Damit ein Asylant eine Arbeitserlaubnis als Selbständiger erlangen könne, müsse er einen behördlichen Spießrutenlauf über sich ergehen lassen, 40 Prozent der Immigranten arbeiteten unter ihrer Qualifikation. Es gebe rund tausend 13- bis 14-jährige Flüchtlinge, sie dürften aber nach der Hauptschule nicht als Lehrlinge einer Ausbildung nachgehen. Der Verwaltungsgerichtshofpräsident Clemens Jabloner sage zum Dublinabkommen, zitiert Chalupka, es sei unrecht. Man könne nicht jemanden einsperren, um festzustellen, welcher Staat für ihn zuständig sei. Wenn man ein Asylverfahren nach sechs Jahren nicht abschließen könne, ergänzt Herr Chalupka, müsse man die Antragsteller automatisch legalisieren. Er betont auch die Vorzüge der NGOs wie Caritas und Diakonie gegenüber European Homecare in der Flüchtlingsbetreuung: Ihre Mitarbeiter müssten mit dem Gewissen vereinbaren können, wenn sie jemanden zurückschickten. Das könne nur in der Überzeugung geschehen, dass die Betreffenden keinen Schaden erlitten.

Im ehemaligen Gästehaus der Diakonie im steirischen Deutschfeistritz, das von der evangelischen Kirche 1956 als Landschulheim für Mädchen erbaut wurde, leben 69 Flüchtlinge: sechzig Tschetschenen, sechs Georgier und drei Armenier in 36 Zimmern mit Fernsehapparaten. Die Anlage ist zwölf Gehminuten vom Ort entfernt. Die Eltern der untergebrachten Familien sind zwanzig bis vierzig Jahre alt und haben zwei bis drei Kinder. Es gibt unter ihnen eine Lehrerin, Handwerker und Männer, die Bauern waren, aber keine berufliche Ausbildung genossen haben. Die jungen Frauen würden, sagt man mir, von den Familien verheiratet, es habe sogar schon eine Hochzeit im »Lager« gegeben. Zuerst würde ein Treffen »unter Beobachtung« vereinbart. Anschließend würde die 16- bis 17-jährige Braut gefragt, ob sie den Mann »möchte«. Sei das nicht der Fall, würde sie so lange weinen, bis man ihre Entscheidung akzeptiere oder sie sich füge. Der junge Mann könne sich, wenn er die Frau nicht wolle, nur wie »ein Idiot« verhalten, um sie abzuschrecken.

Die wichtigsten Informationen erhalte ich gleich zu Beginn: Am Tag sind für die Flüchtlinge drei Mitarbeiter ansprechbar, in der Nacht, an Wochenenden und Feiertagen einer. Es gibt ärztliche Betreuung durch einen

Doktor im Ort, bei Bedarf mache auch ein Psychiater eine Visite. In den letzten zwei Jahren kamen im Landeskrankenhaus Graz sieben Kinder von Flüchtlingen aus dem Lager zur Welt. Den Hausputz führe jeweils eine Frau für 15 Euro pro Woche durch, einmal, am Sonntag, erfolge ein Generalputz, der aber nur von Frauen durchgeführt werde. Alle Nahrungsmittel würden von den Familien selbst eingekauft, 110 Euro pro Monat und Person stünden dafür zur Verfügung. Den Weg in das Dorf hin mit leeren und zurück mit vollen Taschen machten allerdings nur die Frauen.

Manche Flüchtlingsfamilien warten schon seit Öffnung des Quartiers vor drei Jahren, einzelne mehr als vier Jahre auf den Asylbescheid. Die meisten sagen, sie würden nach Tschetschenien zurückkehren, sobald es dort wieder friedlich sei. Und alle bestätigen, dass es hier besser sei als in den Gasthöfen, in denen sie vorher untergebracht waren. Über Traiskirchen hört man Unterschiedliches: Der Großteil, der nach 2004 in das Lager kam, war zufrieden, doch jene aus der Zeit vorher, als das Lager überfüllt war, klagen, dass die Unterbringung »entsetzlich« gewesen sei und das Essen schlecht – »immer Makkaroni«. Täglich seien am Morgen zwischen 7 und 8 Uhr vier bis fünf Polizisten erschienen und hätten Kontrollen vorgenommen (da nachts Flüchtlinge über den Zaun geklettert und im Lager verschwunden seien, wie mir Wilhelm Brunner später erklärt).

Einige Bewohner spielen mir ein Videoband mit Aufnahmen aus dem Tschetschenienkrieg vor, das die Frauen weinen lässt: brennende und zerstörte Häuser, Gehängte, Lastwagenwracks, Rauchschwaden über Ruinen. Es folgt eine Dokumentation in Schwarz-Weiß über tschetschenische Widerstandskämpfer. Ich erfahre, dass alle Lagerinsassen Muslime sind, der Großteil könne aber den Koran nicht lesen, da er nicht ins Tschetschenische übersetzt sei. Sie würden daher den Inhalt nur aus der mündlichen Überlieferung kennen. Über den Alltag erfährt man nicht viel, weil niemand über Schwarzarbeit sprechen will. Da die Männer zwangsläufig untätig sein müssten, schliefen sie lange und sähen nachts fern, einzelne säßen an Computern, die sie aus dem Sperrmüll geklaubt und selbst zusammengebaut hätten. Überall auf den Dächern, fällt mir auf, gibt es Fernsehschüsseln, denn es wird kaum das ORF-Programm angeschaut, stattdessen das russische Fernsehen, um vielleicht etwas über Tschetschenien zu erfahren. Die Kinder gingen mit einer Ausnahme in den Kindergarten beziehungsweise besuchten die Volks- oder Hauptschule. Natürlich besäße jede Familie ein Handy. Auch in der Fremde funktioniert das tschetschenische Clanwesen, man sei untereinander stets in Verbindung und tausche Neuigkeiten und Erfahrungen aus.

Vor allem über das Sozialsystem, über das Klarsichtmappen existieren, wisse man genau Bescheid. Gut Qualifizierte ließen sich auch vermitteln, wird von der Betreuerin betont, so arbeiteten zwei ehemalige Bewohner bei Magna – dort sei man mit ihnen sehr zufrieden. Die Prognosen der Betreuer über die Zukunft der Mehrheit der tschetschenischen Flüchtlinge kommen nur zögerlich. Schon aufgrund der mangelnden Sprachkenntnisse seien die Chancen reduziert. Nur drei Männer würden regelmäßig den Deutschkurs besuchen – ich selbst stelle fest, dass ich am besten mit den Kindern, die hier zur Schule gehen, und einigen Frauen, die sich Mühe geben, spreche. Die Männer blieben hingegen fast alle stumm. Sie hätten keine Lebensplanung, säßen nur da und warteten, erfahre ich. Die Betreuerinnen, Ilse Steinort und Katharina Laube, eine Schweizerin, führen mich durch beide Gebäude und lassen mir hierauf freie Hand.

In der Gemeinschaftsküche bäckt eine junge Frau mit Kopftuch eine Torte, eine andere bereitet eine Suppe aus Hühnerklein zu, ein Bub fährt mit einem Dreirad über den Parkettboden, und ein Mädchen mit großen Augen schaukelt ein Baby. Die Zimmer sind wie in einem bürgerlichen Gasthof möbliert, und im zweiten Gebäude gibt es zwei Schulungsräume, in denen Landkarten mit der Aufschrift »Die wirtschaftliche Nutzung Europas« oder »Die Erde. Politische Übersicht« hängen. Kinder und Frauen und zwei Männer stellen sich auf meinen Wunsch davor auf, und ich fotografiere sie. Als ich einen Buben bitte, sich zu vier Mädchen zu stellen, lehnt er es selbstbewusst ab. Der Studienraum mit Polsterstühlen und einem Flipchart, dessen erste Seite mit Begriffen beschrieben ist, über die Kinder mit Filzstiften Linien gekritzelt haben, ist leer. Der Bub, der mir gefolgt ist, nimmt jetzt stolz vor der Tafel Aufstellung, die Hände in den Taschen einer mit Tarnmuster gefleckten Hose. Die Panoramafenster geben einen weiten Blick auf die bewaldete Landschaft frei. Der muslimische Gebetsraum im selben Stockwerk hat weiße Wände und einen weißen Teppichboden. Darauf liegt ein kleiner Läufer in einer Ecke, der nach Mekka zeigt. Zu meiner Überraschung schlägt der Junge, der mich weiter begleitet hat, lachend Räder und wirbelt im Gebetsraum übermütig durch die Luft, als versuche er, die Schwerelosigkeit zu überwinden.

Ich lehne mich an den Türstock und schaue ihm zu. Die Kinder der Flüchtlinge sind, was die Integration betrifft, das größere Problem. Die Gesellschaft zeigt den jungen Männern und Frauen zumeist die kalte Schulter. Ihre Ausbildung ist oft auch mangelhaft, und wenn es um einen Job geht, werden »echte« Inländer vorgezogen. Spätestens seit den Vorfällen in Paris in den Banlieues und in London nach dem U-Bahn-Anschlag im Jahr 2005, der 52 Menschen das Leben kostete und von jungen muslimischen Selbstmordattentätern geplant worden war, die englische Staatsbürger waren, weiß man um die Probleme. Viele aus den verlorenen Generationen, die den vergeblichen Wunsch hatten, sich zu integrieren, wandten sich, nachdem sie Zurückweisung durch die Gesellschaft erfahren hatten, enttäuscht radikalen muslimischen Organisationen zu.

Ich warte, bis der Bub auf den Boden kullert und hinausläuft, und gehe noch einmal zurück in den Schulungsraum mit Landkarten. Dort unterrichtet jetzt eine blonde Lehrerin drei tschetschenische Mädchen. Eines von ihnen hat soeben seine Hausaufgabe gemacht. In schöner Schrift ist mit blauer Tinte fehlerlos in das Heft geschrieben: »… Hannes hält einen Frosch in der Hand. Seine Mutter mahnt ihn: ›Sei vorsichtig und quäle ihn nicht. Frösche sind sehr empfindliche Tiere.‹ Schiebt die Bänke auf die Seite, damit wir mehr Platz haben! Zieh dir eine warme Weste an. Draußen bläst ein kalter Wind.« Zu Hause lese ich die »Einzelfälle«, die mir Herr Chalupka zu unserem Gespräch mitgebracht hat, die Leidenswege von Flüchtlingen im Papierkrieg mit den Behörden.

Auch die Fremdenpolizei kennt Einzelfälle und stellt

sie gleich für das Ganze. Eine halbe bis eineinhalb Millionen illegaler Migranten hielten sich in Europa auf, sagt mir der hohe Beamte. Ich spüre sein Misstrauen und seinen Unwillen, da er nicht den Anschein einer Rechtfertigung erwecken will. Die Integration in Deutschland scheitere an den Millionen Arbeitslosen im eigenen Land, fährt er fort. Darüber hinaus suchten sieben Millionen legale Migranten in Europa Arbeit. Der Großteil der Illegalen habe keine Ausbildung und nur mangelhafte Sprachkenntnisse. Sie belasteten, sobald sie legal würden, das Sozialsystem. In den letzten vier Jahren hätte sich die Zahl der Sozialhilfeempfänger in Wien verdoppelt. Der Beamte führt das vor allem auf die Migration zurück. Er sieht in den NGOs und den Grünen seine wahren Gegner, die ihm die Ausführung seiner Pflicht erschwerten und ihn verleumdeten. Er sei kein FPÖ-Wähler, fügt er von selbst hinzu. Er lässt mich kaum zu Wort kommen, und sein Vortrag ist eine Mischung aus Information und Belehrung. Schubhaft würde nur verhängt, weil die Häftlinge nicht den behördlichen Bescheiden Folge geleistet hätten, alteriert er sich. Wären sie ausgereist, wäre ihnen nichts geschehen.

Aber wohin, frage ich mich, wenn sie zu Hause keine Existenzmöglichkeit vorfinden? Die meisten, fährt der Beamte fort, hätten keine Papiere, aber bei Eheschließungen mit »Einheimischen« tauchten sie zu 50 Prozent wieder auf, obwohl sie sonst nie vorhanden gewesen seien. Eine Chinesin habe vier Identitäten besessen, bevor sie am Standesamt die richtige angegeben habe. Hierauf sei sie wegen illegalen Aufenthalts abgeschoben worden. Der erste Versuch habe wegen ihres Tobsuchtsanfalles abgebrochen werden müssen. Für den zweiten

Versuch seien drei Beamte nötig gewesen. Die Kosten hätten sich auf 6000 Euro belaufen, der Bescheid sei dem Ehemann zugestellt worden. Das sei die Gesetzeslage der Steuerzahler, sagt der Beamte, während ich an den Mann und die Frau denke.

Unter den Migranten gebe es auch mehr und mehr Kriminelle, fährt er fort. Werde ein des Einbruchs verdächtigter Ausländer verhaftet, suche er sofort um Asyl an, und der damit befasste Beamte dürfe sich von der Vorgeschichte laut Gesetz nicht beeinflussen lassen. Er dürfe nur die Asylgründe abwägen. Der Beamte erklärt mir jedes Mal, wenn er mir etwas gesagt hat, wann ich ihn zitieren dürfe und wann nicht, weshalb ich schließlich ganz darauf verzichte, seinen Namen zu nennen. Er ist ein durch und durch beamtenaristokratischer Mann, selbstbewusst und gekränkt über Missverständnisse, Verleumdungen und Denunziationen seiner Gegner, die vorwiegend mit Unterstellungen arbeiten würden. Er halte sich an das Gesetz, betont er immer wieder und stellt es nicht in Frage. Auf die Nennung des Fremdenpolizisten in der Bezirkshauptmannschaft Baden, der angeblich mit Vorliebe negative Bescheide ausstelle, reagiert er abwehrend und mit der apodiktischen Verteidigung, der Beamte verrichte seine Arbeit sehr gut, er kenne ihn persönlich.

Auch in der »Liesl«, dem Polizeigefängnis an der Roßauer Lände in Wien, schlägt mir Misstrauen entgegen, das sich hinter korrektem Verhalten verbirgt. Ich komme eigentlich, um Zeuge einer Abschiebung von Nigerianern und Schwarzafrikanern zu werden, weil diese besonders häufig davon betroffen sind. Daraus wird jedoch nichts, ich werde nur durch das Haus geführt.

Das Gefängnis ist auf meinen Besuch gut vorbereitet, aber auch ich bin nicht ganz ohne Erfahrung. Vor zwanzig Jahren sah ich dort bei einer Recherche keinen einzigen Gefangenen, bis ich sie in zwei parkenden Gefängnisbussen im schmalen Hof und eine weitere große Gruppe hinter einer Gittertür entdeckte. Angeblich waren sie alle beim Duschen. Es macht mich daher auch misstrauisch, dass ich nicht das Polizeigefängnis Hernalser Gürtel zu sehen bekomme.

Oberst Zinsberger, der Kommandant des renovierten Polizei-Anhaltegefängnisses, erwartet mich in Uniform und zeigt mir in der menschenleeren »Besucher-Zone« die umgedrehten gelben Stühle auf den Pulten vor den menschenleeren Kabinen, die Telefone, über die gesprochen wird, und erwähnt die Möglichkeit eines »Tischbesuches« mit einem Anwalt. Angehörige bekommen nur am Wochenende die Erlaubnis für einen Besuch, und zwar für eine halbe Stunde. Zuvor würden sie kontrolliert, damit sie nicht »unerlaubte Substanzen« in das Gefängnis hineinschmuggelten. Das komme aber leider trotzdem vor. Weibliche Häftlinge dürften ein Kleinkind bis zweieinhalb oder drei Jahre in die Zelle mitnehmen. Die Wartezeit für die Abschiebung betrage im Schnitt 21 bis 22 Tage. Die Haft dürfe aber in einem Zeitraum von zwei Jahren zehn Monate nicht überschreiten, dann müsse der Schubhäftling freigelassen werden. Derzeit seien die beiden Polizeigefängnisse, die 260 Mitarbeiter beschäftigten – Roßauer Lände und Hernalser Gürtel –, mit insgesamt 430 Personen belegt, 70 Prozent der Häftlinge seien in Schubhaft, der Rest sitze eine Verwaltungsstrafe ab. In der »Liesl« gebe es 63 Gemeinschafts- und 52 Einzelzellen. Eine Kommission des Menschenrechtsbeirates komme unangemeldet circa einmal im Monat – es gebe »Auffassungsunterschiede«, bemerkt der Kommandant knapp.

Ich blicke durch die vergitterten Fenster in den trostlosen Hof, wo gerade »Bewegung im Freien« durchgeführt wird. Schon von der Sprache her sind die Häftlinge Marionetten, die an Schnüren bewegt werden, sie sind entpersonalisiert, haben Ding-Charakter. Gruppenweise drehen sie im Hof ihre Runden, wohl schwer lassen sich die Eindrücke der Schubhäftlinge mit der Vorstellung, die sie sich von der »Neuen Welt« machten, vereinbaren. Eine halbe Stunde am Vormittag und am Nachmittag dürfen sie sich »im Freien bewegen«. Hat ein Schubhäftling bei seiner Verhaftung eigenes Bargeld bei sich gehabt oder wird ihm welches in das Gefängnis gebracht, darf er bis zu vierzig Euro pro Woche für Lebensmittel, Toilettenartikel oder Rauchwaren ausgeben, die es im Gefängnis privat zu kaufen gibt.

Vor der Sanitätsstelle warten vier oder fünf Patienten und ein oder zwei vor dem »Psychiatrischen Dienst«. Das Gefängnis ist ordentlich geführt und sauber. Wir begegnen jedoch kaum jemandem, auch die Räume des Erkennungsdienstes sind verlassen, als besuchte ich ein vergessenes Polizeimuseum. Es geht wieder um Daktyloskopie, Fotografie und um den Mundhöhlenabstrich für die DNA-Probe. Zwei Stockwerke sind für männliche Häftlinge vorgesehen, das oberste für weibliche. Wir besichtigen das Letztere. Der Gedanke, Frauen eingesperrt zu sehen, bedrückt mich noch mehr, als es bei Männern der Fall ist. Aber natürlich ist es in einem Frauengefängnis sauberer und ruhiger als unter männlichen Häftlingen, und das wird auch der Grund sein, weshalb ich die Männerabteilungen nicht zu Gesicht bekomme.

In jeder Zelle sind sechs Frauen in drei Stockbetten untergebracht, die Toilette ist abgemauert. Zu meiner Überraschung begegne ich weiblichen Häftlingen, die unbeschwert zusammensitzen, auf dem Bett liegen, Essen ausführen. Offenbar, argwöhne ich, wurde auch unter den weiblichen Häftlingen »aufgeräumt«. Die Wände neben den Stockbetten sind oft mit Kugelschreibern beschriftet. Die verschiedensten Schriftzeichen und Wörter sind zu erkennen und die verschiedensten Sprachen zu entziffern. Dazwischen kindliche Zeichnungen: ein Sternenhimmel, ein Hase, Berge, Bäume, Herzen, eine Rose. Farbige Aquarelle sind mit Klebestreifen an der Wand befestigt. Die Betten sind sorgfältig gemacht, Sonnenlicht fällt durch die Gitterstäbe auf den glänzenden Steinboden. Die Mutter-Kind-Zelle ist nicht belegt (und wieder stellt sich Misstrauen ein) – der Wickeltisch, das weiße Gitterbettchen und die Vorstellung, dass Kinder zurück in die Ungewissheit abgeschoben werden, ist überdies bedrückend. Da nützt es auch nichts, dass es einen eigenen Mikrowellenherd, eigene Dusche und einen eigenen Kühlschrank in der Mutter-Kind-Zelle gibt.

Man bemühe sich auch, erklärt der Kommandant, Mütter mit Kindern rasch, innerhalb von sieben bis 14 Tagen abzuschieben. Der »Schubtermin«, so der Begriff aus der Marionettentheatersprache, wird erst am Vortag bekannt gegeben. 15 Prozent der Schubhäftlinge, erklärt der Kommandant weiter, würden »Selbstverletzungen« an sich vornehmen oder in den Hungerstreik treten, um aus dem Gefängnis herauszukommen. Die Hälfte sei damit »erfolgreich«, denn sie würden dann ins Krankenhaus gebracht, das nicht bewacht sei und aus dem sie fliehen könnten. Hierauf, so der Kommandant, »wiederhole sich das Spiel«. Dieser Polizeibegriff fällt mehrmals. 14 Tage später, setzt der Kommandant fort, würde zumeist der Schubhäftling beim Schwarzfahren ertappt, in der Zwischenzeit habe er sich irgendwie durchgehungert – jedenfalls werde er bald wieder festgenommen. Er halte sich ja nach wie vor illegal im Land auf, betont der Kommandant. In der Schubhaft dann würde der Betreffende aber wieder mit dem Hungerstreik beginnen. Solange er sich in der Ausnahmesituation befinde, würde er täglich vom Amtsarzt auf Haftfähigkeit untersucht und möglicherweise wieder ins Krankenhaus gebracht, aus dem er aber wieder fliehe. Entweder tauche er dann eines Tages unter, oder er gebe auf. Habe er sich dazu entschlossen, werde er zur Rückkehrberatung gebracht, wo ein Kontaktgespräch mit »muttersprachlichem Betreuer« stattfinde. Sobald man sich geeinigt habe, werde die Rückkehr vollzogen. Das Ticket müsse jedoch der Abgeschobene selbst bezahlen, außerdem 28 Euro pro Hafttag und die Dolmetscherkosten. Das Geld werde ihm – wenn er keines besitze – vorgestreckt und die Schuld auf zwanzig Jahre ausgesetzt, das heißt, sie werde fällig, wenn er in diesem Zeitraum wieder einreise. Auf dem Weg zu den Einzelzellen kommen wir an einer geöffneten Tür vorbei, ich trete näher, sehe sechs Frauen, Chinesinnen, Vietnamesinnen und eine Mongolin, wie ich erfahre, beim Kartenspiel. Die aufgeschlagenen Spielkarten liegen auf der grauen Decke, und es erweckt den Eindruck, als handle es sich um eine Zukunftsbefragung.

In die Einzelzellen kann man auf eigenen Wunsch,

strafweise oder zu »Sicherungsmaßnahmen« bei einem Selbstmordversuch verlegt werden. Es ist ein abgesonderter, langer Trakt mit spiegelglänzendem steinernem Fußboden. Durch die Türklappen sehe ich einen weiblichen Häftling ein Buch lesen, in einer anderen Zelle schläft eine junge Frau. Man spürt ihre Verlassenheit, ihr Ausgeliefertsein, und obwohl ich schon vieles gesehen habe, gibt es mir im Herz einen Stich. Wir haben noch nicht alles besichtigt. Die Sicherheits- und die Gummizelle sind nicht belegt. Die Sicherheitszelle ist, wie ich sehe, weiß gefliest, die Toilette in den Boden eingelassen, die körperliche Verrichtung erfolgt in hockender Stellung. Die dort »Verwahrte« liegt wie ein lebendes Tier in der Auslage eines Fleischhauers und ist den Blicken durch die Luke ausgeliefert.

Die Gummizelle nebenan ist ein grün gepolsterter Raum, in den der »renitente« weibliche Häftling gesperrt wird, wenn er »randaliert«. Wahrscheinlich ist es einer »durchdrehenden« Frau nur zu viel geworden an Verfolgung, Überprüfung, Verhaftung, Wegsperrung, Überwachung und Kontrolle, denke ich, wahrscheinlich spürte sie, dass alle Risiken, alles Leid, alles Elend, das sie auf sich genommen hat, um die »Neue Welt« zu sehen, umsonst waren, und hat nun sinnlos gegen Gegenstände, Mithäftlinge, Wachpersonal rebelliert. Jedenfalls wird sie in den gepolsterten Schrankraum gesteckt, der leer ist wie das Innere einer aufgestellten Schuhschachtel. Die Fenster zum Hof und das andere über der Tür, das zum Gang hinausführt, sind aus unzerbrechlichem Glas ebenso wie die Verkleidung der Neonröhre an der Decke.

Irgendwo oben in diesem dunkelgrünen, glänzenden,

abgedichteten Raum befindet sich eine Überwachungs-kamera. Und es gibt auch das Guckloch in der Tür, durch das man in die vier Wände hineinschauen kann. »Il mondo novo.« Auf dem Gemälde von Tiepolo sind fast alle Menschen nur von hinten zu sehen. Sie haben, wie auch die »Illegalen«, »Asylanten« und ihre Bewacher, kein Gesicht. »Mondo novo« bezeichnete eine Jahr-marktsattraktion, den Vorläufer der Laterna Magica, des Panoptikums, der Diaprojektion und des Fernsehens. Vom Posten auf dem spiegelglatten Gang vor den Ein-zelzellen kann ein Bildschirm kontrolliert werden, in dem ständig die nackte Gummizelle von oben zu sehen ist, ein Blick wie in einen Schlund. Ich starre auf den glatten Bildschirm, der an der Decke des Ganges gut sichtbar befestigt ist, und frage den Kommandanten nach der Funktion. Er erlaube, sagt er sachlich, die Be-obachtung des eingesperrten weiblichen Häftlings von außen. Der Amtsarzt müsse zwar »verbindlich« geholt werden, setzt er fort. Zumeist dauere es aber vier bis fünf Stunden, bis sich die »Randalierende« wieder be-ruhigt habe. Wir starren beide zum Bildschirm hinauf, auf dem sich punktförmig Lichtreflexe spiegeln. Unver-ändert zeigt er die dunkelgrüne Gummizelle, die von oben jetzt wie ein tiefer Schacht aussieht.

Man setze auf Zeit, sagt der Kommandant.

Das Meer der Wiener
Der Neusiedler See, 1992

Vom Leithagebirge, dessen Kalkstein dem Wiener Stephansdom, dem Burgtheater und der Votivkirche als
Baumaterial diente, sehe ich auf den Neusiedler See hinunter – und obwohl das »Gebirge« nicht einmal fünfhundert Meter hoch ist und der »See« keine zwei Meter
tief, habe ich den Eindruck, ein Meeresarm strecke sich
zu meinen Füßen aus. Ich nehme den Weg zwischen
Weingärten, Kirsch- und Mandelbäumen hinunter nach
Oggau, immer das silbriggraue Wasser und das dunkle
Grün des Schilfgürtels vor meinen Augen. »Als der See
1865 austrocknete«, ist in der Ortschronik zu lesen, »wir-
belte der Wind den Staub des Bodens in dicken Säulen
über die Ebene.« Der große Fischbestand war verendet.

An einem nicht näher beschriebenen Septembertag
überquerte der Ortspfarrer Carl Fodermayer mit dem
Raaber Domherrn Josef Mayrhofer, »einem gebürtigen
Oggauer«, den Seegrund. Das Abenteuer dauerte vier-
einhalb Stunden. Während des Fußmarsches stießen sie
auf »zwei stark sumpfige Plätze, wo der Domherr etwa
einen halben Schuh, der Herr Klerikus aber beinahe bis
zum Knie hineinsank«. Der Neusiedler See wurde in
dieser Zeit zum Schauplatz eines kuriosen Ereignisses,
das in der Ortschronik als »Seeschlacht von Oggau«
bezeichnet wird. Am 5. November 1866 unternahm die
Bevölkerung des Dorfes eine Prozession zur »Rosalien-

518

kapelle«. Währenddessen entwendeten die benachbarten Ruster einen Großteil des Fischgrases, das die Oggauer auf dem ausgetrockneten Seeboden abgemäht hatten und als Streu verwendeten. Am folgenden Tag wollten die Ruster auch den Rest der Streu verladen. Dabei wurden sie von den Oggauern überrascht und in eine Schießerei verwickelt, die mehrere Schwerverletzte forderte. Nach der Flucht der Ruster trieben die Oggauer deren zurückgelassene Pferde, Ochsen und Wagen ins Dorf. Das Ganze hatte ein gerichtliches Nachspiel und ist nur deshalb erwähnenswert, weil die sogenannte Seeschlacht im Trockenen stattfand. 1870, als die Bevölkerung sich wegen der Aufteilung der Seegründe in den Haaren lag, kam das Wasser zurück und überschwemmte mehrere Orte. Einige Dörfer wurden im Laufe der Geschichte vom See »verschluckt«, versichern die Berufsfischer und nennen Namen: Altdorf, Banláka, Götsch, Schwarzlacken oder Hannifthal und Tard. Keines dieser Dörfer ist mehr auf einer Landkarte zu finden.

Von weitem sehe ich den »Terrassenwohnpark« in Donnerskirchen und daneben den Campingplatz, die den Eindruck eines Belagerungszustandes vermitteln. Außerdem ist das Touristendorf nach dem Modell von Monopoly-Häusern entworfen. Auf dem Golfplatz über der Straße suchen Störche nach Futter. Das Gelände ist zu feucht, hört man, als dass darauf zurzeit gespielt werden könnte. Das hängt mit der Unberechenbarkeit des Sees zusammen.

Seit Menschengedenken gehört es zu seinen Eigentümlichkeiten, dass sein Wasserspiegel extrem sinkt oder steigt. Von den 250 Millionen Kubikmeter Wasser, die er enthält, verdunsten jährlich 200 Millionen. Als einziger Zufluss ergießt die Wulka fünfzig Millionen Kubikmeter in den See. Niederschläge und bislang nicht erforschte unterirdische Zuflüsse erbringen die übrigen 150 Millionen. Nach trockenen Jahren kommt es daher nicht zum Ausgleich der Verdunstungsverluste, und der Wasserspiegel sinkt. Durch einen Schleusenkanal, den von den Fürsten Esterházy Ende des neunzehnten Jahrhunderts nach Überschwemmungen angelegten »Einser-Kanal«, kann der Wasserstand zum Teil reguliert werden. Seit 1965 ist er auf einem höheren Niveau, wodurch das Schilfwachstum beschleunigt wurde. Außer diesem »Einser-Kanal« gibt es keinen Abfluss. Daher bleiben alle Abwasserfrachten im See. Trotzdem hat man Dämme mit Straßen durch das bis zu fünf Kilometer breite Schilfgebiet gelegt, Touristendörfer darin errichtet und mehr als sechstausend Bootsplätze geschaffen, ganz zu schweigen von den Badegästen, die angelockt werden. Andere Seeprojekte, die allesamt aus Geldmangel nicht ausgeführt werden konnten oder auf heftigen Widerstand stießen, gingen noch weiter. So zerbrach man sich im vergangenen Jahrhundert und nach dem Zweiten Weltkrieg immer wieder den Kopf, wie man den See austrocknen könnte, um Ackerland zu gewinnen. Nach der Erfindung des Sommerurlaubes gab es andererseits auch den Plan, den Seespiegel auf drei Meter anzuheben. Außerdem beabsichtigte man, mit einem Damm den See in zwei Teile zu teilen oder auch einen Tunnel zwischen Mörbisch und Illmitz zu bauen, Erdölbohrtürme aufzustellen, den westlichen Teil des Sees in kleine Fischteiche aufzusplittern und zuletzt eine drei Kilometer lange und fünf Meter hohe Brücke zu errichten, die beide Seeufer verbinden sollte – eine pannonische Golden Gate gewissermaßen – zwischen dem Seewinkel und der wohlhabenderen Ruster Seite. Jetzt versucht man gemeinsam mit Ungarn einen Nationalpark zu verwirklichen, der auf der österreichischen Seite den südlichen Seewinkel und auf der ungarischen – zum größten Teil nur Schilffläche – die Fertörákoser Bucht, die Vogelwarte-Bucht und drei kleinere Lacken umfassen soll. Möglicherweise überlegt es sich der See auch in der Zwischenzeit und trocknet über Nacht wieder aus. Oder es stellt sich heraus, dass die Fatae Morganae, die auf der Seeoberfläche immer wieder beobachtet werden, vielleicht die Wirklichkeit sind und der See nur eine Luftspiegelung ist, gilt doch für die Region der alte Spruch, dass die Realität nur eine Halluzination ist, die durch den Mangel an Alkohol entsteht.

Um die Vorstellungskraft anzuregen, sei festgehalten, dass der See siebenunddreißig Kilometer lang, fünfzehn Kilometer breit und ungefähr dreizehntausend Jahre alt ist. Übrigens kann man vom Nordufer aus auch bei klarem Wetter nicht das ungarische Südufer sehen, weil die Aufwölbung der Wasseroberfläche wegen der Erdkrümmung rund siebenundzwanzig Meter beträgt. Es gibt eine Reihe weiterer Merkwürdigkeiten, die ihn in den Bereich des Fabelhaften rücken. Aus den Büchern des Limnologen Heinz Löffler, dessen Kenntnisse so umfassend sind, dass es nicht überraschen würde, wenn ein Wissenschaftler dieses Namens gar nicht existierte und der Symbolvogel der Region selbst ihr Verfasser wäre, aus den Büchern Löfflers also geht hervor, dass auf den Neusiedler See keine von mehr als hundert Möglichkeiten der Entstehung eines Sees zutrifft. Zwar liegt er in einer der wärmsten Regionen Österreichs, aber die Winter sind manchmal außergewöhnlich streng, weshalb es auch zu »Eisstößen«, der Bildung von Eisbarrieren, kommen kann, die einmal schon eine Höhe von sieben Metern angenommen haben. Auch Schneewächten von sechs Metern Höhe wurden registriert. 1929 fror der See bis zum Grund zu, wobei abermals der gesamte Fischbestand vernichtet wurde. Da Wien nur fünfzig Kilometer entfernt ist, bevölkern an schönen Wochenenden viertausend Schlittschuhläufer oder mehr die Eisdecke, einige auch um Mitternacht mit einer Kerze in der Hand. Immer wieder brechen Unvorsichtige, Eissurfer oder Eissegler ein und müssen von der Eisläuferbrigade der Feuerwehr Rust mit Leitern oder Surfbrettern gerettet werden.

Vor allem der Sturm bringt eine Reihe merkwürdiger Phänomene hervor. Ist er sehr heftig, so schiebt er das Wasser beiseite, bis weite Teile im Trockenen liegen und eine Unmenge von Fischen verendet. Besonders sein plötzliches Einsetzen »mit einer ersten Böe, meist nach vorangegangener Flaute«, schreibt Löffler, »bringt Gefahr mit sich«. Da die Windgeschwindigkeit fünfzig bis achtzig Kilometer in der Stunde betragen kann, können sich mehr als ein Meter hohe, rasch aufeinanderfolgende Wellen bilden, und es ist, weil jetzt der Seeboden keinen Halt mehr bietet, lebensgefährlich, das Boot zu verlassen. Hunderte Surfer und Segler wurden von Feuerwehr und Gendarmeriebooten aus den Wellen gerettet, zwanzig Menschen sind in den Jahren nach dem Zweiten Weltkrieg in ihnen ums Leben gekommen. Das hat dem See trotz seiner geringen Tiefe den Ruf eingetragen, heimtückisch zu sein. Schon 1822 ertranken neun Burschen und zwei Mädchen, als sie bei einer Bootsfahrt vom Gewitter überrascht wurden. Das »Purbacher Lied«, eine Moritat, besingt diese Tragödie in allen Einzelheiten.

Der Bootsverleiher von Oggau, ein dunkelhaariger stämmiger Mann, Mitte fünfzig, mit einem Schnurrbart und der Geschicklichkeit eines Zirkusartisten, weiß nichts von meinen in langen Nachtstunden angelesenen Gedanken. Still gleiten wir von der Anlegestelle, an der weiße Boote mit bunten Kajüten und Leinendächern dümpeln, in den Schilfkanal, um zum offenen Wasser zu gelangen. »Bei jedem Schritt«, schreibt Löffler, »werden brauner Schlamm und feines Zerreibsl abgestorbener Pflanzenteile aufgewirbelt und verbreiten einen modrigen Geruch oder auch den von faulen Eiern … An manchen Tagen wird man zu allem Überfluss auch noch von Blutsaugern verfolgt: In eleganten vertikalen Schlängelbewegungen schwimmen sie heran, setzen sich an den Gummistiefeln fest und versuchen, daran emporzuspannen und unter die Kleidung zu kriechen.« Inzwischen soll der medizinische Blutegel wegen der schlechten Wasserqualität im Schilfgürtel verschwunden sein. Der Schilfgürtel ist für den See von größter Wichtigkeit, er wirkt als Nährstofffalle und trägt wesentlich zu seiner Reinerhaltung bei. Nicht wenige befürchten aber, seine Ausbreitung sei das Zeichen für das »Umkippen« des Sees, einen durch menschliches Zutun beschleunigten Alterungsprozess, bei dem das Leben im Wasser durch Sauerstoffmangel stirbt und das Schilf den See allmählich verlandet. Fast drei Viertel der Rohre sind von einem Parasiten befallen oder als Altschilf unbrauchbar geworden. Auch im Schilfgürtel sind schon Menschen umgekommen oder mussten mit dem Hubschrauber geborgen werden, weil sie die Orientierung verloren hatten. Ein sagenhafter Rohrwolf, der als »Yeti des Neusiedler Sees« bezeichnet wird und von Zoologen einen lateinischen Namen erhalten hat, »canis lupus minor«, – sozusagen ein naturwissenschaftliches Gespenst – soll in ihm hausen. Vermutlich ist er unversehens aus der Phantasie in die Wirklichkeit gesprungen. Wie ein Gedankenleser sagt der Bootsverleiher plötzlich: »Wussten Sie, dass es Hirsche im Schilf gibt? Wildschweine, Rehe, Karnickel und Füchse? Dreihundert Stück Hochwild zählte der Jagdaufseher von Oggau in den siebziger Jahren«, fährt er fort, »man schätzt jedoch, dass es über sechshundert waren.« Getreide, Klee, Kartoffeln, buchstäblich alles hätten die Hirsche den Bauern weggefressen. »Sobald die Trauben reif waren, machten sie sich über die Weingärten her. Wenn man einen erlegten Hirsch aufbrach, war der Pansen voll Weintrauben. Bis 1976 waren dann fast alle durch Blei ausgerottet.« Außerdem gebe es zu viele Ratten im Schilf, die die Jungbrut der Vögel gefährdeten, fügt der Bootsverleiher nach einer Pause hinzu.

Vom Segelschiff aus kann man über das Schilfdickicht in der Ferne das Wasser als einen hellgrauen Streifen am Himmel verschwinden sehen. Wir hören nur das Rauschen des Windes im Rohr. Gemälde und Stiche aus dem vorigen Jahrhundert zeigen, dass der Schilfgürtel vor der Austrocknung des Sees und dem Bau des Einser-Kanals verhältnismäßig schmal war. Große Rinderherden, Tausende von Tieren weideten damals an den Ufern und zerstörten die empfindlichen Wurzeln. Außerdem wurde das Schilf im Frühjahr abgebrannt. Jetzt dehnt es sich hundertfünfzig Quadratkilometer über den halben

See aus, was der bebauten Fläche Wiens entspricht. Der Schilfwald ist trotz kranker und alter Rohre keine tote Zone. Von der Kieselalge bis zum Wasserkäfer, von den Bisamratten bis zur Ringelnatter wimmelt es von verborgenem Leben. Und natürlich ist er noch immer das berühmte »Vogelparadies«, das jeder Volksschüler in Österreich kennt. Im Schilfwald, schwärmte Franz Werfel, sei er »zum erstenmal der Natur begegnet. Purpurreiher und Silberreiher und Löffelschnabel flatterten aus dem ungeheuren Rohricht und zogen in Geschwadern unter dem Himmel. In giftgrünen Schilflücken sah ich den ägyptischen Ibis auf einem Bein stehen, denn nur am Nil und hier nistet er … In mir ist das Unken und Klunken der Rohrdommel und großer Wasservögel, die im tiefsten innersten Heiligtum des Schilfs lebten und dort unbegreifliche Aveglocken läuteten.«

Mückenschwärme fallen über uns her, als wir uns einer Landzunge nähern. Einige Arbeiter, die das geschnittene Schilf bündeln, blicken neugierig auf, froh über die kleine Abwechslung. Schon bei Tagesanbruch stechen sie mit ihren Kähnen in die »Schluichten«, die schmalen ausgehauenen Wasserarme. Das Schilf wird als Dachmaterial benutzt – vor allem in Holland und Norddeutschland – und für die Herstellung verschiedenster Matten. Man schneidet es im Winter, wenn der See zugefroren ist, mit mähdrescherartigen Erntemaschinen, die »Seekühe« genannt werden. Früher war die Schilfgewinnung eine mühsame und gefährliche Arbeit. Nicht selten brach ein Rohrschneider in das eiskalte Wasser ein. Lag wenig Schnee, wurden »Stoßeisen« verwendet, das sind schaufelartige Messer an langen Stielen – ähnlich Sensen. Bei hohem Schneebelag »Reißer«, die entfernt einem Schlitten ähneln und mit deren sichelförmigen Eisen man die Garben niederriss. Um einen besseren Halt zu haben, trugen die Schnitter Steigeisen, stand im Frühjahr schon Wasser auf dem Eis, Blech- oder Holzstiefel, in denen die Füße und Beine bis zum Knie steckten, wie in Eimern. (Lederstiefel wären von den scharfen Rohrstoppeln zerschnitten worden.) Auf großen Lagerplätzen um den See findet man die kegelförmig zusammengebundenen Schilfgarben, die aussehen wie Zeltlager aus Stroh. Den meisten Seebewohnern ist das scharfkantige Rohr ein Dorn im Auge. Immer wieder kommt es zu Brandlegungen, die das Ausbreiten des Schilfgürtels verhindern sollen. Wenn es aber nicht im Winter verbrannt wird, können die Flammen die Brut von Vögeln, sie selbst und auch andere Tiere vernichten, argumentieren die Vogelschützer, die sich gegen jeden Eingriff in den Schilfgürtel wehren – letztendlich ein Schilfbürgerstreich. Denn das Altschilf kann zum Sargnagel für den See werden. Es bricht zusammen, vermodert und belastet das Wasser mit Fäulnisprodukten. Der schwarze Rauch des brennenden Schilfs ist vom ganzen See aus zu sehen. Die Feuerwehr löscht die Flammen bei einem der wilden Brände mit »Feuerpatschen«, besenförmigen Geräten – es mussten allerdings auch schon Hubschrauber angefordert werden. Auf dem offenen Wasser ist man sofort von der merkwürdigsten Menschenfauna umgeben. Surfer ziehen als einflügelige Insekten vorüber, von den Ufern schwärmen blaue, rote und gelbe Tretbootschmetterlinge aus, die sich bis an den Schilfrand verirren, und ein Schwarm Segelboot-Kohlweißlinge verliert sich in der Weite des Gewässers.

»Man kann den See auch zu Fuß durchqueren«, sagt der Bootsverleiher später. Einmal im Jahr wandern, dem Kommando des Veranstaltungskalenders und des Heeressportvereines gehorchend, Hunderte von Touristen von Mörbisch, dem Ort mit der Operetten-Freiluftbühne – die sich vom Wasser aus wie eine überschwemmte oder sinkende Hollywoodkulisse ausnimmt –, zum gegenüberliegenden Illmitz. Aber diese nackte infanteristische Tourismusdivision ist nur der Teil einer Armee, die den See erobert hat und im Schilf wie etwa in der Urlaubersiedlung »Romantika« bei Rust, in Hotels, in zu Zimmern umgebauten Schweineställen, auf riesigen Campingplätzen oder der Wohnwagensiedlung bei Podersdorf stationiert ist. An jedem Wochenende besetzt sie aufs Neue die Wirtshäuser und Heurigenlokale, die Strände und Buchten, die Wiesen und Bäder. Montags fährt dann ein Motorboot der Biologischen Station Illmitz von Badeort zu Badeort und entnimmt in den Häfen und vor den Stränden Wasserproben. Sind diese ausgewertet, verlangt die Station Maßnahmen gegen die Wasserverschmutzung und streitet sich mit Politikern, Bauern, Fischern und Jägern herum. Als in der Ruster Bucht sich die Wasserqualität dramatisch verschlechtert hatte, da zu viele Besitzer der vierhundert Schilfhäuser den Inhalt ihrer Exkrementtonnen ins Wasser abließen, wurde der Bau eines Kanalsystems beschlossen, das inzwischen fertiggestellt ist. Die Wasserqualität am offenen See sei jetzt, wird versichert, durch die Errichtung von Kläranlagen besser, noch bis 1986 ging der Großteil der Abwässer in den See; für den Tourismusstrom selbst gibt es allerdings noch keine Kläranlagen, und solange dieser Strom riesige Mengen von

Touristen »ungefiltert und ungeklärt« in die Natur ablässt, so lange wird er auch das ursprüngliche Leben zerstören, bis nichts mehr davon übrig ist. Auf eine »Güteklasse-Bestimmung« des Wassers will sich Dozent Herzig von der Biologischen Station nicht einlassen, diese gelte nur für fließende Gewässer. Das Wasser, gibt er Auskunft, sei »stark eutrophiert«, also mit Nährstoffen angereichert, wodurch sein Sauerstoffvorrat zu sehr belastet sei, aber es bestehen für den Badebetrieb keine Bedenken. »In flachen Gewässern«, ergänzt ein Sportfischer später, »führt der sommerliche Massenbesuch von Badegästen dazu, dass Schlamm aufgewühlt wird, was schlagartig erhöhten Sauerstoffverbrauch zur Folge hat.«

Die Hitze ist inzwischen so groß geworden, dass ich über eine kleine Leiter in den See steige und damit in meine Kindheitserinnerungen, in Nichtschwimmerabteilungen von Seebädern mit feuchtkaltem Schlammboden. Das Bad ist allein schon wegen der Wassertemperatur angenehm. Ich tauche mehrmals unter, wobei das Bemerkenswerteste ist, dass man unter Wasser nichts sehen kann. Wie Löffler weiß, wird die Trübung des Sees »durch im Wasser suspendierte, vorwiegend anorganische Teilchen hervorgerufen … Die Analyse der trüben Partikel zeigt, dass Quarz, Feldspat und Dolomit sehr geringer Korngröße neben einem geringeren organischen Anteil vorherrschen. In der Hauptsache stammt dieses Material vom Seegrund her und wird durch die windbedingte, turbulente Wasserbewegung aufgewirbelt.« Außerdem ist der See salzhaltig, der Gehalt beträgt ein Dreißigstel der Meereskonzentration. Je niedriger der Wasserspiegel, desto höher der Salzgehalt.

Der Bootsverleiher denkt kurz nach, als ich wieder an Bord bin und nach den Fischen im See frage. »Ein Problem«, sagt er und blickt melancholisch in das trübe Wasser, »ist der Aal.« Ursprünglich sei der See von Hechten und Karpfen, Barschen und Brachsen, Karauschen und Lauben bevölkert gewesen. Noch im vorigen Jahrhundert sei der Laube ein Massenfisch gewesen, weil seine Schuppen zur Herstellung künstlicher Perlen dienten. Später habe man auch den Zander eingesetzt, der inzwischen den Hecht verdrängt habe. »Dann, Ende der fünfziger Jahre, haben die Fischer 200000 Glasaale gesetzt und in der Folge jedes Jahr mehr. Das hat den ganzen Fischbestand verändert«, schließt er. Die Hechte, bis zu eineinhalb Meter lang und fünfzehn Kilo schwer, seien fast vollständig verschwunden. Der Aal, sagt der Bootsverleiher, fresse den Laich der anderen Fische und auch den der Frösche auf. Außerdem seien ostasiatische pflanzenfressende Fische, Amure und Silberkarpfen gesetzt worden, die nicht nur die wildwuchernden Wasserpflanzen, sondern auch das Laichkraut vernichtet hätten. »Bis auf spärliche Reste ist der gesamte Laichkrautgürtel verschwunden«, sagt er und lichtet den Anker. Daran sei die zunehmende Eutrophierung schuld durch Düngemittel aus den umliegenden Äckern und Weingärten, »aber wie man es auch dreht, wir haben uns die ganze Misere selber eingebrockt«. Von sich aus könne sich jetzt keine Art von Speisefischen mehr in Massen fortpflanzen. Hechte, Karpfen, Zander und vor allem Aale müssten jedes Jahr nachgesetzt werden. »Allein vier Millionen Glasaale von schottischen Flussmündungen oder der französischen Küste, aus Spanien, Italien und Portugal!«, ruft er aus. In nährstoffreichen, flachen Seen seien die Fische besonders gefährdet, erklärt später der Sportfischer. Jeden Winter werde dem Wasser in Bodennähe viel Sauerstoff entzogen, wodurch es sogar zu einem Fischsterben kommen könne. Edelfische seien dann nur durch Besatz zu halten, da die starke Belastung des Wassers zur Faulschlammbildung führe, was für die abgelegten Eier meist tödlich sei.

Der Aal ist ein geheimnisvolles Tier. Er laicht im Sargasso-Meer, macht mehrere Metamorphosen durch und stellt nach sieben Jahren die Nahrungsaufnahme ein, um zurückzuwandern und nach dem Laichen wieder im Sargasso-Meer zu sterben. Er kann auch im seichten Wasser »wandern«, und nicht selten wird behauptet, er unternehme in der Nacht Ausflüge an Land. »Selbstverständlich laicht er nicht im Neusiedler See, sondern wächst dort nur heran, wird herausgefischt und nachgesetzt«, erzählt der Bootsverleiher, während wir nun mit zunehmender Geschwindigkeit das gegenüberliegende Ufer ansteuern. Für den Bootsverleiher ist der Aal ein unerschöpfliches Thema. Er nennt ihn einen »unangenehmen Patron«. Sein Blut sei giftig. Erst durch das Kochen würde er ein genießbarer Speisefisch. Vor allem aber sei er »schleimig«: Kleidung, die mit dem Fisch in Berührung komme, werde steif. Viele Sportfischer verschmähten ihn deshalb. Zwischen den Sportfischern und den Berufsfischern gebe es nur »Wickel«, sagt der Bootsverleiher und meint damit Streit. Das Berufsfischen sei ein Neidergeschäft. Ungefähr vierzig Berufsfischer gebe es um den See auf der österreichischen Seite, nicht mehr: »Sie halten nur zusammen, wenn es darum geht, die Fangergebnisse zu verheimlichen«, sagt der Bootsverleiher. Der Jahresertrag werde von ihnen mit fünfzig Tonnen angegeben, aber das sei »Latein«. In Wirklichkeit seien es hundert- bis hundertfünfzig Tonnen, da die Fischer einmal in der Woche elektrisch fischten. Das geschieht mit Genehmigung der Biologischen Station Illmitz, die, anders als die Berufsfischer, auf diese Weise den Aalbestand reduzieren will, da die Gesamtmasse an Fischen zu groß sei. Im See seien aber seit jeher vorwiegend Reusen im Einsatz gewesen.

»Raischen«, sagt der Bootsverleiher, und es klingt wie die Mehrzahl von Rausch. In langen Ketten von Räuschen verfingen sich die Aale, verstehe ich, und in meinem Kopf bildet sich die Vorstellung von Delirien, in denen anstelle von weißen Mäusen Aale vor die Augen armer Trinker gegaukelt werden. Es ist aber so zu verstehen, dass die Reusen paarweise mit ihren Leitbahnen gegenübergestellt werden und, zu langen Ketten aneinandergereiht, die Aale fangen. Fünfzehntausend Reusen sind es. Und natürlich gelangen auch Zugnetze zum Einsatz, mit Netzkörpern bis zu hundert Metern Länge. Ein Ausflugsschiff fährt vorbei, auf dem angeheiterte Touristen – offenbar Mitglieder einer akademischen Verbindung – Studentenlieder grölen. Der Bootsverleiher wartet, bis wir außer Hörweite sind, und während er sich zurücklehnt, berichtet er, dass in den Jahren 1978 bis 1984 Trümmer von zwei Messerschmitt-110-Jägern aus dem Zweiten Weltkrieg den Fischern in die Netze gegangen seien. Die eine, die »gelbe K«, sei im Frühsommer 1944 bei einem Übungsflug nach der Kollision mit einer zweiten Übungsflugmaschine in den See gestürzt. Die jungen Flieger seien dabei ums Leben gekommen. »Die zweite, die ›weiße E‹«, wie der Bootsverleiher ausführt, »wurde im April 1944 von einer amerikanischen Lockheed-P-38-Lightening abgeschossen. Auch hier ist die Besatzung gefallen. Ich war dabei«, sagt der Bootsverleiher, »als die ›gelbe K‹ 1983 im See gefunden wurde. Es war einige Kilometer vom Strandbad in Podersdorf entfernt. Zuerst hat man den Motor herausgezogen und eine verbeulte Luftschraube, dann eine Tragfläche, ein Gummirad und Dutzende Granaten. Schließlich fand ein Taucher einen Lederfetzen, den Rest einer Fliegerkombination. Ich kenne den einzigen Augenzeugen des Absturzes, er wird Ihnen erzählen, dass die beiden toten Flieger Theaterkarten für den Abend des Absturztages bei sich hatten.« Die Flugzeugtrümmer sind im Landesmuseum in Eisenstadt zu sehen.

Wir segeln den Rest der Fahrt still nach Podersdorf, wo ich beim Seewirt übernachte, hinter dessen Theke alte Schwarz-Weiß-Fotografien hängen, die das »frühere Podersdorf« zeigen, und damit ist schon das Podersdorf vor siebzig, achtzig Jahren gemeint. Der Seewirt hatte damals eine schöne Glasveranda, und die Sommergäste waren noch nicht bekleidet, als wollten sie gerade ihren Vorgarten umgraben. Schon damals war Podersdorf – durch die Windrichtung begünstigt – das einzige schilffreie Dorf am See.

Am nächsten Tag fahre ich nach Frauenkirchen, wo die Geschichte der Seebewohner nur in versteckter Form zu erkennen ist, wie der Aufbau einer Pflanze, bevor man den Zauber der Blüte in Narbe, Griffel und Fruchtknoten, Staubblüten und Kelchblatt zerlegt. Erst in den Ortschroniken ist nachzulesen, dass im Jahr 1270 vierzig Reiter und dreihundert Fußsoldaten König Ottokars von Böhmen durch das Eis des Sees brachen und ertranken. Türken, Kurutzen und andere »Renner- und Brennerscharen« verwüsteten im Laufe der Jahrhunderte die Dörfer. Auch Pest und Cholera blieben nicht aus. In Purbach schaut noch eine Türkenfigur aus einem Schornstein, und das bekannte Naturschutzgebiet, die »Zitzmannsdorfer Wiesen«, trägt seinen Namen nach einem der von den Türken verbrannten und endgültig ausgelöschten Dörfer, wie Haberndorf, Katzendorf, Lehndorf, Martenhofen, Micheldorf, Mühldorf, Pahlendorf oder Vogeldorf. Die katholischen Habsburger besiedelten das verheerte Land von 1535 an mit treukatholischen und wehrtüchtigen Kroaten. Die berühmte Geschichte von Johann Peter Hebel, »Kannitverstan«, geht mir durch den Kopf, als ich die Basilika in Frauenkirchen besichtige und zum Judenfriedhof hinübergehe, der in der Sommersonne daliegt wie ein vergessener Platz im einstmals gelobten Land. Hebels fremder Handwerksbursche erntet in Amsterdam auf jede seiner Fragen, wem all der Reichtum gehöre, die Antwort »Kannitverstan«. Absurderweise gibt es das Geschlecht der »Kannitverstans« wirklich, und logischerweise ist es die Familie Esterházy, der heute noch das »halbe Burgenland« gehört. Einstmals besaß sie sechzig Marktgemeinden, einundzwanzig Schlösser und einundvierzig Dörfer. Aus der weitverästelten Linie dieses legendären Geschlechts ist jener Zweig für die Geschichte des Gebietes bedeutsam, den der 1582 geborene Nikolaus hervorbrachte. Er kämpfte als Führer der katholischen Legitimistenpartei an der Seite des Kaisers und wurde 1625 zum Palatin von Ungarn gewählt. Sein Sohn Ladislaus fiel zusammen mit dreien seiner Brüder 1625 bei Neuhäusl im Kampf gegen die Türken. Ladislaus' vierter Bruder kam mit siebzehn an die Macht und brachte in zwei Ehen fünfundzwanzig Kinder hervor. Er war ein glühender Marienverehrer und baute die Wallfahrtskirche Frauenkirchen dreimal nach der Zerstörung durch die Türken wieder auf. Unter der Schutzherrschaft der Esterházys entstand nach der Ausweisung der Juden aus Wien 1670 die »Schebka qehillot«, wie die sieben Gemeinden Deutschkreuz, Eisenstadt, Frauenkirchen, Kittsee, Kobersdorf, Lackenbach und Mattersdorf (heute Mattersburg) auf hebräisch genannt wurden. Sie gehörte zweihundertfünfzig Jahre lang zu den bedeutendsten orthodoxen Gemeinschaften in Europa. Und selbstverständlich war das Burgenland auch von Ungarn besiedelt. 1867, nach dem »Ausgleich« zwischen Österreich und Ungarn, stand der gesamte Landstrich unter ungarischer Verwaltung. Er war typisch für das Habsburger Reich. Auch »Roma« (auf Sanskrit »Mensch«), umgangssprachlich als »Zigeuner« bezeichnet, was angeblich von »Zieh-Gauner« kommen soll, bevölkerten, zwangsweise angesiedelt, seit dem sechzehnten Jahrhundert die schöne Landschaft. Sie sollten wie die Kroaten die von den Türken entvölkerte Puszta beleben. Bis zum achtzehnten Jahrhundert genossen sie »weitgehende Freiheiten«, wie es heißt, doch darf bezweifelt werden, dass es ein »lustiges Zigeunerleben« war. Unter Maria Theresia war es dann anderen »Zigeunern« verboten, nach Österreich zu ziehen. Im »zweiten Betretungsfalle« wurden sie durch den Scharfrichter gebrandmarkt und des Landes verwiesen, beim drittenmal die Männer aufgehängt, die Frauen mit dem Schwert hingerichtet. Josef II. bestimmte, dass die im Lande tolerierten Familien sesshaft werden sollten. Doch die angesiedelten Familien liefen häufig davon und hielten die zugewiesenen Gebäude und Grundstücke nicht instand, weil der Besitz, den man ihnen gegeben hatte, zu klein war, um den Lebensunterhalt ihrer schnell wachsenden Familien zu liefern. Daher ging die »absolutistische Verwaltung daran, das Familiensystem der Zigeuner zu zerschlagen«, schreibt Manfred Marschalek: Die Kinder wurden ihnen weggenommen und ›rechtschaffenen‹ Bauern und Handwerkern oder in Anstalten gegeben ... Viele Zigeuner reagierten mit Selbstmord auf diese Gewaltmaßnahmen ... Die anderen mussten sich als Taglöhner verdingen oder weiterhin ihre traditionellen Wandergewerbe ausüben« – als Schmied, als Korbflechter oder Musiker. Im neunzehnten Jahrhundert bemühten sich alle europäischen Länder mit Erfolg, die durch die Industrialisierung ohnehin schwer bedrohten Zigeuner zu registrieren, abzuschieben und weiterzuhetzen. Der Ethnologe Bernhard Schreck schreibt: »Der Zigeuner hatte ständig bei sich zu führen und unaufgefordert vorzuzeigen seinen Pass, den Heimatschein, den Wandergewerbeschein, den Geburtsschein, den Trauschein und sogenannte Zwischenlegitimationspapiere. Die papierene Umzinglung kriminalisierte den Zigeuner – von Haus aus Vertreter einer schriftlosen Kultur – unabhängig von dessen gutem oder bösem Willen. Fehlte ihm nur eines der erforderlichen Papiere, war er straffällig und damit reif für Zwangstransport oder Arbeitshaus.« Aber damit war der Höhepunkt der Verfolgung noch nicht erreicht.

Die Republik Österreich erbte die habsburgische Mikrozelle 1921. Es bedarf keiner großen Phantasie, um sich vorzustellen, was in den sieben Jahren nationalsozialistischer Herrschaft mit Juden und Zigeunern geschah.

Die jüdische Gemeinde Frauenkirchen verfügte bis dahin über eine Synagoge, einen Friedhof, ein Bethaus, eine koschere Schlächterei, ein jüdisches Gasthaus und eine eigene zweiklassige Volksschule. Insgesamt lebten achttausend Juden im Burgenland, heute sind es noch zwölf Familien. Nahezu die Hälfte der zwangsweise nach Wien Verfrachteten gelangte in die »Vernichtungslager im Osten«. Es fand also keine Ausweisung statt, wie man immer wieder hört, sondern eine gewaltsame Vertreibung (verbunden mit Raub, Diebstahl und schwerer Körperverletzung). Ebenfalls die Hälfte der achttausend Roma, die man »zusammenfing« und nach Lackenbach transportierte, überlebte die Konzentrationslager des Dritten Reiches nicht. Entweder kamen sie in den »Sammellagern« um, dem burgenländischen Lackenbach oder in Maxglan und Weyer, oder sie wurden in Konzentrationslagern zu medizinischen Experimenten herangezogen und auch vergast. Die Rückkehr der Überlebenden war von den alten Demütigungen begleitet, ihre Wohnstatt abgetragen worden, ihr Eigentum gestohlen. Lange wurde ihnen eine Entschädigung vom österreichischen Staat verweigert, da sie, die im Dritten Reich als Arier nicht unter die Rassengesetze fielen, als »Asoziale« eingestuft wurden. Wenn um den Neusiedler See die Rede auf Zigeuner kommt, herrscht Schweigen, oder man erfährt, dass Hitler »einige von ihnen wohl vergessen« habe. Es war der in Rechnitz den Gasthof »Rose« betreibende burgenländische Gauleiter Tobias Portschy, der 1938 in der Denkschrift »Die Zigeunerfrage« versprach, diese »mit nationalsozialistischer Konsequenz« zu lösen. Heute bevölkern neunzig Prozent Deutsche, acht Prozent kroatisch- und zwei Prozent ungarischsprechende Burgenländer das Land. Die »Zigeuner« machen nur wenige Promille der Bevölkerung aus.

Auf Seitenwegen gelange ich in den jüdischen Friedhof, von dem aus man über die alten und schiefen Grabsteine hinweg die gelbe Basilika sehen kann. Es gibt wenige stumme Bilder, die so gelassen und beiläufig die Unbarmherzigkeit geschichtlicher Prozesse zeigen wie dieser friedliche Friedhof unter der friedlichen Kirche. Einige Schafe stehen im Schatten eines Obstbaums. Friedlich auch sie wie der Spielplan der Seebühne Mörbisch, der den »Zigeunerbaron« ankündigt. Und friedlich die radfahrenden Jungmänner des österreichischen Bundesheeres, denen ich auf der Straße begegne, friedlich trotz umgehängter Gewehre. Sie haben die Grenze nach Ungarn zu bewachen, damit keine »Wirtschaftsflüchtlinge« aus anderen Ländern in die gesegneten Gefilde der Marktwirtschaft gelangen können.

Über Jahrhunderte waren die »Ausländer« auf der ungarischen Seite, die Tschechen und Slowaken, die Polen und Rumänen, die Slowenen und Kroaten, die Juden und Zigeuner, unsere Mitbürger. Auf der anderen Seite ist es wie zu Hause in den fünfziger Jahren, nur dass sich hier, bei den Surfern der österreichischen Seite, quasi noch einmal die prähistorische Umwandlung vom Wasserwesen zum Landwesen vollzogen hat, weshalb man sie in Ungarn mit Mountainbikes die Asphaltstraßen bevölkern und in grellbunten Rennfahreranzügen und Plastikhelmen keuchend gegen den Wind ankämpfen sieht. Nahe der österreichischen Grenze findet man ein Schmuckstück der oft auch als »gute alte Zeit« missverstandenen Vergangenheit, ein Schloss, das Esterházy

Kastély Fertöd. Vor dem dreiteiligen, schmiedeeisernen Tor verkauft ein junger Bursche auf einem Holzwagen die Insignien der Macht, unter der die Ungarn die letzten Jahrzehnte zu tragen hatten: Kappen der russischen Armee mit roten Sternen, russische Armeeuhren, Abzeichen mit kyrillischen Inschriften. Auch eine hölzerne Gorbatschowpuppe steht da, in der sich andere Puppen mit Breschnew- und Stalingesichtern befinden. Das alles scheint vorbei, wie auch die Zeit, aus der das Schloss gleichsam herübererzählt. In klobigen Filzpantoffeln schlurfen Touristen durch die Gänge des »ungarischen Versailles«, um das reichliche und billige Mittagessen mit etwas Bewegung in die Vergangenheit besser zu verdauen. Mit dem Bau des Schlosses begann Jozsef Esterházy im Jahr 1720, worauf es ein halbes Jahrhundert lang weiter ergänzt, umgebaut und schließlich fertiggestellt wurde. In dem dreistöckigen Schloss befinden sich nahezu hundertdreißig Räume. Im Erdgeschoss der Sommerspeisesaal, die Sala Terrena, mit einem Fußboden aus weißem Marmor, weißen Wänden, die teilweise grün bemalt sind, und silbrigen Blumengirlanden. Berühmt ist der darüberliegende Musiksaal, der Park und am berühmtesten das nicht mehr vorhandene Opernhaus, das hinter dem Schloss stand. Joseph Haydn dirigierte dort eigene Werke. 1766 wurde er Erster Kapellmeister beim Fürsten Esterházy und verbrachte nicht weniger als zwanzig Jahre in Fertöd. Mehr als 160 Baritonstücke hat Haydn für seinen Herrn dort geschrieben, Trios und Streichquartette, Opern, Symphonien und Messen. »Ich war von der Welt abgesondert«, bemerkte er später, »niemand in meiner Nähe konnte mich an mir selbst irre machen und quälen, und so musste ich original werden.« Nach dem Tod des Fürsten Nikolaus Esterházy im Jahr 1790 verlegte dessen Sohn Paul seinen wesentlich bescheideneren Hof nach Kismarton. Fertöd stand praktisch leer da. Anfang dieses Jahrhunderts wurde das Schloss, das inzwischen verfallen war, von der Familie Esterházy renoviert. In den Parkanlagen wurden Eiben und Buchs gepflanzt, die heute noch grünen. Im Zweiten Weltkrieg erlitt das Schloss abermals schwere Schäden. »Die Einrichtungen wurden abtransportiert, zerschlagen, in alle Winde verschleppt«, wie der Führer durch das Schloss berichtet. In der Sala Terrena fanden Schafe eine standesgemäße Stallung. Erst 1957 wurde die Anlage wiederhergestellt.

Draußen liegen große Ballen Weizen wie vom Himmel gefallene zylinderförmige Botschaften auf den abgeernteten Feldern. Von einem Hügel aus erblickt man einen von Schilf bewachsenen Sumpf, in dem ein einsamer Wachturm steht. Ein Pferdewagen kommt die Straße entlang. Es ist drückend heiß. Langsam fahre ich zurück, vorbei an kleinen Dörfern. Auf Stockerln bieten Bäuerinnen Honig, Melonen, Paprika, Zwiebeln und Blumen zum Kauf an. Die ungarische Seite hat etwas Fröhliches, Kindliches. Die Landschaft ist nicht wie mit dem Lineal gezogen, sondern bunt durcheinandergewürfelt. In den österreichischen Orten ist von der ursprünglichen »pannonischen Architektur«, mit der so gern geworben wird, kaum mehr eine Spur zu finden.

Im Seewinkel, dem baumärmsten Gebiet Österreichs, herrscht afrikanische Hitze. Der Schriftsteller Gerhard Fritsch schreibt in seinem Buch vom Burgenland: »Dieses südliche Burgenland schickt nicht nur seit mehr als hundert Jahren Wanderarbeiter bis hinauf nach Wien, es ist ein Landstrich, der in den letzten Jahrzehnten des neunzehnten Jahrhunderts im Verhältnis zur Bevölkerungszahl fast so viele Auswanderer nach Amerika gestellt hat wie Irland. Es gibt viele Dörfer, die heute weniger Einwohner haben als im neunzehnten Jahrhundert.« Insgesamt wanderten in den vergangenen hundert Jahren dreihunderttausend Burgenländer aus, mehr, als das Bundesland derzeit an Einwohnern hat. Was hätten diese wohl gesagt, wenn sie im New Yorker Hafen von Militär erwartet und wieder zurückgeschickt worden wären? »Jetzt ist die Zeit und Stunde da / wir ziehen nach Amerika / hurra hurra« – wurde gesungen. »Das Schifflein neigt sich hin und her / wir sehen Deutschland nimmermehr / hurra hurra.« In Amerika hörte sich das Lied dann trauriger an: »Der schönste Fleck auf dieser Welt, der keinem andern gleich / das ist mein kleines Heimatland im schönen Österreich …«

Unter dem Vordach einer Holzhütte, wie sich herausstellt der »Kassa«, sitzt ein dicker Mann mit weißem Unterhemd, blauer Hose und einer Schildkappe. Auf seinem Hosenträger bilden Rehböcke und Jagdhörner ein Fließbandmuster. Der einsame Mann wacht darüber, dass im Naturschutzgebiet »Lange Lacke«, das vom World Wildlife Fund betreut wird, niemand Schaden anrichtet. Nirgendwo ist ein Vogel zu sehen, nur Fußgänger, Familien, der eine oder andere Ornithologe mit Fernglas um den Hals. In regelmäßigen Abständen ertönt ein Schuss, und der Wildhüter an der Kassa klärt auf, es handle sich um einen »Star-Schreckschuss-Apparat«. Wenn die Trauben in den umliegenden Weingärten reiften, würden die Stare kommen, »in riesigen Schwärmen zu Tausenden«, sagt der Wildhüter. »Im Herbst müssen die Stare von Jägern und Weingartenhütern, die Schreckschussmunition verwenden, vertrieben werden.« Die Vögel krallten sich an den Trauben fest und rissen dadurch die einzelnen Perlen herunter. Der Schaden sei groß. Die Ortschaften setzten sogar Flugzeuge ein, die im Tiefflug über die Weingärten brausten und die Schwärme aufscheuchten. In der Luft versuchten sie die Stare dann nach Osten abzudrängen. Das sei aber nicht einfach. Jedes Jahr stürze ein Flugzeug ab. Wie von einem entfernt liegenden Truppenübungsplatz ist der nächste Schuss zu vernehmen. Das sei »für die Katz«, schließt der Wildhüter. Die Stare gewöhnen sich daran.

Auch sonst kann der World Wildlife Fund, wie mir der Ornithologe Herr Bernhard später erklärt, die Vögel, die im Gebiet »Lange Lacke« brüten, sich mausern oder auf ihren Zügen Rast machen, nicht so schützen, wie er es gern möchte. Dass die »Lange Lacke« eine Drehscheibe für den Gänsezug ist, brachte sogar besondere Probleme. »Was hilft es«, sagt Herr Bernhard, »dass wir versuchen, einen unberührten Raum für die Tiere zu schaffen, wenn die Jäger an der Grenze zum Gebiet die Gänse und Enten beim Morgen- und Abendstrich, sobald sie vom Schlafplatz zum Futterplatz fliegen, abschießen? Fast in jeder Gans, die wir verendet finden, entdecken wir Schrotkugeln, manchmal liegen die Verletzungen schon ein oder mehrere Jahre zurück. Das Land Burgenland hätte die Jagd für den geplanten Nationalpark pachten müssen, es hat aber nicht rechtzeitig zugegriffen, und nun ist sie für acht Jahre vergeben.« Auch die Weinbauern im Seewinkel ruinierten das Gebiet, weil sie die Anbaufläche bis um das Hundertfache des Umfanges zu Beginn des Jahrhunderts vergrößert hätten und damit das Wasser des Neusiedler Sees und der Lacken durch Überdüngung, Pestizide und Herbizide gefährdeten. Nicht nur das Grundwasser, vor allem der Wind befördere das Gift in die Gewässer. Auf der »Langen Lacke« breitet sich in diesem Sommer ein Algenteppich aus, und die Schwäne vermehren sich infolge des stark eutrophierten Wassers auffällig. Viele »Lacken« habe man trockengelegt und Anbauflächen daraus gemacht. Die Landesregierung habe das damals sogar finanziell gefördert. Nun müsse die Landesregierung dafür bezahlen, dass diese Äcker und Weingärten nicht mehr genutzt werden, denn es gebe inzwischen eine für die Bauern katastrophale Überproduktion und damit zu niedrige Preise für ihre Produkte. Die Natur aber sei schon zerstört worden.

»Lackenmörder«, nennt Löffler einzelne Orte. Wir bleiben auf einer Hutweide unter der stechenden Sonne stehen und betrachten mit einem Fernrohr Säbelschnäbler, Graugänse, Löffler, Uferschnepfen, Dunkle Wasserläufer und Regenpfeifer. Um die Wiesen zu erhalten und den Schilfwuchs einzudämmen, haben zuerst der World Wildlife Fund und jetzt die burgenländische Landesregierung von angrenzenden Bauern Wiesen gepachtet, damit wieder Rinder weiden können. Sogar eine Rinderherde wurde vom WWF gekauft. Das wird jedoch nicht genügen. Denn die Lacken sind durch künstliche Kanäle untereinander und mit dem Einserkanal verbunden, um bei Hochwasser die Äcker trockenhalten zu können. Das stört, zusammen mit dem Salzabfluss, das gesamte System empfindlich.

Die »Lacken« sind ein seltsames Gewässer. Manchmal trocknen sie aus, und ihre Böden sind von weißen

Salzausblühungen bedeckt. Das Gebiet befindet sich in der Nähe der Gemeinden Illmitz, Apetlon, Podersdorf und St. Andrä. Es umfasst ungefähr 55 »Salzlacken«, wie die seichten Tümpel genannt werden, früher waren es hundert. Sie liegen inmitten von Ackerland, Weingärten und Wiesen. »Man hat hier brutalst gearbeitet, was die Trockenlegung betrifft«, sagt Dozent Herzig schon zu Beginn meiner Recherchen. Wir steigen auf einen Beobachtungsturm neben dem Weg. In der Ebene fährt ein Traktor über die dunkle Erde, verfolgt von einem Möwenschwarm. Der Landstrich wimmelt nicht nur von Vögeln, auch Gottesanbeterinnen, Mondhornkäfer, die Tarantelspinne und Schmetterlinge, Ziesel und Hamster halten sich in ihm auf, und die seltensten Pflanzen finden einen geeigneten Boden. Auf den ersten Blick ist es ein unspektakulärer Landstrich. Aber die Natur versteckt sich, ist still. Erst wenn man sie stört, durch Lärm und Bewegung, schreit, quakt, schnalzt, summt sie – flattert oder schwirrt sie auf.

Auch im Seewinkel gibt es ein Schloss, das Schloss Halbturn. Karl VI. diente es als Aufenthalt während seiner Jagden, Maria Theresia ließ es umgestalten. Der Weg durchs Dorf führt vorbei an den Tschardaken, den Maisbehältern an der Rückseite der Höfe und den Scheunen mit den riesigen Trommeln, auf die schwarze Schläuche gewickelt sind, und auf Anhänger gestapelten Eisenrohren, welche man wiederum in einen der Hunderte illegaler Brunnen hinablässt, um mit dem Wasser Gemüsefelder zu besprengen. Zumeist ist schon der zweite Grundwasserhorizont angebohrt. Später betont ein Mitarbeiter der Biologischen Station Illmitz, dass der erste Grundwasserhorizont, vor allem durch die zahlreichen ohne Genehmigung angelegten Fischteiche, »versaut« sei. Man vergreife sich nun an der »eisernen Reserve«. Dazu kämen die Bauschuttablagerungen in trockengelegten Tümpeln und Geländevertiefungen. Da die Gemeinden keine Deponien errichten, mache jeder, was er für richtig halte, zuletzt würde auch noch Müll zu den Ablagerungen geworfen. »Dem Esterházy«, der zumeist der Verpächter ist, sei alles egal, der wolle nur sein Geschäft machen, wie auch die meisten Bauern und Bürgermeister. Überhaupt, die Politiker des Burgenlandes scheinen noch immer zu wenig von ihrem Neusiedler See begriffen zu haben. In der schwerverschuldeten Gemeinde Jois wurde kürzlich der Bau eines Erlebnisparkes »Phantasia« für zweitausend Besucher unter Einbeziehung eines fehlgeplanten Segelhafens von der burgenländischen Landesregierung genehmigt. Auf dem Areal werden ein Hotel, ein Parkplatz, Tennis- und Golfplätze, ein Wassererlebnispark und »sehr, sehr viele künstliche Biotope« errichtet. »Der See«, sagt ein alter Fischer traurig, »ist unwiederbringlich zerstört.« Hinter den Schlossmauern Rosskastanien-, Linden- und Eichenalleen, ein großzügiger, schattenspendender Park mitten in der Steppenlandschaft. In der Schenke fragt mich ein gesprächiger Bauer, wie mir der Wein schmecke, der vor uns auf dem Tisch steht. Er ist vorzüglich. »Sehen Sie«, sagt der Bauer, »uns haben die Händler mit dem ›Glykol-Skandal‹ fast umgebracht« – und spielt darauf an, dass 1985 burgenländische, mit Glykol, einem Gefrierschutzmittel, »aufgebesserte« Weine als Qualitätsweine verkauft wurden. Natürlich gebe es jetzt zu große Anbauflächen, aber der Wein gedeihe hier wie im Garten Eden. »In Parndorf hat man sogar eine römische Weinpresse gefunden. Wir wissen«, klärt mich der Bauer auf, »wie der Wein gemacht wird. Schon der Kaiser hat ihn von uns gekauft.« Während ich die Bäume und das Schloss betrachte wie Relikte einer immer rascher verschwindenden Pracht, berichtet er von Traubensorten und Eichenfässern, von der Reblaus und den neuen Weingesetzen, bis mir von den Geschichten und vom Riesling schwindlig wird.

In der Sala Terrena stehe ich endlich unter dem Deckenfresko von Franz Anton Maulpertsch, einer »Allegorie der Zeit und des Lichtes«. Ich schaue in einen Spiegel, der es dem Besucher erspart, seinen Kopf zu lange nach oben zu recken. Es ist ein Fresko von großer Leichtigkeit, als hätten es die Vögel des Neusiedler Sees mit ihren Flügeln und den Farben der Sonne und des Himmels gemalt.

Als ich das Schloss verlasse, ist es draußen noch hell, aber der Mond steht schon am Himmel. Der Bauer in der Weinschänke ist verschwunden. Auf der Straße verstaut gerade ein Ehepaar einen ausgestopften Schwan im Kofferraum seines Volkswagens.

Epilog
Der Zentralfriedhof

»Der Zentralfriedhof«, sagt Herr Westermayer, ein neunundsechzigjähriger Pensionist, der vor drei Jahren einen Verein für Friedhofskunde und Persönlichkeitsforschung gegründet hat, »der Zentralfriedhof ist fünf Quadratkilometer groß und hat drei Millionen Tote aufgenommen. Auf dem stillgelegten jüdischen Friedhof, dem ›alten‹ – hier beim Tor 1 –, sind ungefähr 60 000 beigesetzt.« Der Wind löst Schwaden von Blättern aus den Kronen der Ahornbäume und treibt sie über den Platz, auf dem bis zur »Reichskristallnacht« die Zeremonienhalle stand und jetzt ein Polizist mit seinem Schäferhund spielt. Es ist ein flaches, grasbewachsenes Stück Erde, nicht weit von der Friedhofsmauer und der ersten Grabreihe, in der Arthur Schnitzler und Friedrich Torberg liegen.

Fünfzig Jahre beschäftigt sich Herr Westermayer schon mit dem Zentralfriedhof. Er ist ein kleiner Mann, trägt eine schwarze Kappe und hat etwas von einem Beamten, der sich in einem labyrinthischen Archiv zurechtzufinden gelernt hat. »Seit kurzem«, sagt er, »wird der jüdische Teil des Friedhofs bewacht, nachdem sich im letzten Jahr über siebzig Grabschändungen ereignet haben, von Unbelehrbaren und Dummköpfen. Im katholischen Teil waren es zweihundert in drei Jahren, aber hier ist es sensibler, verständlicherweise.«

546

Wir gehen die Zeremonienstraße hinunter, an der sich die prächtigsten Gräber befinden, die zum Teil von Pflanzen überwachsen sind und den Eindruck einer Theaterlandschaft machen. Aus der Ferne sind Musikfetzen eines Begräbnisses zu hören. »Seinerzeit haben die Nazis den Friedhof geschändet«, erzählt Herr Westermayer. »Sie haben Gräber geöffnet und Schädel entnommen, um sie zu vermessen und nach Berlin zu bringen, wo man eine Schädelsammlung anlegte, die der Nachwelt beweisen sollte, welche Verformungen jüdische Glaubensgenossen in ihrem Kopf … also welche Rassenmerkmale an ihren Köpfen vorhanden sind.«

Laub raschelt unter unseren Füßen, eine Krähe fliegt über die Baumkronen. »Unter Hitler bestand in Berlin eine umfangreiche Kopfsammlung. Es wurden auch Schädel aus den Friedhöfen im Währinger Park und in der Seegasse entnommen. Den Friedhof Seegasse wollte man 1941 überhaupt verschwinden lassen, die Grabsteine als Pflastersteine verwenden«, fährt Westermayer fort. »Als das bekannt wurde, haben einige Patrioten, Arbeiter und ein paar Juden in der Nacht die Grabsteine entfernt und hinter dem vierten Tor des Zentralfriedhofs eine künstliche Pyramide errichtet, Sand darüber gestreut und sie bepflanzt. Dadurch haben die Steine den Krieg überlebt. Einen Teil davon hat man wieder in der Seegasse aufgestellt.«

Wir gehen von der Prachtstraße in das von Sträucherwerk und Bäumen zugewachsene Innere des Friedhofs. Die Äste und Zweige bilden einen Tunnel, durch das der Himmel nur in winzigen Ausschnitten zu sehen ist. Hasen, Fasane, Füchse und Eichhörnchen halten sich auf dem Friedhof auf, weiß Herr Westermayer zu berichten, zur Friedhofseröffnung 1874 habe es sogar Rehe, Damwild und Hirsche gegeben. »Die Hasen brauchen Futter und fressen leider Gottes die nahrhaften Kränze an, und das stört die Lebenden, und daher müssen alle Jahre Jagden stattfinden. Die Simmeringer Jagdgesellschaft stellt vier oder fünf Jäger. Die gehen dann im Herbst sehr zeitig in der Früh beim ersten Büchsenlicht auf den Friedhof, und dann wird geschossen ... unter Ausschluss der Öffentlichkeit, weil sonst gäbe es Proteste ... auf Grabsteinen können Sie aber noch die Spuren von Schrotkugeln finden ...«

Unter den Arkaden aus Gezweig ist es dunkel, Herr Westermayer findet diesen Teil des Friedhofes »besonders mystisch«. Selbstverständlich hat man das Gefühl, sich verirren zu können, und es kommt auch vor, dass Besucher nicht rechtzeitig die Ausgänge finden und im Friedhof eingesperrt werden, aber Herr Westermayer schließt das für sich aus. »Ich renn' so lang im Kreis, bis ich die Kuppen von der Luegerkirche sich, dann passt's wieder.«

Wir finden bald das Grab des Komponisten Goldmark, daneben liegt eine abgesägte Steinvase, die offenbar jemand für seinen Garten vorgesehen hat.

Wieder säumen eingestürzte Gräber mit herumliegenden Grabsteinen den Pfad. Sie erwecken den Eindruck, als versänken sie langsam in der Erde wie die Trümmer eines untergegangenen Schiffes im Meer. Tatsächlich sind es Reste von durch Bomben zerstörten Grabstätten. Wien wurde im Zweiten Weltkrieg flächendeckend bombardiert. »Zum Beispiel«, sagt Herr Westermayer, »wurden auch der St. Marxer Friedhof und ausgerechnet das Grab Mozarts getroffen. Am Zentralfriedhof gab es fünfhundert Bombentrichter. Die Särge, die Leichen und Knochen sind herumgelegen. Am jüdichen Friedhof hat sich niemand darum gekümmert. Es war keine Kultusgemeinde mehr vorhanden, und die Nazis haben selbstverständlich kein Interesse daran gehabt, Aufräumungsarbeiten durchzuführen … Daher ist alles langsam wieder in die Erde versunken … Es ist ja ein weicher Boden … Und die Natur, die Mutter Erde, nimmt diese geschändeten Leichen wieder gnädig auf… Das heißt, es könnte sein, dass ein oder zwei Meter unter unseren Füßen Gebeine liegen …« Eine Katze huscht vorüber, kriecht in einen Spalt zwischen zwei umgestürzten Grabsteinen, und Herr Westermayer versucht sie mit Miaulauten hervorzulocken.

Der Wind wirbelt wieder Laub von den Bäumen, links und rechts sind Stauden vor den Gräbern aufgeschichtet, und eine dicke Schicht von Ahornblättern bedeckt den Boden.

An der Mauer finden wir endlich die Gedenkstätte für 140 jüdische Soldaten, die im Ersten Weltkrieg in der k.u.k. Armee gefallen sind.

Wir betreten die Kapelle und sehen zwei Kränze mit rotweißroten Schleifen. Auf einer Tafel hat sich ein großer weißer Fleck ausgebreitet, der die Namen darauf aufgefressen zu haben scheint. Der Stein ist an dieser Stelle glatt poliert, vermutlich durch eine Schleifmaschine, die die Namen »ausradieren« wollte oder ein Hakenkreuz entfernt hat, das über die Namen geschmiert war.

Nach wenigen Schritten betreten wir den katholischen Teil des Zentralfriedhofs. Von weitem sieht man die Kuppel der Luegerkirche, die nach jenem legendären Wiener Bürgermeister benannt ist, der mit dem Antisemitismus Politik betrieben hat. Selbstverständlich war Lueger Katholik, und seine Begräbnisstätte, die unübersehbare Luegerkirche, zeigt auf einem Mosaikbild über dem Altar den Bürgermeister, der von zwei Engeln in den Himmel getragen wird. »Fremde, die um österreichische Verhältnisse nicht Bescheid wissen, erkundigen sich des öfteren«, sagt Herr Westermayer, »wer der Heilige Lueger war.« Die Kirche sei eine Patronatskirche der Stadt Wien. »Circa 75-mal haben's das Stadtwappen in ihrem Gemäuer verewigt.«

Wir spazieren an den Armengräbern, die auf der weiten Wiese vor dem kirchlichen Palast verstreut liegen, vorbei. Nach einer Weile sagt Herr Westermayer: »Wir leben in einem riesigen Totenreich ... der Friedhof ist ein Mikrokosmos, ein Totenbuch, in dem wir lesen können, solange es noch eine Zeit gibt. Denken Sie an die Menschen, die vor uns gelebt haben ... sie sind da ... sie sprechen zu uns.«

Drucknachweise

Prolog
Ich schlich hinunter in die Keller
Zuerst in: Gerhard Roth – Orkus. Im Schattenreich der Zeichen.
Hrsg. v. Daniela Bartens und Gerhard Melzer.
Wien, New York 2003, S. 269–272
Ebenfalls in: Die Presse, 21. 6. 2003

Die Welt in einer Nussschale
Das Naturhistorische Museum

Der begehbare Traum
Die Kunst- und Wunderkammern der Habsburger
Zuerst in: Die Presse, 14. 4. 2007

Eine Reise in die vierte Dimension – ein fraktaler Bericht
Das Wiener Uhrenmuseum
Zuerst in: Die Presse, 28. 2. 2009 (Teilabdruck)

Eine Enzyklopädie des menschlichen Körpers
Das Josephinum und das Museum der Gerichtsmedizin

Das Gedächtnis aus Papier
Das k. k. Hofkammer-Archiv und Franz Grillparzer
Zuerst in: Merian Wien 52 (1999), S. 56–61

Mozarts Requiem und der Sarg von Wien
Die Österreichische Nationalbibliothek
Zuerst in: Frankfurter Allgemeine Zeitung Magazin, Heft 468,
30. 1. 1998 (»Wer raubte die letzten Worte Mozarts?«) und in:
Die Presse, 11. 12. 2004 (»Der Sarg von Wien«)

Nachtschrift
Das Blindeninstitut in Wien
Der Text von Erich Schmid »Schreiben ist Denken …«
erscheint mit freundlicher Genehmigung des Autors.

Die fliegenden Hände
Das Bundes-Gehörloseninstitut

Ins Ungewisse
Das Flüchtlingslager Traiskirchen
Zuerst in: Der Standard, 19., 21., 22., 23. 5. 2007

Das Meer der Wiener
Der Neusiedler See, 1992
Zuerst in: Frankfurter Allgemeine Zeitung Magazin, Heft 650
(August 1992), S. 28–37

Epilog
Der Zentralfriedhof
Zuerst in: NZZ Folio, Zürich, Januar 1992

*Gegenüber den Erstdrucken erscheinen alle Texte dieser Buchausgabe
in ungekürzter und überarbeiteter Form.*

Gerhard Roth
Der Plan
Roman
Band 14581

Konrad Feldt ist mit Leib und Seele Bibliothekar. Als ihm ein gestohlenes Autograph Mozarts in die Hände fällt, gibt er es nicht zurück, sondern folgt dem verlockenden Angebot eines japanischen Händlers und reist nach Tokyo. Mit der kostbaren Handschrift im Gepäck wird er plötzlich verfolgt und steht schließlich unter Mordverdacht.

»Ein intelligenter und
raffinierter Thriller über das Autograph
des Mozart-Requiems. Ein wunderbares und auch noch
spannendes Buch. Am meisten freut mich, dass
Gerhard Roth allmählich zum Musiker wird –
nicht nur vom Thema, auch von der
Melodie seiner Sprache.«
Robert Schneider

Fischer Taschenbuch Verlag

fi 14581 / 1

Gerhard Roth
Der Berg
Roman
Band 15180

Ein Journalist fahndet nach einem serbischen Dichter, der
während des bosnisch-serbischen Krieges unfreiwillig Zeuge
eines Massakers wurde. Doch schon seinen ersten Kontakt-
mann in Thessaloniki findet er nur noch tot vor. Er sucht den
Dichter auf dem heiligen Berg Athos und gerät in den Klöstern dort in einen Strudel gespenstischer und bedrohlicher
Ereignisse, die ihm immer neue Hindernisse in den Weg stellen. Es beginnt eine spannende und zugleich hochliterarisch
erzählte Hetzjagd durch die Welt des Balkans, die erst in
Istanbul endet.

Gerhard Roths spannender Reiseroman in das »Herz der
Finsternis« Südosteuropas verwebt politische, historische
und mystische Motive zu einem Buch über die Grenzen des
Journalismus wie unserer gesamten Wahrnehmung.

»Ein poetischer Thriller«
Focus

Fischer Taschenbuch Verlag

Gerhard Roth
Der Strom
Roman
Band 16213

Thomas Mach, ein junger Österreicher aus Wien, reist nach Ägypten. Er soll an die Stelle Eva Blums treten, einer jungen Reiseleiterin, die sich kurz zuvor aus dem Fenster ihres Hotelzimmers in Kairo gestürzt hat. Geleitet von Evas Tagebuch und seiner inneren Stimme, die ihn vor Gefahren warnt, aber auch immer wieder in Schwierigkeiten bringt, setzt sich Mach auf die Spur der Frau. Als plötzlich der Ehemann der Verstorbenen zusammen mit einem Detektiv auftaucht, scheinen sich die Dinge zum Kriminalfall zu entwickeln. War Eva in einen Schmuggel mit antiken Kunstgegenständen verwickelt? Wie viele Leben hat sie geführt, und war ihr Tod wirklich nur ein Unfall?

»Eine Komplexität der Wahrnehmung,
die in der deutschsprachigen Gegenwartsliteratur
ihresgleichen sucht.«
Literaturen

Fischer Taschenbuch Verlag